羅馬人的故事V

凱撒　時代
（盧比孔之後）

塩野七生　著
黃紅杏　譯

三民書局

作者介紹

塩野七生

一九三七年七月生於東京，畢業於學習院大學文學部哲學系，一九六三～一九六八年間遊學義大利。一九六八年開始寫作，於《中央公論》發表〈文藝復興的女性〉。一九七〇年，首部長篇作品《凱撒波吉耳抑或優雅的冷酷》獲頒每日出版文化賞，之後長住義大利。一九八二年以《海都物語》得到三多利學藝賞。一九八三年，獲頒菊池寬賞。自一九九二年起，以羅馬帝國千年興亡為題，著手寫作《羅馬人的故事》系列，並以每年一部作品的速度發表。一九九三年《羅馬人的故事I》獲頒新潮學藝賞。一九九九年再獲司馬遼太郎賞。二〇〇一年發行《塩野七生文藝復興著作集》共七冊。二〇〇二年榮獲義大利政府頒授國家功勞勳章。二〇〇五年獲日本政府頒贈紫綬褒章，二〇〇七年再獲文部科學省評選為文化功勞者。

三十周年經典紀念版序

《羅馬人的故事》新版發售之際，作者送給臺灣讀者的話

這部既不算是研究歷史的專業書籍，也不是歷史小說，在歐洲稱之為「歷史散文」的作品，我持續執筆了半世紀多，最在意的其中一件事情就是，為什麼這個國家能在完全認同個人思想與表現的同時，維持歷時長久的獨立與繁榮。

因而執筆了《羅馬人的故事》與《海都物語》兩部作品。《羅馬人的故事》是為了想知道大國發生過什麼事。另一部《海都物語》則是因為想了解，為何即使是小國，在確保個人思想與自由表達下，同時也能達成國家的獨立與繁榮。

其次，舉例古羅馬帝國與中世紀文藝復興時期的威尼斯共和國作為代表大國與小國的典範，也是有原因的。因為這兩國即使國家規模大小有所不同，卻都有能享逾千年長壽的共同點。有些國家在鎖國的情況下也維持了長治久安。像是古希臘的斯巴達或江戶時期的日本。然而，持續開國方針而能長命百歲的國家卻很少。羅馬與威尼斯在這部份也有相同點。

我同樣建議目前居住在臺灣的各位讀者也務必閱讀《海都物語》。因為日本也是小國，而

臺灣也是小國之一。小國自有小國的生存之道，只要正視這個事實，也有付諸實行的強烈意志，就會讓國家邁向獨立與繁榮。

還有，如果可以的話，再推薦各位閱讀我的另一部「文藝復興小說」（暫譯，原名「小説イタリア・ルネサンス」）全四集，我會感到十分榮幸。在這部作品中我創造了兩位虛構的主角穿插在這段真實的歷史中。希望能讓讀者領會，個人的思想與表達的自由如何能成為創新的泉源。幾乎也可以換句話說，在那種無法保證絕對自由的社會下不會產生創新。因為正是這種自由，誕生了達文西與米開朗基羅為首的義大利文藝復興。而佛羅倫斯、威尼斯，無論在地理、人口規模上都只能算是小國。

儘管如此，大國的磨難也並未比小國少。羅馬與威尼斯相比的話，無論「磨難」的種類或數量，都令人感到十分類似吧。我覺得這才是閱讀歷史真正的樂趣。因為畢竟可以說「歷史總是一再重演，只是表現的型態不同」。

二〇二二年春天，於羅馬

塩野七生

修訂二版說明

《羅馬人的故事》不是一部正統的羅馬史。

塩野七生說：

我以「羅馬人的故事」為題，如果將日文的書名譯為拉丁文，故事與歷史的意義幾乎是相通的。……使用“Gestae”這個字，所謂“RES GESTAE POPULI ROMANI”，可直接翻譯為「羅馬人的各種行徑」。

換句話說，這是一部詳盡蒐羅史籍與資料，進而細膩描繪人物的經典作品。當我們隨著作者富有文學性的筆調，逐冊閱讀《羅馬人的故事》時，便會發現比起事實的陳述討論，塩野七生在這部作品裡更著重於「人」的故事。羅馬人在面對各種挑戰時如何解決？在面對強敵的進逼時，羅馬人是如何逆轉取勝？平息內憂與外患後，又如何迎向和平？羅馬著名的公共建設，其目的是「使人過得像人」？偉大的建築背後，隱含怎樣的思考邏輯？

無論思想或倫理道德如何演變，人類的行徑都在追求無常的宿命。

隨著作者的引導，我們得以像羅馬人一樣思考、行動，了解身為羅馬人，言行背後的思想與動機。羅馬從義大利半島上的一個小部族發跡，歷經崛起壯大，終致破滅衰亡的過程，不僅是歷史上一個橫跨歐亞非三洲的輝煌帝國史，或許也可在其中發現「羅馬人」的群體生活史。

《羅馬人的故事V——凱撒時代（盧比孔之後）》的內容從凱撒冒著叛亂的罪名帶兵渡過盧比孔河展開，他與龐培的對決，開啟了內戰。最終凱撒得勝，凱旋而歸，被任命為終身獨裁官，宛若皇帝一般大權在握。不過凱撒的光芒卻引起醉心共和體制者不滿，西元前四十四年三月十五日，凱撒在元老院遭到眾人埋伏刺殺！

凱撒死後，一位沒沒無聞的年輕人突然成為羅馬的焦點，作為凱撒意志的繼承者，十八歲的屋大維韜光養晦，面對內憂外患，展現勇敢、果決的氣勢，一舉改變羅馬的體制，成為名符其實的羅馬皇帝，他是如何運用政治手段一鳴驚人，達成連凱撒都做不到的事？

希盼本系列能與您一同思考：羅馬何以成為羅馬？羅馬的千年興衰，對世界有何影響？更重要的是，羅馬人留給現代哪些珍貴的遺產？期待在讀完本書之後，能帶給您跨越時空的餘韻。

編輯部謹識

目次

第六章

壯年後期 Virilitas

西元前四十九年一月～前四十四年三月
（凱撒五十歲～五十五歲）

「盧比孔」之後

從渡過盧比孔河到邊境城市利米尼的距離，以直線計算也不過十五公里。以時速五公里的行軍速度，羅馬軍團預計上午十點便可抵達。利米尼雖然是邊境城市，但早在一百五十年前就被羅馬化而成為北義大利屬省與羅馬本土的邊界城市。羅馬的中央政府在這裡只布署著不到一個大隊（六百名士兵）的警備隊，凱撒與他所率領的第十三軍團，未遇到任何抵抗就順利入城了。在城裡，因身為護民官而未能跨出邊境的安東尼與另外一位護民官加西阿斯已經在等待凱撒的到來。與安東尼一起逃離首都的古里奧，因身為元老院議員可以自由行動，很快就與在拉溫納的凱撒會合，而且此時大概已經與凱撒一起渡過盧比孔河了。

凱撒在利米尼可說是兵不血刃地入城，但是他手中只有第十三軍團的十個大隊，而且因為沒有補充缺額，比起定額的六千人，實際的兵力只有四千五百人左右。以這樣的兵力，又在不利於戰鬥的嚴冬，龐培做夢也沒料到凱撒會在這種情形之下，膽敢做出渡過盧比孔河這個破壞國法的暴舉。但是凱撒卻是完全推翻了對手的推測，對自己「破壞國法」的舉動，沒有絲毫的猶豫。

凱撒把相當於自己手中的一半兵力，也就是五個大隊交與手下的安東尼，命令他率軍隊越過亞平寧山脈，準備進攻阿里佐。

同時，凱撒又命令已歸於他指揮的古里奧率領三個大隊，準備進攻沿著亞德里亞海南下道路上形成珠狀分布的佩沙洛、法諾、安科那。而凱撒自己，則率領其餘的兩個大隊，留守利米尼。

進攻阿里佐的戰略，是想控制從首都羅馬向北的主要道路——卡西亞大道。而只要控制了佩沙洛、法諾、安科那，也就等於掌握了從首都向南的主要道路——阿庇亞大道。而進入利米尼城，則意味著控制了向北的另一主要道路——弗拉米尼亞大道。

三十三歲的安東尼以及其同輩的古里奧，都沒有辜負凱撒的信賴。

一月十二日渡過盧比孔河，當天就進入利米尼並留在城中駐守的凱撒，也在當晚就得到了古里奧的三個大隊已攻入三十公里以南的佩沙洛的捷報。隔天，十三日又攻進法諾；二天後，也就是十五日，安東尼的五個大隊也順利進入阿里佐城。這都是凱撒利用龐培未料到他的舉動沒有採取防備措施，才能獲勝。民眾對凱撒在高盧戰役中的戰果無比狂熱，因此對凱撒軍隊的到來不僅未加抵抗，反而熱烈歡迎。使得除了卡西亞與弗拉米尼亞兩大主要道路之外，連向南的道路都控制在凱撒的手中。無論從哪一條道路，到首都羅馬都只需要三天的時間。

《內戰記》中雖未寫明具體的日子，但是從前後文推測，大概是一月十五日前後，就是凱撒在利米尼等待安東尼與古里奧的捷報之時，從首都羅馬來了兩位使節，向凱撒傳達元老院的決議。原本就打算對凱撒渡過盧比孔河這種破壞國法的舉動提出控告的龐培及元老院來說，這正是傳達正式通告的程序和好時機。不過，法務官及使節，本來是打算在盧比孔河以北的拉溫納向凱撒傳達通告的，而現在卻變成了在盧比孔河以南的利米尼。

法務官羅西阿斯和凱撒年輕的堂弟魯奇斯．凱撒兩人所帶來的元老院決議書，是一月七日由元老院會議所通過的「元老院最終勸告」，也就是緊急狀態宣言，宣布凱撒將被視為人民公敵。他的繼任人選也已決定是阿赫諾巴布斯。龐培派遣既是龐培派同時又是凱撒親戚的魯奇斯當使節，是因為龐培委託魯奇斯．凱撒帶給凱撒一封親筆信，這封信的主要內容有以下幾點：

雖然針對凱撒的舉動，龐培已決定接受軍隊的指揮權，但是希望凱撒不要把這當成是他們二人之間的私人恩怨。龐培是將公眾的責任和義務置於私人利益關係之上，所以希望凱撒從自己位居國家重要地位來考慮，不應該將個人的恩怨置於國家利益之上，不應該因個人的恨意而做出反國家的舉動。

龐培在信中並未提出任何解決問題的方法，而僅是以一種地位、年齡都高高在上的長者姿態教訓血氣方剛的下位者。雖然是私信的形式，卻也是經元老院的決定而成為獨裁官的龐培的親筆信。凱撒託法務官羅西阿斯和堂弟魯奇斯．凱撒帶回信給龐培。如果模倣凱撒條文式的書寫習慣，信的內容大致會「以龐培為榜樣，在公共義務面前忘記私人感情，將國家羅馬從悲慘的情況中解救出來」為前提，對龐培提出以下的建議：

一、龐培出發前往他的任地西班牙。

二、龐培與凱撒都解散軍隊，使義大利非軍事化，羅馬恢復平常的政體，也就是把市民從兵荒馬亂的恐懼中解放出來，恢復能自由出席公民大會的氣氛，恢復平常的政治活動。這一點的真正用意，就是希望政局恢復正常之後，龐培及元老院能提名凱撒為執政官候選人。

三、如果龐培對以上兩點建議感興趣，可以再商討具體的細節，最後並交換誓約。因此，龐培有必要前來凱撒的所在地或者凱撒前往與龐培會談。

這顯然是像「盧卡會商」那樣恢復首腦會商方式的提案，表示十年前的「三巨頭政治」體制並非凱撒一時的想法，而這也正是反凱撒派最猛烈抨擊的一點。

帶著凱撒給龐培的親筆信從利米尼出發的法務官羅西阿斯和魯奇斯·凱撒兩人，經弗拉米尼亞大道匆匆南下趕回首都時，卻沒法把信交出去，因為龐培、兩位現任執政官連同多數的元老院議員，已經逃離了首都羅馬。

龐培放棄首都

就在龐培派法務官羅西阿斯和魯奇斯·凱撒兩位使節前往凱撒營地之後，羅馬發生了劇變，各種意想不到的消息紛紛傳來。

首先，傳來凱撒已渡過盧比孔河並已進入利米尼城的消息，之後又傳來佩沙洛、法諾、安科那甚至連阿里佐也落入凱撒手中的消息。

由於首都羅馬在非戰爭時期並不設置防衛軍，所以在首都的龐培和兩位執政官，都可說是赤手空拳；而被任命為凱撒繼任者的阿赫諾巴布斯正在義大利南部招募軍隊。因此用來對抗凱撒軍隊的，僅剩駐留在高盧，也就是之前以出兵敘利亞的名義從凱撒手中收去的兩個軍團。

凱撒渡河已是事實，龐培再也無法在毫無防備的羅馬等待凱撒的回信。他決定撤往有兩個軍團駐紮的加普亞。一月十七日，龐培放棄首都。而此時，帶著凱撒回信給龐培的兩位使節，正一路快馬加鞭，沿著弗拉米尼亞大道迫不及待地南下。

對凱撒渡過盧比孔河及之後的閃電作戰感到恐懼不安的，並非只有龐培，馬塞拉斯和廉托魯斯兩位執政官都是徹底的反凱撒派，所以更無法在他們的靠山龐培撤離之後還繼續留守羅馬。兩位現任執政官都在龐培撤退的次日就逃離了羅馬。龐培還威脅說，如果留在羅馬，日後就會被視為凱撒派處置，所以許多元老院議員都追隨龐培撤離了首都。在這些從首都撤退的人腦海裡，一定浮現出三十年前蘇拉進軍羅馬的情景。他們帶著家眷，又要動員奴隸，撤退的情況非常混亂。而所帶行李之多，使首都出現了運貨車輛供不應求的情景。因為他們雖然是難民，卻都是富裕階層的人。

執政官也一心只想搬運私物，即使想到國庫中的財物也應該一起帶走時，但在首都完全找不到那麼多搬運用的車輛，卻也沒有人願意放棄私人物品而出讓車輛。但是兩位執政官並未因此而延遲撤離時間，在命人找到運輸工具把財物送出之後，就匆匆逃離首都了。執政官兩人、元老院議員以及他們的家屬和役使的奴隸，形成了長長的行列。在他們沿著阿庇亞大道向南撤退之後，首都羅馬只好聽任命運的擺布了。西元前四十九年一月十八日，就在凱撒渡過盧比孔河六天、凱撒軍隊控制進入羅馬的三條主要大道——卡西亞、弗拉米尼亞以及巴勒利亞三天以及龐培撤離羅馬之後不過一天的時間，首都就「淪陷」了。

國庫中的財物原封不動的留在羅馬，這並不是因為沒有人負責設法尋找運輸工具，而是擁有這種權力的官員在當時都已逃離了首都，這不僅是軍事上也是政治上的嚴重失策。

一、與僅為總督的凱撒相比，還處於高位的現任執政官，居然主動放棄自己在首都的指揮權，這表示主動放棄了正統政府的地位。

二、在首都的羅馬公民，也就是能在國家最高決定機關——公民大會上實際投票的人，都認為龐培與元老院派拋棄了首都的人民。

兩位使節抵達羅馬之後，發覺連一個留守的人都沒有了，只好跟在逃離的人後面。等到他們追上龐培和兩位執政官時，已經是一月二十三日，踏破阿庇亞大道到達加普亞之後的事了。

抵達羅馬之後卻發現人去城空，只好追隨其後的人還有拉比埃努斯。他曾經是凱撒的副將，經過長途跋涉，終於來到加普亞投奔龐培的旗下。凱撒「右腕」的投奔，使龐培欣喜若狂。

西塞羅雖然隨著龐培撤離羅馬，卻一直態度曖昧，只隨同執政官一行沿著阿庇亞大道走了二天之後，便在沿道的佛米亞別墅中停留下來。西塞羅和龐培一樣是五十六歲，大概不能以年老為理由而留下，但西塞羅畢竟是西塞羅，一定會找出「中途下車」的適當理由。

另一方面，凱撒雖然在信中給予龐培提案，卻絲毫沒有減慢行動的速度。

一月二十日，古里奧所率領的三個大隊，在控制安科那之後馬上進入內陸，直指古比奧城。古比奧是從利米尼沿著亞德里亞海南下到法諾，然後從法諾進入內陸到達羅馬的通路弗拉米尼亞大道途中的一個城市。現在，凱撒無論是經卡西亞大道還是弗拉米尼亞大道，到達首都都只不過需要二天的時間。

但是凱撒並沒有向首都出發。因得知龐培及執政官兩人已撤離首都，凱撒又做出了捷足先登的舉動。

此時，凱撒才從一直像是後方司令部的利米尼準備出發了。

但是因為不是向著首都出發，所以並沒有經由弗拉米尼亞大道。凱撒命令安東尼與古里奧會合之後，便沿著亞德里亞海向南進軍了，首先經由古里奧所攻下的城市佩沙洛、法諾、安科那南下。大概是在進入安科那的前後，凱撒收到了龐培的回信。

龐培的回信與其說是反映了他個人的想法，不如說是體現了龐培周圍、包括兩位執政官的「元老院派」的意向。信的內容大概有四個重點。

一、凱撒立即放棄進攻，率領軍隊往盧比孔河以北撤退，並在那裡就地解散軍隊。

二、在凱撒解散軍隊之前，龐培與元老院方面會增強軍備。

三、在確認凱薩解散軍隊後，同意提名凱撒為不在場的執政官候選人，並允許凱撒在首都舉行凱旋式。

四、之後，龐培將出發前往他的任地西班牙。

龐培雖然慌忙地逃離了首都，可是他的語氣還是十分強硬，表示「元老院派」，也就是現行體制的支持派，對元老院的家傳寶刀──「元老院最終勸告」的威力深信不疑。但是，對凱撒來說，那是無法接受的內容。

首先，凱撒所建議的與龐培兩人會商的提案被置之不理。第二，元老院派絲毫沒有改變要求凱撒單方面放棄軍事力量的態度。而且，信中雖然提到龐培出發前往西班牙一事，但並未寫明出發時期，表示龐培會掌握現有的軍力且長期留在國內。如果就此接受元老院派的勸告，那麼凱撒強渡盧比孔河就失去它的意義了。反正龐培與元老院派僅將凱撒度過盧比孔河當成是窮鼠囓貓式的破壞國法舉動。龐培此時的回信，反而加強了凱撒繼續進軍的決心。

二月三日，凱撒進入了位於安科那以南十公里之處的奧西摩，從安科那向南方的進攻必須靠凱撒親自出馬。因為奧西摩以南一帶，散布著龐培的私有地。傳統上與身為「保護者」（Patronus，同英文的 Patron）的龐培有著密切關係的「追隨者」（Clientes，同英文的 Client）多數居住在該地。凱撒南進的目的，除了要比放棄首都向南撤退的龐培搶先一步之外，還打算搗毀龐培招募兵力的地盤。

實際上，龐培大概也是想返回自己的地盤，所以在回信給凱撒之後，龐培沒有選擇向南方撤退時較為安全、距離上又有利的阿庇亞大道，而選擇了向靠近亞德里亞海的魯徹里亞前進。不過，此時凱撒的快速進攻，破滅了龐培的意圖。

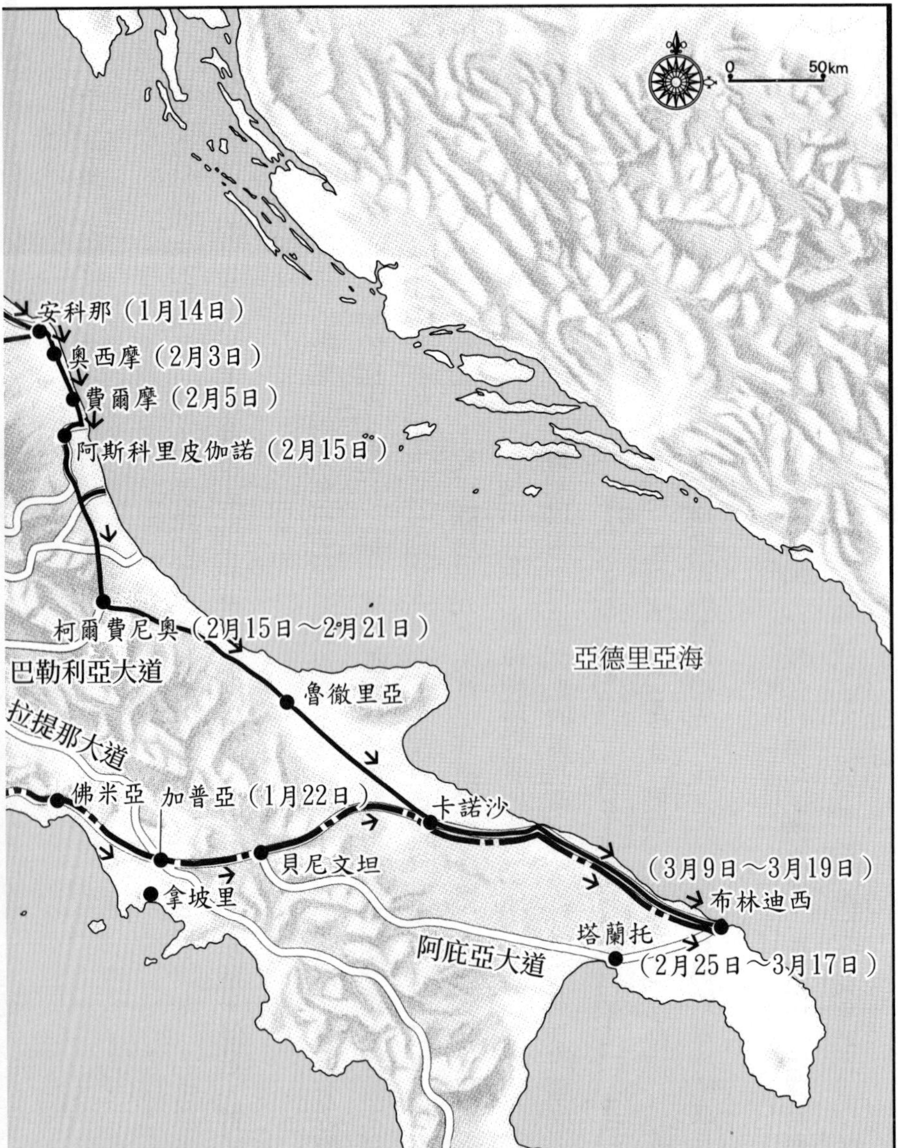
0
50km
安科那（1月14日）
奧西摩（2月3日）
費爾摩（2月5日）
阿斯科里皮伽諾（2月15日）
柯爾費尼奧（2月15日～2月21日）
巴勒利亞大道
拉提那大道
魯徹里亞
亞德里亞海
佛米亞
加普亞（1月22日）
卡諾沙
貝尼文坦
拿坡里
（3月9日～3月19日）
布林迪西
塔蘭托
阿庇亞大道
（2月25日～3月17日）

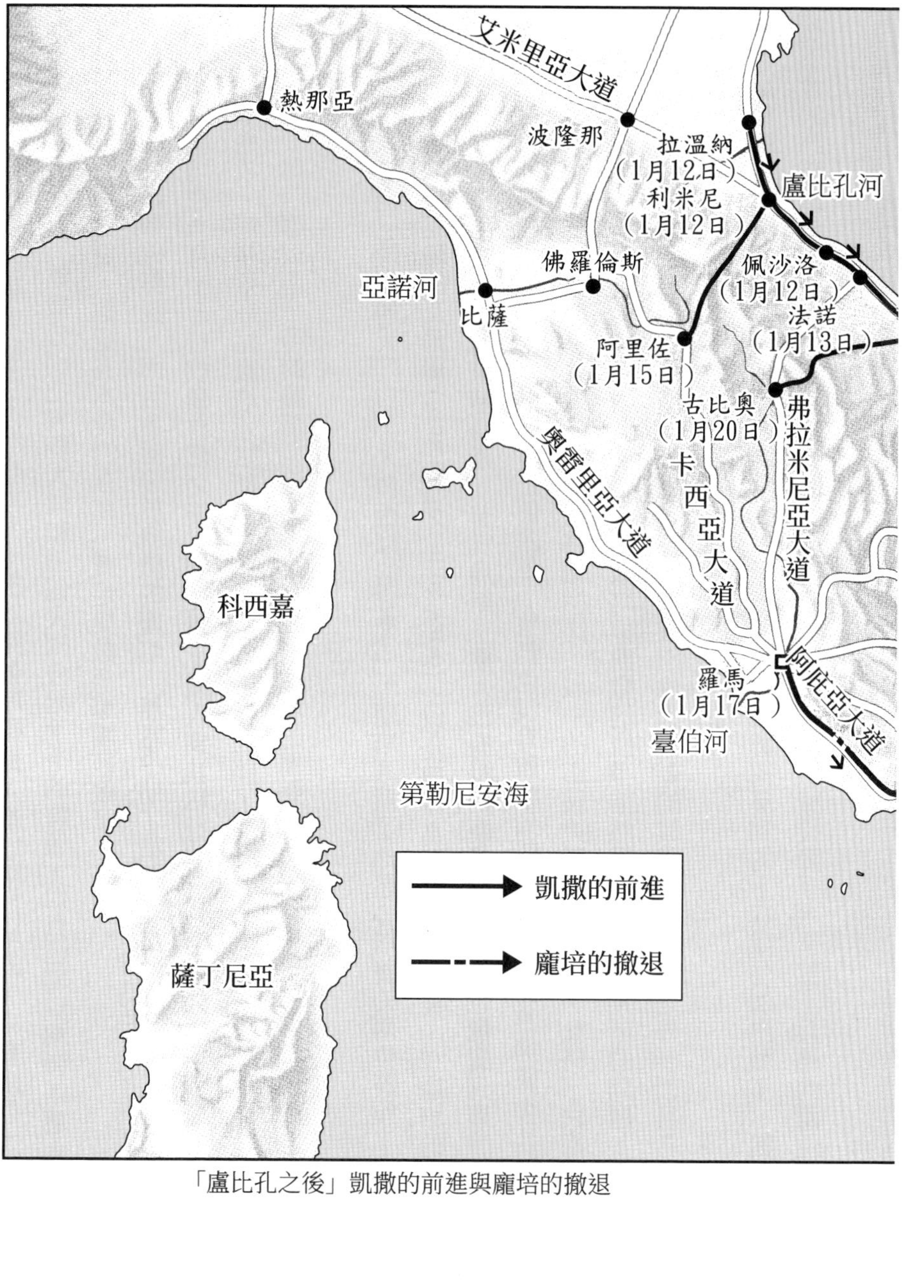

「盧比孔之後」凱撒的前進與龐培的撤退

因為安東尼與古里奧都尚未追趕上來，所以隨著凱撒進入龐培根據地的，只有兩個大隊約九百名左右的兵力。凱撒分別把五個大隊和三個大隊分給手下的將領，他自己則只率領兩個大隊。這是因為凱撒的自負，他認為本身的存在，就足與數個軍團匹敵了！

凱撒的判斷準確無誤。而且，落後於凱撒的龐培，無意中助了凱撒一臂之力。

如果龐培在一月十七日放棄首都之後，即使馬上派人到其私有地正式招募兵力，大概也難抵抗凱撒的進攻，可是這一點龐培連試都沒有試過。這不僅粉碎了龐培方面組織大軍的可能性，而且對集居於奧西摩以南一帶的龐培「追隨者」來說，龐培的舉動使他們覺得自己被拋棄了。

在相當於自己地盤的大門口——奧西摩的守衛中，龐培派遣了他悉心培養的兩位將領——具有非洲屬省總督經驗的瓦爾羅 (Marcus Terentius Varro)，以及曾作為首席百人隊長、在龐培的指揮之下在東方戰役中戰鬥過的盧基烏斯·普庇烏斯。兩人沒有接到龐培的命令，也意識到事態的劇變，並自覺地開始招募兵力。但此時正值寒冬，他們也沒有預料到凱撒會在此時渡過盧比孔河。

然而就在此時，凱撒出現了。和兩位將領相比，城中的市民更是大吃一驚。此時市民都認為龐培不可靠，於是派出代表向兩位將領說：龐培與凱撒的抗爭雖然是他們無法判斷的問題，但是他們無法把在高盧戰役中立下豐功偉績，為國家做出偉大貢獻的凱撒拒於城門之外，而且希望瓦爾羅應考慮目前的情勢來作決定。

瓦爾羅心中十分明白居民代表話中的真意，所以只帶著招募到的士兵就匆匆出城了。凱撒當然不會眼睜睜地放走他們，瓦爾羅率領的士兵只稍作抵抗就繳械投降了，全部士兵連同兩位將領都被俘虜了。

凱撒允許投降的士兵自由選擇去留。多數的士兵都是臨時招募來的，所以大多選擇了回家，其餘的則投奔到凱撒旗下。凱撒並沒有記錄這時有多少士兵投奔到他手下，不過估計數量應該不會太多。凱撒也給了瓦爾羅及普庇烏斯去留的自由，只是受龐培悉心培養的這兩人，還是選擇了投奔龐培。

此時的凱撒與在高盧戰役時不同，是與自己的國民為敵，所以對俘虜的處理，凱撒當然有不同的考慮。實現了兵不血刃地入城之後，凱撒召集了奧西摩的居民，表示不會忘記感謝他們的行動。

在奧西摩的附近有個叫珍古里的村落，是曾為凱撒副將的拉比埃努斯的故鄉，他把私人財產都投入了村莊的發展。這對平民出身的他來說，就像是衣錦還鄉般的榮耀了。珍古里的人聽說了凱撒對奧西摩居民的態度之後，也派代表到凱撒那裡，表示他們願意投奔到凱撒的旗下。凱撒向珍古里的居民提出了提供兵力的請求。由於這只是個小村落，凱撒也知道他們可以提供的兵力有限，但是這對凱撒來說，是報復背叛了自己而投奔敵方的拉比埃努斯的良機。而凱撒也沒有忘記記錄下當時的情形：

「他們遵守諾言，把士兵送來了。」

二天之後，也就是二月五日，凱撒很快就進入了距奧西摩以南四十公里處的費爾摩，正一步一步地逼進龐培的地盤。

此時，凱撒在渡過盧比孔河之前所招募的兩個軍團中的第十二軍團，經過長途跋涉，也從高盧中部的冬營地趕到了。自此，凱撒率領一直跟隨他的第十三軍團和剛剛抵達的第十二軍團，向著阿斯科里皮伽諾出發了，那裡是龐培的私有地中心。西元前五十七年龐培派的廉托魯斯帶著十個大隊駐守在那裡。凱撒捨沿海平坦的道路而選擇了位於內陸的阿斯科里皮伽諾，就是因為他不可能對有十個大隊駐守的龐培根據地置之不理而繼續進軍。

但是，對這裡的進攻竟是出乎意料地容易，因為廉托魯斯在得知凱撒正向城中逼進之後，已經慌忙逃走了。他本打算帶著十個大隊一起離開，可是士兵們不肯服從命令，只好帶著幾十人逃走。途中，遇上龐培派遣前來的比華利斯．魯布斯。魯布斯把跟隨廉托魯斯的士兵編入自己的軍隊，而任由廉托魯斯逃走了。

得知凱撒逼近而逃走的，並非只有廉托魯斯一人：有與六個大隊一起逃走的人，也有原先為龐培招募兵力卻隨著招集來的士兵一起逃走的人。雖然如此，魯布斯還是把剩下的士兵湊合在一起組成約十三個大隊，然後往柯爾費尼奧方向出發了。按照計畫，代替凱撒而被任命為高盧總督的阿赫諾巴布斯，此時應該已帶領二十個大隊到達了柯爾費尼奧。在這個只要通過巴勒利亞大道二天之內便可抵達首都羅馬的山城，龐培派準備對凱撒進行第一次大規模的反擊。

三十三個大隊，相當於三又三分之一個軍團。而正在逼近中的凱撒戰力，則有跟隨他一起渡過盧比孔河的第十三軍團，以及從高盧趕到的第十二軍團，一共是兩個軍團，加上被俘之後選擇在凱撒手下戰鬥的士兵以及招募到的新兵。到底一共有多少人，凱撒並沒有記錄。無論如何，凱撒率領兩個訓練有素的軍團和其他一些兵力抵達柯爾費尼奧的時間，是二月十五日。同樣是寒冬裡的行軍，不過，對具有在北部高盧戰鬥經驗的凱撒軍隊的老兵來說，南義大利的冬天並不是那麼可怕。一接近柯爾費尼奧，士兵們便開始了駐紮地的建設。

柯爾費尼奧開城

在柯爾費尼奧嚴陣以待的阿赫諾巴布斯，對以三十三個大隊是否能守得住城市並沒有信心。此時，原駐守高盧北部的第八軍團，為了與凱撒會合，經過長途跋涉已經進入義大利。如果他們一會合，凱撒將擁有三個軍團約三十個大隊的戰鬥力。這樣，攻、守兩方的戰力將不相上下。

阿赫諾巴布斯感到十分不安，便請求龐培派遣援軍。龐培此時正在離柯爾費尼奧以南不過一百二十公里之處的魯徹里亞。他手下有從凱撒手中收編的兩個軍團，加上招募的新兵，約有三十個大隊的戰力。阿赫諾巴布斯本以為只要以自己手中的三十三個大隊和龐培的三十個大隊，從兩面夾攻凱撒的三十個大隊就可以獲勝。

但是，在得知凱撒正向柯爾費尼奧進軍之後，按常理應該北上柯爾費尼奧的龐培，卻打算南下卡諾沙——魯徹里亞以南約六十公里處的一個城市。對龐培的計畫全然不知的阿赫諾巴布斯，正竭盡全力準備迎頭痛擊凱撒。他不僅加強城中的防禦工事，並對士兵許下諾言：戰勝凱撒之後，願意從他在義大利的私有地中，分給每個士兵相當於三．七五公頃的土地。

凱撒的軍隊自二月二十五日抵達之後，一刻都沒有放鬆，一直在積極準備進攻。那時，有人報告凱撒說，在離柯爾費尼奧十多公里之外的斯爾莫那居民雖然想投奔到凱撒旗下，但是由於城中有七個大隊守衛著，所以居民們不敢輕舉妄動。凱撒馬上命令安東尼率領五個大隊前往。城中的居民得知凱撒的軍隊正在接近，便打開城門歡迎。甚至連原來準備迎擊凱撒的士兵都加入了歡迎的行列。而兩位龐培派的指揮官也都成為俘虜。安東尼當天就帶著這兩人回到凱撒的營地。凱撒把幫助自己實現了兵不血刃地入城的原龐培派七個大隊編入自己的軍隊，同時釋放了兩名指揮官。

攻城的準備仍在繼續。除了包圍網的建設之外，還要準備糧食的供應。凱撒在渡過盧比孔河之後，也就是在內戰爆發之後，嚴格禁止掠奪之類的暴力行為，所以兵糧都是向居民購買。

此時，繼第八軍團之後，由法國南部屬省的高盧人所組成的「雲雀軍團」的二十二個大隊也抵達了。凱撒於是命令增加修築一個陣地，除了收容上的問題之外，也有戰略上的考慮。第二陣營的負責人由古里奧擔任。當時凱撒對古里奧的重視，甚至在安東尼之上。

看到凱撒方面戰鬥力倍增而被嚇倒的防守一方，此時卻又到了更大的打擊，那就是龐培的回信。龐培在信中說：在柯爾費尼奧迎戰凱撒並非自己的戰略，而是阿赫諾巴布斯自己隨意的決定，所以不會派遣援軍前來。不僅如此，龐培還命令防衛的軍團全軍撤退，前往與龐培會合。

此時，凱撒的包圍網只差一步就完成了。以這樣的狀況，要帶領少說也有三十三個大隊的二萬士兵出城而不讓敵方發覺，是不可能的事。而且沒有了龐培的援軍，只依靠自己手中的兵力，阿赫諾巴布斯也沒有自信可以突圍。要不然的話，就只帶著自己及城中要人的家眷出城吧！阿赫諾巴布斯雖然沒有公布龐培的回信，卻還是把自己的煩惱對指揮官們說了。像水波一樣在軍中擴散的謠言，因為阿赫諾巴布斯沒有對此表示出明確的態度而得到了證實。士兵們都慌了手腳，三五成群，私下議論紛紛。有人說司令官阿赫諾巴布斯只顧自己逃走，甚至連逃走的準備都做好了。既然如此，我們也只有為自己尋找出路了。

結果，士兵們包圍並逮捕了阿赫諾巴布斯，然後派代表到凱撒那裡，傳達了他們的決定。說他們準備打開城門，服從凱撒的命令，並將押送阿赫諾巴布斯前來。

無須付出任何代價便可以達到目的，這對誰來說都是值得高興的事，而對急於南下的凱撒來說更是格外的驚喜。雖然凱撒對夜裡來訪的防衛兵代表的話並沒有完全相信，還是偽裝相信的樣子。他首先對他們的決心表示讚賞，並要求他們守住城中要塞，等待天亮。因為如果連夜進城，一定會引起混亂，所以凱撒才作出等天亮再入城的決策。

除了士兵代表之外，城中的要人也派來了使節，這人便是凱撒在阿斯科里皮伽諾不流血開城時逃亡的廉托魯斯。他本來要投奔龐培的，可是在途中的柯爾費尼奧又遇上了凱撒，不過這一次他已是無路可逃了。廉托魯斯在凱撒面前做了冗長的辯解，說自己是為城中的要人以及他們的家眷而來請命的。凱撒並沒有馬上回覆，所以當夜他便返回城裡了。

第二天，也就是二月二十一日清晨，凱撒首先命人帶來城中的要人以及他們的家眷。為了防止城中的士兵對這些人動武，凱撒派出他的部下把他們帶出城。

所謂的要人，就是元老院議員阿赫諾巴布斯、廉托魯斯以及魯布斯三人、審計官兩人、阿赫諾巴布斯的兒子等羅馬的貴族青年，以及當時被稱為「騎士」的商人和將領。凱撒只是發表了簡短的講話之後便把這些人全部釋放了。城中的士兵發誓要與凱撒一起戰鬥，凱撒便把他們編入軍中。在當天下午，凱撒就繼續南進了。

前面也提過，自開戰以來，凱撒把俘虜到的龐培派的人都釋放了。而在柯爾費尼奧釋放他的繼任者——他的強敵阿赫諾巴布斯，給人們留下了深刻的印象。得知凱撒這個舉動的西塞羅，在給朋友的信中寫道：

「你看這是多麼不同！寬恕敵人的凱撒與拋棄自己人的龐培！」

西塞羅不僅只對朋友發發牢騷而已，還寫信給凱撒對他大加讚賞。雖然是在行軍途中，凱撒還給西塞羅寫了回信：

「凱撒致西塞羅：

您是十分理解我的人，我的行為舉動，從各個方面來看，都沒有殘忍性。您的這種評價應該是可以相信的。這樣的舉動本身，已使我感到十分滿足。連您都對我的行為表示讚賞，真是令我不勝欣喜。

即使從我這裡獲得自由的人，將來再把矛頭指向我，我也不會因此而感到後悔。我對於自己的要求，就是忠於自己的信仰，所以認為他人也理應如此。」

龐培放棄本國

雖然沒料到凱撒會以那樣的方式進入柯爾費尼奧城，但是自從拒絕派遣援軍之後，龐培也有了明確的打算。也許沒想到柯爾費尼奧這麼快就落入凱撒手中，不過經由卡諾沙直奔布林迪西的龐培、兩位執政官以及元老院議員們，再也無心在撤退途中停步了。柯爾費尼奧開城的四天之後，也就是二月二十五日，龐培抵達通往希臘的主要港口——布林迪西。預料到龐培意圖的凱撒，在接收了柯爾費尼奧之後馬上南進，就是想在國內解決與龐培的抗爭。

在率軍南下的途中，凱撒也沒有捨棄外交手段。在凱撒的軍隊中，有一個原是龐培派的將領，凱撒讓他自由選擇去留時，他最後選擇了跟隨凱撒。凱撒命他帶給龐培一封親筆信。信的內容如下：

「雖然至今仍未有機會與龐培直接對話，現在自己正向著布林迪西前進。為了國家，也為了我們兩人的將來，希望能夠直接與龐培對話。與其依靠使節傳達，不如兩人親自對話更有利於相互的溝通和理解。」

凱撒雖然沒有放棄嘗試使用外交手段，更沒有放棄繼續率軍南下。訓練有素的第八、第十二、第十三軍團，加上「雲雀軍團」、從龐培方投降過來的士兵，逼向布林迪西的凱撒軍隊已經增加到六個軍團。如果以大隊來計算，有六十個大隊。相反的，已經抵達布林迪西的龐培軍，在湊合起來的兵力中，竟然有九個大隊一起投奔了凱撒，只剩下五十個大隊。龐培軍中的每個人都只有一個念頭，那就是如何逃離義大利。

三月四日，抵達布林迪西不過一週的時間之後，龐培與元老院派的人，繼放棄首都之後又放棄了國家。但是一時找不到足夠的船隻來運送三萬的人馬，而龐培也無心再等下去，所以只好分兩次行動。首先由兩位執政官率領三十個大隊出港，龐培與其餘的二十個大隊則暫時留在布林迪西。運送船隊橫渡亞德里亞海並讓士兵們在希臘西部上岸之後，再返回布林迪西接應龐培與其他人馬。

此時，龐培才給凱撒寫了回信，信中拒絕了凱撒所提出的以首腦會商來解決問題的建議。他的理由如下：

「這種作法將背叛一直跟隨著我至此的人，所以無法接受。」

就在兩位執政官及三十個大隊出港五天之後的三月九日，凱撒自己也抵達了布林迪西。凱撒抵達之後，再次派遣使者到布林迪西港附近的龐培營地，要求與龐培進行首腦會商。龐培又再次拒絕了。然而這一次的理由是——「未與兩位執政官商量，無法作決定。」

也許龐培害怕只有他與凱撒的會談，會像當年的「盧卡會商」一樣，最終只能順著凱撒的意志行事。要不然，就是龐培相信凱撒所要求的首腦會商方式，是想要打破羅馬由元老院所主導的現行體制。也許是他領悟到十年前的「三巨頭政治」以及六年前的「盧卡會商」，都只能作為一時的對策而不能恆常化。也或許是受西塞羅、小加圖等共和體制支持者的影響而作出的結論吧！無論如何，凱撒一直要求與龐培直接對話，而龐培每一次都拒絕了。

儘管如此，凱撒並沒有單純地依賴外交手段。凱撒抵達布林迪西之後，命令士兵馬上進行駐紮地的建設，之後又命令修築港口出入口的封鎖工事。但是，所有船隻都已落入龐培手中，所以凱撒要從海路封鎖龐培是不可能的。所謂的封鎖工事也只能說是試圖阻止龐培出港的工事而已。如果有了船隻，只要在出入口附近沉沒幾艘船便可達到目的，現在則只能從陸上搬來石頭、木柵等埋入海裡，而這也受到了龐培軍隊的阻礙。就在工事進行途中，從希臘返回的船隊進港了。船隊已經返回，龐培心中也就只有一個念頭了：出港。

三月十七日日落之後，龐培指揮二十個大隊全部上了船。半夜裡，全體船隊集中在一起強行出港了。凱撒的軍隊雖然試圖從正在建設中的堤防加以阻攔，還是無法阻止成群出港的大型船隻。由於手中沒有船隻，凱撒也無法進行追擊。凱撒打算短期內結束內戰的夢想落空了。

望著在船尾閃爍的燈火漸漸遠去，凱撒大概也意識到這場內戰將會擴大化和長期化。這一次與三十年前在義大利半島內就決定勝負的蘇拉與馬留斯派的那場內戰不同。既然已經沒有理由再留下，二天之後，凱撒就撤離了布林迪西，沿著阿庇亞大道向羅馬進軍了。龐培與凱撒這兩位當代頭號武將的正面對決真正開始了。

大戰略

在羅馬霸權之下的「羅馬世界」幅員遼闊，東起幼發拉底河，西抵直布羅陀海峽，北連萊茵河直到北海，南到撒哈拉沙漠。當時羅馬人將「地中海」視為「內海」、「我們的海」，真實地反映羅馬人的地理觀。無論是撤離布林迪西的龐培，或是竭力阻止卻未能成功的凱撒，都是在這樣的地理觀確立以後的戰略。然而確立戰略的必要條件還有一個，以正式的說法，就是同盟國。不過如果以當時羅馬人覺得親切的用語，就是"Clientes"關係。

在翻譯過程中，沒有一個辭彙像"Clientes"一樣更讓我感到為難的了。這個源於拉丁語的辭彙，如果在英語中則是"Client"。對廣告代理商來說就是贊助人，對律師而言則是委託人。這個詞與當時拉丁語中原意為「執政官」而現在已演變為「領事」的"Consul"一樣，都是典型的例子。即使形式一樣，今天的意思與原意已是大相逕庭。

雖然如此，"Consul"作為執政官的譯法在歷史上已有明確的定義，而"Clientes"卻不能按照字典簡單地譯為「被保護者」。"Patronus"不能簡單地譯為「保護者」、"Clientes"也不能簡單地譯為「被保護者」的原因，是因為這不是單方面的保護者與被保護者的關係。對共和政體時代的羅馬來說，這是自七百多年前國家建立時便存在、代表人際關係及對外關係的重要用語。

羅馬人在征服一個地方時，並非像旋風一般突然襲擊、殺戮、掠奪，然後又像旋風一般離去，而是把所征服的土地編入自己的領域。譬如締結同盟國關係的屬國，或是派遣總督直接統治羅馬的屬省。而且，就像一神教信仰的人們重視對神的誓言一樣，多神教信仰的羅馬人，十分重視人與人之間的諾言。從文明的角度來看，這種習俗也是理所當然的結果。

羅馬在布尼克戰役中戰勝迦太基之後，達到了高度成長的時期，可是體制的整備卻常常追不上成長的速度。在這種情形之下，比起國際的正式協定，個人間的人際關係顯得更為重要，也就是以個人間的關係來彌補國家體制的不完備。在共和政體時代的羅馬，以"Patronus"與"Clientes"的關係形式，作為最重要的人際關係甚至是國家關係，以及重視「君子一言既出，駟馬難追」的羅馬人民族性，正是符合了羅馬高度成長期的要求。

雖然從後代的平等觀念來看，這種關係常常被認為是屬於過去的遺物而被一腳踢開，然而如果正視現實，也就是對當時的羅馬人來說，那絕對不是可有可無的關係。

龐培因為肅清海盜，在地中海確立了"Pax Romana"（羅馬統治下各民族的和平）而成為地中海沿岸各城市的「保護者」，沿海的海港城市也成為他的保護地。另外，對在東方成功稱霸的龐培來說，東方諸國也成為他的"Clientes"。

凱撒也因為稱霸高盧而確立了與高盧各部族之間的保護者與附屬者的關係。

對"Patronus"來說，作為保護者最重要的一點就是要盡責任，保護附屬者。這種關係中的「保護」，含有保障安全的意思，也就是保護附屬者的權益不受羅馬中央政府的支配。對於已經確立附屬關係的地方，龐培與凱撒都把這些部落視為自己人，優禮有加，十分熱心於整頓當地秩序、發展經濟。

那麼，作為附屬者又應該盡什麼責任和義務呢？

他們的責任和義務就是當保護者有需要時，提供保護者必要的協助。我沒有翻譯成「保護者」與「被保護者」而只是按照原文寫為“Patronus”與“Clientes”的原因也是在此。因為“Clientes”的關係，並非單方面的關係，而是相輔相成的關係，而且在實際問題上，“Patronus”與“Clientes”有共同的利害關係，與像旋風一般突然襲擊、殺戮、掠奪，然後又像旋風一般消失式的征服不同，羅馬與它征服地的關係，自然就形成了保護與附屬的型態。

屬省向羅馬繳納的屬省稅，是另外的話題。屬省稅就是不必服兵役的屬省住民，因為擁有羅馬公民權而必須對有義務（或者是志願）服役的羅馬公民支付安全保障費。

在共和時代的羅馬，國家體制追不上國家成長的速度。“Patronus”與“Clientes”的關係，常常是以國家間共存關係的型態出現。比如，作為獨立國家並與羅馬締結同盟關係的埃及，也因為龐培幫助埃及王室復位而成為龐培的“Clientes”。

龐培並非因為害怕與凱撒對決而逃離義大利，也許龐培預料不到凱撒的盧比孔渡河以及之後迅雷不及掩耳式的行動。但對龐培來說，與其在沒有完全做好準備的狀態之下應戰，不如先撤退，對自己的“Clientes”進行總動員，等條件具備之後再與凱撒對決。而凱撒試圖阻止龐培也正是考慮到這一點。只要離開義大利半島，龐培在地中海世界就占有絕對優勢。

軍事力量並非單指可以使用的兵力、人數，而是衡量兵力的維持、補充以及能代替兵力而戰的因素等方面。

凱撒的“Clientes”分布在北義大利以及法國南部的屬省，在持續八年的高盧戰役中一直支持著他。如果以繳納的屬省稅計算，經濟力為四千萬塞斯泰契斯（古羅馬銅幣單位，英文為

Sesterce）。

另一方面，龐培的“Clientes”所繳納的屬省稅可高達二億塞斯泰契斯，其中有富裕的小亞細亞、敘利亞、經濟力很強的希臘、巴勒斯坦、埃及，加上與地中海相比雖然較為貧乏但卻可以提供大量兵力的西班牙，因為龐培被任命為該地的現任總督，所以也歸入他管轄的地盤。雖然龐培未到屬省赴任，可是他手下的三位將領以七個軍團統治當時的伊比利半島。而非洲屬省的歷任總督也是由龐培派任的，所以也屬於龐培的地盤。

此外，還有龐培在掃蕩海盜作戰之後成為他“Clientes”的馬賽等海港都市。這些海港“Clientes”可為龐培提供船隻及作戰基地。

對龐培來說，這一次的撤退，不過是暫時讓出本國羅馬而已。龐培開始在腦海中醞釀著壯大的戰略了。那就是從東方、西部、非洲的東、西、南三方面圍攻只擁有義大利和高盧的凱撒。對連海上霸權都控制在手的龐培來說，這並非不可能的事。

然而不管政治也好、軍事也好，並不像數學一般，一加一就會等於二，有時會等於三或四；相反的，結果也可能只是〇．五。凱撒手中所掌握的雖然只是從盧比孔河到墨西拿海峽的羅馬本土，卻也正因為是在羅馬本土上，擁有其他地方所沒有的有利因素。而龐培卻忽略了這一點。後來暗殺凱撒的布魯圖斯或是打敗布魯圖斯的安東尼，都忽略了這種無法用數字或形狀來表示的有利因素。然而凱撒卻沒有忽略這一點——即使當時有電腦，也無法計算出這種有利因素是如何的重要。之後，成為凱撒繼承人的屋大維也認識到了這一點，證明了他無愧於凱撒後繼者的稱謂。

凱撒雖然只能在岸上眼看著龐培的船隊離去，不過在開往羅馬的前二天，凱撒還是把應該做的都做到了。

船——因為周邊可以使用的船隻都被龐培奪去，現在凱撒只有兩個辦法：從高盧調派或是重新製造船隻。在這種情形之下，唯一有利的條件就是布林迪西的民眾都向著凱撒。凱撒命令當地民眾用半年的時間來製造足以運送十個軍團的船隻。面對掌握地中海霸權的龐培，凱撒能否擁有船隊是防衛本國羅馬的重要條件。

糧食——並非只是凱撒的軍隊所需要的糧食而已，從盧比孔河到墨西拿海峽的義大利半島，也就是羅馬本國，自二百年前的第二次布尼克戰役結束之後，就放棄了自給自足的路線。作為羅馬人主食的小麥，都是從西西里、薩丁尼亞二島和北非的三個屬省輸入。然而這些糧食供給地與義大利都是隔海相望，掌握海上霸權的則是龐培一方。

自從斷然渡過盧比孔河以來，在短短二個月的時間內，凱撒未損失一兵一卒就取得了義大利半島的控制權。然而，是否能夠讓本國人民的人心傾向自己這一邊的條件，第一是安全，第二是要確保糧食的供給。

對於第一個問題，凱撒的軍隊公開宣稱「我等不是蘇拉」，對留在羅馬龐培派的人並沒再加以迫害。凱撒並且嚴禁手下士兵掠奪以及其他暴力行為，而士兵們也都遵從凱撒的命令。

至於第二個問題，如果不盡快找到解決方法，情勢將會變得有利於敵方。早在西元前五十七年之後就擔任「糧食局局長」的龐培，當時並非為反對凱撒而是為了確保對本國糧食的供應，派遣自己的部下分別統治西西里、薩丁尼亞以及北非的三個屬省。

凱撒首先派出小部隊控制薩丁尼亞島，又派遣古里奧前往占領西西里島。在西西里，有反凱

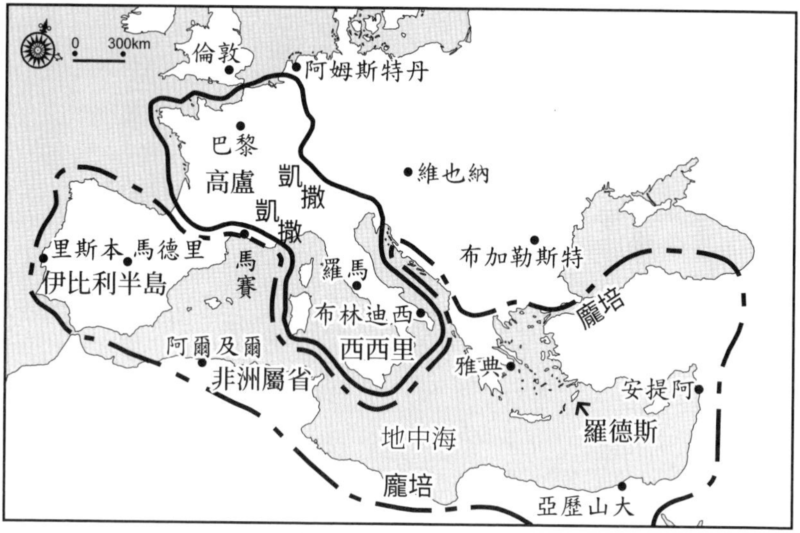

西元前 49 年兩雄的「地盤」

撒的急先鋒小加圖在駐守。然而在這一次以確保糧源為第一目標的軍事行動中，凱撒並未派遣訓練有素的軍團，而是派出了在這二個月間從龐培一方投奔過來的士兵。凱撒原有的軍團，將跟隨他執行更為艱鉅的任務。

在龐培出港之後的二天中，凱撒發出各種指示，然後率領他的軍團從布林迪西出發，沿著阿庇亞大道，直指首都羅馬。當時為西元前四十九年三月十九日。內戰的第二幕自此拉開了序幕。

從布林迪西到羅馬約有整個義大利半島的一半距離，凱撒只花了十二天的時間。

三月二十五日抵達貝尼文坦，二十六日抵達加普亞。此時，在馬不停蹄直奔首都的凱撒腦海裡，甚至連龐培的性格都估算在內、有關於內戰第二幕的腳本完成了：那就是「西進」。

在加普亞，也就是從首都羅馬向南的二大幹線——拉提那大道與阿庇亞大道會合的要地，凱撒向全體元老院議員發出了四月一日在首都羅馬召開元老院會議的召集令。之後又沿著阿庇亞大道繼續北上的凱撒，在途中只做了一次停留。

西塞羅對策

身為一級律師，又對哲學和政治有濃厚興趣的西塞羅，就他個人的觀點而言，對凱撒的評價比龐培還要高，而且視凱撒為文學上的唯一同志。然而，作為當代一流的有識之士，西塞羅在政治上的立場與凱撒無法取得一致。西塞羅認為元老院主導的少數領導制，也就是只有羅馬傳統的寡頭政治才合乎國家羅馬的國體。

西塞羅雖然與凱撒的立場不同，但他並非是執迷不悟的「元老院派」——現行體制堅持派。身為知識份子，西塞羅的理想就是希望像布尼克戰役結束前的羅馬史所啟示的那樣，期待一個讓優秀的人才為國家無私奉獻的政體。這個時期的西塞羅，最強烈的願望就是：羅馬的二強——龐培與凱撒能夠聯手治理國家。

然而，因為憎恨凱撒而一心想置他於死地的「元老院派」所發出的「元老院最終勸告」，以及凱撒不肯低頭屈就，強渡盧比孔河，這一切，使西塞羅的理想破滅了。在元老院把凱撒視為國賊而發出「元老院最終勸告」時，西塞羅也投了贊成票。在凱撒渡過盧比孔河之後，西塞羅認為行動要前後一致，所以也跟隨龐培一起行動。但是西塞羅只跟隨放棄首都之後的龐培沿著阿庇亞大道走了不過十分之一的路程，便選擇在中途下車。從他許多的書信中可以看出，他覺悟到從做人的觀點來看，無論如何不能只依靠龐培。這並非說龐培是不誠實、不可靠的人物；相反的，龐培是正直坦率的男子，甚至還尊敬與他同年的西塞羅，問題在於「力量」。自龐培從東方凱旋之後，西塞羅對他的力量逐漸失去信心。儘管如此，從西塞羅的政治思想觀點來看，即使他已經充分意識到龐培的力量不足，也沒有可能與凱撒聯手合作。為此煩惱不已的西塞羅，只好選擇了折衷的姿態，躲入他在佛米亞的別墅。然而凱撒的前進與龐培後退的消息都一一傳入躲在臨海別墅的西塞羅耳中。這並非是友人傳來這麼多的消息，而是他一直不停地向友人亂發信函，詢問其中的詳情細節。歸根究柢，西塞羅畢竟不是那種可以隱居的人。就在那裡，西塞羅收到了正在北上途中的凱撒的信。

「凱撒致西塞羅：

我與我們共同的友人佛尼斯（凱撒的祕書）只是匆匆會了一面而已，所以沒有時間詳盡詢問您的近況。

我本人正率領軍團在急行軍的途中，但還不至於沒有辦法給您回信——您一直給我寫了那麼多信。

在此對您有一個請求：我希望能盡快趕到羅馬，希望能夠在羅馬與您會面。我現在非常希望、也很需要得到您的忠告，如果能夠借助您的權威，在各方面得到您的協助，將不勝榮幸。

詳情待會面之後再敘，匆匆數語，盼見諒。送信的佛尼斯會傳達信函中未盡之處。」

接信之後，西塞羅大吃一驚。現在在義大利境內掌握武力的是凱撒，龐培已經逃到希臘了！是凱撒寫信給他說要在羅馬會面！四月一日在首都召開元老院會議的召集令也已經傳達到西塞羅所在的佛米亞村了。「希望能夠在羅馬與您會面」也就是意味著「請務必出席元老院會議」。這時如果響應凱撒的號召，就等於日後將會被龐培派視為凱撒派，然而在義大利掌握軍事大權的又是凱撒。遲疑不決的西塞羅甚至寫信給凱撒的密友馬提烏斯，希望能夠得到他的建議。當然，西塞羅也馬上寫信給他無話不談的好友阿提克斯。對西塞羅來說，這是燃眉之急的事了。「送信的佛尼斯會傳達信函中未盡之處」中的「未盡之處」意味著凱撒將會順道到西塞羅的別墅拜訪他，並就信中所提及的內容與他磋商。位於佛米亞的西塞羅別墅，連著阿庇亞大道又面向大海，作為別墅，是百裡挑一的好地方。選擇這個資產價值很高的地方作為房地產投資，說明西塞羅有很好的經濟眼光，不過此時卻顯得事與願違了。

「西塞羅致阿提克斯：

今天，三月二十七日，一邊在寫這封信，一邊在等待著托勒巴提斯（西塞羅同鄉的青年，因西塞羅的推薦而成為凱撒的祕書）。我打算在聽到他與馬提烏斯的建議之後再決定如何應付凱撒。無論如何，這真可以說是度日如年的日子，凱撒一定會用武力威脅我到羅馬的。四月一日召開元老院會議的召集令也已在佛米亞公告，真不知該如何是好。拒絕嗎？拒絕的話後果又會如何？無論如何，我都將會談的情況逐一向您報告。唉！既然如此，還不如離開此地回去阿爾庇諾。諸多勞心之事，真是不堪忍受了。」

阿爾庇諾是西塞羅的出生地，位於從拉提那大道深入內陸的山地。此時的西塞羅，早已無心從別墅欣賞什麼海上絕景了。

三天之後，凱薩與西塞羅見面了。急於趕路的凱撒大概未脫下軍裝，而西塞羅大概也是以穿著元老院那有紅色鑲邊的白色外袍來迎接凱撒的來訪。這一次並非有關文學上的對談，所以兩人不會以便服相見，隨意對談，不過兩人還是很親近。五十六歲的西塞羅與五十歲的凱撒之間的對談，如果按照西塞羅寫給阿提克斯的信直譯，進展的情形如下。西塞羅原來擔心凱撒會用武力相逼，結果證明了他的擔憂完全是多餘的。

「西塞羅致阿提克斯：

充分聽從您的建議之後，我與他進行了會談。我不去羅馬的決心，一步也沒有退縮。您還記得嗎？凱撒登場之時，我們曾經爭論。但我連龐培都馴服了，要馴服凱撒更是簡單的事。如今，我只好承認我的預測是錯誤的。

他說：『您不肯到羅馬，不僅意味著不贊同我的行動，而且您也深知您的這個舉動會影響到其他的元老院議員。』

我抗辯說：『我不贊同的理由，與其他人的理由不同。』

在這一點上爭論一番之後，他最後說：『那麼，到羅馬為和平而盡力怎麼樣？』

『我可以依自己的意志行動和發言嗎？』

『難道西塞羅需要聽凱撒的指示才知道怎麼說、怎麼做嗎？』

『如果這樣，我就不客氣了。元老院不同意凱撒向駐守西班牙的龐培手下三將領進軍，也不同意向龐培所在的希臘派兵。而且我個人，對龐培的命運感到深深的悲哀。』

『噢！我並不希望您講出這樣的話。』

『我猜想也是如此。所以我不想去羅馬。對我來說，那些話不能不說，不僅如此，如果說出會讓列席的您無法保持沉默的話，那又怎麼辦？所以還是不去的好。』

凱撒站起來，對西塞羅說：『您還是再考慮一下吧！』

阿提克斯，我對他這句話，再也無法拒絕了。之後他就上路了。他當然對我的態度不會滿意。然而，就我而言，我對自己感到十分滿意。這種滿足感，已經很久都沒有辦法感受到了……。

然而，對凱撒的追隨者，我只有搖頭嘆息而已。出身於好人家的青年，都心甘情願追隨凱撒，而把矛頭指向龐培及自己的父老。凱撒的威望已經滲透到每一個追隨者，也已經滲透到軍隊的每一個角落。而且凱撒本身就是大膽果斷，可以想像得到不會有好結果的。也許真該聽從您的忠告自亂世遁隱，對於像我這樣的人來說，這是個超越想像的時代。」

從這封信中，特別是前半部份，不由使人想到：西塞羅真無愧為羅馬第一的大律師，連凱撒都被他駁倒了，考慮得更透徹的原來是西塞羅。連西塞羅本人都得意洋洋地寫道：「我不去羅馬的決心，一步也沒有退縮」、「我對自己感到十分滿意」等等。西塞羅也自以為是贏了。

凱撒的言行可說是前後一致。而西塞羅的言行在這時期，按照他的方式也還算得上前後一致。從作為元老院主導的共和政體主義者這一點來說，可以說是前後一致的。如果西塞羅堅定地忠於自己的信念，而且選擇避免以武力的對決來貫徹他的信念，應該挺身而出，在羅馬的元老院議場，堂堂正正地陳述反對凱撒的意見。這樣一來，對凱撒來說是最壞的情況。因為凱撒深知西塞羅是羅馬的權威性「媒體」。

時常不忘面對現實的凱撒，僅僅用了二個月的時間，就實現了兵不血刃地在義大利半島稱霸；然而凱撒也意識到與龐培的對決自此才開始。在這種情況之下，凱撒大概預料到支持龐培派的西塞羅，不可能突然而變為凱撒派。凱撒拜訪西塞羅的深意，在於不讓西塞羅到羅馬，也就是不讓他在元老院會議上發言。雖然在口頭上說希望他能夠到羅馬出席會議。

就這樣，連羅馬第一的知識份子西塞羅都上了當，而且他本身完全沒有意識到這一點。當然，從凱撒的立場來說，最好的結果就是西塞羅能夠站在自己這一邊在元老院發言；相反的，最壞的情況就是西塞羅站在龐培一邊發言。而他如果能夠保持中立，對凱撒也還算是好事，也就是只要他躲到別墅保持沉默就好了。

乍看起來，似乎是西塞羅始終掌握會談的主導權，而凱撒因未能說服西塞羅只好失望離去。實際上正好相反，凱撒達成了他拜訪西塞羅的目的，並且還讓西塞羅覺得「我對自己感到十分滿意」。熟諳西塞羅個性的凱撒，在演技上還是勝人一籌。

首都羅馬

西元前四十九年四月一日，在羅馬按照原訂計畫召開了元老院會議。為了使身為總督的凱撒能夠出席會議，會議只好在城外神廟中迴廊的一面召開。不允許掌握軍事力而且又有實權的總督進城，是羅馬的國法。阿赫諾巴布斯雖然被任命為凱撒的繼任者，但是因為沒有正式交接，凱撒仍以高盧總督的身份行動。附帶說一下，當時的元老院並沒有固定的會議場，只要是祭司舉行過祝聖儀式的場所都可以召開會議。

為遵守國法，凱撒並未進入城內，而是把軍隊留駐在羅馬近郊，然後就赤手空拳地出席會議了。凱撒不想步上蘇拉恐怖政治的後塵，而他這樣的作法，結果當然也與蘇拉截然不同。

凱撒自從前往高盧開疆拓土之後，已有九年未回到首都了。面對元老院議員們，凱撒首先向他們說明自己不得不違反國法渡過盧比孔河的事由，還把渡河之後自己曾經試圖與龐培進行會商的情況也說了。他辨明說自己所追求的並不是什麼特權，而是作為為國盡力的公民理所當然應該得到的權利，並且要求參與羅馬的國政。但同時，他又說：

「如果你們拒絕我的請求，我也不會推卸這個重任，國家由我一個人來治理。」

作了以上的宣言之後，凱撒當場要求元老院通過表決，向龐培派遣和平使節，元老院一致通過。然而在派遣誰當使節的問題上產生了分歧。議員們七嘴八舌，唯恐自己擔任使節之後，將會被龐培視為敵人。因為龐培與凱撒的對決，還不知最後鹿死誰手。曾被龐培威脅而仍然留在羅馬的元老院議員，也並非有明確的決心才留下來的。如果從同情他們的角度來看，他們固然不願意被龐培視為凱撒派，更不願追隨龐培拋棄國家。這種類型的人在現實世界中也並不少見。而作為這些議員意見領袖的西塞羅卻缺席了。結果只是議而不決，不過凱撒卻因此浪費了三天。

就在此時，傳來消息說凱撒的軍隊已經兵不血刃地占領了薩丁尼亞島。凱撒的軍隊一出現，龐培派的總督就被趕走了。從西西里也傳來捷報，小加圖戰敗之後已匆匆逃向希臘。控制了薩丁尼亞與西西里這兩大小麥產地，就等於確保了義大利本國的命根——糧食的供應。現在還剩下另外一個糧食輸入地——北非屬省。凱撒又命令曾經成功控制西西里的古里奧率領他占領西西里的軍隊，馬上向北非進軍。

前面也說過，由於兩位執政官都已跟隨龐培逃走，首都羅馬和義大利半島的秩序與安全維持方面就出現了問題。就像把作戰的重要任務交給古里奧一樣，凱撒把維持首都秩序和治安的任務交給了身為元老院議員的兒子卻違反父意而效忠於凱撒的年輕人——雷比達。沒有得到元老院協助的凱撒，實踐了他「一個人來治國」的宣言。

不過，凱撒還是委任雷比達負責內政——這個最重要的職務。雷比達在蘇拉死後率領「平民派」起義，然而不久之後又失敗，西元前七十八年，執政官雷比達的兒子原來就是凱撒派，之後與安東尼、屋大維一起組成第二次「三巨頭政治」。

凱撒決定不把軍事力量放置在國內，他認為以軍事壓力對付羅馬公民是行不通的。他交給雷比達的任務，就是要他不使用軍事力，在本國內維持秩序。

對外的防衛由護民官安東尼擔任。安東尼後來也成為第二次「三巨頭政治」中的一人。

此外，凱撒又以與安東尼並立的形式，命令兩位年輕將領奪取亞德里亞海的控制權。其中一人是安東尼的弟弟，另外一人是出身於名門貴族的都拉貝拉。都拉貝拉是西塞羅的女婿，連女婿都成了凱撒派，不由得令西塞羅感慨萬千。

凱撒交給安東尼的弟弟以及都拉貝拉少量船隊和二十個大隊，命令他們奪取亞德里亞海的控制權。此外，凱撒還有一個目的，就是藉此確保他率軍到希臘時的安全以及阻止龐培再奪回本國。

凱撒雖然深謀遠慮，試圖做到面面俱到，但還是未能萬事如意。讓他頭痛的地方，就是龐培不僅在地中海擁有眾多的“Clientes”，手中還掌握龐大的海軍。除了放棄本國這一點之外，龐培在各方面占有絕對的優勢。不僅如此，龐培還得到壯年領導階層的支持。與之相比，凱撒所擁有的只是可以稱得上領導階層後備軍的年輕一代。因為與代表現行體制的龐培對立，凱撒代表了改革派。龐培雖然只比凱撒年長六歲，集中在他周圍的都與他同輩。而凱撒的手下，則是比五十歲的凱撒要年輕一代以上的青年男子。古里奧、安東尼、都拉貝拉都不過是三十多歲而已。他們雖然有充沛的熱情和體力，經驗上卻嫌不足，因此凱撒必須事事親臨前線指揮。在高盧戰役時的「右腕」——拉比埃努斯的投敵，更使凱撒深感切膚之痛。

然而世界上的任何事物，都有正反兩個方面。雖然凱撒不得不事事站在前線指揮全局，可是他的有利條件，就在於他本身以及追隨他的全體官兵，一直都在經歷戰鬥的考驗。相反的，受壯年領導階層支持的龐培以及追隨他的將領，除了拉比埃努斯之外，都已經離開戰場十五年了。

有時候，當一個人對他人雖然未能完全信任，卻不得不依靠他人時，就必須要有孤注一擲的心理準備。在阻止龐培出港失敗之後，凱撒大概就是這種心態吧！既然已經跨出第一步，只有繼續前進了。當時，還只是四月上旬，如果按實際計算，大概只是三月前後的事。適合戰鬥的季節，則要等到半年之後。然而，凱撒已下定決心要在這個季節「西進」。而且還命令駐紮在阿爾卑斯山以北高盧地區的六個軍團，南下占領西班牙。

現在擺在凱撒面前的另一個問題，就是資金的問題。據擔任財務官的巴爾布斯向凱撒報告說，金庫已經空了，而同時他也沒有忘記報告說在撒頓神廟的地下國庫還是原封不動。凱撒原以為兩位執政官在逃離首都時，已把所有的財物都帶走了，現在聽到這個消息，不禁喜出望外。

關於之後的插曲，凱撒在《內戰記》中並未提及，我們只能從普魯塔克的《列傳》中得知一些資料。《列傳》中有很詳細的原始資料，可是這段插曲，給人一種似是而非的感覺，因為作為事件舞臺的撒頓神廟，位於公共集會廣場之內，而當時還只是總督的凱撒，是不被允許進入市內的。如果退任屬省總督而出任獨裁官之後，就可以自由出入市內。而凱撒卻是在那一年的年底才成為獨裁官的。史學家記載了這一段似是而非的插曲的理由，表示從凱撒的性格和行為來判斷，這並不是不可能發生的事。而且普魯塔克以及其他的史學家都認為這一段記載有介紹的價值。它的過程如下：

進入公共集會廣場的凱撒，在市民的注視中筆直走向撒頓神廟。然而來到神廟前時，護民官梅特魯斯 (Metellus) 試圖阻撓，抗議說按照法律規定，除了執政官以外的任何人，都不得擅自打開國庫。凱撒回答說：

「武力的時代有別於法的時代。即使我的行為違逆你的意思，也請你保持沉默。戰時不允許對什麼都可以自由發言。在我與龐培和解，雙方都放下武器之時，你要說什麼都隨時奉陪。」

正在這時，凱撒的部下報告說找不到打開國庫的鑰匙。大概是龐培派在逃離羅馬時把鑰匙帶走了。凱撒命人叫來鐵匠，準備打開國庫。護民官梅特魯斯再度提出抗議，觀望的群眾中也響起贊同梅特魯斯的聲音。

此時，凱撒聲色俱厲地對護民官說：「如果再抗議的話，一律格殺勿論。」之後，他又壓低聲音說：「你這毛頭小子應該清楚，我要你的命比我開口還省事。」

這就足夠了。年輕的護民官頓時面無人色，噤若寒蟬。

這一次，凱撒從國庫中搜括了一萬五千根金條、三萬根銀條，和大約二十九噸價值約三千萬塞斯泰契斯的銅幣。這樣，軍用資金的問題也解決了。

不僅是蘇拉和凱撒，古代的人都十分熱衷於獲得金銀財寶。因為那個時代沒有紙幣。支付軍餉、籌備兵糧、鋪設道路、支付國家以及地方公務員的薪水等等，這些都是用金、銀貨幣來支付。那個時代尚未有造幣。

三月十七日深夜，龐培撤離布林迪西港。

三月三十一日傍晚，凱撒抵達羅馬。

四月七日清晨，凱撒從羅馬出發。

從羅馬率軍出征西班牙之前，凱撒成功地在元老院通過了一項法案。形式上，法案由法務官羅西阿斯提出，所以稱「羅西阿斯法案」。規定盧比孔河以北的北義大利屬省，也就是羅馬人稱為阿爾卑斯山以南的高盧(Cisalpine Gaul)屬省住民享有羅馬公民權。這是凱撒報答在高盧戰役中，在後方全力支援過他的北義大利屬省住民的一項政策，也是他拉攏民心的一種手段。根據這條法案規定，除了西西里與薩丁尼亞兩島之外，羅馬本國便擁有了與現代義大利國家同樣的版圖。自此，盧比孔河已不再是國境了。

西進

如前所述，地中海的控制權完全掌握在龐培手中，凱撒連船隻都沒有，所以只好率軍從義大利經陸路準備攻打龐培手下三個將領駐守的西班牙。在地中海西部的戰鬥，可以說是內戰的第二幕。這一次，凱撒率領跟隨他渡過盧比孔河，並且幫助他在義大利稱霸的三個訓練有素的軍團，同時命令在中、北部高盧過冬的六個軍團一起出動。這一次，凱撒投入了在高盧戰役中戰鬥過的全部軍團，打算一舉肅清龐培在西班牙的勢力。在西班牙嚴陣以待的，是三位將領率領下的七個軍團，加上在當地招募的士兵共有九萬的兵力。

就在這時，意想不到的事情發生了。四月七日離開羅馬的凱撒和三個軍團，沿著奧雷里亞大道北上，經過熱那亞，順利進入法國南部屬省。抵達馬賽時，是四月十九日。自從迦太基滅亡之後，馬賽就名副其實地成為西地中海最繁華的海港都市。凱撒就是在馬賽，遇到了障礙。

馬賽的歷史比羅馬還悠久，最早興起於希臘人的殖民海港都市。希臘民族並非只是會創造敘事詩、哲學和悲劇的民族，在商業和海運上也具有超群出眾的才能。希臘人的城市馬賽，在文化上雖然沒有偉大的成就，卻是十分繁榮的商業都市。作為商人，對時代的變遷當然是十分敏感，在迦太基與羅馬爭奪霸權的時代，馬賽毫不遲疑地站在羅馬一邊。羅馬打敗迦太基，奪取西地中海的霸權之後，雖然把馬賽收入自己軍事勢力的範圍之內，同時也允許馬賽在承認羅馬霸權的條件之下，以獨立國家的形式繼續存在。羅馬則將馬賽領地之外的法國南部劃分為屬省，卻尊重馬賽本身的獨立。由於龐培肅清了地中海的海盜，羅馬統治之下各民族的和平（"Pax Romana"）使地中海的海上貿易暢通無阻，為通商立國的馬賽帶來無比的繁榮。在這一點上，馬賽也是龐培的"Clientes"關係網中的一部份。

不過，馬賽人不肯給凱撒打開城門，並非因為他們是親龐培派，原因在於他們是商人，商人只靠感情是無法推動的。讓凱撒吃閉門羹，是因為他們在等待凱撒的失敗。凱撒在高盧中、北部稱霸之後，一直積極發展當地的經濟，而站在最前頭的，就是住在義大利具有希臘血統的羅馬公民。這些人繼承了希臘人的經濟才能，又享有羅馬公民的特權。對在此之前一直壟斷與中、北部高盧通商活動的馬賽來說，他們是很強的競爭對手。馬賽人認為是凱撒破壞了他們的壟斷市場，所以對凱撒沒有好感。在這裡，就要爆發龐培與凱撒的抗爭。但對馬賽人來說，這是為他們肅清海盜的人與奪去他們市場的人之間的對決，所以他們讓後者吃閉門羹並不是沒有道理的。而且龐培也會毫不遲疑地支援馬賽，因為"Patronus"有責任在他的"Clientes"陷入困境之時援助他們。馬賽人以為現在的龐培還像當年掃蕩海盜時一樣英勇果斷。

這對凱撒而言是事先預料不到的情形，卻又不能對強勢的馬賽置之不理。「西進」並非只是打擊龐培在西班牙的勢力，在向龐培所在地的希臘進軍之前，要把西地中海控制在手，以消除後顧之憂。對凱撒來說，占領馬賽有重要的意義，因為只要從馬賽橫渡海灣便可抵達西班牙。

凱撒認為要占領馬賽這個海港都市，必須從海、陸兩方進行攻擊。不過馬賽位於半島的尖端，這是最適合於防衛的位置；此外，馬賽擁有強大的經濟力，在海路、陸路都形成了非常堅固的要塞。在這種情形之下，只能採取持久戰的策略，而凱撒卻無法再等待下去了。

馬賽攻防

用羅馬軍團的技術來建造陸上封鎖網，花了兩週的時間。同時，凱撒的軍隊在附近的亞耳建造準備從海上進擊用的十二艘船隻。做好從陸路進擊的準備之時，是五月四日。馬賽攻防戰就此拉開了序幕。

馬賽方面已估計到會發生武力衝突，早就做好準備，貯藏了大量的糧食和武器，又從外部補充了充足的兵力。這一次的攻防戰，似乎與凱撒速戰速決的意圖相反，可能會變成長期持久戰。這時的龐培也忠實地履行了作為"Patronus"對於"Clientes"的責任，委任在柯爾費尼奧曾被凱撒降伏之後又被釋放的阿赫諾巴布斯為防衛總指揮官，並且派出十六艘軍艦的援軍。龐培雖然沒有親自出馬，卻是實施在他腦海中所醞釀的地中海戰略。

馬賽的攻防戰持續了一個月之後，凱撒認為不能再推延與在西班牙的龐培軍的對決了。因為軍團長法比烏斯已經率領三個軍團的先遣部隊從高盧開往西班牙，長期下來，他們的處境將十分危險。

於是，凱撒只好把原先準備帶往西班牙、由軍團長提波紐斯所指揮的三個軍團留在馬賽，命令這三個軍團從陸路攻打馬賽。海路的攻擊，則由曾經在高盧戰役中戰勝大西洋沿岸的維奈特族、有海戰專家之稱的狄奇阿斯．布魯圖斯來指揮。

凱撒自己帶著從義大利一直追隨著他的三個軍團和九百名騎兵，從馬賽向西出發了。經由納邦翻越庇里牛斯山脈、到達巴塞隆納以西一百三十公里處的利里達時，是六月二十二日。就在那裡，凱撒與法比烏斯指揮下的三個軍團會合了。

在利里達也有龐培所派遣的將領駐守，此人就是在柯爾費尼奧陷落時被凱撒所釋放的魯布斯。魯布斯指示將原分為兩股的龐培五個軍團合併為一，形成了與法比烏斯三個軍團對峙的局面。就在此時，凱撒到達了。如果沒有馬賽的問題，凱撒是打算率領九個軍團速戰速決的，而現在只有六個軍團可以調動。如果以軍團計算，只比敵方多出一個軍團。但是，敵方的一個軍團是定額的六千人，而凱撒的一個軍團，在經歷了長達八年的高盧戰役之後，最多也只有四千五百人。而且敵方尚有龐培的八十個大隊約四萬八千人的原居民的兵力。在內戰第二幕最重要的戰鬥——西班牙戰役中，雙方戰力的對比如下：

——**龐培方面**

五個軍團的重步兵加上當地的兵力共有七萬八千名步兵、五千名騎兵。由阿法拉紐斯和佩里阿斯兩將代替總司令官龐培指揮。此外，另一位將領瓦爾羅則率領兩個軍團在西班牙南部待命。

——**凱撒方面**

六個軍團二萬七千名重步兵、三千名騎兵，當地兵人數為零，這是因為他們的出身地——西班牙全境都屬於敵方。

凱撒曾經稱龐培的軍隊為「無頭之兵」。然而事情並非只靠誇口就可以解決的。在此，再次引用《內戰記》中的部份，也就是在第Ⅳ冊〈凱撒與金錢〉中介紹過的一段話。

「於是凱撒向大隊長、百人隊長借錢，然後將這些錢當作獎勵金發給全體士兵。這種舉動堪稱一石二鳥。為避免自己血本無歸，指揮官們便全心投入戰事。而士兵們為報答總司令官的慷慨而奮勇作戰。」

凱撒是否真的因為金庫空虛才使出此策，令人十分懷疑，以他在羅馬所搜括的資金，金庫不可能在半年之內就變得空空如也。而且根據《內戰記》的記載，在小麥的價格上漲到原來的五十倍時，凱撒雖然搖頭嘆息，還是購買了糧食。向將領們借錢，並非因為金庫空虛，而是因為他要得到一石二鳥的效果。

義大利的教育制度規定，在五年的文科中等教育課程中，必須學習亞里斯多德所創設的源自"Lykeion"的教養課程，也就是在接受大學專門教育之前所必須學習的知識。其中的兩大重要科目是希臘文和拉丁語。凱撒的文風簡潔，堪稱拉丁文的典範，所以是教材中必不可少的內容。因為他的文體簡潔易讀，大概在第二年教師就會要求學生進行翻譯。雖然說文體簡潔易讀，可是對十五歲的少年來說，要透徹理解凱撒決非易事。《高盧戰記》還算比較簡單，而《內戰記》並非按字面就可以理解。凱撒這個人，雖然沒有在記事錄中寫下謊言，卻也沒有記錄所有的事實。

總之，凱撒面對三倍以上的敵人，一方面稱敵方為無頭之兵，一方面向將領們借錢作為士兵的賞金，以激發將士的鬥志。

在騎兵的戰力方面，敵方有五千名騎兵，而凱撒只有三千名。似乎是處於劣勢。不過凱撒卻沒有絲毫不安。因為這三千名騎兵，是由自己所選拔的高盧騎兵，以及在高盧戰役的最高潮——阿列沙 (Alesia) 之戰中，在凱撒的指揮之下浴血奮戰的日耳曼騎兵所組成的。無論是高盧人或是日耳曼人，都忘記了民族的不同，忘記了自己是被征服者而誓同凱撒一起出生入死。比起由羅馬公民所組成的軍團士兵，他們有過之而無不及。凱撒也沒有忘記他們的忠誠，在內戰結束之後，他不但給予高盧騎兵以及日耳曼騎兵羅馬公民權，也分給他們殖民地。

率領先頭部隊比凱撒早一個月進入西班牙的軍團長法比烏斯，率領三個軍團和二千一百名的騎兵共約一萬五千人，面對將近九萬人的敵軍，只好等待凱撒的到來。他們利用「等待凱撒」的這段時間，修築堅固的陣地，同時又臨時在附近的賽格 (Segre) 河架起了長達六公里的二座橋。

西班牙戰役

利里達屬於西班牙的加泰隆尼亞地區，位於發源於庇里牛斯山的賽格河注入厄波羅河以北四十公里之處。城市本身位於高地之上，東邊的附近是賽格河。河上架有羅馬式的堅固石橋。渡過石橋便可通往羅馬的基地塔拉哥那，還可通往馬賽以及法國南部屬省。龐培打算在庇里牛斯山附近，也就是在西班牙的入口處，對想奪取西班牙的凱撒來個迎頭痛擊，是有其道理的。而且他已經合併了三分之二的兵力，在入口處嚴陣以待了。

負責指揮的兩位將領，都正當壯年且經驗豐富。阿法拉紐斯是西元前六〇年的執政官，六年之前就代表龐培成為伊比利半島的總指揮，比凱撒要年長一、二歲。

副將佩里阿斯大概也是同齡，他並不屬於元老院階級，是從軍隊熬出頭的將領。

除了在西班牙北部會合的兩將之外，在西班牙南部，還有瓦爾羅率領二個軍團在駐守。這位文譽比武名還要高出一籌的人，時年六十七歲。由此可見，龐培的上層將領之中，中、老年的占了絕大多數。

在利里達準備迎擊凱撒的阿法拉紐斯與佩里阿斯兩將，雖然擁有將近九萬的兵力，卻也未敢輕敵。在距利里達一公里以南的高地，修築了陣地。而在利里達以北，法比烏斯一邊等待凱撒，一邊修築陣地。利里達城附近的石橋已經被敵方控制，為了彌補這個不足，法比烏斯命人在賽格河上流架起兩座木橋。

然而，那年的冬天下雪多，春季又多雨水。只下了一天雨，賽格河的水位就漲高了。兩座木橋之中的一座已被大水沖走。另外一座由於士兵全力搶修，總算勉強可以使用。就在此時，凱撒率領六個軍團抵達了，當時是西元前四十九年的六月二十二日。

在馬賽拖延了一個月之後，凱撒已經沒有多餘的時間讓士兵休憩以解一路行軍的勞累。橋梁的建造關係到從高盧的兵糧補給路線的確保，所以凱撒留下六個大隊來守衛陣地和建設橋梁；之後，他率領其餘的全部人馬展開軍事行動。凱撒知道龐培軍隊的兵糧補給全靠利里達城中的供應，就率軍通過城外，出現在紮營於城外以南一公里處的敵軍面前，並且馬上對敵挑戰。

然而，占據有利地勢並且布下陣勢的阿法拉紐斯並沒有應戰。凱撒雖然對敵挑戰，但實際上並不打算真的從所在的低處向敵方的高地發動進攻。凱撒真正的意圖在於切斷不易攻打的利里達與阿法拉紐斯陣地之間的聯繫。

凱撒率領之下的軍團士兵，仿佛回到了高盧戰役之時，又變成了工兵。開始在四周挖掘深達四．五公尺的壕溝，目的是要切斷敵方的補給路線。

然而，就在壕溝完成的第二天，賽格河的水量又大增，夾帶著泥沙的急流，把凱撒軍隊所架起的兩座橋都沖走了，而濁流對利里達附近的石橋卻沒有絲毫損傷。這對使用石橋的敵方來說，在補給方面就占有絕對的優勢。實際上，從高盧運送兵糧來的車隊，因為受到敵軍從石橋渡河攻擊，根本就無法靠近。如果這種情況持續下去，遲早都要陷入餓死的絕境。

如果不盡快打開局面，比起饑餓，士氣的衰落更會使凱撒在這場戰爭中失敗。面對濁流迴旋的賽格河，騎兵還可以勉強渡過，而步兵卻根本無法通行。這期間，大雨卻是無情，一直不停的下著。

知道了凱撒的困境之後，敵軍歡聲雷動。阿法拉紐斯與佩里阿斯兩將把寫有「凱撒、沒有出口的狀態、這場仗等於打贏了」的快報送往首都羅馬以及在希臘的龐培。

在希臘的龐培派大概是一片歡騰。而在首都羅馬，一直偽裝成中立派的大多數元老院議員，一聽到這個消息就表態了。西塞羅就是其中之一。

這時西塞羅才決定到希臘投奔龐培。他察覺到不可能從處於凱撒軍隊監視之下的布林迪西出港，所以決定從佛米亞的別墅出發，經陸路南下至庫馬，再從庫馬渡過墨西拿海峽，進入愛奧尼亞海之後再開始北上，然後在希臘的西岸登陸。這比從布林迪西出發要多出六倍的路程。對優柔寡斷的西塞羅來說，這是他一生中頭一遭的大決斷。然而就在西塞羅即將踏上希臘的土地之前，形勢發生了逆轉。

面臨著渡過盧比孔河之後的最大困難，凱撒根本無心慶祝他五十一歲的生日。這時候，士兵的眼光都注意著最高司令官的神色。凱撒所率領的六個軍團，都是經歷過高盧戰爭洗禮、訓練有素的軍團。在高盧戰爭中，凱撒曾多次力挽狂瀾，扭轉了逆境。

然而，凱撒這一次所陷入的困境，非靠一計之謀就可以逃出。

首先，凱撒的陣地位於四十五公里處的賽格河兩條支流中間的三角洲。兩條支流都因為濁流迴旋而無法渡河。而從高盧來的補給車隊也被困在對岸，進退不得。想在當地籌糧，也早已經被阿法拉紐斯搶先一步，已經沒有糧食可以供應了。沒有小麥暫且靠肉類來維持吧！當地居民預感到戰爭的爆發，早就帶著家畜逃往山裡了。幾乎都是暴風雨的惡劣天氣也未見好轉。豐衣足食的龐培軍營中，官兵們都悠然自得，準備打持久戰。而在凱撒的陣地中，凱撒一方面把糧食一律平均分配給每一位官兵，一方面在等待著天氣轉晴。

然而，凱撒並不只是袖手靜觀天候，而是設法在迴旋的濁流中架起橋梁。他想起在不列塔尼亞（Bretagne，今法國西北部）的經驗，在上流三十公里處把小舟連接起來架成「船橋」。這種「船橋」雖然無法用來運載騎兵，讓六個軍團全部渡河，可是這樣一來，就擺脫了完全孤立的困境，並且與法國南部的聯絡也恢復了。此時，從法國南部也傳來了捷報。六月二十八日，阿赫諾巴布斯所率領的龐培軍隊和馬賽聯合艦隊，與狄奇阿斯．布魯圖斯所率領的凱撒艦隊展開會戰，凱撒軍隊大獲全勝。這個消息使凱撒軍隊的士氣大振，軍營中頓時歡聲雷動。

現在已經有少量的糧食運到，海戰中又獲得勝利。凱撒看到士兵們士氣大振，認為反擊的機會成熟了。這一次決定勝負的不僅是靠軍事力，更是靠想像力。

逆轉

雖說是七月份，但按實際計算只是六月前的夏季。往年，積雪融化的水量，以及地中海氣候所形成的雨季（冬季至夏季），也會在這個季節結束，進入乾季。地中海的夏季，河川的水量都會大量減少。然而那一年，在水量應該減少的季節，卻連日下著滂沱大雨。雖說只是支流，夾帶著泥沙的急流，連把腳伸入河裡都會有恐怖之感。

連日望著濁流迴旋的急流一籌莫展的凱撒，感到與其硬是與自然抗爭，千辛萬苦地架橋，不如利用自然的威力來幫助自己達到目的。士氣高漲的士兵，在最高司令官的一聲令下，馬上著手開始了新的土木工事。

新的工事就是挖掘運河，而且不止一條。每條運河都寬約九公尺左右，主要目的在於改變使凱撒陣營陷入危機的賽格河支流之一的修里斯河的流向；另一個目的就是使修里斯河變成淺灘，使步兵可以容易渡河，而騎兵也可以更加自由地行動。在「現場監督」凱撒的指揮之下，士兵們採取輪班作業，在大雨之中日夜不停地挖掘運河。

就在運河即將完成之前，龐培方面的兩將得知了這個情況，感到事態嚴重。本來是打算把凱撒逼入絕境的，現在走投無路的卻變成是自己這一方了。凱撒的運河網一形成，他們的糧食供應路線就會被切斷。糧食供應路線一被切斷，他們的處境將比凱撒更加困難。因為相對於凱撒的三萬士兵，他們必須滿足九萬之口的需求量。雖然儲備用的糧食還是十分充足，但從人性的角度來看，人們常常會忽略事物本身實際上是否會達到某種極限，而因為某種事物會達到某種極限而感到不安、動搖。首先動搖的是原住民的士兵。就像出血無法制止一般，士兵們開始逃走了。如果沒有當地兵，阿法拉紐斯與佩里阿斯都沒有自信只憑著五個軍團三萬的兵力與凱撒對抗。

龐培一方的兩將決定向南撤退。龐培的名聲在西班牙十分穩固，所以只要脫離現在的孤立狀態，估計不難得到援助。而且在西班牙南部，又有瓦爾羅所率領的兩個軍團駐守。

阿法拉紐斯與佩里阿斯的戰略就是向軍事力與補給力都十分充裕的西班牙南部戰線移動，並在那裡把凱撒拖住，只要能拖延到冬天，他們就會轉為有利的狀態。

從七月二十五日開始撤離陣地花了六天的時間。據所派遣的偵察兵報告，凱撒對這個情況瞭如指掌。雖然當時有必要馬上追擊，不過經過挖掘運河工程的支流在某種程度上儘管已變成淺灘，但是水流還是很急，水量又多。即使騎兵可以渡過，重裝備的步兵如果從齊胸的濁流中強行渡河，將會造成不少士兵的傷亡。

凱撒因考慮到這一點而未作出立即追擊的決斷。可是士兵們主動透過自己的指揮官，向凱撒傳達了他們的意志：

「不必顧慮我們的勞苦與犧牲，我們已經做好心理準備，決心沿著騎兵所走過的地方渡河。」

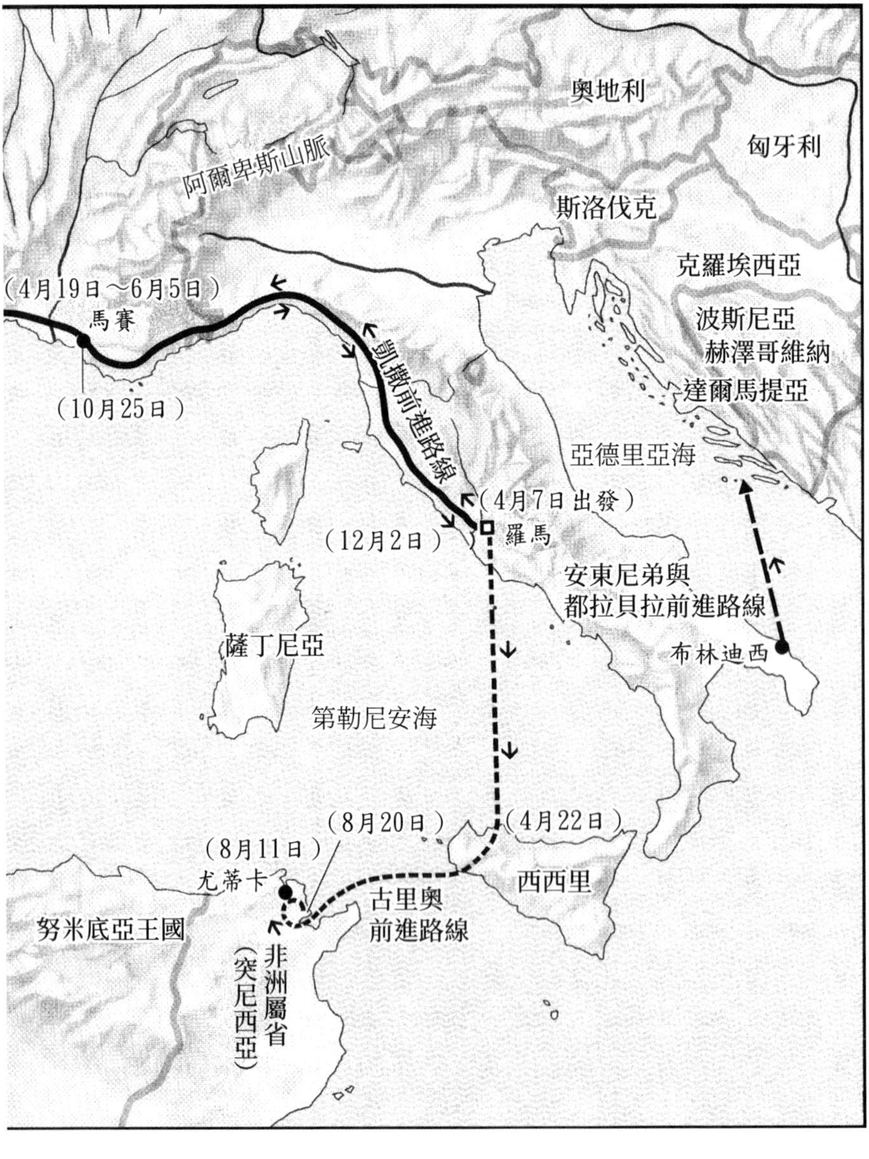
奧地利
匈牙利
阿爾卑斯山脈
斯洛伐克
克羅埃西亞
波斯尼亞
赫澤哥維納
達爾馬提亞
（4月19日～6月5日）
馬賽
（10月25日）
凱撒前進路線
亞德里亞海
（4月7日出發）
羅馬
（12月2日）
安東尼弟與
都拉貝拉前進路線
布林迪西
薩丁尼亞
第勒尼安海
（8月20日）
（4月22日）
（8月11日）
尤蒂卡
西西里
古里奧
前進路線
努米底亞王國
非洲屬省
（突尼西亞）

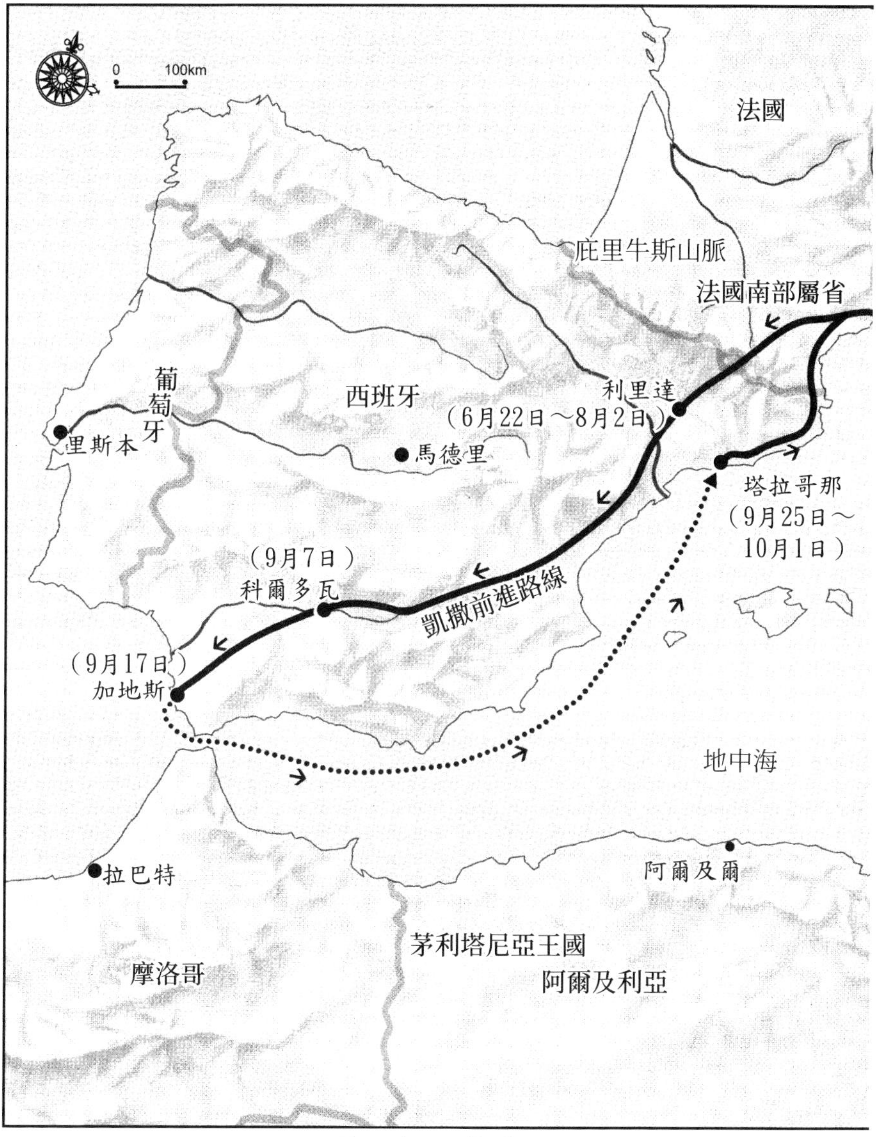
0 100km
法國
庇里牛斯山脈
法國南部屬省
葡萄牙
西班牙
利里達
（6月22日～8月2日）
里斯本
馬德里
塔拉哥那
（9月25日～10月1日）
（9月7日）
科爾多瓦
凱撒前進路線
（9月17日）
加地斯
地中海
拉巴特
阿爾及爾
茅利塔尼亞王國
摩洛哥
阿爾及利亞

西元前 49 年，凱撒「西進」

凱撒得知了士兵們的決心之後，終於作出了決定。就在此時，他突然心生一計。在急流之中，騎兵並排成兩行，步兵則夾在騎兵的中間渡河。站在上游的騎兵減緩了河水的流速，而在下游的騎兵則起了護柵的作用，防止步兵被急流沖走。凱撒選出身強體壯的士兵渡河，身體虛弱的士兵則留在營地駐守。這樣，未損失一兵一卒就完成了軍團的移動。剩下來的，只是追擊敵人了。

西班牙戰役從開始到現在，已經過了一個月的時間。在這期間，戰爭的主導權並非掌握在凱撒手中。除了偶爾發生的小戰鬥之外，凱撒一直都在與老天爺搏鬥。但是，運河的挖掘，使凱撒掌握了主導權。而且，一旦掌握了主導權之後，凱撒馬上又開始了他的閃電戰。

現在的目標就是要阻止龐培的軍隊渡過厄波羅(Ebro)河。由西向東流過西班牙北部，注入地中海的厄波羅河，與北部連綿的庇里牛斯山脈一起構成了兩面圍牆，防止伊比利半島受到來自北部的襲擊。如果讓敵人渡過這條河，戰爭將會變成長期持久化。所以凱撒的軍隊日以繼夜，馬不停蹄地前進，一心想趕上敵人，就是要在從利里達到厄波羅河的四十公里的距離中，爭一勝負。

經過日夜不停的急行軍，終於在厄波羅河的前面追上了敵人。感到絕望的兩將，準備孤注一擲，向凱撒提出了挑戰。然而凱撒在那時並未應戰。因為經過日以繼夜的急行軍之後，有必要讓士兵們休息，養精蓄銳。龐培的兩將看到這情形，又繼續開始撤退。而凱撒馬上又從後面追趕。不過，凱撒的目的並非為了與敵方作戰，而是要妨礙敵人的撤退行軍，所以只派了騎兵追趕，而且完美地達到了目的。龐培的兩將逼不得已，只好中止行軍，就地修築陣營。凱撒也在他們的附近築起了陣營。

而兩將已經打算在半夜裡放棄營地，再次開始撤退，行軍的準備也已作好。從捕捉到的俘虜口中得知這個消息的凱撒，讓士兵在陣營中大聲歡呼。兩將以為是凱撒要進行夜襲，馬上命令士兵退回到陣營之中。

次日，佩里阿斯親自率領偵察兵偵察周圍的地勢；凱撒也作了同樣的行動。而且兩方所帶回來的報告都一樣：從營地到七．五公里之處是平原，之後接著就是崎嶇不平的山地，再越過山地就是厄波羅河了。得知這種情況之後，雙方所得出的結論只有一個：誰先抵達山地，誰就掌握了越過山地的主導權。如果借用凱撒的記述，那就是「已經是變成行軍速度的競爭了」。

首先到達決勝點的是凱撒的軍隊。一抵達，形勢就轉變了。

從此開始，凱撒的戰術又有所改變。就像貓玩弄老鼠一樣：先追，把老鼠追得走投無路時停下，等到老鼠再開始逃跑時又不停追逐。由阿法拉紐斯與佩里阿斯率領的龐培軍隊，士氣一落千丈。士兵們甚至懷疑兩將的能力，開始憤憤不平地議論紛紛。而凱撒這一方並不著急。由於留下了一個軍團駐守陣地，凱撒手中的兵力，只有五個軍團加上三千名騎兵，共計有二萬五千人。現在雖說是把敵人逼入了困境，但對手畢竟還有八萬的兵力。如果一決戰，也許可以獲勝，但不可能沒有犧牲就可以獲勝。凱撒軍隊的士兵們也都察覺到好機會的到來，官兵一致，請求最高司令官下令作戰。凱撒並沒有答應士兵們的請求。他也記錄下沒有同意的理由。按照慣例，他以第三人稱單數的方式作記錄：

「凱撒判斷這次戰役不會發生戰鬥，也不會流一滴血。原因在於他已經成功地切斷了敵方的補給路線。

既然如此，為什麼還要讓部下作無謂的犧牲呢？又有什麼必要讓對自己忠心耿耿的士兵負傷呢？難道不應該試試看我的運氣如何嗎？不用武器而是憑著思考獲勝，不正是顯示了司令官的力量嗎？

凱撒對雖說是敵方卻同是羅馬公民的龐培軍士兵心存同情。凱撒深知一旦發生戰鬥，對方也不可能不流血。如果能夠避免戰鬥，就沒有流血的必要了。

然而士兵們並不贊同凱撒的想法，甚至公開宣稱，如果凱撒以後再下令開戰，也不會聽從命令戰鬥了。因為對不利用這樣好機會的最高司令官，已經沒有服從的義務。」

凱撒不僅無視士兵們的呼聲，還嚴禁自己的軍隊離開陣營。凱撒這樣做，是想穩住敵人。因此好不容易才喘口氣的兩將，因為向南撤退的退路已被堵住，從安全第一的角度出發，只好退回原來距離利里達以南一公里處的陣地。向南撤退雖然是徒勞無功，但他們除此之外已是別無他法。從開始撤離到決定再次撤回原來的陣地，只不過經過三天的時間。另一方面，對已撤回利里達以南一公里處的敵軍，凱撒在防衛允許的範圍之內，在離敵人最近的地方設置了宿營地。至此，凱撒已設下了嚴密的包圍網。

阿法拉紐斯與佩里阿斯兩將認為最低限也要保證飲水的供應，於是離開營地，親自監督通往河川的防禦工事。而官兵們趁機悄悄溜出陣營，走到凱撒軍隊的營地，一邊輕聲地呼喚凱撒軍中熟人的名字。

從凱撒軍中也傳出了回應的聲音。從陣營中走出來的凱撒軍士兵，不久就與龐培的士兵會合在一起了。

這也並非沒有道理。對凱撒軍隊的士兵來說，他們認為自己是為決心洗刷被加諸不合理罪名的凱撒而戰；但西班牙的龐培軍隊士兵，只不過是在西班牙志願服役的民眾而已。他們雖然知道自己的最高司令官是身為西班牙屬省總督的龐培，但並不是為了要與凱撒軍隊作戰而志願服役的。從這一點來說，從百人隊長到士兵都是如此。

並且他們也知道自己的軍隊已經陷入走投無路的困境。龐培軍中的士兵都異口同聲地說，看到凱撒軍隊搶先一步到達厄波羅河前面的山地之時，雖然已經感到絕望，但是沒有發生戰鬥，算是不幸之中的萬幸。他們同時向凱撒軍中的士兵打聽凱撒的諾言是否可以相信，士兵們都說我們的司令官是絕不食言的。於是，他們請凱撒的士兵向凱撒轉達，他們準備全體投降，希望凱撒也能免阿法拉紐斯與佩里阿斯兩將一死。如果可以保證這一點，他們將正式派出代表來表明投降的決心。士兵們向凱撒傳達了這個消息。凱撒一聽，正中下懷，馬上就作出了承諾。

龐培方面的士兵自不必說，凱撒的士兵也是歡天喜地。凱撒軍隊中的士兵受到龐培軍隊士兵的邀請，開始到敵方的宿營地一起進餐。而凱撒的營地裡，也出現了龐培軍隊的士兵與凱撒的士兵一起用餐的情景，就像是兩個陣營已合二為一了。甚至連阿法拉紐斯的兒子都成了其中的一員，請求凱撒放他父親一條生路。

為了保證飲用水的供應而親自在工地監督的阿法拉紐斯，得知這個消息之後，馬上停止施工，返回陣營。他對事情會發展到這一步已經有了心理準備，然而佩里阿斯沒有放棄最後的希望。與原為執政官的阿法拉紐斯不同，佩里阿斯是在龐培的指揮之下成長起來的武將，因此對龐培有很強的忠誠心。同樣是返回陣營，佩里阿斯馬上積極行動起來，號召士兵繼續抗戰，絕不要妥協。他並且在所召集的作戰會議上，要求出席者全部作出誓約，還命令只要發現凱撒的士兵，則一律格殺勿論。不過，雖然有長官的命令，士兵們還是悄悄地放走了在陣營中的凱撒士兵。

司令官堅決果斷的態度，使得無法確定投降之後命運的士兵們，胸中又燃起了戰鬥的火花。凱撒雖然知道敵方陣營中情況的變化，仍然把在自己營地中的敵方士兵送回他們陣營。而幾位大隊長以及百人隊長，則根據他們本人的意願，留在凱撒的軍隊之中；返回自己軍隊的士兵，也像無法制止的出血一樣，很多人都接連不斷地逃走了。

投降

阿法拉紐斯與佩里阿斯兩將的營地，雖說還有很高的安全性，但糧食已所剩無幾，也已經無法補給飲用水，所以兩將決定放棄陣地。於是，撤退行軍與追擊行軍的遊戲又重新開始了。雖說是追擊，凱撒也不想使敵方的士兵有所犧牲，他的目的只是想妨礙敵人的行軍，把敵軍追入不利的地點。如果交戰的話，也許就可以簡單地解決問題了。但是凱撒還是不改初衷，因為敵軍中雖然已經有不少士兵逃走，但還是擁有七萬的兵力，而凱撒手中只有二萬五千人。這一次的遊戲不同於下棋的遊戲方式，凱撒雖然只是不快不慢地跟在敵人後面，卻一直都沒有停止追擊；至於龐培軍隊方面，已經有少數士兵犧牲了。

龐培的軍隊逐漸被逼入絕境，甚至連飲用水都無法供應了。而凱撒還是不動聲色，以靜待動。與其現在就決戰，不如靜候陷入缺水狀態的敵人前來投降。

絕望的兩將向凱撒提出了挑戰。凱撒雖然應戰也布下了相應的陣勢，但並未主動掛起表示戰鬥開始的紅旗。而阿法拉紐斯方面也難以作出決斷。就這樣，兩軍一直對峙到日落，又返回了各自的陣營。

第二天清晨，凱撒派出日耳曼騎兵繞到敵軍的後方。這樣一來，敵軍已沒有三天的存糧，飲用水也已無法供應，而且又受到凱撒軍隊的前後包抄，簡直是走投無路了。阿法拉紐斯終於派出使節，向凱撒表示願意投降。同時希望能夠與凱撒進行非公開的會談。凱撒雖然同意講和，但主張公開談判。這樣，兩軍的二位最高司令官，就在全體士兵的面前進行會談了。阿法拉紐斯是西元前六〇年的執政官，而凱撒則是隔年的執政官，兩人都曾是國家羅馬的最高官員。由表示願意投降的阿法拉紐斯首先開口了。因為是公開的會談，所以他不僅是對著凱撒，而且是對著在場傾聽的兩軍士兵說出了以下的話。

因為對龐培的忠誠而盡心盡力地戰鬥至今，這本身並不是罪過。因為他們都只是在盡自己的義務而已，而且為此歷經千辛萬苦。然而現在已經是飢渴交迫，又沒有了退路，再也無法忍受肉體上的折磨和精神上的屈辱，逼不得已，只好宣布投降。阿法拉紐斯最後還強調說希望凱撒不要「理所當然」地行使勝利者的權利，也就是希望凱撒能夠給他們一條生路。

凱撒不僅是向著阿法拉紐斯，更是向著阿法拉紐斯手下的官兵回答說：

「對兩軍的全體官兵來說，在盡自己的責任這一點上，沒有任何的不同。凱撒雖然知道在戰鬥中會處於有利的狀況，還是相信有不流血的可能性，並且一直等到現在。我方的士兵們也是如此。即使有人常常會辜負我們的善意，我們仍然抑制自己，放棄了復仇的機會。當和平的機會到來之時，阿法拉紐斯的士兵們也沒有放棄表達自己對這種機會的歡迎之情。只是指揮官們被憎恨與傲慢迷惑而看不到現實；正因為如此，沒有必要死亡的士兵們失去了他們的生命。

即使在這種時候，我自己也不會行使勝利者的權利。阿法拉紐斯手下的士兵全部以退役處理。只是西班牙的防衛，並沒有必要擁有那麼多的兵力。在西班牙有家族或者是有親友的可以留下，其餘的則在法國南部與義大利北部的邊界處解散，各自歸鄉。」

之後，凱撒又為自己的立場作了辯解，說明了自己與同是羅馬士兵的戰鬥，實在是逼不得已之事。阿法拉紐斯手下的士兵，從龐培就任兩個西班牙屬省總督的那一年開始，就在西班牙服役，離開故國至今已有六年了。關於凱撒與龐培的抗爭，他們大概只是從龐培這一方得到單方面的消息而已，也以為凱撒渡過盧比孔河，就是破壞國法的行為。重要的一點，就是他們都是羅馬公民，即使讓他們退役、還鄉，如果他們對凱撒懷著惡感歸鄉的話，對凱撒也絕不會有好處。

凱撒譴責了龐培以及元老院對自己的迫害，使自己不得不做出渡越盧比孔河的舉動。最後，凱撒這樣結束了他的演說。

「我方的條件只有一個，就是出了西班牙之後就解散軍隊。只要可以實現這一目的，任何人的性命都不會受到傷害。」

對每一位士兵來說，退役都是值得高興的事情。沒有受到任何懲罰，也不必被編入凱撒的軍隊之中就可以自由歸鄉了。士兵們一聽到這一點，不由得歡天喜地，將領們也因為能夠保全性命而禁不住面露喜色，大大鬆了一口氣。

阿法拉紐斯手下的五個軍團之中，有三分之一的士兵因為與西班牙女子結婚等原因而選擇繼續留在西班牙。對準備在法國南部與義大利北部邊界處解散的士兵，凱撒許諾供應到邊境為止的糧食。西班牙的當地兵，凱撒已經讓他們就地解散、還鄉了。對阿法拉紐斯與佩里阿斯以及龐培派的其他將領，凱撒讓他們自由選擇去留。阿法拉紐斯與佩里阿斯兩將都選擇到希臘投奔龐培。

那一天，是西元前四十九年八月二日。凱撒在到達利里達的戰場之後一個月又一星期的時間內，也就是在他掌握了主導權僅僅一星期的時間之內，就成功地解體了龐培在西班牙的軍隊。剩下來的就要控制西班牙南部，以及對付瓦爾羅所率領的兩個軍團。在重要的戰鬥中獲勝，就等於獲得其他許多方面的決定性力量。之後，凱撒於九月十七日抵達西班牙南端的加地斯，再經海路北上，於九月二十五日進入塔拉哥那。對西班牙全土的控制，大概花了二個月的時間。不過，與其說是進攻西班牙，倒不如說是進行戰後處理更加貼切。

不過，要實現這一點，不僅要小心謹慎，還必須有周密的計畫。因為西班牙是龐培的“Clientes”，也就是龐培的地盤，如果凱撒行使勝利者的權利，只會使西班牙的人心更加傾向龐培，必須讓西班牙人覺得依靠凱撒會更加合算。只有這樣，以後向龐培所在的希臘進軍之時，才可以全力投入而不會有西班牙這個後顧之憂。凱撒花費了比戰鬥還要多出二倍的時間來進行戰後處理，目的就是在此。

率領兩個軍團駐守在西班牙南部的瓦爾羅，在凱撒的軍隊一接近時就投降了，凱撒同樣讓他自由選擇去留。瓦爾羅也與阿法拉紐斯和佩里阿斯兩將一樣，都選擇了龐培所在的希臘。而兩個軍團的士兵們，與之前投降的友軍一樣，在西班牙有親朋好友的留下，其餘的則在出了法國南部邊界處解散。

這樣，在西班牙曾經擁有七個軍團之多的龐培軍隊，已經全部解體了。而龐培所醞釀的壯大戰略，也就是從西、南、東三方面包圍凱撒的計畫，因為西班牙軍隊的解體而露出了破綻。

《高盧戰記》與《內戰記》兩部著作，都是出自凱撒筆下的作品。不過後世的評價都一致認為，作為文學作品，前者要比後者成功。的確，在《高盧戰記》中，凱撒給予讀者的印象可以說是英姿颯爽。而《內戰記》中的凱撒，雖然也說得上英姿颯爽，不過與《高盧戰記》中凱撒的形象相比，就遜色不少了。《內戰記》中的凱撒形象顯得有點生澀。

《高盧戰記》中，凱撒的敵人有高盧人、日耳曼人、不列塔尼亞人。與這些異邦人作戰的理由，是因為在凱撒的心中，有明確的目標——那就是讓萊茵河變成實際上的防衛線。

而在《內戰記》中，凱撒不得不與之為敵的，是自己的同胞羅馬人。不過凱撒還是有他明確的目的，那就是國家羅馬將來的指南——新秩序的樹立。

凱撒所選擇的，是盡可能使自己的同胞不流血而達到目標這條艱難的道路。在利里達，真正的戰鬥一次也沒有發生過。在最後的一週，凱撒完全可以用包圍作戰的方式消滅敵人，可是他並沒有那樣做，而是忍耐到最後一刻，直到敵軍自己解體。他是在可能的範圍之內，盡量避免內戰的爆發，以免發生自己的同胞互相殘殺這種慘事。

凱撒在給西塞羅的信中寫道：

「我對於自己的要求，就是忠於自己的信仰，所以認為他人也理應如此。」

以打倒現行體制為目標的凱撒，不得不與擁護寵培的現行體制堅持派為敵。然而他並不認為因此就可以殺害與自己不同立場的人。這一點，正是蘇拉與凱撒的不同之處。雖然他們在祖國陷入內戰狀態之時都同樣選擇了「忠於自己的信仰」這一點。

只要是反對派，蘇拉是一律格殺勿論。蘇拉的這個形象，並無任何艱澀之處，痛快地把敵人殺掉，絲毫不會為之而感到苦惱。

相反的，凱撒則連輕而易舉就可以獲勝的戰鬥都盡量迴避。當他掌握俘虜的生殺大權時，他並沒有行使勝利者的權利，而是釋放了所有的俘虜。雖然他已經充分意識到哪一個人日後還會與他敵對，他還是毫不猶豫地釋放了他們。

「即使從我這裡獲得自由的人，將來再把矛頭指向我的話，我也不會為此而感到後悔。我對於自己的要求，就是忠於自己的信仰，所以認為他人也理應如此。」

這可說是相當於人權宣言的一段話。尊重個人人權的想法，並非後代啟蒙主義的專利。然而，在尊重他人人權的同時，又要做到忠實於自己的信仰，確實不容易。如果蘇拉聽到凱撒以上的話，一定會不以為然地付之一笑。但也正因為這樣，所以蘇拉得以安享天年。

凱撒控制了西班牙之後返回馬賽時，已是十月中旬。馬賽的攻防戰，可以說已經是進入瓜熟蒂落的狀態了。在七月三十一日的第二次海戰之中，狄奇阿斯·布魯圖斯所率領的海軍取得了勝利。在戰敗之後，龐培派的將領阿赫諾巴布斯已經逃走，馬賽的攻陷，只是時間上的問題了。

十月二十五日，馬賽也終於攻陷了。如果從攻防戰開始的五月四日算起，已經過了五個月又二十天的時間。然而，這是以只有三個軍團不足一萬五千人的兵力，來圍攻西地中海最強海港都市的戰鬥，與攻陷迦太基所需要的三年時間相比，這一次的攻城速度可說是很快的，這是凱撒在戰略上的勝利。就是從攻防戰一開始，凱撒就意識到從海、陸兩面攻擊的必要性，並且及時地進行了準備工作。

凱撒對投降之後的馬賽人，也沒有行使勝利者的權利。既沒有使馬賽的住民淪為奴隸，在市內也沒有進行掠奪；甚至還因為馬賽光輝的歷史而允許它繼續作為獨立國存在，但是沒收了都市國家馬賽周邊的很多領土，編入法國南部的屬省。這樣，馬賽與雅典、斯巴達一樣，變成內政自治的自治都市了。

在這些戰後處理完畢之後，凱撒率軍往義大利出發了。這次開往義大利的先頭部隊，有在西班牙共同戰鬥過的軍團，以及曾經負責攻下馬賽的軍團。在首都羅馬，還有急待處理的事情。雖然已經控制了西班牙和馬賽，西方的問題已經解決，但是由年輕將領所指揮的其他戰線，則是處於不容樂觀的狀態。

就在凱撒要考慮這些對策之時，出現了意想不到的難事，那是凱撒第一次所面對的部下士兵拒絕從軍。

罷戰

拒絕從軍就是罷戰，不是起義，也不是叛亂，但是如果處理不當，就有演變成起義、叛亂的危險性。凱撒聽到第九軍團的士兵有不穩定的動向之後，只好改變原來打算沿著奧雷里亞大道一路南下首都的計畫，匆匆趕往士兵們正在休息的帕辰察。這種事端，必須在初露苗頭時就把它除掉。

不能忘記的是，在古希臘、羅馬，士兵並非屬於下層社會的人，按照當時的觀念，服兵役是作為公民的成年男子所應盡的義務，也就是擁有一定財產的公民，用履行對共同體義務的方式來代替直接納稅。當時的奴隸並不需要服役。有長期徵兵制度的羅馬，自從馬留斯改革兵役法之後，服兵役成為志願制。然而擔當軍務者必須是羅馬公民這個前提卻沒有改變，其他民族的士兵，無論人數有多少，也只是被稱「輔助兵」而非「軍團兵」。重步兵軍團一直是羅馬軍隊的主力，反映了羅馬社會的傳統——重視市民階級的思想。

士兵的薪水在凱撒進行改革之後，增加了一倍之多。一年約有一百四十狄納利斯（古羅馬的銀幣），相當於一般市民的年收入。渡過盧比孔河之後，凱撒把士兵的薪水提高了一倍，因為他是在與自己的同胞作戰，並且禁止掠奪和把俘虜作為奴隸出售。沒有這些臨時收入，凱撒只好把士兵的薪水提高。除了本薪，還加上退役之後的土地配給。這種「退職金制度」是其他的職業所沒有的。而且，參加凱旋式的士兵，都會從凱旋的將軍那裡得到賞金，這種賞金制度，也是其他的職業所無法得到的特殊待遇，即使是在經濟方面，士兵也是社會的中堅階層。

然而，正因為如此，士兵在意識上也會自覺高人一等。除了漢尼拔和蘇拉之外，其他的最高司令官都遇到過士兵拒絕從軍的問題，亞歷山大大帝和西比奧·亞非利加努斯都有士兵罷戰的經驗。重要的不是士兵拒絕從軍的事件是否會發生，而是要及時判斷應該怎樣處理問題。

返回義大利之後本來打算一路南下的凱撒，現在卻不得不往北部出發了。而當他得知拒絕從軍的是第九軍團的士兵之後，必定是深感意外。

第九軍團是從高盧戰役一開始就追隨凱撒戰鬥至今的第七、第八、第九、第十軍團之中的一個軍團，與第十軍團一樣，是凱撒悉心培養也是他最信任的軍團，所以我認為凱撒必定是對這個消息深感意外。亞歷山大大帝以及唯一決定性地打敗漢尼拔的西比奧·亞非利加努斯也有過同樣的經歷，拒絕從軍的，都是最受他們信賴的部下。

二年之後，凱撒的軍隊中又發生了同樣的事件，那時參加罷戰的，是比任何一個軍團都要深受凱撒信賴的第十軍團。在陣頭指揮的司令官和他所率領的精銳部隊的關係，同甘共苦的日子愈長，信賴性也就愈高。而同時，相互間的親密程度也會隨之增進。不過，一超過某種界限，親密就會轉為「恃寵而驕」。再進一步，「恃寵而驕」就會變成「得意忘形」。正因為如此，如果處理得當，事件就只是單純的罷戰；相反的，則有可能轉化為叛亂。

在義大利北部的城市帕辰察罷戰的第九軍團士兵，提出了立即退役的要求。當然，他們內心十分清楚，控制了西方之後，正要進入與龐培決戰狀態的凱撒，此時決不會願意讓自己軍隊中的一兵一卒退役。表面上，他們是在要求即時退役，實際目的是想得到更高的薪水。趕到帕辰察，出現在士兵面前的凱撒，和以往一樣單刀直入地開口說道：

「戰友諸君：我希望能夠成為受諸君所愛戴的司令官。沒有人能夠像我這樣在安全上、經濟上處處不忘為諸君著想，並且提高諸君作為戰士的名譽。但是，不能因為這樣，就可以讓士兵為所欲為。

人，可以分為兩種：也就是發出指示的一方與接受指示的一方。指示者要負其責任，受指示者則應盡其義務。就像教師與學生、醫生與病人、船長與船員的關係一樣，只有盡心盡力完成各自的任務，才能有好的成果。

與龐培的抗爭，我確信公正站在我這一方，也正因為如此，諸君才一直追隨我。雖然我們有公正的立場，但是如果在實施的過程中忘記了公正，會變得怎樣呢？這不是會讓我們失去譴責龐培不正的資格嗎？

諸君是羅馬的公民，我們不允許羅馬公民忘記自律。」

緊接著，凱撒對著變得鴉雀無聲的士兵們，毫不含糊地說「拒絕接受要求」。凱撒不但拒絕了士兵的要求，甚至說要實施羅馬軍規中的最重罪——「十分之一刑」。

所謂「十分之一刑」，就是抽籤選出十分之一的人數，由其餘十分之九的人用棍棒把這些人活活打死的一種刑罰。即使是對於以軍規嚴格出名的羅馬軍團來說，這也只是對相當嚴重的罪行才適用的刑罰。四周是沉重得令人透不過氣的一片沉默。而凱撒似乎對面前的情景視而不見，命令列出抽中死刑的士兵名單。

此時，輪到「腳本」中的幕僚們出場了。幕僚們口口聲聲說，這些都是長年以來，歷盡艱難困苦而一直追隨在凱撒身邊的士兵，希望凱撒能夠原諒他們因為一時的淺慮而做出的舉動。然而，凱撒並不為之動容。幕僚們再三苦口婆心地勸解。軍團長、大隊長也再三向緊繃著臉的凱撒請求原諒。第九軍團的士兵完全失去了先前的氣勢，臉上顯出沉重的表情，望著凱撒。三十出頭的他們與五十歲的凱撒之間，有著十五到二十歲的年齡差距。

終於，最高司令官開了口。然而，他並未說取消「十分之一刑」，而是說：「延期刑罰，在下一個集結地布林迪西，是否還可以看到諸君，就全憑諸君的表現了。」

之後，凱撒就向首都出發了。在義大利北部屬省休息的凱撒軍隊全體官兵，則開往義大利南部的海港都市布林迪西。抵達布林迪西之時，第九軍團的士兵一個人也沒有減少。自然，「十分之一刑」也就作罷了。

以最少的犧牲成功地控制了羅馬世界西方的凱撒，這時第一次蒙受了重大損失。那就是南方，也就是在非洲北部戰線的損失。

北非戰線

在元老院和以兩位執政官為首的龐培派為敵而大大活躍過的古里奧，這個三十多歲的貴族青年，如果在凱撒手下經歷過高盧戰役的洗禮，大概已經成為軍團長級的優秀人才了。古里奧的不幸，就是他沒有這些經驗而又被派遣為北非戰線的總指揮。身為最高司令官的凱撒，他的戰場不僅只是在高盧，而且不得不把羅馬世界全境作為戰場，所以對於分散在各地的戰線，只好交給沒有戰場經驗的將領來指揮。在占領西西里的戰役中，古里奧輕而易舉就獲得勝利而達到凱撒所命令的第一個目標。而對於凱撒所命令的第二個目標——占領非洲屬省，這個青年也以為事情會簡單地解決。

在占領羅馬的穀倉——西西里的戰鬥中，凱撒把四個軍團交給古里奧，並且命令他在成功控制西西里之後，率領同樣的兵力，進攻龐培手下將領擔任總督的非洲屬省（現在的突尼西亞）。

貴族青年古里奧服從了凱撒的命令。然而，他並沒有像高盧戰役中的軍團長們所學到的一樣，以逐一實行凱撒指示的方式來服從命令。古里奧在執行命令的同時，還加上了自己的判斷。在進攻北非之時，他認為只要兩個軍團的重裝備步兵加上五百名騎兵就已經足夠，所以決定把其他的兩個軍團留下駐守西西里。結果，四個軍團分成兩股，分別執行留駐西西里與進攻北非的任務。西西里與北非的距離，並非像架橋渡河一般簡單。即使只需要二天的航程，即使羅馬人有「我們的海」之說，畢竟是隔海相望的兩地，並不適於把兵力分成兩股。

而且，凱撒所交給古里奧的四個軍團，並非凱撒悉心培養、訓練有素的軍團，而是在柯爾費尼奧投降、原屬龐培派的士兵。這一次，是率領這些兵力向龐培派所駐守的非洲屬省進攻。凱撒在柯爾費尼奧所放走的幾位龐培派將領也已經在那裡會合，正因為考慮到這個特殊的情況，所以凱撒認為有必要用四個軍團來進攻只有兩個軍團所駐守的敵方基地。

不僅如此，古里奧的另一項失策就是他忽視了位於原為迦太基領地的非洲屬省西邊的努米底亞王國動向。

努米底亞王國在布尼克戰役時代就協助羅馬與迦太基戰鬥，在當時就是與羅馬有同盟關係的獨立國家。後來因龐培肅清海盜，稱霸東地中海而成為龐培的"Clientes"，所以不能忽略那裡也是龐培的地盤。然而在一年之前，當時身為護民官的古里奧，曾向元老院提案說，應該向名實上都已經是羅馬屬國的努米底亞課以稅款，後來因為龐培的反對而未經表決就不了了之，不過這個消息很快就傳入努米底亞王的耳中。非洲屬省總督得知古里奧的進攻，向努米底亞求援；而努米底亞王猶巴在得到消息之後，認為這是消滅古里奧的好機會，於是答應援助。即使是四個軍團，要面對以上種種事情，在戰力上也並不為過。

西元前四十九年八月十一日，古里奧率領兩軍團和五百名騎兵，在北非登陸了。登陸本身並沒有遇到什麼障礙。而登陸之後的古里奧軍隊，馬上對敵方的補給部隊進行攻擊，並奪走敵軍的所有財物。狂熱的士兵甚至於把古里奧稱為「大將軍」，而古里奧也認為士兵已經駕輕就熟，所以在登陸的第二天，就大膽地在尤蒂卡前面擺下了陣勢。尤蒂卡是迦太基滅亡之後北非最大的海港都市，也是羅馬屬省總督的所在地。總督與兩軍團的兵力正駐守在尤蒂卡。與駐軍的戰鬥，最初是古里奧取得勝利。

然而，就在這個時候，古里奧的士兵之間開始流行一種奇怪的傳染病。不巧的是，古里奧此時又接到帶著象群的努米底亞王軍正在逼近的消息，古里奧只好命令留駐西西里的兩軍團前來增援。但是，在援軍抵達之前，駐守尤蒂卡的總督軍又再次發動了進攻。

士兵們開始動搖，古里奧好不容易才說服了他們。雖然有幾名士兵逃走，但士兵們終於振奮精神，準備在總督軍與努米底亞王軍會合之前襲擊敵人。古里奧在擊退敵軍之後，並沒有乘勝追擊，而是決定等待從西西里趕來增援的兩個軍團。為了等待援軍，還有為了防止士兵們逃走，古里奧把陣營從尤蒂卡撤離，移到城市西部附近的「柯爾涅留斯陣地」。

「柯爾涅留斯陣地」是第二次布尼克戰役中西比奧．亞非利加努斯所設置的陣地，位於狹小的半島尖端，只要海域的控制權不被敵軍奪去，可以說是很安全的基地。此時，從西西里前來的兩個軍團抵達了，古里奧的兵力增加到一倍之多，有四個軍團和八百名騎兵。

這時候，古里奧收到情報：正在逼近之中的努米底亞王軍已經撤回國內了。其實這只不過是敵人的計謀，古里奧卻信以為真，認為大部份的敵軍已經撤退，所以決定追擊其餘的努米底亞軍。同時，西西里的援軍所帶來凱撒已經成功地在西班牙稱霸的消息也刺激了年輕古里奧的功名心。

古里奧留下五個大隊駐守「柯爾涅留斯陣地」，然後率領其餘所有的兵力離開了陣營，目的是巴古拉達河。在那裡，應該有尚未撤離的努米底亞軍。果然不出所料，敵軍還在那裡。但是，在距離九公里之處，其餘由努米底亞王親自率領的大軍正在等待著古里奧的軍隊。

從「柯爾涅留斯陣地」前進了九公里左右，先鋒隊的騎兵團返回了。騎兵團對努米底亞軍的陣地進行突擊，並抓回了俘虜。審訊俘虜之後，古里奧對士兵們說：

「士兵們，大家聽到了沒有？這些俘虜的腔調不是像逃兵的腔調嗎？努米底亞王已經遠離此處，敵人已是強弩之末。敵軍被我們的騎兵痛擊就是個證明。為了名譽和報酬，現在就要上陣了！」

然而，因為剛剛進行夜襲而疲憊不堪的騎兵團，落在了因為夢想得到豐碩的報酬而強行軍的步兵團後面。

此時，夜襲的消息已經傳入努米底亞王的耳中。努米底亞王猶巴，率領著六十頭大象、二千名騎兵和一萬名步兵，不但沒有撤退，反而又開始前進了。以為敵人已經逃走的古里奧，在鳴金收兵之時，遇上了前來的努米底亞王軍。

除了駐守陣地的五個大隊之外，古里奧手中應該尚有二萬的重裝備步兵，但落在後頭的騎兵還未到達。而敵人正是出其不意而攻其不備，努米底亞軍的二千名騎兵從兩側包抄過來。受到騎兵的兩面夾攻，前面的步兵又受到象群的殘踏，被包圍在中間的古里奧軍隊士兵，不僅無路可逃，連負傷的士兵也無法抬出去，士兵亂成一團。這時騎兵雖然趕到，面對這樣的情形，卻絲毫無能為力。匆匆趕到的騎兵隊長勸古里奧逃回「柯爾涅留斯陣地」。司令官古里奧這時騎在馬上，騎兵隊長對他說，如果只是騎兵的話，就可以安全逃出。但是，年輕的指揮官搖頭答道：

「沒有了凱撒所委託給我的軍團，我無顏回去面對凱撒。」

說完之後，古里奧便丟開盾牌，手取長矛殺入敵群。古里奧曾在元老院受過龐培派的惡意中傷，紛紛指責他被凱撒金錢所收買。這位剛剛三十出頭的青年，就這樣英年早逝了。在八月二十日的戰鬥中，古里奧所率領的羅馬步兵，也就是三．五個軍團的二萬名士兵，全軍覆沒。

在「柯爾涅留斯陣地」駐守的五個大隊的二千名士兵，從逃回的騎兵那裡得知戰敗的慘事之後，陷入恐慌之中，十分混亂。《內戰記》中這樣寫著：「一陷入恐慌，人們就會變得只顧自己。」在陣地下方待機的水手，也顧不得自己的同胞就要開船逃走，與爭先恐後想趕上船隻的士兵之間發生了大混亂。輸送船隊只載著搶先趕到的士兵就開船了，望著從水平面消失的船隻，落在後面的士兵派出使者，向屬省總督表示願意投降。

這些士兵在柯爾費尼奧開城之前都曾經是龐培軍隊的士兵，總督雖然想放他們一條生路，可是努米底亞王毫不退讓，堅決要行使勝利者的權利。投降的士兵當中，除了努米底亞王選出要帶回努米底亞的人之外，其餘的則全部被殺死。之後，努米底亞王在尤蒂卡城內舉行了入城凱旋式，在努米底亞王後面，是跟隨著逃到非洲屬省的龐培派元老院議員，其中有西元前五十一年的執政官魯布斯。

八月十一日登陸，只過了十天的時間，古里奧所率領的凱撒軍隊，在進攻北非的戰鬥中，以慘敗告終。對凱撒來說，一方面，這是自己軍隊第一次蒙受重大損失；另一方面，意味著向其他地方進軍的同時，不得不讓敵人占據義大利南部的攻擊點——北非。不過，以凱撒的性格，不會把責任轉嫁給手下的將領，更不會譴責自己的部下，對古里奧也是如此。在《內戰記》中，他只是淡淡地記下了自軍的敗北，並加上以下的評論：

「他的年輕，他的勇氣，他在歷次戰鬥中所取得的勝利，他忠實地執行任務的責任感，以及受命於凱撒的覺悟，這一切，使他過早地作出了判斷。」

然而，八個月以來，當凱撒終於踏上前往羅馬的歸途時，他所得到的，不僅僅是古里奧敗北的消息。

對控制了「西」之後，準備向龐培所在的「東」進攻的凱撒來說，從龐培那裡奪取橫隔義大利半島和希臘的亞德里亞海控制權，是決戰之前的準備之一。在出發往西班牙之前，凱撒把這個任務交給了馬庫斯·安東尼的弟弟蓋烏斯·安東尼和都拉貝拉兩人。安東尼的弟弟時年二十九歲，而都拉貝拉則剛滿三十歲，屬於名門柯爾涅留斯一族，是當時以放蕩出名的美男子，因為才氣煥發而深受凱撒喜愛。都拉貝拉是西塞羅的愛女特麗亞 (Tullia) 的丈夫，他用妻子所帶來的嫁妝大肆揮霍，放蕩無度，西塞羅雖然憎恨他這一點，兩人的關係還是十分親密。然而，西塞羅所喜愛的、將來深受眾人矚目的青年，從古里奧、都拉貝拉、柴里斯甚至他自己的姪子、兒子都悄然無聲地投奔了凱撒，使五十七歲的西塞羅又多了一個悲觀厭世的理由。尚未滿兵役年齡的姪子、兒子都一聲不吭地就離開了羅馬。

凱撒交給都拉貝拉和安東尼的弟弟二十個大隊一萬二千名的兵力，分派他們奪取亞德里亞海的控制權這個重任，而且還從數量不多的船隊之中撥出四十艘船隻給他們，相當於二個軍團的二十個大隊一萬二千名的士兵，好像是凱撒在法國南部所編成的、屬於通稱「雲雀軍團」的高盧士兵。軍團的中堅指揮官之一，是著名的歷史傳記《加帝藍的陰謀》的作者——塞勒斯特。當時三十七歲的塞勒斯特，也是西塞羅所說「聚集在凱撒手下羅馬的年輕激進派」之中的一人。

三十歲與二十九歲的兩將，依照凱撒的命令，把手中的一萬二千名士兵分成兩路，開始了行動。安東尼的弟弟所率領的軍隊，為了建立基地而往位於希臘北部的亞德里亞海東岸的達爾馬提亞（現在的克羅埃西亞）出發。率領船隊的都拉貝拉，則負責支援海上作戰。

另一方面，為了不讓凱撒奪去亞德里亞海上的控制權，龐培派出歷經多次戰鬥的猛將來對付凱撒的兩位年輕將領——這人便是從龐培肅清海盜之時就是龐培部下的五十多歲海軍老將利伯。經驗豐富的老將，採用了逐一攻擊的戰法。

最先的目標，是在海上的都拉貝拉。都拉貝拉的船隊被利伯的軍艦窮追不捨而逃往達爾馬提亞的海岸。然而，亞德里亞海的西岸，也就是靠近義大利的一側，是連綿不斷的沙灘；而東岸，也就是連接原南斯拉夫的一邊，地勢錯綜複雜，沿岸是複雜的峽灣和高山。入了峽灣，一不小心就會找不到出路而只能被困在其中。都拉貝拉的四十艘船隻，終究還是被追得走投無路而被擊潰。都拉貝拉只帶著數艘船殺出重圍，打算與安東尼弟弟的軍隊會合。然而那時利伯已經改變了攻擊的方向，安東尼弟弟的軍隊已經被趕到一個小島之上。安東尼的弟弟與塞勒斯特只帶著數個大隊逃出，其餘的則全部繳械投降。

老將利伯對十五個大隊的九千名俘虜說，如果他們願意站在龐培一邊與凱撒作戰，就可以放他們一條生路。大多數的士兵都接受了，但是其中有不少的百人隊長拒絕了這個條件而遭到殺害，之後也出現過同樣的情況。不過當時那樣的事件對凱撒來說是第一次，為保全對凱撒的忠誠而寧死不屈的這些人，是連羅馬公民權都沒有的高盧人。

因為這一次的敗北，凱撒不僅損失了九千名士兵和四十艘船隻，更使他奪取亞德里亞海制海權的計畫以失敗告終。現在，要進攻在亞德里亞海對面嚴陣以待的龐培，形勢變得對凱撒十分不利。

在這種狀況之下，人們常常會有以下兩種反應。第一種是從失敗中吸取經驗教訓並努力加以改善，化不利為有利。第二種則是先置之不理而力圖在其他方面成功，最後一舉挽回局勢。而凱撒，可以說是後者的典型。

凱撒當上執政官

凱撒在高盧戰役時代就養成的習慣之一，就是在行軍途中也要求隨時向他報告各地的動態，並及時發出指示。散布在各地的「凱撒機關」負責傳送情報並忠實地執行指令，完善地發揮了功能。所以凱撒在抵達某一地方的同時，經常可以馬上著手進行新的工作。十二月二日到達首都的凱撒，因為事先已經發出指示，在同心協力貫徹執行之後，只以十天的時間就完成了他所要處理的各項事情。

首先，就是提名他為獨裁官。

與獨裁官的職務相比，凱撒更希望能夠當選為執政官。然而，只有現任執政官才有權召集選舉下任執政官的公民大會。西元前四十九年的現任執政官兩人，都已經與龐培一起逃往希臘。凱撒雖然竭力勸誘元老院把召集權授與法務官雷比達，但受到元老院的拒絕，因此凱撒讓法務官雷比達提出指名凱撒為獨裁官的法案。這是與蘇拉的作法一樣，所以凱撒並不想採取這種方式，但是他已經沒有多餘的時間來應付元老院支吾搪塞式的消極抵抗。法案經過公民大會通過之後，凱撒就任了獨裁官。

共和政體羅馬的獨裁官，是一種負責危機處理對策的職位，所以在廣義上意味著負責收拾殘局的任務。執政官兩人因為某種理由而不在首都時，獨裁官有權召集公民大會，選舉下一任執政官。因為羅馬人認為避免政治上的空白比什麼都要重要。

凱撒行使了獨裁官的權利，為了進行選舉而召集公民大會。隔年，西元前四十八年的執政官候選人一共有幾個人，雖然不得而知，無論如何，自己召集，自己擔任議長，同時又是候選人之一的凱撒，在公民大會上以最高票當選。就這樣，凱撒第二次當上了執政官。另外一位當選者是凱撒派敦厚的元老院議員伊扎里克斯。至此，凱撒終於達到他就任獨裁官的目的，不過作為獨裁官應該做的事情還有很多。與執政官不同的是，按照當時的法規，即使是護民官，對獨裁官也無法行使否決權。不過手中掌握獨裁大權的凱撒，並沒有像蘇拉那樣，無情地殺戮自己的反對者，而是實施了以下的政策：

一、廢除蘇拉所定下的，反蘇拉派人的子孫永遠不得擔任公職這條國法。

二、允許流放國外者歸國，但是並非對任何人都適用。只有經過法務官或者是護民官的許可，再經公民大會同意之後方才有效。

三、羅馬各屬省總督的任命。近西班牙總督由雷比達就任，遠西班牙總督則由加西阿斯留任。法國南部屬省由狄奇阿斯·布魯圖斯、西西里由阿里埃努斯、薩丁尼亞由佩德格斯就任，當然全部都是凱撒派的人。這樣一來，就可以確保已經掌握在手的西地中海一帶了。

四、凱撒十分清楚，要繼續掌握本國羅馬的政權，必須消除政治上的空白和社會的無秩序狀態。經濟上的混亂必定會導致人心的不穩，因為只有經濟上的安定和繁榮，才能贏得那些不關心政治的普通百姓的心。

內戰爆發之後，羅馬人對將來都懷著不安，人們都變成了自我中心主義者；另方面經濟衰退了，債務人不還債，債權人也因此不再把錢借出而貯藏起資金，貨幣的不流通又阻礙了經濟的發展。這樣長久下去，下層階級就會因為無法承受而爆發不滿。

因此凱撒利用獨裁官所擁有的、任何人都無法反對也無法行使否決權這項權限，頒布了以下的政策。

首先，債務人有義務委託第三者查核他在內戰前的資產總值。除去已經支付的利息之外，其餘所有的債務，則以他的資產為基礎，用現金或資產來償還。

把資產以內戰之前的價值計算，是因為在內戰爆發之後，戰亂的不安使物價上漲了百分之二十五以上。所以凱撒這項政策的另一個目的在於抑制通貨膨脹。

凱撒的這項政策，使債權人實際上損失了四分之一的債權。然而因為減少了四分之一的金額，債務人的負擔減輕之後，也比較樂於還債了，結果使債權人比較容易回收到四分之三的金額。從經濟觀念來說，這可說凍結了內戰爆發之前所作的債權評估金額。

五、這項政策中，還禁止持有六萬塞斯泰契斯以上的現金，也就是禁止私人存放這個數目以上的現金。

六、接著，凱撒又全面廢除了密告制度，在蘇拉的獨裁之下，財迷心竅者的密告事件時常發生。廢除了這一點，不僅可以消除人們的恐懼感，又可以使資金靈活地流通。

七、為了加強資金的流通和獲取軍用資金，凱撒甚至還發行了新的貨幣。國庫中的財物，因為在西班牙戰爭時被凱撒「強奪」了不少，所以國庫中已經沒有可以用來鑄造貨幣的金銀了。凱撒又利用獨裁官的強權，命令繳出羅馬神廟中的供獻品，鑄造成貨幣。

這種貨幣的表面雕刻著人格化的「慈愛」，背面則刻著凱撒的名字和“Imperator”的文字。即使是對講演沒有興趣也不讀書的人，每天都會有機會接觸到貨幣。凱撒是最早考慮到活用貨幣來作為宣傳媒體的羅馬人。

實施了以上一系列的政策之後，凱撒辭去了獨裁官一職。並且以下任執政官的身份，主辦了對羅馬人來說十分重要的祭祀儀式——拉汀娜祭祀。舉辦讓羅馬人狂熱無比的祭祀儀式和運動會，目的在於讓羅馬市民感受到社會已經恢復了正常。市民們本來以為兩位執政官都不在羅馬，今年大概是無法舉行拜祭主神朱比特(Jupiter)的盛典了。就凱撒的立場來看，為了掌握本國的人心，必須使首都羅馬以及義大利各地在各個方面都與平時一樣運作。

在出發前往與龐培決戰之前，凱撒把這些最重要的任務委託給自己人。他任命馬賽戰爭中任陸上指揮的提波紐斯、在高盧戰役中一直擔任凱撒手下軍團長的佩迪斯和西塞羅的得意門生柴里斯三人為法務官，伊扎里克斯為輔助執政官。這樣，凱撒在離開羅馬時，留下了他的「政府」。因為與龐培的決戰什麼時候才能結束，還是個未知數。

凱撒只在首都停留了十天，在十二月十三日又出發前往士兵所在的布林迪西了。從渡過盧比孔河至今，只不過經過了十一個月的時間，而從他成功掌握了羅馬世界的西半部至今，只不過經過了一個半月的時間。

然而，與十一個月之前相比，凱撒的身份已經發生很大的變化。渡過盧比孔河時的凱撒，因為沒有服從近乎戒嚴令的「元老院最終勸告」而被視為國賊；而追隨他的軍隊也被視為叛亂軍、賊軍。現在，凱撒已經就任國家羅馬最高職位的執政官，有正統的法定地位；追隨他的士兵也同時得到法律的認同，一躍而成為堂堂的正規軍了。

九個月前，凱撒因未能成功地阻止龐培的出港，以至讓龐培和他的軍隊逃到了希臘，快速解決內戰的計畫因此而成為泡影；然而當時是因為凱撒被指為國賊，所以才執行快速解決內戰的計畫。既然快速解決內戰的可能性降低，就有必要採取相應的措施，在法律上改善自己的立場。前面也提過，羅馬人是重視法律的民族，要得到羅馬人的認可，就必須依法而行。就任執政官之後的凱撒，獲得了正統的社會地位，現在可以以正當的立場率領軍隊，討伐龐培和他的軍隊。化不利為有利，這又是凱撒「一舉挽回法」中的一個例子；只有這樣，才能夠在控制本國之後產生好的結果。

凱撒十分清楚這種手法的效力，並加以充分運用。從軍事上的角度來說，只是求「實」而放棄了本國的龐培，在「虛」這一方面已經失敗了。

話又說回來，只是根據法律的解釋還不夠，市民的感情又另當別論。因為凱撒實施了以上各項政策，一般的平民確實正傾向凱撒派這一邊。但是對這些人來說，這一次的內戰只不過是龐培與凱撒之間所展開的權力鬥爭而已，所以必須把法律上的勝利與實際上的勝利結合起來，也就是只有明確地「獲勝」。武力代表一切的時代還沒有結束。根據凱撒的命令，在布林迪西已經集結了十二個軍團的重步兵和一千四百名騎兵。

如果以賽馬為比喻，相對於一開始就領先的龐培，凱撒最初是與其他的馬匹並駕齊驅，然後逐漸拉開距離，最後在進入直線跑道之前的轉彎處才從外線跑道繞到前頭。決定勝負還是在直線跑道，也就是由兩雄的激戰來決定勝負。

戰力比較

凱撒在《內戰記》中，作了以下的記錄：

「龐培在這一年之中，既沒有戰鬥的必要，也沒有直接受到敵方的阻礙，而是用整整的一年來作準備。」

放棄義大利之後的龐培，雖然對馬賽和西班牙的支援並不是那麼積極，但對於在希臘迎擊凱撒的準備，卻是絲毫不敢怠慢。

首先，龐培手中有從義大利所帶來的五個軍團的三萬名重步兵。如果是凱撒，即使有缺額，只要還具有一個軍團的戰力，就不會急於補充人數，也不會因為人數少而把兩個軍團合併為一；而龐培即使在這方面也是重視「實」的人，龐培手中的一個軍團，意味著實實在在的六千名兵力。

此外，還有由羅馬公民兵所編成的四個軍團。其中的一個軍團是駐紮在西里西亞訓練有素的兵團，因為缺額多而由兩個軍團合併而成，龐培稱之為「雙胞胎」軍團。另一個軍團，是從羅馬屬省的克里特島和馬其頓徵募的士兵所編成。其餘的兩個軍團，則是西元前四十九年的執政官廉托魯斯以現任執政官的身份在義大利所編成的軍團。無論是在亞德里亞海所俘虜的九千名凱撒軍隊高盧士兵為基礎編組的非羅馬公民兵，還是從東地中海全區域所徵募的士兵，循規蹈矩的龐培，都把他們與公民兵混合在一起，以填滿定額。

這樣，龐培已經擁有了九個軍團五萬四千名的兵力。此外，在敘利亞編成、由龐培的岳父梅特魯斯．西比奧所率領的兩個軍團也將會前來援助。加上這兩個軍團，光是重裝備步兵就有十一個軍團六萬六千名士兵。

軍力並不一定是指軍團兵，按職能來分，還有輕步兵。龐培軍的輕步兵隊，有從克里特、斯巴達、潘特斯和敘利亞所徵募來的三千名弓弩手、一千二百名投石兵，共計有四千二百名的兵力。

此外，還有七千名的騎兵。在東方，只有社會地位高的人才有資格當上騎兵。龐培手下的騎兵團，以加拉太領主為代表，可說是龐培在東方的“Clientes”的總動員，場面十分壯觀。自己無法參加的領主，則派自己的兒子來參戰。

如果比較陸上的戰力，凱撒是處於絕對不利的地位。

首先，凱撒所率領的十個軍團之中，到底有多少的兵力，由於凱撒沒有記下正確的人數，只好從《內戰記》中的其他記述來推測。凱撒一個軍團的組成人數，平均大概只有二千五百人左右，遠遠比不上龐培軍的六千人。凱撒記錄了人數減少如此多的原因。

八年的高盧戰役和馬賽、西班牙的兩次戰役，加上往返行軍途中的勞累以及那一年秋季，義大利南部布林迪西氣候的異常，這一切都是軍團兵人數減少的原因。然而，所減少的人數與戰死、病死的人數並不相符，因為還有負傷者和因病無法繼續服役的人，凱撒都讓他們回鄉或是留在本國待命。此外，凱撒還利用從十二月二十二日抵達布林迪西到一月四日出港的這段時間，挑選決戰的士兵。結果，由他選拔出來的精兵所組成的軍團，一個軍團平均只有二千五百人左右。

這樣一來，凱撒率領之下的重步兵，只有十個軍團的二萬五千人；而輕步兵的數目不明，不過大概不會很多。騎兵方面，是由出身高盧與日耳曼所組成的、凱撒悉心培養的一千三百名騎兵。軍團兵之中，全戰力的二分之一是從高盧戰役時就跟隨凱撒的訓練有素士兵。

凱撒並非在任何方面都是少數精銳主義者，為了維持已經掌握的西地中海地區各屬省的安定，至少也得安排十個軍團的兵力，因此不得不選擇少數精銳主義，然而有利的一面就是不必擔心兵糧的不足。兵糧的確保，對將以龐培的地盤希臘為戰場的凱撒來說，是絕對不能輕視的問題。

我們再對兩軍的陸上指揮將領作個比較。

龐培方面的最高司令官，當然是五十七歲的龐培。這人的組織力和戰略才能，現在仍然有一流的定評。副將梅特魯斯．西比奧(Metellus Scipio)是龐培的岳父，他曾與女婿龐培一起擔任過西元前五十二年的執政官。從龐培對他的禮遇和他本人的行為來看，他的地位不僅是限於副將，而更像是與龐培並立的最高司令官。

在這兩人的下面，有西班牙戰線中的敗將阿法拉紐斯和佩里阿斯兩將，他們被凱撒釋放之後，逃到希臘與龐培會合。此外，在柯爾費尼奧開城戰中的敗將阿赫諾巴布斯也同樣經歷了敗北、釋放、會合這個過程，在柯爾費尼奧之戰以後，他又被龐培任命為馬賽防衛戰的總指揮，在與凱撒手下將領狄奇阿斯．布魯圖斯兩回海戰中敗北之後，對馬賽的命運絕望而到希臘與龐培會合了。

然而，實際上的副將應該是在高盧戰役中戰鬥了八年、曾經是凱撒副將的拉比埃努斯。他不僅熟悉凱撒的戰略戰術，而且一直都在最前線指揮軍隊。這兩點加深了龐培對拉比埃努斯的信賴。

其他的將領之中，有西元前四十九年的執政官馬塞拉斯和廉托魯斯以及小加圖等反凱撒派的元老院議員。追隨龐培放棄義大利的元老院議員總數將近二百人，簡直可以在希臘召開元老院會議。然而，龐培本身對這些人——其中包括幾經猶豫最後還是來到希臘的西塞羅，在軍事上並不重視，而他們也自知缺乏這方面的才能。但是他們又以自己所享有的高社會地位為理由，不願意放棄參加作戰會議的出席權。也就是說，他們只會在口頭上喋喋不休而沒實際的用處。

在這些人之中，與眾不同的是志願到前線參戰的三十六歲馬庫斯．布魯圖斯，也就是後來有名的布魯圖斯。布魯圖斯八歲那一年，父親被龐培殺害，長期以來，他雖然一直憎恨殺害他父親的龐培，不過他在此時來到希臘，是因為他反對凱撒打倒「元老院體制」。布魯圖斯認為只有元老院主導的寡頭政治，也就是現行體制才是國家羅馬應該遵循的政體。布魯圖斯即使到了龐培的陣營，也沒有與龐培打招呼，而龐培也沒有把這個既沒軍事經驗又愁眉苦臉的男子放在心上。

但是凱撒在離開首都之前，曾受布魯圖斯的母親之託，要求凱撒保護投到龐培一方的兒子。布魯圖斯的母親曾是凱撒的情婦，他決不會置之不理的。據說布魯圖斯的母親塞維莉亞(Servilia)一直都是凱撒的情婦。她所託付的事，凱撒絕對不會不放在心上。也許布魯圖斯認為只要站在龐培一邊，就可以洗刷他是凱撒情婦的兒子這個不光彩的名聲。然而，無論他走到哪裡都逃脫不掉這個稱呼。

我們再來看看將與龐培決戰的凱撒方面的指揮官。除了總司令官凱撒之外，與人才濟濟的龐培軍相比，凱撒一方只能用「寒傖」二字來形容。與凱撒同年代的，只有西元前五十三年的執政官多米提斯．卡爾比紐斯一人。以三十歲的安東尼為首的其他指揮，都是沒有什麼經驗的年輕將領。高盧戰役時代軍團長級的將領之中，提波紐斯被選為法務官而留在國內；狄奇阿斯．布魯圖斯作為屬省總督已被派遣到法國南部，也無法跟隨凱撒前往希臘；古里奧已在非洲戰死；而對於都拉貝拉，凱撒不放心讓他獨當一面。在這種狀況之下，凱撒任命多米提斯為首席副將，安東尼為次席副將。這兩人都是忠誠地執行凱撒戰略的猛將。世界上的事物常常都有正、反兩方面，相對於擁有大量的「頭」和「口」的龐培，凱撒方面的「頭」和「口」，只有凱撒一個。凱撒的幕僚雖然不多，但是以百人隊長為代表的中堅指揮官，在量和質方面都優於龐培。百人隊長本來就是羅馬軍團的主幹，不過最有效利用這個傳統的還是凱撒。從名字來判斷，可知道這些人是平民，凱撒不僅承認他們的實力，使他們有足夠的自信，還力排眾議，將他們提升為平常只有貴族和元老院階級出身者才能擔任的軍團長、大隊長，讓他們感覺到自己是軍團的支柱。常言道，士為知己者死，百人隊長對凱撒的確是忠心耿耿。與這些百人隊長共餐同寢的一般士兵，也與自己的隊長同心同德，一致對敵。以少數精銳部隊來對付龐培的大軍，雖然多少有些無奈，但凱撒的這些精兵，正是他自信的來源。

雖然如此，戰爭只靠意志和氣概是不夠的，決定戰鬥的要素之一，就是士兵的量和質。從量來說，龐培占有絕對優勢；而從質來看正好相反。不過，從整體的量和質來比較，哪一方的戰力較強，還沒有辦法簡單地得出答案。

凱撒十個軍團的二萬五千名重步兵之中，有過半數以上是訓練有素的現役兵。第八、第九、第十、第十一、第十二的五個軍團，是凱撒從高盧戰役初年就開始率領的軍團。對凱撒來說，他是率領最悉心培養出來的兵力與龐培決戰。

龐培方面也有不少訓練有素的人馬。問題在於是否一直都是久戰沙場的現役軍人，還是雖然年長，卻只有多年前戰鬥經驗的軍人。

龐培的部下之中，屬於前者的，只有從義大利所帶來的兩個軍團。這兩個軍團就是以出兵敘利亞的名義從凱撒手中收去的兩個軍團，從西元前五十三年到前五十年的四年，都在凱撒的指揮之下戰鬥並積累了豐富的經驗。除了這兩個軍團之外，龐培其他富有戰鬥經驗的兵力，因為龐培在東方稱霸成功而一直處於和平狀態，所以都成了在東地中海各屬省的防衛要員。也就是自龐培於西元前六十三年在東方稱霸之後的十五年中，都沒有再進行過真正戰鬥的軍隊。只有久戰沙場的戰士才能有最強的戰鬥力，龐培也知道這一點。在凱撒進攻西部期間，龐培把軍隊帶到希臘中部的特薩里亞進行軍事訓練，因為除了兩個軍團之外，其他的都是從各地湊合而成的兵力，沒有周詳的訓練就無法成為真正的戰力。

在海上的戰力方面，兩者根本就無法相提並論。與從東地中海搜集六百艘船隻的龐培軍相比，凱撒甚至沒有可以輸送二萬五千名步兵與一千三百名騎兵的船隻，只好分成兩批運輸。以此估計凱撒所擁有的船隻大概不滿一百艘。九個月前，凱撒眼睜睜地讓龐培逃出布林迪西港之後，曾經命令當地的民眾建造船隻；在安東尼的弟弟和都拉貝拉所指揮的亞德里亞海戰爭中，已經損失了其中的四十艘。不過，龐培也不會為了阻止凱撒軍隊渡過亞德里亞海而投入全部六百艘船隻。另外，寄港地最多也只能容納一百五十艘船。

即使在這種狀況之下，凱撒為了奪取地中海的霸權，除了強渡亞德里亞海之外，別無他法。而龐培則以為只要動用一百五十艘船隻，就足以阻止凱撒渡過亞德里亞海了。

戰爭與經濟問題是密不可分的。在戰爭費用方面，龐培也占有絕對的優勢。

我們不能忘記的是，西元前四十九年這一年，在龐培的陣營裡有兩位現任執政官，還有人數足以召開元老院會議的元老院議員。而且，根據「元老院最終勸告」所發布的戒嚴令，龐培擁有可以行使軍事力來收拾殘局的權力。這一年的正統政府不是在義大利而是在希臘。對羅馬各個屬省的徵稅權，以及要求同盟國提供兵力的權利，都掌握在龐培派手中。龐培不僅限於負責收拾殘局，在肅清海盜成功之後，地中海全區域成為龐培的地盤。之後，因為龐培在東方的稱霸，有些地區成為羅馬的屬省，有些則成為承認羅馬霸權的同盟國。這些都是龐培的“Clientes”。東地中海地區的經濟力遠遠超過西地中海，幅員大約相當於高盧、小亞細亞加上敘利亞。從那裡徵收的屬省稅，與凱撒的四千萬塞斯泰契斯相比，龐培有二億塞斯泰契斯的稅收。放棄義大利之後的龐培，一定把從東地中海全區域所徵收的屬省稅全部收入自己手中。因為是正統的政府，在法律上也就不會產生任何問題。在慌忙逃離首都之時，從撒頓神廟的國庫中也許只帶出了部份的財物。然而，因為政府的正統性和龐培個人的威信，龐培派擁有大量的軍費。甚至連吝嗇的西塞羅都帶去了一百萬塞斯泰契斯的慰問金，光是捐款的數目就相當多了。

龐培用這些錢在希臘購買大量的糧食，支付購買兵器的費用和士兵的薪水都沒有絲毫的難處。龐培與元老院議員們的生活水準，與在首都時相比也毫無遜色。不同之處只在於他們與將妻子和未滿兵役年齡的兒子留在雷斯波斯島 (Lesvos) 避難的龐培一樣，與家眷分離兩地。

此外，在龐培與凱撒的抗爭中，負責徵稅的業者也站在龐培這一邊，使龐培的資金得到充分的保證。在負責徵稅的同時他們也放債，是羅馬社會的金融業者。凱撒在高盧和西班牙所實行的稅制改革，給他們帶來了危機感。稅制一實施，他們就無法從中做小動作。這樣，在負責稅收過程中所得到的甜頭必定會大大減少。不單如此，凱撒還規定了利息的最高限度。在金融方面，龐培所代表的體制是自由經濟派，或者可以說是市場經濟派。

因為凱撒已經當選為西元前四十八年的執政官，從這一年開始就代表正統政府了。不過這只是代表在法律上得到了承認，得不到的東西還是得不到。他所得到的地區，在經濟力上處於劣勢。即使是在西地中海區域中經濟力較強的義大利，如果向住民們徵收重稅，就有使本國的人心傾向龐培的危險。

資金不足，兵糧的補給只有從敵人的地盤設法籌集了。形勢對凱撒似乎是愈來愈不利了。召集了十二個軍團而最終只是率領了十個軍團前往作戰，也是因為不能無視於軍費的不足。

激戰之前兩雄各方面條件的比較大致如下。總司令官的年齡分別為五十八歲和五十二歲，可視為兩者本身的條件相等。滿分為十分。

	龐培	凱撒
陸上戰力（量）	10	3
士兵訓練程度（平均值）	2	8
上級指揮官	8	2
中、下級指揮官	2	10
海上戰力	10	2
資金力	10	2
最高司令官的力量，或者是以上各條件的活用率	?	?

「?」之處的評價，等激戰有了結果之後再由讀者填寫。因為軍事組織的目的，就是要以最少的損失來取得最大的效果。所以戰鬥開始之前不明朗的部份我加了「?」符號。

進軍希臘

取得執政官地位之後的凱撒，抵達布林迪西的時間是西元前四十九年的十二月二十二日。按照慣例，這是進入準備過冬而非開始軍事行動的季節。然而凱撒為了結束內戰而進行曆法改革，對於曆書上的季節與實際季節之差，他必定是比任何人都要敏感。但即使有差異，也不會超過兩個月。十一月，即使義大利南部也是冬季，平日風平浪靜的地中海也會變得波濤洶湧，而凱撒連可以一次將全軍人馬全部運送過海的船隻都沒有。

然而，凱撒並沒有因此而延期渡海的計畫。以我的推測，他大概是打算充分利用當上執政官的這一年。因為到了隔年——西元前四十七年，如果不採取有效的措施，凱撒將會成為「地方長官」。一變為「地方長官」，他的資格就與龐培相同了。

剛剛跨入西元前四十八年的一月四日，凱撒率領第一批人馬，一萬五千名步兵和五百名騎兵從布林迪西出港了。他抵達這個通向希臘的主要港口——布林迪西，也不過十三天的時間。

除了不可缺少的東西之外，其餘的都留在布林迪西。凱撒在書中也提到，這是為了可以運送最多的士兵過海。留下來的行李，則等運輸船隊返回之後，再按照原計畫第二次運送。第二批一萬名步兵和八百名騎兵由次席副將安東尼負責指揮。

出乎意料的是，凱撒的船隊竟然沒有受到他所擔心的、來自龐培海軍的妨礙就順利登陸了。敵人也不曾想到凱撒會敢在這個深冬時節大膽冒險渡海。海面上風平浪靜，又沒有遭到敵方的

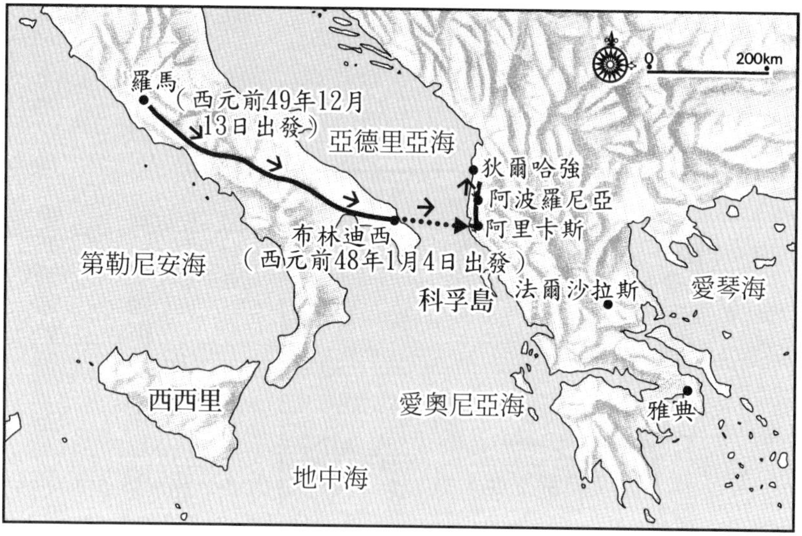

西元前 48 年凱撒的前進路線

妨礙，所以在出發的次日，就在希臘西部成功地登陸了。凱撒從最初就沒有打算從龐培軍隊嚴加監視的港口登陸。雖然如此，也並不是除了那些港口之外，在任何地方都可以容易登陸。亞德里亞海的東岸，峽灣錯綜複雜，太接近就會闖入危險的亂石灘。凱撒選擇了亂石灘中的一小片沙灘上陸。似乎就是現在的帕萊沙(Paliassa)海岸，離龐培大本營所在——現在阿爾巴尼亞的狄列斯(Durres)南面，直線距離約一百三十公里。狄列斯在拉丁語中稱為狄爾哈強(Dyrrhachium)。龐培在布林迪西時，放棄阿庇亞大道而橫渡亞德里亞海，在狄爾哈強登陸，就是因為它位於羅馬通往東地中海的要道之上。羅馬人在西元前二世紀時就已經鋪設了從狄爾哈強橫貫希臘，並向東部延伸的艾格那提亞大道。凱撒軍隊避開狄爾哈強以及龐培軍隊所守衛的其他港口登陸之後，馬上命令運輸船隊返回布林迪西，以便第二批人馬可以在最快的時間內渡海。

登陸之後，他們連曬乾被海水浸濕的衣物的時間都沒有，因為距登陸地點以北不過十公里之處的阿里卡斯港 (Oricus)，有十八艘龐培的軍艦在守衛著。而在八十公里以南的科孚島，有負責亞德里亞海的、龐培軍總指揮比布拉斯所率領的一百多艘軍艦在巡邏。

不巧的是，在市務官、法務官甚至在西元前五十九年的執政官時代比布拉斯都曾是凱撒的同僚，之前一直都鬥不過凱撒。不過自從內戰爆發之後，受命於龐培擔任了海軍的總指揮，有生以

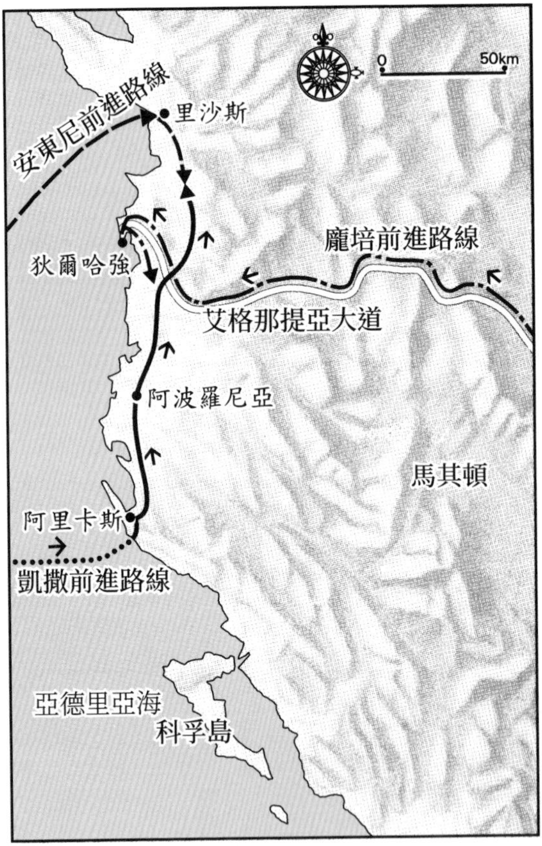

希臘西部

來第一次變得活躍起來。凱撒必須趕在比布拉斯得知他的登陸而開始行動之前，盡快確立自己的位置。

西元前四十八年一月五日，凱撒成功地在希臘西岸登陸之後，首先向沿著陸地就可以從背後攻擊的阿里卡斯推進。凱撒用他手中僅有的十二艘軍艦和陸上的兵力從海陸兩面夾攻，阿里卡斯不到一天就被攻下了。阿里卡斯受到突襲時曾向在科孚島的比布拉斯請求派遣援軍，由於未做好準備，比布拉斯的一百多艘軍艦無法及時出港。

攻下阿里卡斯之後，凱撒又命令手中僅有的十二艘軍艦返回布林迪西。對手中只有一萬五千五百名戰力的凱撒來說，現在最重要的，就是要讓安東尼所率領的第二批人馬盡快抵達。

但是，受命啟航返回布林迪西的十二艘軍艦，在途中被從科孚島趕來的比布拉斯艦隊所包圍，十二艘軍艦被擊毀，船上的士兵全都被殺害了。

比布拉斯由此斷定凱撒方面還有軍隊未渡海，決定在海上進行封鎖巡邏。身為總指揮的比布拉斯馬上做好備戰的態勢，甚至連睡眠也在軍艦上。雖然已經讓凱撒登陸，比布拉斯決意要截獲凱撒的援軍，目的在孤立凱撒和他的兵糧補給地——義大利。

凱撒此時尚未得知自己的十二艘軍艦已被擊毀，不過他並沒有坐等第二批人馬的到來。他緊接著又開始進攻離阿里卡斯以北五十公里處的阿波羅尼亞。

由於海岸向前推移，現在的阿波羅尼亞已經變成一個位於內陸的不起眼小村莊。不過，二千年前的阿波羅尼亞與艾格那提亞大道的起點——狄爾哈強齊名，是羅馬設在希臘西部的重要基地。當然，龐培在此也派駐守備的軍隊。

然而，得知凱撒軍隊正在逼近的住民，拒絕協助龐培的守備軍進行防衛。沒有住民的協助，自知無法戰勝凱撒的守備隊長，只好帶著守備隊的士兵逃走了。城中住民派出代表，向凱撒表示願意友好開城，凱撒也表示會保障住民的安全和以後城市的防衛。這樣，在攻下阿里卡斯的次日，凱撒又輕而易舉地控制了阿波羅尼亞。至此，也就是到一月七日為止，所有的計畫都進行得十分順利。然而在第二天，或者是幾天之後，凱撒得知自己的十二艘軍艦被比布拉斯的海軍擊毀的消息。從比布拉斯的行動中，凱撒覺察到了他的意圖。儘管如此，凱撒還是毫不懷疑第二批人馬會在短期間內抵達。因為布林迪西就位於呈長靴狀的義大利半島鞋後跟部份，從那裡到希臘的西岸只需要一天的航程。

當時正在特薩里亞進行軍事訓練的龐培得知凱撒登陸之後，馬上率領手中的所有兵力北上，經當時可以稱得上高速公路的艾格那提亞大道趕往狄爾哈強。龐培所到達的狄爾哈強與凱撒所在的阿波羅尼亞之間，直線距離不過七十公里。而在阿波羅尼亞前面的海上，有比布拉斯所率領的龐培艦隊在日夜巡邏。為了避免受到敵人從海陸兩面的夾攻，凱撒決定把軍隊移動到其他地方。

即使梅特魯斯．西比奧的兩個軍團尚未抵達，此時龐培手中還是有九個軍團五萬四千名的重步兵和六千名左右的騎兵，而凱撒手中僅有一萬五千名重步兵和五百名騎兵。如果按照一般人的作法，一定會以走為上策，但是凱撒卻採取了相反的行動。

狄爾哈強位於不易攻克的天然要害之地，龐培把它當作補給地，在市內貯藏了大量的糧食和武器。龐培派之中不善於作戰的西塞羅、小加圖等元老院議員，也都以確保基地的名義集中在那裡，以超過五萬的兵力，沒有理由躲在城中按兵不動，而龐培此時也並不想進行圍城戰。隨著最高司令官抵達的全軍，則在流入亞德里亞海的阿普沙斯河的北岸紮營，營地位於狄爾哈強以南的三十公里處。當然，這是龐培得知凱撒在阿波羅尼亞之後所做的布局。但是凱撒不僅沒有逃走，反而向敵人的所在位置北上，在阿普沙斯河南岸修築陣營。凱撒的兵力只相當於對手的六萬兵力的四分之一，竟敢如此大膽冒險。因為他明白，比起靜待援軍的到來，或是在人數上占有絕對優勢的敵人逼近之時逃走，這樣做更能激發士氣。但凱撒此時的前進，可以說是魯莽的行動，這個舉動為龐培提供了最好的時機。

然而令人費解的是，龐培並沒有利用這個良機投入全軍，對凱撒進行攻擊。是否因為他尊重地位相當但尚未趕到的梅特魯斯·西比奧而沒有發動總攻擊？還是因為龐培這一方有太多的元老院議員、太多的忠告和意見反而讓他無所適從，失去了斷然行動的魄力？或是因為得知凱撒登陸之後，不分日夜的急行軍使希臘士兵無法忍受而逃走，而讓龐培感到動搖？還是沒有親自嘗過敗仗的苦境、被稱為常勝將軍的龐培過於自信，認為與凱撒的正面對決，無論在何時何地都可以獲勝？如果不是因為以上的原因，那麼是否五十七歲的龐培在心中以不願與自己的同胞舊友為敵而遲遲未能作出決斷呢？總之，龐培白白放過了消滅凱撒的最好機會。

主動的依然是凱撒。不過他也深知光憑手中的兵力根本無法馬上與龐培決戰，所以他又一次利用了外交手段。

後世有些學者認為凱撒這個時期的外交，是為了拖延時間的戰術，也有人認為他是真心誠意想通過外交途徑解決問題。而我認為凱撒是想通過以上兩個方法來解決問題。

在凱撒軍中，有個叫維巴留斯·魯布斯的人，他本來是龐培的參謀，在柯爾費尼奧以及西班牙的兩次戰爭中都被龐培派任為阿赫諾巴布斯和阿法拉紐斯的參謀。在柯爾費尼奧和西班牙兩次成為凱撒的俘虜，均獲釋放，是龐培高官之中的一位。與阿赫諾巴布斯和阿法拉紐斯不同的是，第一次在柯爾費尼奧獲釋之後，他回到龐培的陣營；但是第二次，在西班牙戰爭之後，不知何故他選擇了留在凱撒軍中。凱撒選中他作為與龐培講和的使者。根據凱撒自己的記錄，他交給魯布斯的信的要點如下：

「龐培與凱撒解除敵對關係。放下武器，為進一步的敵對行動劃下休止符。兩者所遭受到的重大損失，已經足以讓我們吸取教訓以免重蹈覆轍。

龐培被趕出義大利，失去了西西里、薩丁尼亞和西班牙。在義大利和西班牙失去了一百三十個大隊七萬八千名羅馬公民兵的生命。而在凱撒方面，古里奧戰死、北非之戰敗北、在亞德里亞海失去了安東尼弟弟所率領的士兵。這一切已經足以證明我們在戰爭中會遭受到什麼樣的命運。所以，為了我們兩人，為了國家的利益，我們不是應該避免更慘痛的悲劇的發生嗎？現在正是和談的最好機會。因為兩人的自信，對自己所率領軍隊的信心是同等的。如果其中一方略占上風，大概會無法進行交涉。因為人們往往不滿足於自己應該得到的部份而是夢想全部占為己有。

至於和談的條件，有如下的提案：兩人在兩軍面前交換誓約，之後在三天之內兩者同時解散軍隊。而且，考慮到龐培的處境，凱撒將率軍離開城市（狄爾哈強），在平原解散軍隊。」

魯布斯把凱撒的親筆信交到龐培手中時，大概是一月份中旬。這個時期，龐培因為得知凱撒登陸正在全力備戰，而凱撒被孤立的不安卻是與日俱增。

如果龐培只是一個人仔細琢磨凱撒給自己的親筆信，並且一個人作出判斷的話，在這個時期並不是沒有可能達成和解。但是，龐培本來就是由憎恨凱撒的人所擁戴的最高司令官。特別是在希臘，龐培的周圍都是強硬的反凱撒派。而龐培也不可能在聽從這些人的意見之前就自作主張，直接與凱撒交涉。結果，龐培沒有回信給凱撒。

龐培還是按兵不動，而凱撒則是無法作出更進一步的行動。就這樣，出現了兩軍隔河對峙的局面。這種狀態對於兵糧和其他方面的補給都不充足的凱撒是絕對不利的。凱撒把艱苦籌集到的少量糧食平均分給每一個官兵。沒有人因為糧食不足而抱怨。而之前在帕辰察要求退役、增加薪水而罷戰的第九軍團的士兵，更是率先忍耐著眼前的苦境。

對兩軍的士兵來說，敵陣中有很多自己的同胞。特別是龐培方面的兩個軍團，是高盧戰役後期在凱撒手下戰鬥了四年的士兵。雖然因為首腦之間的權力鬥爭而成為敵人，但是他們與在彼岸陣地中的凱撒士兵，是共同戰鬥了四年的戰友。兩軍的士兵漸漸靠近河堤，隔著河川開始對話了。凱撒認為這是個好機會，於是再度提出和談的建議。然而，這一次由凱撒將領巴第紐斯所帶給龐培的信，也與第一次一樣被置之不理，沒有任何回音。龐培周圍的人對凱撒這個行動的反應，可以從拉比埃努斯對士兵的態度中略知一二。拉比埃努斯嚴加指責與對岸敵軍交談的士兵，命令他們返回陣營。曾經是凱撒「右腕」的拉比埃努斯對自己的士兵、更對著凱撒軍隊的士兵斷然地大聲說道：

「什麼和談！對於我們來說，和平是只有取下凱撒的人頭之後才有可能的事。」

龐培方面已經有了明確的戰略，而凱撒只是在消耗、等待。

另一方面，在布林迪西的安東尼並非故意拖延出港的時間，而是已經多次嘗試率領一萬名重步兵和八百名騎兵出港。但是，凱撒的第二批人馬，不但遇上冬季海面上的洶湧波濤，還受到來自龐培海軍的阻礙。敵軍沒有出現時，又會遇上狂風大浪。只好退回布林迪西，一時動彈不得。

幸運的是，春天已經接近了。而且，因為憎恨凱撒而在海上來回巡邏的比布拉斯這時候已經死了。不過安東尼所率領的第二批人馬抵達希臘時，已經是三月下旬了。如果按照實際的季節，只是二月中旬左右。對凱撒來說，這是度日如年的二個月又二十二天。現在，多次的催促之後，安東尼所率領的第二批人馬終於抵達了。

第二批人馬抵達

讀者常常會以為，戰爭記錄一定會載滿激烈的戰爭場面。不過有時也會出現一些喜劇性的小插曲。安東尼所率領的第二批人馬的渡海過程正是如此。

與大洋性季風不同，在地中海，風向終年都會發生變化。不過在各個季節還是有主要風向。亞德里亞海的冬季主要是吹北風或是西北風。凱撒之所以指示安東尼在阿波羅尼亞登陸，目的也是在於利用這種風向航海，同時又可以避開龐培軍隊所監視的狄爾哈強和科孚島附近海域。凱撒的運輸船隊大多只是簡易的帆船，而且是羅馬時代的四角帆。之後的威尼斯王國時期則是三角形的帆船，這種形狀的帆船即使逆風時也可以前進。但是四角的帆船，如果不是順風根本就無法前進；如果是逆風，就會被吹往與目的地完全相反的方向。

那時候，龐培的海軍將領比布拉斯已經死了，來自敵方的妨礙雖然已經減少，但是天公卻不作美，一直沒有吹西北風。安東尼和組成第二批人馬的一萬名步兵以及八百名騎兵都變得急躁不安了。自從第一批人馬出發以來，已經過了二個月又二十二天。此間，連一粒兵糧都無法運送到凱撒所在之地。希臘與義大利之間的聯絡，只有靠速度很快的傳令船越過龐培海軍的海上封鎖網在兩地來回穿梭。

每天都吹著在冬季少見的南風。安東尼和士兵們都認為不能再等下去，決定迎風出港了。

三月二十六日，由安東尼所率領的第二批人馬從布林迪西出發了。每個人都在心中祈禱，希望出海之後風向可以轉變。然而風卻不解人意，吹的還是南風。本來打算在稍稍偏南的阿波羅尼亞登陸，卻被風一直吹向北方。終於還是靠近了希臘沿海，然而出現在右前方遠處的，並非阿波羅尼亞而是狄爾哈強。這時龐培的海上巡邏艇發現了安東尼的船隊，派出船團開始追擊。

然而，強勁的南風救了安東尼。此外，安東尼還有凱撒這個紀律嚴明的上司。安東尼遵照凱撒登陸優先於一切的命令，沒有迎擊追蹤而來的敵人，只是趁著南風拚命逃走。凱撒從陸上看到了這種情形，在不遠處布陣的龐培也看到了。

在岸上兩軍的注視中，向北逃走的安東尼船隊以及在後追逐、由羅德斯島所提供的龐培軍船隊先後通過了。

即使是在逃走過程中，安東尼腦海裡也只有一個念頭：登陸。就在這時，眼前出現了尼姆法門港。這個小港在吹西南風時是避風的良港，但是吹南風時就不同了。不過，安東尼認為，與其被敵人的艦隊攻擊，不如冒著船隻被風吹向崖壁的危險強行上岸。安東尼的這個決斷救了整個船隊。幸運之神就在這時出現了：安東尼的船隊一進港，風向一變，就從南風轉為西南風了。

進入了避西南風的良港，安東尼的船隊暫時得以安全，而在港外的敵軍追擊船，被強勁的西南風一吹，前後的船隻不僅互相撞擊，還被風吹向崖壁，損失慘重。船上的士兵紛紛跌落海中，結果還是靠著凱撒軍士兵的援助才被救出。這些士兵都是羅德斯島的島民，安東尼依照凱撒的命令讓他們歸國。

幸運的安東尼在尼姆法門登陸之後仍保持著清醒的頭腦，登陸之後馬上採取行動，占領了從港口往內陸四、五公里處的里沙斯城，同時還派人通知凱撒自己的所在之地。

安東尼現在所在的地點，離凱撒原來所指定的登陸地點阿波羅尼亞，直線距離就有一百三十公里以上。如果順利在阿波羅尼亞登陸，只要向北前進五十公里就可以與凱撒會合；而現在的位置在距凱撒以北一百三十公里以上的尼姆法門。在凱撒與安東尼之間，隔著龐培軍的補給基地狄爾哈強，而且，龐培設在阿普沙斯河北岸的陣營中，有六萬的兵力。

從一月五日凱撒的登陸至三月二十七日安東尼的登陸，經過了二個月又二十二天的時間。龐培似乎是白白浪費了這段時間，不過他還是活用了自己的戰力，阻止凱撒與安東尼會合。這對處於兩者之間且擁有龐大兵力的龐培來說，並非不可能的事。

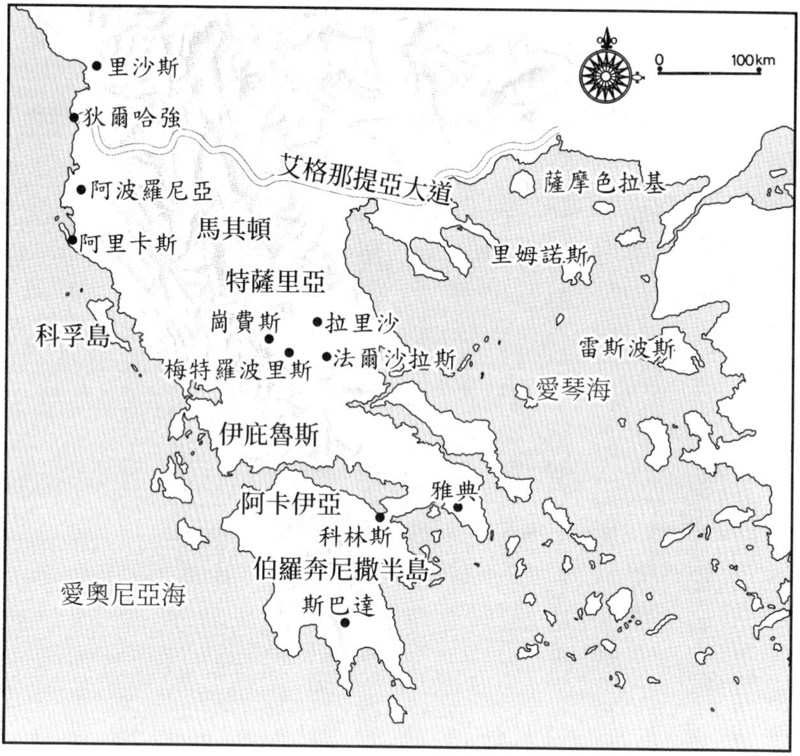

希臘全圖

只要以六萬兵力中的一半來封鎖凱撒一萬五千的兵力，再以其餘的一半攻擊只有一萬名步兵和八百名騎兵的安東尼就可以了。龐培手中掌握著六萬兵力，即使分成兩路，每一邊都還是有三萬的兵力。只要他有意進攻，手中並不缺少兵力。而且，相對於必須渡河才可以北上的凱撒，龐培還占有一個有利之處——就是不必渡河就可以進攻在北面的安東尼。

龐培終於採取了阻止敵軍會合的行動，但他所採取的，並非兵分兩路的狙擊作戰方式。

會合

安東尼所在的里沙斯與凱撒所在的阿普沙斯河南岸之間，直線距離約有五十公里，還有龐培六萬人馬的軍隊隔在中間，所以兩軍的會合必須要向東面繞道而行。凱撒一方面命令安東尼向東迂迴南下，另一方面自己率軍撤離阿普沙斯河南岸的陣地，向東迂迴北上。

與此同時，龐培也把軍隊從阿普沙斯河北岸的陣地撤離了，不過在準備時間和行軍速度上都被凱撒搶先了一步。寧可被敵人察覺到舉動也想盡快縮短與安東尼之間距離的凱撒，在白天就率軍撤離了陣營。而龐培為了不讓凱撒察覺到他的意圖，命令軍隊在半夜裡出發。這樣，龐培把全軍的六萬人馬都投入阻止凱撒兩軍會合的作戰，不過也因為人數過多而在行動上變得遲緩。

北面的安東尼向東南迂迴南下、南面的凱撒向東北迂迴北上的會合作戰，因為兩者所使用的方法相近，行軍速度又快，所以未受到龐培大軍的妨礙就成功地達到了目的。當時為西元前四十八年四月三日。凱撒第一批與第二批人馬的會合，在第二批人馬登陸之後的一週之內就實現了。

對凱撒來說，這是三個月以來第一次與自己的部下再會。這一次的幸運似乎不是來自神的恩賜，也不是自己的創造，而是來自敵人的給予。

得知凱撒的軍隊已經會合之後，龐培非但沒有向敵人挑戰，反而下令撤軍。兩天之後，龐培命令修築了新的陣地，準備在那裡迎擊凱撒。這一次的陣地是在阿普沙斯河以北與補給基地狄爾哈強距離更近的吉紐沙斯河口的附近，經艾格那提亞大道或是經海上都可以與狄爾哈強聯絡，是適合「等待」的地勢。龐培打算在此等待正率領兩個軍團從敘利亞趕來的梅特魯斯．西比奧。

凱撒的兩軍已經會合，但是並非所有的情況都已經好轉。凱撒原來打算從布林迪西調度兵糧的補給，卻因為龐培在凱撒的第二批人馬登陸之後集中兵力，企圖切斷凱撒軍隊的兵糧補給，而放棄了這個計畫。

首先，凱撒在阿里卡斯港的船隊被指揮埃及海軍支隊的龐培長子勞斯擊潰。之後，勞斯又擊潰了安東尼停泊在尼姆法門的運輸船隊。而且，由於春季的來臨，龐培海軍在海上的巡邏更加頻繁了。這樣，凱撒軍隊在義大利與希臘之間的兵糧補給線，可說是已經被切斷了。

現在，除了從當地籌集糧食之外別無他策，甚至連凱撒都親自外出籌糧了。在各方面資源都不足的情況之下，凱撒以希臘為舞臺，開始了與龐培對決的第二幕——這就是歷時三個月、歷史上有名的「狄爾哈強會戰」。

狄爾哈強會戰

凱撒的軍隊會合之後，龐培大概已經作好持久戰的準備，而凱撒也不會完全沒有意識到這一點。如果演變成持久戰，處於不利地位的將是凱撒。凱撒曾命人在西西里和法國南部造船，可是現在卻杳無音訊。手中的船隻已所剩無幾，從義大利方面的補給也已經沒有指望。相反的，龐培不但貯藏了充足的兵糧，而且掌握著制海權。

為了避免戰爭長期化，與以「守」為戰略的龐培相反，凱撒決定以「攻」為戰略。兩軍會合之後，凱撒馬上追擊正在撤退的龐培軍隊。兩天之後，凱撒追上了龐培的軍隊並提出了挑戰。當時，在最高司令官的帷幕上掛起紅色的短衣，就是表示挑戰的標誌。然而，決定以守為攻並且已打算進行持久戰的龐培，並不理會凱撒的挑戰。所以，凱撒也只好調整戰略，為戰爭的長期化而作準備。

凱撒首先把剛剛會合的十個軍團和一千三百名騎兵分成二路，接著又把其中的一路分成三隊，然後命令這三支隊伍進攻希臘的中、東部。

首席副將多米提斯率領二個軍團和五百名騎兵前往馬其頓。

倫吉努斯率領一個軍團和二百名騎兵前往特薩里亞。

撒比努斯率領五個大隊，也就是二分之一個軍團和少數騎兵前往阿托里亞。

凱撒交給以上合計三．五個軍團和七百多名騎兵的任務，第一是籌集兵糧，第二是爭取當地住民的支持，第三是迎擊正在接近中、由梅特魯斯．西比奧所率領的兩個軍團。

第一個任務，換句話說就是「減少吃飯人口」。兩批人馬的會合雖是喜事，但是兵糧的需求量同時也增加了一倍之多。

對第二個爭取當地住民的支持這一任務，凱撒相當成功。就希臘人來說，龐培與凱撒的抗爭，無論是哪一方獲勝，都無法改變希臘在羅馬霸權下生存的命運。希臘被當成戰場，不僅攪亂了當地住民的生活，還因為龐培的徵稅人過於苛刻，稅額的負擔年年增加。所以當地人漸漸對龐培產生反感。不過因為大軍壓境，也只好敢怒而不敢言。凱撒因為漸漸獲得了希臘住民的支持，軍糧多少有了保障。同時即使是小隊行軍，途中也不會受到當地居民的襲擊了。愈是軟弱無力的第三者，生存之道就愈有必要依靠強者。與地中海的其他地方一樣，希臘的各城市也都注視著兩雄的對決。

以上的部隊出發之後，凱撒利用其餘六．五個軍團的戰力，進行新的作戰，那就是切斷龐培的陣地與其補給基地狄爾哈強之間的聯繫。

凱撒首先在吉紐沙斯河附近的龐培軍陣地和狄爾哈強之間，建設了自軍的陣地。龐培看到凱撒的行動，也把陣營移近了自軍的補給基地。龐培軍的基地位於一個叫佩特拉的臨海高地之上，高地的下面是小型的海灣，無論風從哪一個方向吹來，都是個安全的避風港，補給船隻也可以安全駛入，與補給基地狄爾哈強的海上直線距離只有七公里，陸上直線距離也不超過十公里。然而，位於岬角前端的狄爾哈強，落潮之後周圍會出現多處沼澤地，中間還隔著很寬的海灣，必須向北迂迴才可以通往陸地。

狄爾哈強的地勢和佩特拉灣的小規模，啟發了凱撒，他決定包圍在佩特拉處於「守」勢的龐培。雖然這場戰爭似乎已經不可能以速戰速決的方式解決，但是凱撒從未忘記把「攻」，也就是戰爭的主導權掌握在手。建設包圍網的理由，依據凱撒的條文式書寫習慣記錄如下：

一、敵方為大軍，雖說兵糧頻繁地從狄爾哈強補給，但是仍會往外部籌備，第一個目的就是要切斷籌糧路線。

二、敵方有很多籌備兵糧的騎兵，第二個目的就是削弱騎兵的機動力。

三、第三個目的就是讓世人看到龐培即使被凱撒包圍、攻打也沒有應戰，使在各國聲譽卓著的龐培出醜，聲名掃地。

第一和第二個目的，屬於軍事上的策略。對手中沒有海軍的凱撒來說，要從海上封鎖龐培是不可能的事，但是卻有可能從陸上進行封鎖，使龐培不得不全面依賴海路的補給。

至於第三個目的，也像一貫重視宣傳效應的凱撒手法，屬於心理戰。就像前面所提到的一樣，龐培是重視「實」，而凱撒則是「虛」、「實」兼顧類型的人。

包圍網

四月十五日，也就是凱撒在希臘登陸後的三個月又十天、與安東尼會合之後的十二天，包圍網的工事開始了。凱撒始終都貫徹「攻」的戰略。即使已經是五十二歲，凱撒還是凱撒。

龐培大本營所在的臨海高地佩特拉，向陸地的一面是向南延伸的陡坡。凱撒就在山崗的各處修築了堡壘，使一個個的堡壘最終形成一道包圍網，工事地點離敵人的大本營只有三公里，如果敵人出擊的話也只好邊應戰邊作業。然而，龐培仍是採取「守」勢，並沒有大規模出擊，不過還是有小規模的襲擊，所以凱撒的士兵們只好一邊躲開亂箭，一邊進行工事。為了不被亂箭射中，除了護甲之外，士兵們還在身上纏了很多東西當作護套。

雖然敵人不斷干擾，凱撒的包圍網還是在一步步地形成。龐培看到這種情形，也決定修築防衛線。這樣，以海岸線為中心，柵欄、塹壕和堡壘形成了半月形的兩道圍網，裡邊的是龐培的防

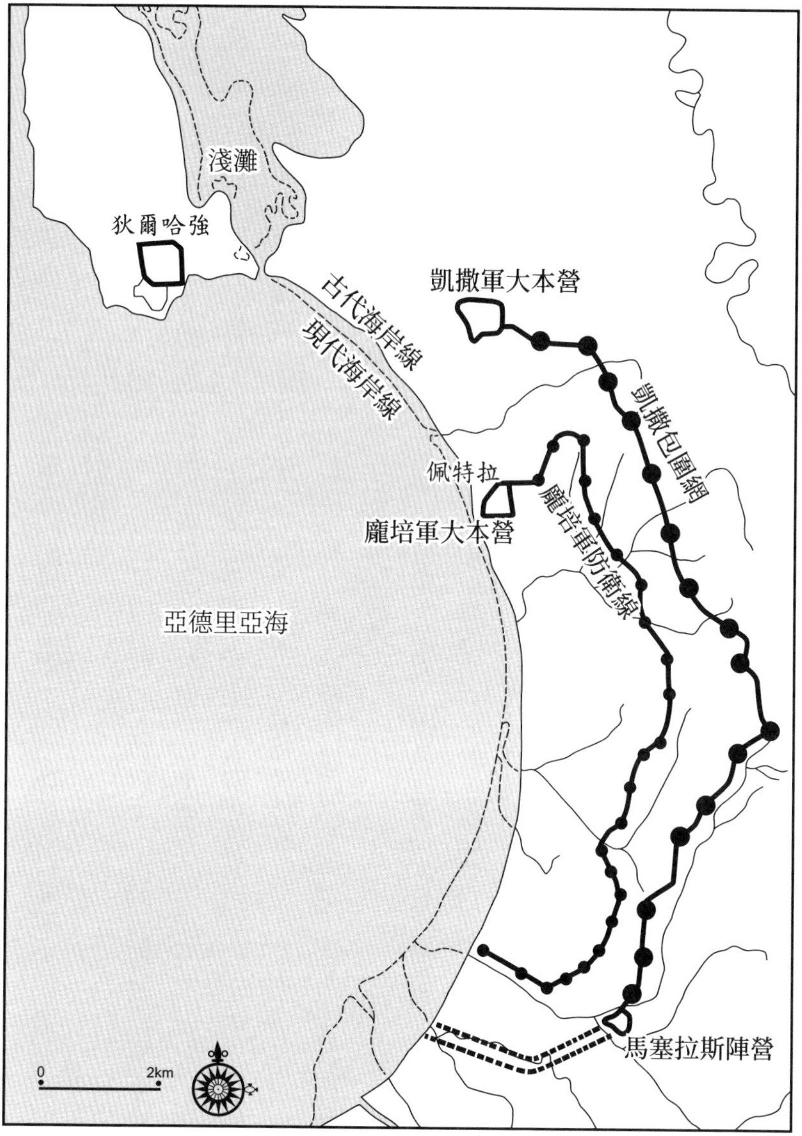

狄爾哈強包圍圖
（摘自 *The Cambridge Ancient History* 中 *Volume 9, The Last Age of the Roman Republic*）

衛線，外頭是凱撒的包圍網。

龐培擁有六萬人馬，所以盡量擴大防衛線的範圍；而凱撒則盡可能縮小包圍網，所以兩軍常常為了占據該地數目眾多的山嶺而發生衝突。

龐培方面的防衛線首先完成了。一方面是因為他的人數眾多，內側防衛線的距離又較短。防衛線的全長為二十二．五公里，利用山嶺修築成的堡壘有二十四個。另一方面，凱撒的包圍網全長二十五．五公里，堡壘有十六個。對龐培來說，在距敵人的包圍網只有一、二公里的防衛線之內，既可放牧，也可種田。即使長期駐守此地也似乎沒有什麼後顧之憂。然而，要滿足六萬人的需求，不只需要大量的糧食，連水都必須從狄爾哈強經海路運送到陣地，因為凱撒已經把所有流向海岸的河川，用人力改道，或是在上游將它切斷。

雖然如此，這時處於不利狀況的還是凱撒。首先，因為包圍網太長，而山嶺修築成的堡壘太少。另一方面，士兵人數不夠多，除了守衛堡壘的士兵之外，相距一百公尺之處才有一個士兵守備，而且切斷敵軍兵糧供應的目的也沒有達成，來自狄爾哈強和其他港口的補給船隻，每天都在港口出入。

兵糧首先匱乏的反而是凱撒軍隊。羅馬人一向以小麥為主食，而現在，連普通只作為馬飼料的大麥都用來充當兵糧，甚至於青菜和肉類都吃了。即使如此，糧食還是日漸減少。不過，凱撒的士兵在高盧戰役和西班牙戰爭中都與凱撒一起熬過飢渴，所以在這樣的情況之下也沒有人口出怨言。不僅如此，甚至還創造出新品種的麵包。

那是當地一種植物的球根，使球根乾燥之後搗碎成為粉狀，再加上羊乳揉搓，然後用火烤就可以成為麵包了。這種球根隨處可見，用球根所作成的麵包也成了凱撒軍中二萬五百名士兵的主食。龐培的士兵們嘲笑凱撒軍中糧食的不足，而凱撒的士兵們恨不得把麵包投入敵陣作為回應。就在這種情況之下，四月過去了。

龐培也注意到凱撒軍隊用球根來製造麵包。根據龐培的判斷，用這種東西來充飢，凱撒軍隊的士氣必會衰落；然而事實正好相反。已經接近收穫小麥的季節了，凱撒的士兵們都抱著希望，決心熬過艱苦的時期。

隨著小麥收穫季節的來臨，龐培軍隊開始慌張起來。梅特魯斯．西比奧所率領的兩個軍團，被凱撒手下將領多米提斯所率領的兩個軍團擋住去路，雖未發生重大戰鬥，卻也無法向前推移。此外，從狄爾哈強和其他地方雖然還有糧食供應，但是光靠海路的補給，無法供應馬的飼料。騎兵是龐培占有絕對優勢的戰力，如果馬匹生病甚至死去的話，這個優勢將不復存在。馬匹飼料的不足，讓原來以「守」為戰略的龐培終於決定主動出擊了。從凱撒開始建設包圍網至今，已經過了兩個月的時間，從兩軍在對壘線兩邊進入對峙狀態開始，也已經過了一個多月的時間。

據說凱撒所著的《高盧戰記》在發行之後成為當時的暢銷書，所以我們推測龐培有可能讀過。如果他讀過這本書的話，應該明白在高盧戰爭時代，凱撒軍隊所創下的輝煌戰績之中，大部份都應該歸功於凱撒。決定採取攻擊路線之後，龐培的第一步行動，就是把凱撒從包圍網引開。

為了達到這個目的，龐培命人散布謠言，說在狄爾哈強城中有一部份叛徒，正準備幫助凱撒進入該地。凱撒聽信了謠言，於是率軍前往狄爾哈強。龐培出動軍隊，同時對凱撒包圍線中的三個地方發動攻擊。另一方面，為了不讓凱撒在短時間內返回，龐培又派兵從海路移動，在狄爾哈強方面也從三個地方攻擊凱撒。那一天，也就是六月二十五日，龐培從六個地方同時對凱撒發動猛攻。

到目前為止二個月零十天的攻防戰中，凱撒把長達二十五．五公里的包圍網分成南北兩部份。北部由他自己指揮，南部則交由安東尼。當他相信了謠言，率軍進攻狄爾哈強之時，他把北面的指揮交給了蘇拉。這個蘇拉(Publius Cornelius Sulla)，是獨裁者蘇拉(Lucius Cornelius Sulla)的姪子。按理說，作為極力強化「元老院體制」的獨裁者蘇拉的姪子，應該是屬於元老院派的人，可是如果借用西塞羅的話來形容，他也是在凱撒渡過盧比孔河之後追隨凱撒的「羅馬的年輕激進派」之一。而在凱撒的家族之中，像魯奇斯．凱撒一樣站在龐培一邊的也大有人在。這些事例也許證明了內戰會導致親屬、家族間的分裂。在凱撒與龐培對決這個時期的內戰，僅僅是體制堅持派與體制改革派之間的衝突，就出現很多以上的現象。

當凱撒向北迂迴向狄爾哈強方面移動之時，龐培從長達二十五．五公里的包圍線三處一舉發動猛攻。由於龐培手中有充足的兵力，在每一處都投入相當多的兵力，為了進攻只有一個大隊二百五十人守衛著的一個堡壘，龐培竟投入了四個軍團二萬四千名的兵力。

凱撒的二百五十名守軍面對百倍於自己的敵軍，仍然堅守不屈。抵抗了四個小時之後，蘇拉率領兩個軍團五千名士兵趕到，最後終於擊退了敵人。凱撒的士兵打算追擊撤退的敵軍，然而被蘇拉制止。士兵們不服，圍住指揮官蘇拉，異口同聲地說如果現在追擊，就可以在今天之內結束戰鬥。然而蘇拉最終還是沒有改變主意。對於這件事，凱撒作了如下的記錄：

「我認為他所作的判斷，並無可以指責之處。因為軍團長的任務與最高指揮官不同。前者的任務是實行上面所指示的戰術，而後者，則要考慮全面的戰略，整頓實施戰略過程中必要的全部事項，之後再向實行者發出指令。

受凱撒之託指揮大軍的蘇拉，忠實地執行了指示而救了士兵們的生命，卻得到不積極作戰的評價。也許他是錯過了可以取勝的機會，但卻選擇了不傷害到最高司令官職權的作法。」

六月十五日這一天，龐培似乎回到了十五年前，一舉發揮了他的戰術才能。為了分散凱撒為數不多的兵力，龐培在狄爾哈強附近三處、對壘線三處合計六個地方同時發動攻勢。如果在凱撒包圍網的其他兩個地方，也是激戰到日落的話，場面大概與蘇拉率軍趕到的地點相似。在第二個激戰地點，龐培以一個軍團六千的兵力襲擊凱撒三個大隊的七百五十名守軍。在第三個激戰地點，面對雲集而來的敵軍，凱撒的日耳曼騎兵沒有絲毫遲疑就投入了戰鬥。最後終於在三個地點都擊退了敵人。在凱撒的包圍網和龐培的防衛線之間寬約一公里的中間地帶，填滿了士兵的死屍和丟棄的武器。那一天雙方的損失如下：

龐培軍的戰死者約為二千人。其中有為數不少的百人隊長，名門出身的高官華雷利烏斯・弗拉庫斯 (Valerius Flaccus) 也是死者之中的一人。被凱撒軍所奪去的軍旗有六面。

凱撒軍隊的損失，全部加起來還不到二十人，但是負傷的人數很多。在最大的激戰地點——第一個激戰地點，沒有一個士兵不負傷。四名百人隊長失去了他們的一隻眼睛。光是在這個地點，凱撒的士兵就收集到敵軍發射的三萬支箭。百人隊長薛巴的盾牌上被箭射中的痕跡就有兩百處之多。凱撒把軍團中的八位百人隊長提升為首席百人隊長，並賜給他們二十萬塞斯泰契斯的賞金。以二百五十人抵抗敵軍二萬四千人的進攻長達四個小時之久，這些百人隊長功不可沒。

此外，凱撒還傳令，在這一天英勇奮戰過的全體士兵，以後的薪水將提高一倍。從那時候開始，羅馬軍團兵的年薪在隔了一百五十年之後終於得到提升了。那個時代雖說幾乎沒有什麼通貨膨脹，可是年薪一百五十年來都沒有改變過，也難怪士兵們會罷戰。凱撒不理會士兵們的罷戰，但是在犒勞士兵方面卻是慷慨大方。

凱撒極少在人前露出憂心忡忡的表情，然而他不會故意掩飾歡喜之情。不過這一次他的歡喜之情，以他的性格來說，可說是少見的。至於龐培，卻也不會因為這一次的損失而一蹶不振。二千的兵力，對龐培來說並不是什麼重大損失，只要梅特魯斯．西比奧所率領的兩個軍團抵達，龐培便擁有十一個軍團六萬六千名步兵和七千名騎兵的兵力。不過，馬飼料的不足已經使龐培無法再實施「守」的戰略了。在地中海世界中以「聲譽卓著」自居的龐培，開始尋找下一個出擊的機會。就在這時，也就是龐培第一次進攻被擊退數日之後，在龐培面前出現了最佳的情報提供者。

激戰

這兄弟兩人出身於法國南部高盧地區的騎士階級，是高盧戰役中在凱撒手下歷經多次戰鬥的騎兵。內戰爆發之後也理所當然地成為凱撒軍的騎兵。凱撒認可他們的能力，賞給他們土地等等，在各方面可說是對他們優禮有加。然而這兩人並不珍惜凱撒的溫情，對待同僚的態度變得傲慢，在發薪水時趁機從中揩油，甚至私吞戰利品。同僚的高盧騎兵都憤憤不平，向凱撒報告他們的不法行為。

凱撒認為現在並不適合施行刑罰，聽了士兵們的報告之後，並沒有當場作出什麼決定就讓士兵們回去了。稍後，凱撒私下召來那兩位騎兵並嚴加申斥。雖然沒有受到刑罰，兩人認為事情不會就此了結，於是決定逃走。在遠離法國南部的希臘，逃走之後的生存之道，除了投奔敵軍之外別無他策。

在龐培軍中，當地出身士兵的逃走已是司空見慣的事，可是對凱撒來說，這是第一次發生士兵投奔敵軍的事件，而且還是軍隊中地位比羅馬公民所組成的重步兵還高的兩位騎兵。龐培簡直是喜出望外，還讓兩人騎馬在全軍面前通過，以此作為連騎兵都已經拋棄凱撒的證據。不過，這兩名高盧騎兵所帶給龐培的最好禮物，還是有關於凱撒軍隊的情報。這對平日並不積極收集情報的龐培來說，簡直就是從天而降的喜訊。

根據兩人的報告，龐培得悉了凱撒軍的包圍網並不像他所估計中的完善，還有一個地方尚未完工。未完工的部份位於長達二十五公里包圍網的最南端到海濱的四公里之處，由體弱多病的年輕指揮官馬塞拉斯率領第九軍團在守衛。在開始修建包圍網時，凱撒就曾經擔心會由此從海上進行登陸作戰，所以命令在那裡加築比其他地方更加堅固的防護柵。在靠近深四．五公尺的塹壕之處，豎起高達三公尺的防護柵，防護柵的土壘有三公尺寬。如果按照凱撒當初的計畫，距防護柵一百八十公尺之處，再修築構造一樣但是比防護柵規模略小的防衛線。

但是，工事至今尚未完成。原因之一是不斷受到龐培軍隊的妨礙，另一方面是因為人手不足。

此外，「狄爾哈強會戰」開始至今，已經二個月又十天，因為兩軍的衝突主要集中在北半部，凱撒也就優先把重點放在北部了。凱撒通常都在最重要的地點設置自軍的大本營，這一次也不例外。狄爾哈強攻防戰中最重要的地點就是在北半部。龐培大本營所在的佩特拉，經海路與狄爾哈強的聯絡十分方便。而凱撒的大本營就設在佩特拉與狄爾哈強之間。在最遠的南端，沒有加緊完成工事，其中的一個原因是凱撒當初雖然擔心龐培會從那裡登陸，但是龐培一次也沒有試過從南部採取行動，凱撒也就漸漸把注意力集中到北部來。而現在，龐培的視線第一次轉移到二個月又十天以來從未注意過的南部戰線最南端。

投奔龐培的兩名高盧人騎兵，不僅向龐培報告凱撒包圍網中有缺陷的地方，還提供了更加詳細的情報。例如在那裡守衛的指揮官名字和軍團名、監視塔之間的距離、哨兵的人數和交代防務的時間、甚至各大隊長的性格及其指揮方式等等。

兩人所帶來的情報，對於正在尋找再次出擊機會的龐培來說，簡直是喜從天降。這時的龐培沒有浪費時間，在凱撒得知兩名騎兵逃走而採取相應的措施之前，龐培就開始了行動。

這一次，也就是第二次突破包圍網的作戰中，龐培出動了手中兵力的三分之二，六十個大隊和全部的輕步兵。六十個大隊也就是六個軍團，不過凱撒在書中並沒有用六個軍團而是用六十個大隊來表示，大概是因為龐培這一次的兵力，是由從九個軍團中抽出的特別軍所組成的緣故。總之，龐培投入了六十個大隊三萬六千名的重步兵和全部輕步兵，來進攻第九軍團二千五百名士兵所守衛，長為四公里的包圍線。

龐培第一次對凱撒發動了陸海聯合攻擊，港口的所有船隻都載滿了龐培的士兵。這樣，凱撒的守軍受到前後的兩面夾攻。龐培發動第二次攻擊的時間是七月六日，距第一次進攻時間是十一天。就像回到了十九年前肅清海盜的時代一樣，這時的龐培顯示了他積極果斷的一面。七月六日，在黑夜掩護之下，龐培開始發動了攻擊。

拂曉前，當凱撒的哨兵注意到出現在海岸黑壓壓的人群時，已經為時已晚，海陸兩方的攻擊幾乎同時開始了。第九軍團的士兵受到前後夾攻，一時動彈不得。雖然馬塞拉斯率領數個大隊的援軍趕到，但是不僅未能援助陷入一片混亂的第九軍團作戰，反而被捲入混亂之中。在混戰中，連掌管軍旗——銀鷹旗的旗手都身負重傷。為了不讓軍旗被敵人奪去，旗手把軍旗交給身邊的騎兵，對他說：

「多年來，我一直全心守護著這銀鷹旗，在我死後，請把這軍旗連同我對凱撒的忠誠之心一起交還給凱撒。凱撒的軍旗從未落入敵人的手中。一定不要因此蒙羞，一定要安全地交到凱撒手中。」

銀鷹旗保住了。但是屬於第九軍團第一大隊的六名百人隊長之中，除了一人幸免於難之外，其餘的五人都戰死了。

後來，負責指揮包圍網南半部的安東尼率領十二個大隊趕到，第九軍團的士兵終於稍微鎮定下來。接在安東尼之後，凱撒也率軍趕到了。凱撒的守軍在受攻擊地點的各處堡壘升起烽煙，用這種方式通知受到攻擊的地點。凱撒在得知這個緊急情況之後，從距離戰鬥地點有二十公里之遠的最北端匆匆趕到了。

那一天的主導權始終掌握在龐培手中。當凱撒軍隊暫時逐退敵軍，忙於挖掘塹壕、修築防禦工事時，龐培襲擊了其他地點。龐培充分利用兵力的優勢，在多處發動攻擊。

凱撒軍陷入一片混亂之中，連騎兵也是轉身就逃。凱撒雖然身為最高司令官，卻奮不顧身，從逃跑的旗手手中奪過銀鷹旗，大聲喝令士兵們鎮定迎戰。然而，他的這一舉動也是毫無效果，中隊旗手、大隊旗手都丟掉軍旗倉皇逃命，不少士兵跌入深達三公尺的塹壕裡無法脫身而被壓死、殺死。

在這種狀況之下，凱撒的軍隊竟然沒有全軍覆沒，原因有兩個：第一，龐培預料之外地大勝之後，懷疑敵人的敗走只是個圈套，所以沒有乘勝追擊。第二，凱撒的包圍網阻礙了龐培騎兵團的行動自由。這樣，凱撒的軍隊僥倖地逃出了重圍。

在這一天的兩次戰鬥中，凱撒損失了九百六十名重步兵、二百名騎兵、五名大隊長和三十二名百人隊長。其中大多數人並不是被敵人殺死，而是在恐慌逃走中落入塹壕，或是被自己的同袍踩死。此外，還失去了三十三面軍旗。

然而，這一千一百九十七人之中，並非全部都死在戰場。其中有相當數目的士兵因掉入塹壕無法脫身而成為龐培的俘虜。

拉比埃努斯請求龐培把凱撒軍的俘虜交給他處理。龐培以為拉比埃努斯一定是想說服那些士兵投奔到自己旗下戰鬥，所以答應了他的要求。因為這些俘虜與拉比埃努斯曾經是副將與士兵的關係，曾經在高盧戰役中共同戰鬥了八年。

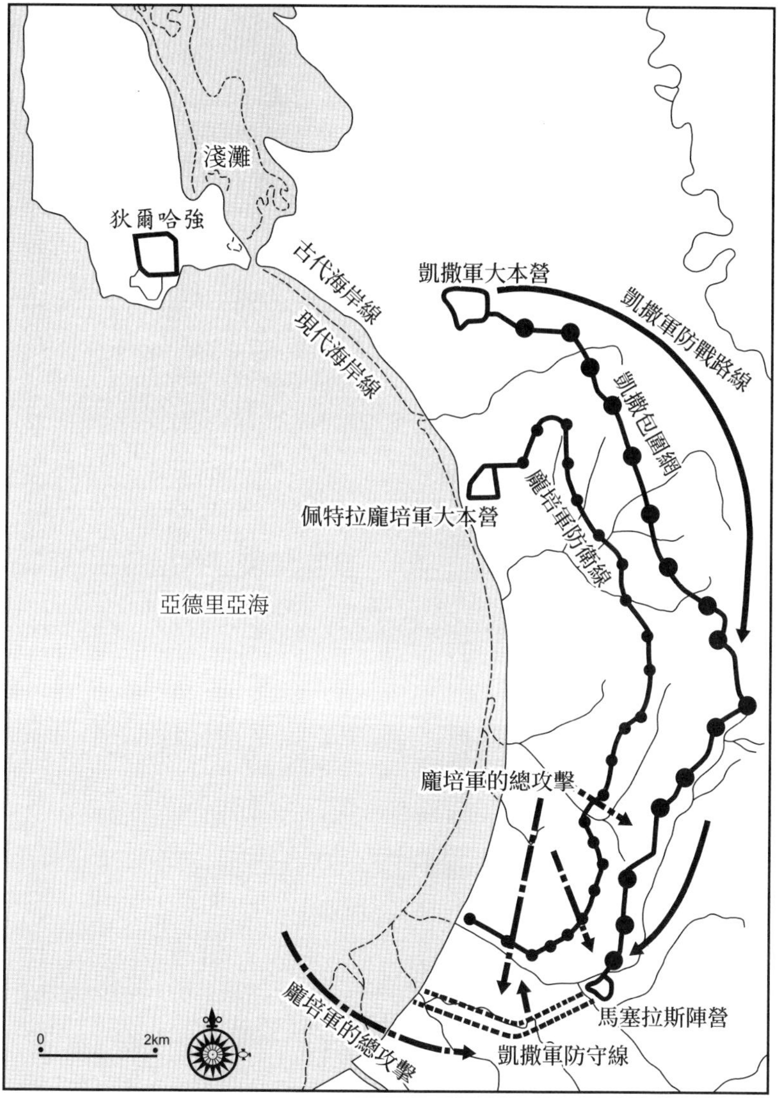

西元前 48 年 7 月 6 日的狄爾哈強攻防戰
（摘自 *The Cambridge Ancient History* 中 *Valume 9, The Last Age of the Roman Republic*）

拉比埃努斯把以前的這些部下集中在一起，並把他們帶到龐培士兵的前面。他對他們說的第一句話，是稱他們為「戰友諸君」，不過緊接著，拉比埃努斯並沒有對俘虜們進行說服，而是質問道：

「今日的模樣，就是凱撒精銳的作戰風格嗎？」

之後又馬上加上一句：

「凱撒的精銳，只是懂得逃跑嗎？」

如此侮辱他們一番之後，拉比埃努斯當著龐培士兵的面，把俘虜們一個不留地刺死了。

關於這個故事，現在的研究者大多認為這一段記載表明了凱撒對拉比埃努斯的憎惡。然而，真的是這樣嗎？

首先，從軍事上的理由來考慮，身為龐培實際上副將的拉比埃努斯大概是要在自己的士兵面前證明凱撒的精銳並不足為懼。

但理由似乎不止於以上這一點。凱撒與拉比埃努斯關係可以追溯到很久以前。早在十五年前，也就是自西元前六十三年開始，凱撒與拉比埃努斯就聯手展開政治活動，從西元前五十八年開始的八年之中，他們是最高司令官與最受信賴的首席副將的關係。雖然與凱撒有如此深厚的關係，拉比埃努斯還是把傳統的"Clientes"關係放在第一位而投奔了龐培。凱撒對拉比埃努斯沒有憎惡的理由，如果要找出理由的話，或許是因為拉比埃努斯背叛十五年之長的信賴關係。

然而，凱撒是拒絕有憎惡他人這種感情的人，因為憎惡是對與自己對等或是對高於自己的人所懷有的一種感情。常常自負比其他人擁有絕對優勢的凱撒，自然會拒絕這種他認為是劣等者才會有的情感。

凱撒雖然沒有在書中明寫對拉比埃努斯的看法，但是從字裡行間多少可以看出，凱撒似乎對這個十五年來的同志、而且是唯一與自己同輩的同志背叛，始終未能釋懷。

未能釋懷的不僅是凱撒，拉比埃努斯也是如此。在對待凱撒這個問題上，他比龐培派的任何人都要強硬，甚至還把擄獲到的凱撒士兵殘忍地殺死。拉比埃努斯似乎以他的方式把自己逼到徹底反對凱撒的道路。清算在戰場上所建立起來的信賴關係，並不是在書桌前翻閱史書的人所想像的那麼簡單。

撤退

西元前四十八年七月六日，在「狄爾哈強會戰」中最大也是最激烈的戰鬥中，毫無疑問的，龐培是勝利者。凱撒對龐培的包圍戰已經很明顯地以失敗告終了。後來拿破崙曾評論這種包圍在數量上遠超過自己敵人的戰法，是戰略上的錯誤。

作為武將的凱撒，並不像未曾嘗過敗北滋味的龐培，而是經歷過失敗的。不過，就像從傑爾

高維亞 (Gergovia) 撤退之後又在阿列沙獲得勝利的情形一樣，凱撒即使是在失敗之後也能馬上挽回局勢。

凱撒雖然在狄爾哈強痛失了一千二百名士兵，但也不過是損失了他全部兵力的百分之五，並沒有受到毀滅性的打擊。然而，在戰略上必須改變。凱撒命令解除包圍，全軍馬上撤退。現在躲開龐培軍的追擊比什麼都要重要。

就像前面所提到過的一樣，僥倖的是龐培軍並沒有乘勝追擊，所以全軍安全地撤退了。凱撒把軍隊帶到安全地點之後，把士兵們集中起來，在他們面前發表談話。

首先，他要求士兵們冷靜地面對今天所發生的事情，不用有過多的顧慮，更不必為此而感到恐懼。到目前為止，已經獲得了無數的勝利，而今天的損失只不過是輕傷而已。凱撒接著說道：

「我們必須感謝諸神、感謝命運所給予我們的恩澤，沒有受到任何損失就控制了義大利；在西班牙，以極少的損失就擊敗了敵軍的強大兵力；我們還擁有為我們提供小麥的馬其頓、特薩里亞、阿托里亞等各個都市。此外，在渡過亞德里亞海之時，雖然各個重要港口都有敵軍在守備，我們還是沒有損失一兵一卒就成功地登陸了。即使命運沒有把我們想得到的全部都施予我們，我們也必須靠自己的努力來達到目標。」

凱撒如此撫慰了敗北的士兵之後，話題一轉，說道：

「但是，今天我們遭受到的不幸，即使可以把責任歸咎於其他的因素，也不能把責任歸咎於我自己。我為諸君選擇了有利於戰鬥的地勢，修築了多個堡壘，始終未忘考慮取勝的方法以及有利於戰役的展開方式。失去了擺在面前的取勝機會，原因主要在於諸君的混亂、誤認以及在應付突發事件上的過失。如果全軍同仇敵愾，全力以赴，就會像從傑爾高維亞撤退時一樣，有可能反敗為勝。因為恐懼感而未作抵抗者，必須自覺地在戰場上恢復自己的氣概。」

如果是普通的司令官，在這種情況中，大概會把責任歸咎於自己而不會責備自己的部下。暫且不管拿破崙的評論，狄爾哈強包圍戰本身在戰略上就有錯誤。如果凱撒能夠在士兵們面前坦然承認這一點，在後世大概也不會落人口實（很多人都認為凱撒是在轉嫁責任）而得以保全他的英名。然而，這時最重要的，就是重建敗北之後的軍隊，而不是首先顧全凱撒個人的名譽。從人性的角度來看，人們在洩氣之時，如果有人對他說，這不是你的責任，他常會信以為真。而一旦有了這種想法（或是錯覺），就不容易重新振作起來，最後就會變得消極而一味依賴指揮者的判斷。也許凱撒就是為了避免這種後果才想出此策，明確地把責任歸咎於士兵，就是為了讓士兵能夠自覺自動地振作起來。

事實上，在聆聽了最高司令官的訓話之後，士兵們都感到無比羞愧。眼裡禁不住湧起了淚水，尤其是最先敗走的第九軍團的士兵。八個月之前，他們曾經在義大利北部的帕辰察罷戰，當時也是因為凱撒的一席訓話而感到羞愧，最後結束了罷戰。不過當時凱撒曾經因此下令執行「十分之一刑」，也就是抽籤選出十分之一的人數，由其他的同僚用棍棒擊殺他們，這是羅馬軍中最重的刑罰。前面也提過，當時的結果是凱撒最後同意延期刑罰。這一次，第九軍團中倖存的士兵提出他們應該為此次敗北負最大的責任，並主動要求凱撒執行刑罰。

這時的凱撒一定是拒絕了士兵們的請求，這樣更令第九軍團的士兵覺得無地自容。他們異口同聲，大聲說道：

「至少也要把旗手們處死，因為軍規絕對不允許旗手棄戰而逃。」

然而凱撒還是明確地拒絕了這個要求，士兵們都忍不住號啕大哭起來。邊哭邊請求凱撒說，請讓我們回到敵人的陣地，這一次我們一定會拼死搏鬥。然而凱撒仍不為所動，只是簡單地說他自有主張。

那一天，凱撒對士兵們的刑罰，只是把丟下軍旗逃走的幾位旗手降級而已。

誘導作戰

從包圍線所在的戰場到阿波羅尼亞，要向南行軍五十公里。狄爾哈強與阿波羅尼亞都在古希臘境內，現在則屬於阿爾巴尼亞。凱撒軍到達阿波羅尼亞的時間是在敗北之後的第三天，也就是七月九日。在那裡，凱撒留下了八個大隊二千名士兵和一百名騎兵來駐守阿波羅尼亞和阿里卡斯，目的是為了保住與義大利的聯絡港，以及便於治療無法繼續行軍的傷兵。

凱撒在希臘的全軍由十個軍團二萬五千多名重步兵和一千三百名騎兵組成。其中，首席副將多米提斯率領兩個軍團和五百名騎兵，狙擊人數相當的梅特魯斯．西比奧。其他的八個軍團二萬名步兵與八百名騎兵，則隨著凱撒經歷了狄爾哈強的戰鬥。在狄爾哈強會戰敗北之後，凱撒損失了一千名步兵和二百名騎兵，現在所剩下來的兵力有一萬九千名步兵和六百名騎兵。此外，除了留守港口的二千名步兵和一百名騎兵之外，凱撒手中只有一萬七千名重步兵和五百名騎兵了。在這種情況之下，凱撒絕對有必要與多米提斯會合。所以，必須撤離希臘西部向中部進軍。這樣一來，就會距離以狄爾哈強為根據地的龐培軍愈來愈遠。不過，凱撒往往不會只為了一個目的而採取行動。

為了與多米提斯的兩個軍團會合，而不得不往希臘中部出發的凱撒，決定將龐培從他的補給基地——狄爾哈強引開。凱撒從以下三個方面考慮，認為這個計畫有充分的可行性。

一、龐培在狄爾哈強雖然占著絕對的優勢，但是在最初並不理會凱撒的挑戰，大概是因為龐培決定在與岳父梅特魯斯．西比奧會合之前，不準備積極應戰。

二、如果得知凱撒向中部移動，龐培會察覺到凱撒意在與多米提斯會合；這樣，龐培就會擔心梅特魯斯．西比奧的兩個軍團會受到會合之後的凱撒軍隊襲擊。

三、在狄爾哈強會戰中勝利之後，龐培軍的士氣大振，與凱撒軍作戰的氣勢正高漲。

在平原布陣、從正面衝突的戰鬥，往往一次的勝負就可以決定其他方面的命運；這種類型的戰鬥，對現在的凱撒來說十分重要。在各方面都供不應求的狀態之下，戰爭的長期化只會對在各方面裝備都十分充足的敵人有利。此外，在希臘全境得知凱撒在狄爾哈強會戰中敗北而一起倒向龐培這一方之前，也有必要進行決戰。

凱撒只在阿波羅尼亞停留了三天，又率軍出發了。這一次是向東南方向行軍，目的地是希臘中部的特薩里亞。同時，凱撒派人傳令給多米提斯，命令他率軍從阻止梅特魯斯．西比奧西進的陣地撤退，前往與凱撒會合。

希臘境內的石頭山非常多。在羅馬時代，旅人中流行著類似笑話的這種說法：希臘境內數量眾多的神廟，只不過是移動石頭的位置而已，愈是深入內陸，這樣的山頭愈多。越過一個個石頭山的行軍決非易事。凱撒的軍隊可以說是踏破鐵鞋，越過了一個又一個的石頭山，以一天五十公里的行軍速度，在十二天之後，終於到達了目的地。值得慶幸的是當時已是夏季，有充足的飲用水供應。七月二十四日，凱撒的軍隊與受命南下的多米提斯軍隊在特薩里亞北邊的阿吉尼伍姆(Aeginium)會合了。

這時，龐培也正率軍前往希臘中部。凱撒早就預料到龐培的這個舉動，因為龐培在擔憂著梅特魯斯．西比奧兩個軍團的命運。不過龐培首先從狄爾哈強沿著一直向東延伸的艾格那提亞大道前進，然後再選擇平坦的道路南下。即使如此，龐培軍的行動還是遲了一步。更準確地說，是凱撒的行軍速度快了一步。在與多米提斯會合之後，凱撒還是沒有放慢腳步，只要把龐培從他的補給基地狄爾哈強引開，從擁有強大海軍的希臘西海岸地帶引開，用凱撒的話來說，就可以「在同等的條件下戰鬥」。

會合之後，凱撒也沒有改變他的行軍方向，沒有轉而向北迎擊龐培而是沿著東南方向逃走。因為凱撒的目的在於引誘龐培，所以並沒有一溜煙地逃走，而是為了漸漸縮短與敵人的距離而以一定的速度逃走。為了達到這個目的，甚至連龐培與梅特魯斯．西比奧的會合都屬於其次的了。

與多米提斯會合之後，凱撒手中有了二萬二千名步兵和一千名騎兵。凱撒首先抵達位於阿吉尼伍姆東南五十公里處的崗費斯城。崗費斯位於特薩里亞和伊庇魯斯兩地的邊界處。城中居民幾個月之前曾經向凱撒表示願意歸順，同意提供兵糧。

但是，這時狄爾哈強攻防戰的結果已經傳到這裡，住民們不敢再支持凱撒了，因為他們擔心將來會受到龐培的報復。身強力壯的男子都集合在城中準備進行抵抗，然後緊閉城門，並分別派人向龐培和梅特魯斯．西比奧求援。凱撒對城中居民的這種作法，並沒有保持沉默。如果就這樣放過崗費斯，那麼全希臘就會一舉轉為反對凱撒。

遇到崗費斯的求援使者時，梅特魯斯．西比奧的兩個軍團正在距崗費斯九十公里處、屬於特薩里亞地方的較大城市拉里沙。而龐培所率領的九個軍團此時尚未進入特薩里亞地區。

從偵察兵那裡得知這個消息後，凱撒決定對崗費斯進行閃電作戰。凱撒的士兵們正想借此機會雪恥，攻城的準備只用了半天的時間就完成了。

七月二十六日午後三時，凱撒軍隊對崗費斯城進行猛攻。日落之前就結束了戰鬥。凱撒還允許士兵們在城中進行掠奪，不過這也只是在很短的時間之內進行。之後，凱撒當夜就率軍撤回陣營，並向下一個目的地梅特羅波里斯出發了。第二天早上就抵達了在東南二十公里之處的梅特羅波里斯。

梅特羅波里斯也是曾經表示支持凱撒的城市，之後又和崗費斯城一樣，打算對凱撒關閉城門。但是，梅特羅波里斯的住民看到被押在凱撒軍隊前面的崗費斯城居民時，就猜測到了崗費斯城的命運。於是認為與其抵抗凱撒、遭受被掠奪、成為俘虜的命運，不如從一開始就打開城門，所以未作任何抵抗就讓凱撒進城了。

凱撒對梅特羅波里斯採取了與在崗費斯時相反的態度。這是為了使梅特魯斯·西比奧的兩個軍團所在的拉里沙以外，特薩里亞地區的各城市都可以遵守當初支持凱撒的諾言。實際上，這個目的也達到了。

凱撒在這裡改變了行軍方向，從原來的東南方向改為向東。因為在東面的五十多公里之處，有利於作戰的平原。首先，在那裡小麥已經進入收穫期，兵糧的供給有了保障。其次，那裡是迎擊龐培的最佳場所。

凱撒抵達法爾沙拉斯平原的時間是七月二十九日，距從狄爾哈強撤退的時間是二十三天。在後面追趕凱撒進入希臘中部的龐培，於八月一日在拉里沙與梅特魯斯·西比奧的兩個軍團會合了。兩雄以此地為舞臺，就要開始激戰了。

龐培再過一個半月，將滿五十八歲。

凱撒是五十二歲又一個月。

決戰

雖然同為凱撒的著作，《高盧戰記》與《內戰記》在表達上卻有些微妙的差異。其中最大的不同，就是對戰略的表達方式。在《高盧戰記》中，凱撒通常用文字明確地表達出他為何要採用這種戰略而非另外一種。然而，在《內戰記》中，凱撒雖然也記述自己的戰略，卻避免直截了當地以文字明確地表達出來。

如果深究其中理由，《高盧戰記》中凱撒是以高盧人、日耳曼人和不列顛人為對手而寫下的戰記；《內戰記》則是以自己的同胞為對手的戰記。而《高盧戰記》與《內戰記》的讀者同是羅馬人。

所以凱撒在《內戰記》中，盡量避免用誘導作戰、誘餌、陷阱等這類字眼。

凱撒的兩部著作，尤其是《內戰記》，並不像西塞羅所評論的那樣，「是為將來寫史書的人提供資料而寫」的，雖然從結果來看，是可以為後人提供史料，那是因為凱撒以透徹的視點，簡潔、明晰而客觀地表達記述。凱撒的真意，尤其是《內戰記》中的真意，就是要讓同時代的羅馬人理解他的行動；以自己的同胞為對象所寫下的《內戰記》，目的也就是要獲取同胞的理解和支持。

凱撒為何一定要獲得自己同胞的支持呢？因為他要面對的最重要課題，就是為國家羅馬建立新的秩序。為了實現這個目標，必須訴諸於戰爭，訴諸於戰爭就必須取勝。最後就是戰爭記錄了，也就是必須用文字來樹立新秩序，爭取幫助者和支持者。

基於以上的種種因素，凱撒在《內戰記》中對字眼的選擇十分慎重。即使是對龐培所犯的錯誤也沒有明記，而關於他對龐培所設下的陷阱之類的表達方式，更是一字未提。凡是可能觸犯自己的同胞羅馬人，引起反感的表達方式，凱撒都謹慎地避免了。

新秩序的樹立，是一種政治。投身於政治的人應該知道，如果沒有中間派甚至是反對派，就無法產生真正的政治。

雖然凱撒在字眼的選擇上十分慎重，但根據事實來敘述這一點上是與《高盧戰記》一致的。一個人的文章往往反映他的性格，而人的性格是難以改變的。

雖然如此，即使是《內戰記》，只要用心深讀下去，不但可以理解凱撒的戰略，也可以從中得知他對龐培的評價。如果再細心琢磨，甚至可以明白在法爾沙拉斯平原所展開的兩雄之間的決戰，從一個月前凱撒自狄爾哈強的包圍網撤退時就已經開始了。由此，讀者還可以明白為什麼凱撒撤退之後並沒有在安全的阿波羅尼亞久留，三天之後就進一步向特薩里亞地區撤退了。

為什麼凱撒選中了特薩里亞地區呢？因為在那裡，由多米提斯率領的軍隊，正以一對一的戰術與梅特魯斯．西比奧的兩個軍團對峙，西比奧正處於進退維谷的狀態。只要凱撒進入特薩里亞地區，命令多米提斯停止與西比奧的對峙，前來與凱撒會合，那麼龐培就決不會對梅特魯斯．西比奧的兩個軍團置之不顧。這樣，龐培就不得不離開對打持久戰十分有利的狄爾哈強。

根據凱撒自己的記載，這是在包圍戰失敗之後「戰略的根本性變更」。後世的史學家中，曾經有人評論凱撒往特薩里亞地區的撤退，是「巧妙的撤退作戰」。如果用凱撒所極力避免的表達方式來說，這就是他對龐培所設下的陷阱。表面上，凱撒似乎是要消滅梅特魯斯．西比奧的兩個軍團；實際上，這只不過是個誘餌而已。凱撒真正想消滅的，是龐培。

龐培留下二萬多名的兵力駐守他最大的兵糧基地——狄爾哈強和希臘的西海岸。之後，他率軍進入希臘中部的特薩里亞地區與梅特魯斯．西比奧的軍隊會合。會合之後，龐培手中的兵力有四萬七千名步兵和七千名騎兵。

會合之後，龐培陣營中的氣氛，就如同已經打了勝仗一般。

身為最高司令官的龐培也顯得從容不迫。對於他岳父同時身為敘利亞總督和地方長官——與自己同等地位的梅特魯斯．西比奧，龐培沒有把他當成副將，而是給予與自己並立的最高司令官禮遇。比起顧全指揮系統上嚴格的統一性，龐培更希望自己得到「謙虛的人」這樣的評斷。龐培甚至將傳達最高司令官指令的軍號手分配給梅特魯斯．西比奧。當然梅特魯斯．西比奧的帷幕，也與龐培一樣，是最高司令官才可以有的紅色帷幕。這也使軍營中彌漫的勝利氣氛更為高漲。

十九個月之前跟隨龐培從羅馬逃到希臘的元老院議員，更是像已凱旋回到首都一樣興高采烈。他們七嘴八舌地說道：

「龐培做什麼都是過於慎重，只有這一次的決戰，大概在一天之中就會得勝而歸了。」

「龐培在慎重的背後，肯定是在體驗著對我們這些執政官、法務官指手畫腳，像奴隸一樣驅使的快感。」

大多數的元老院議員都理所當然地認為，在羅馬霸權統治之下的地方，他們應該享受當地王侯以上的待遇。決戰還未開始，他們就開始為回到義大利之後的職位分配而爭吵不休，而且這樣的爭吵是發生在決戰之前必須決定戰略、戰術的作戰會議上。

首先，這些元老院議員一致同意沒收追隨凱撒的元老院議員財產並加以瓜分。其次，希里斯的支持者提出，下年（西元前四十七年）的法務官應該由希里斯就任。希里斯因為被龐培派往敘利亞而不在場，為了避免因為他不在場而得不到利益，所以委託友人提出了這樣的要求。可是其他的人紛紛說道，全靠大家的辛勞才得到今天，不能只給個人特殊待遇。

這種氣氛甚至傳染了處於高位的將領。阿赫諾巴布斯、梅特魯斯·西比奧和廉托魯斯三人為了凱撒現在所擔任的最高神祇官這個職位而爭論起來。最高神祇官是終身制的職位，深信凱撒一定會在決戰中失敗的這些人，已經迫不及待地挑選起繼任者來了。阿赫諾巴布斯強調自己在首都德高望重；梅特魯斯·西比奧則以自己與龐培的親密關係為理由；而廉托魯斯說自己比兩人都要年長，應該是最高神祇官的最佳人選。阿赫諾巴布斯是西元前五十四年的執政官，梅特魯斯·西比奧是西元前五十二年的執政官，廉托魯斯是西元前五十七年的執政官，在年齡、公職經驗等方面，都有充分的資格代替凱撒。

在作戰會議上，爭論的卻只是作戰之外的事情。有人對迫在眉睫的決戰置之不理，卻把過去的事情端出來討論。魯布斯對龐培說，在西班牙的失敗，是因為阿法拉紐斯的背叛所致。阿赫諾巴布斯在作戰會議上提出了在場每個人都關心的方案，它的具體內容如下：

追隨龐培的元老院議員，每人有權擁有三張投票板，以此逐一制裁那些留在羅馬或在其他地

狄爾哈強攻防戰後的戰場移動圖

方但卻沒有支持龐培的元老院議員們。三張投票板之中的一張，用來表決無罪，一張用來表決死刑，一張用來表決罰款。簡單來說，龐培作戰會議討論的重點不在於如何獲勝，而是如何瓜分戰果。沒有受到這種氣氛感染的，只有龐培一人。

在作戰會議上，龐培雖然沒有制止，卻也沒有加入那些與作戰無關的議論。這位五十八歲武將的沉默，大概是因為他正考慮如何對付迫在眉睫與凱撒的決戰。龐培心中大概已經明白自己陷入了凱撒所設計的圈套。也許，決定從安全的狄爾哈強出發之時，他就已經知道自己走向凱撒的陷阱了。

我們這些沒有戰場指揮經驗的人都可以從史料中推測到的事，論經驗不輸於任何人的龐培，在得知凱撒向特薩里亞撤退之時，當然察覺到那是個陷阱。

然而，察覺到陷阱並走向圈套，並不等於自投羅網。龐培雖然明知是凱撒設下的圈套，大概認為還是可以取勝才作出如此的行動。因此龐培雖然留下二萬的步兵駐守狄爾哈強以及附近地方，但卻把騎兵全部帶出。與梅特魯斯·西比奧會合之後，龐培手中的騎兵有七千名，而凱撒只有一千名。這位將滿五十八歲，在羅馬享有最高聲譽的武將，此時的沉默，並非因為他無話可說，而是因為正在思考。數日之後，龐培全軍撤離了拉里沙，開往凱撒正在等待著他們的法爾沙拉斯。法爾沙拉斯位於從拉里沙的正南面四十公里之處。

法爾沙拉斯

包括伯羅奔尼撒半島在內的希臘，法爾沙拉斯平原與其說是位於中部，不如說是位於希臘北部的南端更為確切。如果未曾當過龐培與凱撒決戰的舞臺，那麼這裡就像特薩里亞地區其他的山間平原一樣，不過是一片片的小麥地而已。平原的周圍，延伸著未滿五百公尺的丘陵地。位於丘陵地中央的平原，東西延伸二十公里，南北十七公里。在靠近平原的北邊，有向東流的河川，河水不深，即使沒有橋也可渡過。

這種寬度的平原，首先不利於人數上處於劣勢的凱撒，尤其對機動性很強的騎兵來說，人數少更不利於戰鬥。從西面首先抵達法爾沙拉斯的凱撒，首先選擇了設營地點。然而他所選擇的地點，不是利於「守」的高地而是平原的正中央。因為雖然是在寬闊的平原作戰，凱撒還是想限定作為戰場的地方。而且正因為人數上的劣勢，凱撒才決定徹底實施「攻」的戰略。從北部抵達的龐培雖然也選擇了在平原的中央設營，不過他選擇了在高地修築駐紮地。

關於兩軍的戰力，根據後人的研究，認為《內戰記》中的記載正確無誤。

——龐培軍

一百一十個大隊的重步兵四萬五千名

龐培以前的部下二千名
騎兵七千名
共計五萬四千人參戰。
此外，還有四千人駐守陣地。

——凱撒軍

八十個大隊的重步兵二萬二千名
騎兵一千名
共計二萬三千人參戰。
其中的五百名步兵留守陣地。

不過決戰一開始，凱撒連駐守陣營的兵力都全部出動，把所有的戰力都投入戰鬥。總之，在法爾沙拉斯平原，將展開步兵四萬七千對二萬二千，騎兵七千對一千的激戰。

凱撒不是以軍團而是以大隊為單位來統計兵力，因為對注重「少而精」的凱撒來說，這就是他的戰術單位。不過，即使是同為大隊，龐培的大隊與凱撒的大隊在人數上也有很大的差距。

龐培把他以前的部下二千人分散到各個大隊，所以龐培軍一百一十個大隊的總人數有四萬七千名。一個大隊的兵數就有四百三十人。另一方面，凱撒軍一個大隊的兵數平均只有二百七十五人。不過，凱撒並不認為人數上的不利就是真正的不利。

龐培在法爾沙拉斯平原設置營地的當天夜裡，召開了作戰會議。在會議上，他第一次明確地提出了他的戰術。不過在介紹龐培的戰術之前，我們不妨回顧一些歷史上有名的會戰。因為龐培在最後決定戰術之前，腦海裡一定會閃過以往很多的會戰。而當凱撒決定戰術時，這些會戰也不會不在他的腦海裡閃過。

西元前三三三年，在地中海東北角的伊沙斯平原發生希臘對波斯的會戰。當時亞歷山大大帝率領以馬其頓軍隊為主力的希臘聯軍，有重步兵三萬一千名和五千名騎兵合計三萬六千名的兵力；由大流士王親自出陣的波斯軍隊，有十五萬的大軍，其中有一萬名以上的騎兵。當時年僅二十三歲的馬其頓王，率領他布置在右翼的五千名騎兵，首先攻破了敵人左翼的騎兵，之後又從背後襲擊由大流士王所指揮的中間部份；看到敵軍陣腳大亂之時，又馬上從背後繞到敵軍的右翼繼續進行攻擊，以這種積極的戰法最後大獲全勝。亞歷山大大帝曾經說過：「戰鬥就是激昂，所有在戰場上的人都必須激昂起來。」這種戰術的結果，使他只犧牲了二百名的士兵；而敵方的死者則多達五萬人。

在這裡，應該注意的第一點是馬其頓軍隊的陣式，陣式的左邊是海，騎兵安排在最右側。這樣，騎兵的行動就像亞歷山大大帝所預期的一樣，不會受到海的限制。一般來說，騎兵團都會被布置在軍隊的兩側，而亞歷山大大帝卻把他們全部集中在右側。他率領騎兵團從敵人的左、中、右後方進行攻擊，展開了全線包圍的殲敵作戰。

他的獨創性給我們的第二點啟示就是活用了被稱為方陣的馬其頓式重步兵團陣式。嚴格地

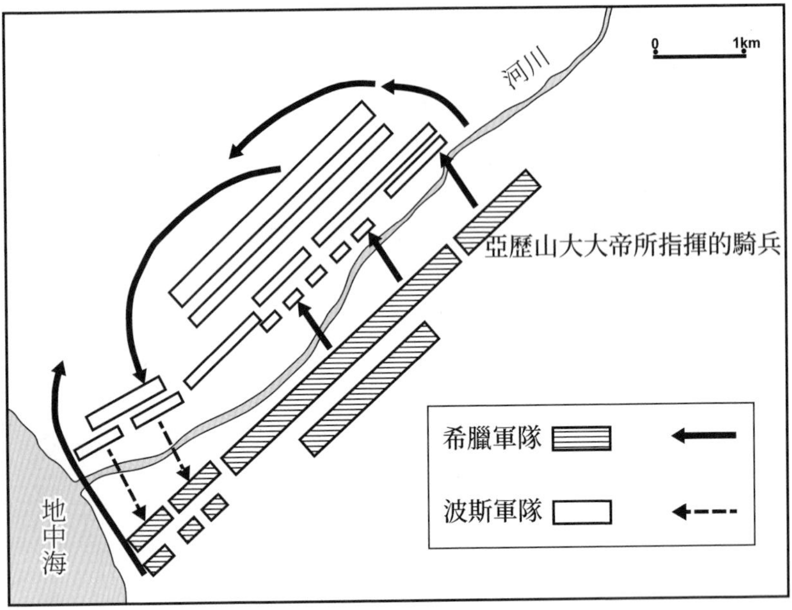

伊沙斯會戰略圖

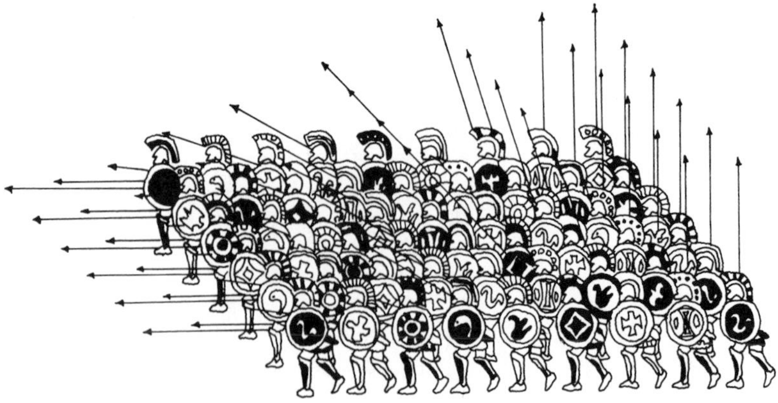

馬其頓式重步兵團（摘自義大利中學的世界史教科書）

說，他只不過是沿用了他父王菲力普的方式而已。馬其頓重步兵團的武器是長達五公尺的長矛，第一列以水平方式持矛，從第二列開始逐漸向上傾斜，最後一列的角度為垂直。形狀就像一個巨大的刺蝟一樣。這樣的一個密集隊形，到了戰場之上，即使波斯有多少兵力也無法攻破。再加上騎兵從兩翼和背後攻擊，波斯軍隊很快就被擊潰了。

巨大的刺蝟式方陣，加上機動力很強的騎兵，這兩者的活用，造就了亞歷山大大帝。

為了學習亞歷山大大帝的戰術，後來的漢尼拔甚至刻苦攻讀希臘文。西元前二一六年，在義大利南部的坎尼(Cannae)平原與當時在地中海世界享有第一武名的羅馬軍團展開了激戰，並大獲全勝。

當時漢尼拔的戰力有四萬名步兵和一萬名騎兵，羅馬軍隊則有八萬名步兵和七千二百名騎兵，合計有八萬七千二百名的兵力。

坎尼和扎馬的兩次會戰，在第II冊的《漢尼拔戰記》中已有詳述，在此不再加以描述。不過在坎尼會戰中的漢尼拔，把騎兵安排在陣形的兩側，為了抵擋敵軍的猛攻，他在中央安排了曾經與他一起翻越過阿爾卑斯山的精銳兵力。

重步兵在行動上雖然不是十分快捷，但是有很好的耐久力；而騎兵在機動力上具有絕對的優勢。最早結合重步兵與騎兵優勢戰術的是亞歷山大大帝。而漢尼拔也沿襲了這種戰術。不同的是，相對於當時步兵、騎兵在數量上均處於劣勢的亞歷山大大帝，漢尼拔在步兵上雖然是處於劣勢，騎兵卻占了優勢。所以有足夠的騎兵布置在左右兩側。這樣，從敵軍的兩側進行攻擊，就相對地減少了繞到敵人背後所需要的時間。

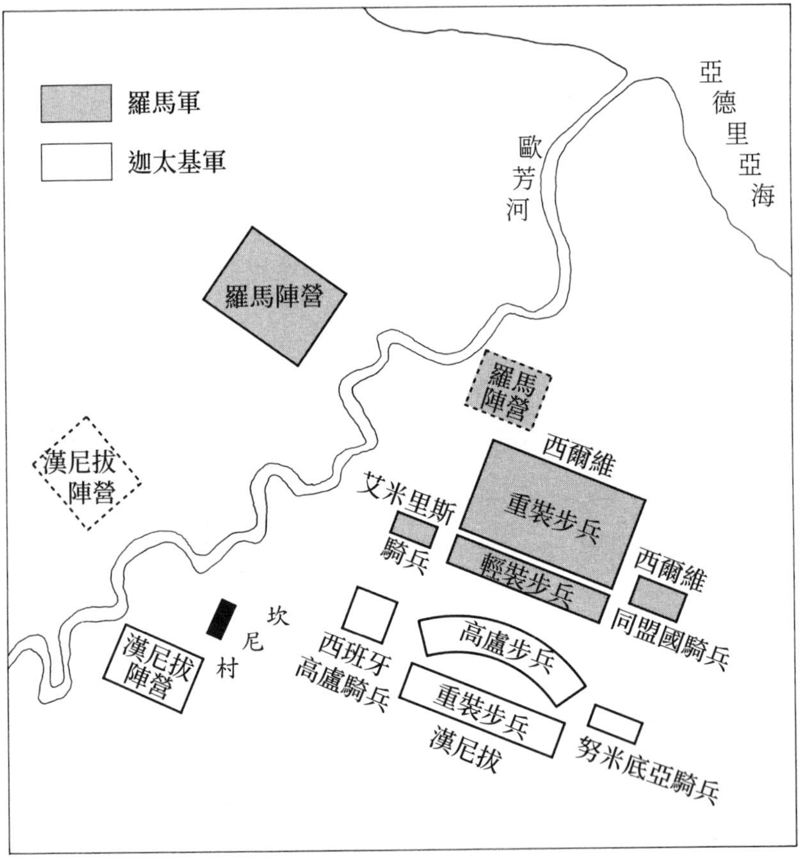

坎尼會戰（布陣之後的陣式）

坎尼會戰的結果，使羅馬軍戰死者多達六萬人，八千人成了俘虜；漢尼拔軍的犧牲者是五千五百人。其中只有極少數的死者是「漢尼拔的精銳」。

後來，挑戰漢尼拔的是羅馬的年輕武將西比奧。西元前二○二年，兩軍在現在突尼西亞的扎馬平原展開了激戰。

當時漢尼拔的戰力，有四萬六千名步兵和四千名騎兵共計有五萬人。此外，還

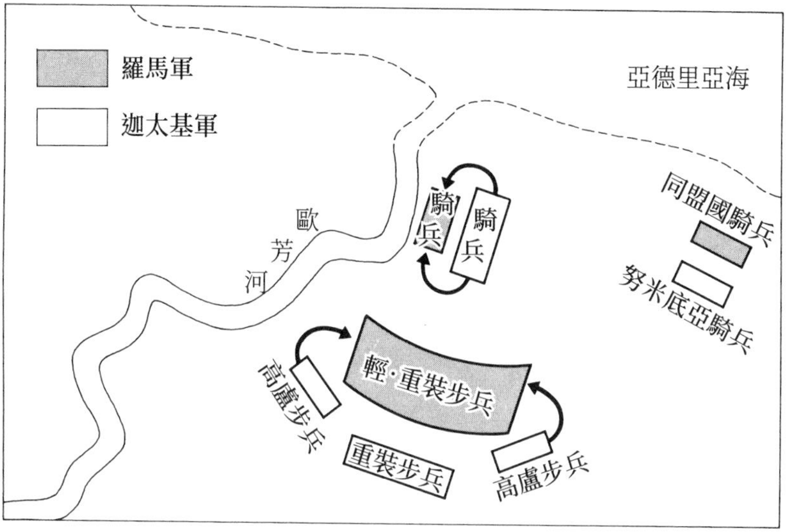

坎尼會戰（第二階段）

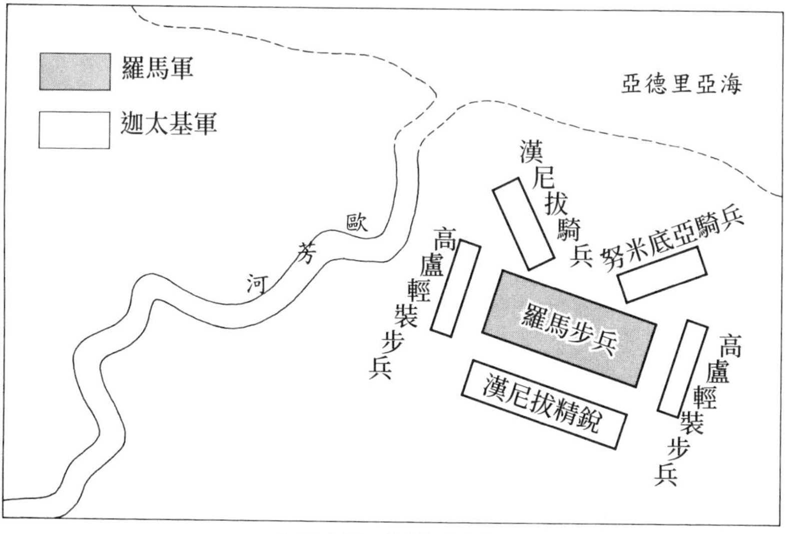

坎尼會戰（最終階段）

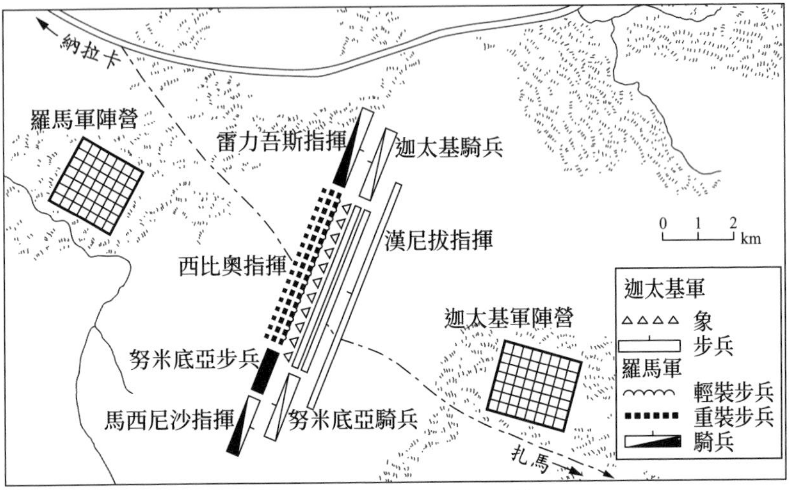

扎馬會戰（布陣之後的陣式）
（摘自 Liddell Hart, *A Greater Man Napoleon's: Scipio Africanus*）

有八十頭戰象。而西比奧的兵力則有三萬四千名的步兵和六千名騎兵共計有四萬人。羅馬軍在步兵的數量上雖然是處於劣勢，但是騎兵卻占有優勢。漢尼拔決定用戰象來攪亂敵陣，最後投入精銳部隊以彌補自軍機動力的不足。不過西比奧打亂象群的攻勢之後，又沿用漢尼拔在坎尼會戰中所採用的戰術，大敗漢尼拔。

常勝將軍漢尼拔在這次會戰中的敗北，使迦太基軍隊戰死者多達二萬人以上，二萬人成了俘虜，而羅馬軍的戰死者只有一千五百人。西比奧·亞非利加努斯大獲全勝。之後，羅馬軍都沿襲西比奧式的戰術。

這三次會戰，是西元以前古代最有名的會戰。在法爾沙拉斯會戰展開之前，當事者就已經深知這次會戰的歷史意義可以與以上三次會戰匹敵。因為這將決定是否可以維持現行體制，還是將依照凱撒的意志樹立新的體制。

在法爾沙拉斯會戰中，龐培的戰力有四萬

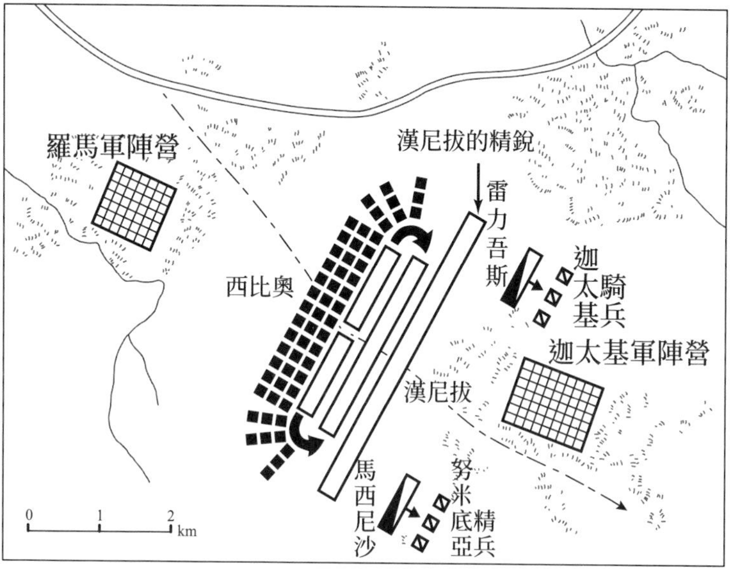

扎馬會戰（第二階段）
（摘自 Liddell Hart, *A Greater Man Napoleon's: Scipio Africanus*）

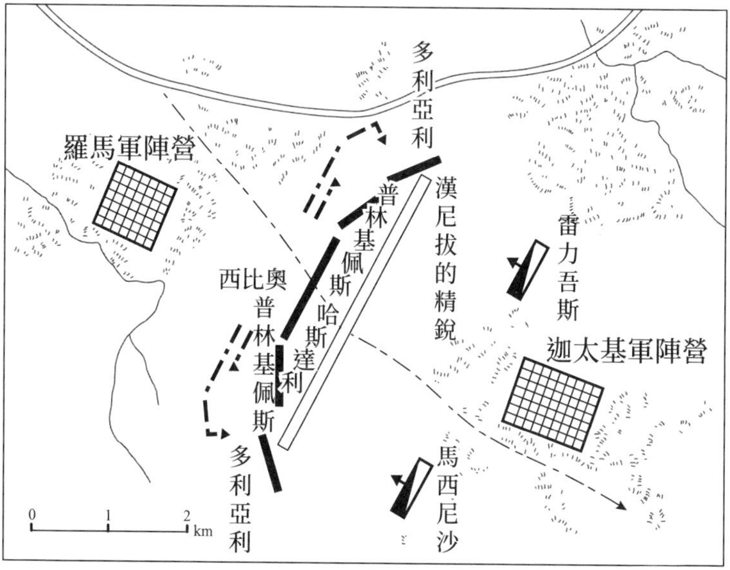

扎馬會戰（第三階段）
（摘自 Liddell Hart, *A Greater Man Napoleon's: Scipio Africanus*）

七千名步兵和七千名騎兵，合計有五萬四千名的兵力；凱撒軍有二萬二千名步兵和一千名騎兵，合計有二萬三千名兵力。

與前面提到的三次會戰相比，在步兵與騎兵方面都處於劣勢的凱撒，情況與亞歷山大大帝略為相似。無論坎尼會戰中的漢尼拔，或是扎馬會戰中的西比奧，他們在步兵上雖然處於劣勢，但在騎兵方面卻都占了優勢。

即使如此，凱撒還是無法模仿當時馬其頓年輕將領——亞歷山大大帝的戰術。因為亞歷山大大帝的戰鬥對象，是還未覺察到騎兵的機動性而加以利用的波斯騎兵；相反的，凱撒將要面對的是扎馬會戰一百五十年之後的羅馬騎兵。這時的羅馬軍團已經熟諳活用騎兵的方法，並且已經成為一種固定的戰術。現在凱撒要面對的是七倍於自己的騎兵；而指揮龐培軍騎兵的，是十分熟悉凱撒作戰方式的武將。

擁有二倍於凱撒的步兵和七倍騎兵的龐培，從未嘗過敗北或是從敵前撤退的滋味。在作戰會議上，這位「無敵將軍」一開口就語驚四座：

「要在戰鬥全面展開之前毀滅凱撒的軍隊。」

看到在場高官將領吃驚的樣子，龐培繼續說道：

「各位也許會認為我的許諾不可能實現，但是請各位首先聽完我的戰術之後再作判斷。這樣，大概各位就可以平心靜氣地來面對這一場決戰了。我已經命令騎兵團在戰鬥一開始就從凱撒軍的右翼進行猛攻，在我軍本隊進行戰鬥之前，騎兵就必須衝散敵軍的隊形而使它不再成為一個整體。接著，騎兵團繞過敵軍的背後到達河川，完成包圍敵軍的任務。這樣一來，可以使我軍大隊的重步兵在受到敵人襲擊之前就結束戰鬥，使我方不必付出犧牲就可獲勝。以我軍騎兵的兵力，實行以上的戰術毫無困難。」

龐培所布置的陣形如下：

兩軍的陣地相距有七公里，如果把法爾沙拉斯平原從東到西一分為二，龐培的陣營在東半部，凱撒的陣營則屬於西半部。兩軍一布陣，河川就會出現在龐培軍的右側、凱撒軍的左側。

這樣一來，離河川較近的將是龐培軍的右翼，龐培命令阿法拉紐斯指揮由西里西亞和西班牙士兵所組成的右翼。西班牙兵是傭兵，龐培認為他們是全軍之中最強的戰力，所以安排在沒有騎兵的右翼。

在中央的，是由梅特魯斯．西比奧所指揮的從敘利亞來的兩個軍團。

在左翼的，是二年前以出兵帕提亞（安息，現在的伊朗東北部）的名義從凱撒手中收去的兩個軍團。

此外的兵力，包括龐培以前的部下二千名的步兵，分別安插在左翼、中央和右翼。綜上所述，羅馬武將稱為「本隊」的重步兵，就已經多達四萬七千人了。

在重步兵團的左翼，也就是整個陣形的最左端，龐培布置了全部的七千名騎兵。龐培把掌握整個戰局的最關鍵部份——騎兵團的指揮權，交給了拉比埃努斯。作為總指揮的龐培，則在左翼後面的小山丘上布陣。

只要從戰場的地勢和陣形，就可以看出龐培的意圖。龐培已經從在狄爾哈強會戰中投奔到自己手下的兩名高盧人騎兵那裡得知凱撒軍的騎兵總數，所以他估計凱撒沒有餘力在左右兩翼都布置騎兵。不過龐培把全部的騎兵都布置在最左翼，也是違反了常規的作法。這與亞歷山大大帝在伊沙斯會戰中的戰術，也就是在左右布陣上的不同這一點十分相似。就像在伊沙斯會戰中，亞歷山大大帝親自率領騎兵團作戰一樣，龐培把指揮騎兵團的重要任務，交給了比任何人都要熟悉凱撒的拉比埃努斯。

聽取了龐培的戰術之後，拉比埃努斯在作戰會議上宣誓：

「不獲全勝，決不回營。」

之後，其他的將領都作了同樣的宣誓。首先宣誓的是龐培，接著是其他的全部將領。這一次的作戰會議上，每個人心中都充滿對勝利的信心。龐培、拉比埃努斯這些經驗豐富的武將們的自信，也感染了其他的人，每個人都認為只要開戰就一定會獲勝。

在電影裡，我們常常會看到這樣的情景：會戰就是兩軍一接近馬上就開始戰端，其實這只是

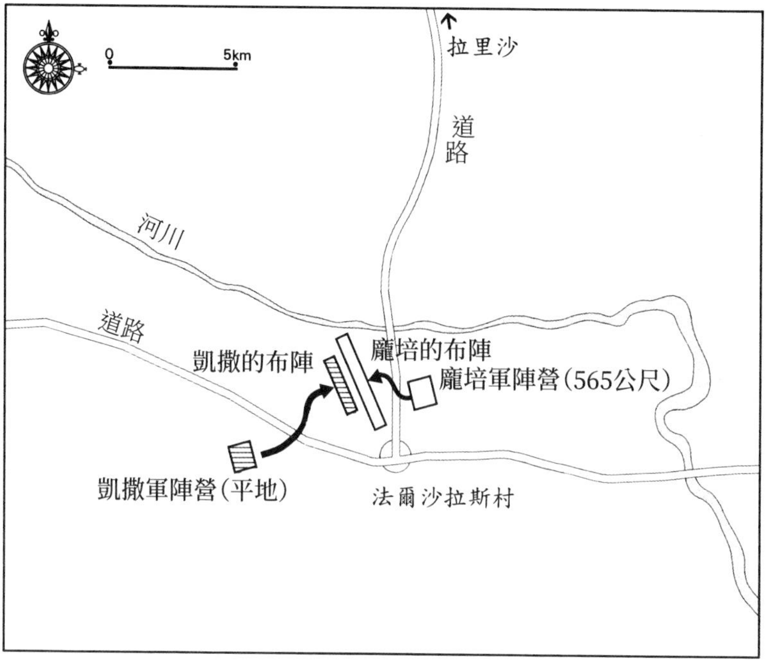

法爾沙拉斯平原略圖

因為電影上映時間的關係而不得不縮短中間過程。現實中的會戰並不是這麼簡單就開始的。單是布陣，一般就需要兩、三個小時的時間。即使布陣之後，雙方也只是處於對峙的狀態而沒有發動進攻。羅馬軍團習慣一到夜晚就會規規矩矩地返回營地，第二天一早再出來，夜晚又回營地休息。這樣的布置是因為最高司令官在尋找戰機的緣故。同時，又可以使最高司令官有機會推測敵軍的動向。

自從龐培軍在法爾沙拉斯平原紮營的第二天開始，凱撒每天都命令他的軍隊在營地之外，展開戰鬥序列，目的是為了徹底消除在狄爾哈強會戰中敗北之後殘留在士兵心中的慘敗情緒。凱撒最初在距敵軍有五公里之處的地點布陣；從第二天開始，將布陣地點逐漸向敵營移近，最後移到龐培軍陣營所在高地的正下方。凱撒這樣做，是為了讓敵方的士兵習慣他的作法而放鬆警惕。同時，凱撒可以藉此機會來觀察敵方的陣容。

凱撒觀察龐培的陣容之後，推測到了龐培的戰術。在《高盧戰記》中，凱撒曾經寫過這樣的話：「如果按照教科書的指示行動，是無法獲勝的。」這一次，凱撒也許推測到龐培的戰術就是沿襲了教科書的指示。在步兵尚未開始行動之前，以騎兵對敵人進行包圍、殲滅的戰術，就相當於以下這個公式：（亞歷山大大帝＋漢尼拔＋西比奧）÷三。不過要沿用這種戰術，就必須在騎兵方面占有優勢。相對於凱撒的一千名騎兵，擁有七千名騎兵的龐培，有可能沿用這種戰術。

另一方面，凱撒的騎兵僅相當於敵軍騎兵力的七分之一，無法像龐培一樣可以沿用教科書上的戰術。所以凱撒必須用新的戰術，也就是採取連亞歷山大大帝、漢尼拔和西比奧都未曾用過的新戰術，才能與目前的龐培抗衡。

話又說回來，凱撒軍也並非在所有方面上都處於劣勢。在人數上處於劣勢的重步兵，在「質」上是值得信賴的。與龐培的四萬七千名步兵相比，凱撒的步兵不到二分之一。然而，這二萬二千名的主力，是凱撒的第八、第九、第十、第十一、第十二軍團，是從高盧戰役的第一年開始就在凱撒的指揮之下身經百戰的最精銳部隊。凱撒計畫讓全軍的重步兵，擁有更大的機動性。如果按照以往的教條，步兵都是在騎兵對敵人進行包圍之後才開始行動；而這一次，凱撒把包圍敵人的任務都交給了步兵，也就是從兩翼和正面三方面一齊對敵軍發動進攻。凱撒是因為騎兵的人數太少才想出這個策略，不過凱撒的精銳部隊，連步兵的動作也十分敏捷，而且戰鬥經驗十分豐富，所以凱撒才大膽地作出了這樣的布置。

現在，凱撒要面對的問題，就是如何對抗七倍於自己的敵軍。因為是在平原作戰，騎兵可以發揮最大的機動性。如果自軍的一千名騎兵與敵軍的七千名騎兵從正面發生衝突，結果可想而知。

凱撒從一開始就意識到，以自己的一千名騎兵，不可能沿用三位前輩所傳下的，從背後包圍敵人的戰術，所以這一千名騎兵只能作為對抗敵軍七千名騎兵的手段。即使如此，如果與敵人從正面衝突也會失敗，因此，凱撒決定使用手中所擁有的「祕密兵器」——馬。因為在當地，根本就不可能補充騎兵的人數，只能考慮活用手中的馬匹。數天來的布陣，對於凱撒「祕密兵器」的預演也起著重要的作用。

布陣之後，河川就在凱撒軍隊的左側。陣形如下：

左翼——主力為第八、第九軍團，由安東尼指揮。

中央——主力為第十一軍團，由多米提斯指揮。

右翼——主力為第十、第十二軍團，由蘇拉指揮。

最右翼——騎兵。

總指揮凱撒則在右翼的背後布陣，位置正好與龐培相對。因為不是在高地上，所以凱撒是騎在馬上的。

在布陣的幾天當中，凱撒有意不讓敵人注意到他的「祕密兵器」，目的就是在戰鬥時可以一舉削弱敵人騎兵的機動性。因此凱撒作了以下的安排：

一、將以往在戰鬥中守護隊旗的輕步兵四百人加入騎兵團，編成步、騎兵混合隊。這些步兵既年輕，又是輕裝，行動十分敏捷，既可以坐在騎兵的背後一起乘馬，又可以輕快地從馬背上一躍而下。當然，這也是在布陣期間的預演中所得出的經驗。

二、為了不讓敵方察覺到這一點，凱撒在布陣時並沒有進行過「步騎混合」的預演，而是決定在戰鬥開始時才使用他的「祕密兵器」。凱撒相信不必經過預演就可以出陣，是因為執行這個任務的，是他精銳部隊中的精兵。

至於重步兵，凱撒忠實地按照羅馬軍的傳統編成左翼、中央、右翼的三列橫隊。從前列開始分別是「哈斯達利」、「普林基佩斯」、「多利亞利」。所謂哈斯達利是以年輕士兵、普林基佩斯以中堅士兵、多利亞利以熟練兵力為主的布陣方式。不過羅馬一般士兵的服役年齡是從十七至四十五歲，所以即使是經驗豐富的士兵，年齡也不會超過四十五歲。在法爾沙拉斯會戰中，凱撒軍隊經驗豐富的士兵，指的是自西元前五十八年，也就是高盧戰役的第一年開始，在凱撒指揮之下經歷過十年戰爭洗禮的士兵。

凱撒把左翼、中央、右翼所有多利亞利經驗豐富的士兵集中起來，編成一個特別軍團。

凱撒之所以選出這些精銳步兵，是因為需要他們執行一項特殊的任務，那就是在敵軍的七千名騎兵進行猛攻之時，這些步兵要伸開兩臂叉開腿站在前面。以這樣的方式站在迎面而來的騎兵面前而不動如山，沒有勇氣是無法做到的。年輕的士兵即使有足夠的體力和鬥志，卻不能保證他們在關鍵時刻，是否可以保持這種依靠經驗積累出來的勇氣和膽量。

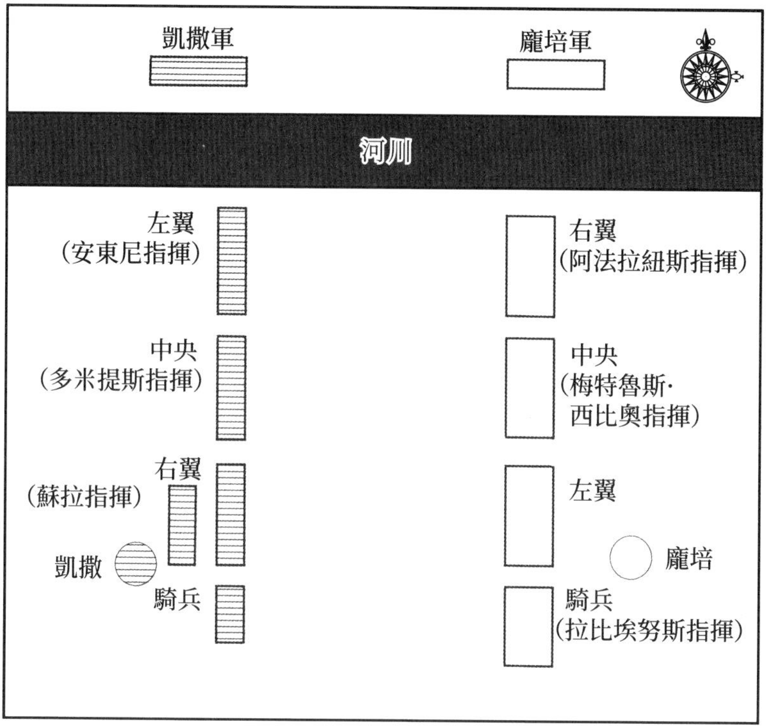

兩軍布陣略圖

此外，這些步兵都是身經百戰的精銳，也沒有必要進行預演，凱撒只要對他們發出指令就可。為了不讓敵人察覺到，所以凱撒把這個二千人的特別軍團，布置在右翼的背後，也就是最靠近他自己的前面。

以這兩種「祕密兵器」，是否可以如願地削弱敵方七千名騎兵的機動性呢？凱撒認為一定會達到目的。

在這裡，讓我們回想起凱撒少年時代的小插曲。那就是他雙手繞在脖子後，騎著裸馬的姿勢。之後的凱撒，可以一邊駕馭馬匹，一邊與享有盛名的騎馬民族——努米底亞騎兵或是日耳曼騎兵拔刀交戰。這一點在士兵中也早有定評。這說明了凱撒對於馬這種動物的習性應該是十分熟悉的。

如果熟諳馬習性的人，應該知道在馬這種動物面前，即使是蹲著隻兔子，牠們也會馬上停止不動；也就是說，馬在本能上是非常討厭用腳踢的動物。像我這種不注意到馬的這個特性而又拙笨的騎手，如果馬匹突然停步不前，一定會一個跟斗翻身落馬。騎馬要求有一定的騎術，但是如果沒有一定的助走距離，馬就無法越過障礙物。總之，要發揮馬的機動性和衝鋒力，不但需要一定的距離，還必須有一定的空間。

這樣，只要控制了敵軍騎兵行動的距離和空間，要實現削弱騎兵機動性，使騎兵失去衝鋒力的目標就不會只是個夢想了。如果這樣，連龐培擁有七千名騎兵這一點，都會變成有利於凱撒的因素。

七千名騎兵所需要的助走距離和空間很大，只要設法縮小敵人的活動空間就可以。凱撒對敵軍七千名騎兵的猛攻計畫，首先以一千名騎兵和四百名步兵所編成的步、騎混合軍團在一邊假裝對抗，一邊閃開。就在敵軍以為可以容易地繞到凱撒軍背後之時，二千名精銳步兵猛然出現，伸開兩臂、叉開腿站在迎面而來的七千名騎兵面前。同時，凱撒的步、騎兵混合軍團就可以趁機繞到敵軍騎兵的背後，最後把敵軍的七千名騎兵迫入「圍欄」之中，也就是將敵軍的七千名騎兵逼到由凱撒的二千四百名士兵用馬匹和長矛所構成的「圍欄」之中。

在這裡最重要的是負責伸開兩臂、叉開腿站在迎面而來的七千名騎兵面前的二千名步兵。無論發生任何情況，都必須站在原地，一步也不能後退。凱撒指示了作戰方案之後，對他們說：

「成敗如何，就看你們的勇氣了。」

只要成功地削弱敵人的主要戰力，無論是哪一次會戰，都可以獲勝。在法爾沙拉斯會戰中的凱撒，正在嘗試亞歷山大大帝、漢尼拔和西比奧都未曾用過的新戰術。這次率領龐培軍主要兵力的是熟諳凱撒戰術的拉比埃努斯，所以凱撒必須用連拉比埃努斯也料想不到的方法，來削弱龐培軍的主要戰力。

龐培軍的陣營在較高的斜坡上。從陣營地到平原，是開闊而且坡度又小的山路。在凱撒布陣的同時，龐培也總是把軍隊拉出營地外，展開戰鬥序列，但都只是在開闊而坡度小的山脊布陣而已，並沒有讓軍隊下到平原。這樣凱撒就無法作戰。因為如果從低處向在高處的敵人發動進攻，只會使自己的軍隊付出重大的犧牲。這時的形勢似乎沒有什麼不利於龐培的地方。戰爭的長期化只會使凱撒的處境愈來愈不利。這樣，凱撒雖然作好了戰鬥的一切準備，卻苦於無法抓到戰機。

凱撒因此決定試試他的運氣，再一次進行誘導作戰。他命令軍隊從營地撤離，吹起出發的軍號，為了讓敵軍看到這個舉動，還故意命令運送行李的車隊橫過平原。

另一方面，在龐培的陣營中也充滿著決戰的氣氛。龐培對將在這場戰鬥中獲勝這一點沒有絲毫的懷疑。拉比埃努斯也激勵士兵們說，凱撒的精銳兵力大多數都已經在高盧戰爭中死去，剩下來的只是少數，已不足為懼。看到凱撒的軍隊已經開始撤離，龐培軍認為已經是不戰而勝，於是也開始移動布陣的位置。凱撒注意到這一點並且判斷自軍在地勢上已不再處於劣勢時，馬上命令軍隊停止撤退，放下行李，拿起武器準備投入戰鬥。凱撒對全體士兵說：

「現在不是撤離而正是戰鬥的時候。我們盼望已久的戰鬥機會終於到來了。我軍已經做好了最佳的準備，以後也許不會再有像今日的好機會了。」

緊接著，凱撒馬上把軍隊排列成戰鬥的陣形。

從士兵準備進入戰鬥的態勢，就可以看出他們的士氣。凱撒可以看出自軍的士氣正處於最高的時刻。布陣完畢之後，凱撒一邊策馬經過全軍面前，一邊按照羅馬軍隊的慣例進行戰鬥開始之前簡短的動員演說。他所強調的，只是如下的一點：

自己一直都避免不必要的流血犧牲，而且為此已經多次試圖與龐培和解而未能如願以償。這一點士兵們都有目共睹。

說完了這一點之後，凱撒命令揚起開始戰鬥的紅旗。在返回自己的位置之時，凱撒在第十軍團的附近聽到百人隊長克拉斯蒂努斯對自己屬下的士兵說：

「我所指揮的士兵們：只要聽從我的指揮即可。只有這樣，我們才可以完成最高司令官所交給的任務。今天的這場戰鬥將決定我們的命運。戰鬥結束之後，凱撒就可以恢復名譽，我們也就可以返回故鄉了。」

看到凱撒在傾聽，這位百人隊長對最高司令官高喊道：

「將軍：不管是生是死，我都會以今日的行動來讓你感動。」

說完之後，百人隊長克拉斯蒂努斯首先奔出戰列，衝向敵軍。他的後面，緊跟著他所指揮的一百二十名士兵。法爾沙拉斯會戰，就從凱撒軍的進攻開始了。

西元前四十八年八月九日

那時，在兩軍之間還有相當長的一段距離。然而發動進攻的只是凱撒軍隊，因為龐培禁止自己的軍隊前進。所以凱撒的步兵就必須拿著武器奔跑二倍的距離才可以接近龐培的軍隊。龐培原以為凱撒的步兵在接近之時，一定會疲憊不堪，正好趁勢迎擊。不過這種管理方式對凱撒訓練有素的士兵並不適用。

凱撒在《內戰記》中也記載這個場面：

「以我的推測，龐培採取這樣的戰術，大概是因為他忽略了這一點，就是戰鬥時士兵們胸中所湧起的戰鬥熱情和情感的衝動這種自然情感。作為指揮官，不應該抑制這種衝動性的行動，而是要激起士兵的這種熱情和衝動。戰端一開始，就吹起軍號，在全戰線高聲吶喊。這種自古以來的習慣並非沒有道理。這樣不僅可以讓敵人感到畏懼，也可以鼓動自軍衝鋒陷陣的勇氣。」

龐培是身經百戰的勇將，他準備在凱撒的士兵疲憊不堪時來個迎頭痛擊。同時，他還以為在長距離的奔跑之後，原來是一條線的凱撒軍陣形一定會變形，這樣一來就比較容易攻擊了。然而這並不適用於凱撒訓練有素的士兵。

戰鬥開始的信號一發出，以左翼、中央、右翼的第八、第九、第十一、第十二、第十軍團為首的凱撒軍就開始衝鋒。奔跑了一半的距離之後，他們發現龐培的軍隊還是站在原地不動。這時，凱撒軍的士兵雖然沒有得到任何命令，但是憑著多年的戰鬥經驗，他們在中間停了下來。士兵停止了奔跑，作深呼吸並整理戰列，然後又持著長矛繼續展開進攻。就這樣，當他們到達敵軍面前時，既沒有疲憊不堪，陣列也沒有變形，就像開始進攻之時一樣，還是形成一條戰線，從左翼、中央、右翼突擊敵軍。

然而，在人數上要比凱撒軍多出三倍的龐培軍還是抵擋住凱撒軍的突擊，在人數上占優勢的龐培軍陣形也沒有崩潰，在全線應戰。龐培看到這一點，於是命令最左翼的七千名騎兵進行總攻擊；同時，輕步兵開始射箭以協助騎兵進入攻勢。

凱撒的一千名騎兵看到拉比埃努斯率領七千名騎兵迎面衝來，就裝出恐懼的樣子閃開。這樣一來，龐培七千名騎兵的攻勢變得更為勇猛；而凱撒看準了這瞬間的機會。

此時，一直隱藏在後面的二千名精兵出動了，原來閃到旁邊的一千名騎兵與四百名步兵所組成的步、騎兵混合隊也同時繞到敵軍七千名騎兵的背後，開始了把敵軍的騎兵趕入「圍欄」的作戰。

凱撒的軍隊首先擊退了援助騎兵進攻的龐培軍弓弩手，然後逐漸縮小包圍圈。最後，龐培的七千名騎兵之中，沒有一人一騎能夠輕易衝破由凱撒的精兵所構成的「圍欄」。

然而，以一千名騎兵和二千四百名步兵所組成的「圍欄」，還是無法包圍龐培的所有騎兵；而戰場的南面就是平原，所以無法追擊從「圍欄」中逃脫、四散逃走的騎兵。

即使如此，凱撒軍還是成功地避免了被敵軍七千名騎兵包圍的情況。另外，騎兵雖然具有超群的機動力，但是如果不形成一個團體就會失去戰鬥力。凱撒在會戰的第一階段就已經成功地削弱敵人的主戰力量了。

此時的龐培也已經意識到凱撒的意圖了，他的反應就是策馬奔回陣營。

另一方面，凱撒命令已經粉碎敵軍騎兵攻擊的一千名騎兵和四百名年輕步兵以及二千名精兵，全部投入對敵人的左翼攻擊。

這時凱撒軍的右翼正在攻擊敵人的左翼。這樣一來，龐培軍的左翼是三面受敵，不僅在正面，在左側和背後都受到凱撒軍隊的攻擊。即使是以前曾經在凱撒手下戰鬥過四年的兩個軍團，也抵擋不住這樣的攻勢。

即使如此，龐培軍中央和右翼的陣形尚未崩潰，還在勇敢地應戰。龐培軍都以為凱撒軍已經沒有餘力再繞到背後進行兩面夾攻；然而，凱撒軍還是做到了。

前面已經提到，凱撒忠實地按照羅馬軍的傳統，把軍隊編成哈斯達利、普林基佩斯、多利亞利的三列橫隊。在會戰的第一階段，凱撒只投入了前兩列的兵力，第三列的多利亞利尚未出動。

這時，輪到老兵出陣了。之前已經與三倍之多的敵軍戰鬥過的前兩列退下，稍作休息。第三列在人數上雖然不多，但卻可以在沒有疲憊的狀態之下投入戰鬥。

龐培軍的士兵已經疲憊不堪，受傷的人也已不計其數，這時又遭到凱撒老兵的攻擊。由於陽光的反射，凱撒軍的老兵所執的長矛顯得閃閃發光。另外，第一、第二列的士兵擦拭完沾在劍鋒上敵兵的血跡之後，幾乎等不及凱撒下令，又馬上士氣高昂地投入了戰鬥，從旁邊和背後包圍敵人。

龐培的中央和右翼也像左翼一樣全面瓦解了。已經沒有一兵一卒能維持迎敵狀態了。

這時正值希臘的仲夏，強烈的陽光無情地照射著戰場上小山一般的屍體。

敗走的龐培軍士兵似乎連駐守自軍的陣地都已經忘記了。大多數人都朝著與自軍陣營相反方向的河川對面高地逃跑。

凱撒雖然知道部下已經十分疲憊，還是決定一鼓作氣，乘勝追擊。首先，他下令攻擊敵軍的陣營。

在陣營中的龐培，也聽到了凱撒軍隊正在迫近的聲音。直到昨天為止還以常勝將軍自誇的龐培，這時也放棄了陣營。跟隨龐培一路快馬加鞭逃往拉里沙的，只有寥寥無幾的數騎。

攻入龐培的營地之後，凱撒所看到的是為了慶祝會戰勝利而準備的一個個陣幕。高官將領的陣幕都用常春藤的葉子來裝飾，地上則以青草鋪設，桌面上擺設著銀製的食器。

這一切，不僅表明了龐培軍隊戰時奢侈的物質生活，也表明了他們之中沒有一個人料到會在今日的會戰中敗北。

即使已經到了這個時候，凱撒還是對自己的部下說，戰鬥尚未結束，並禁止部下搶劫勝利品。

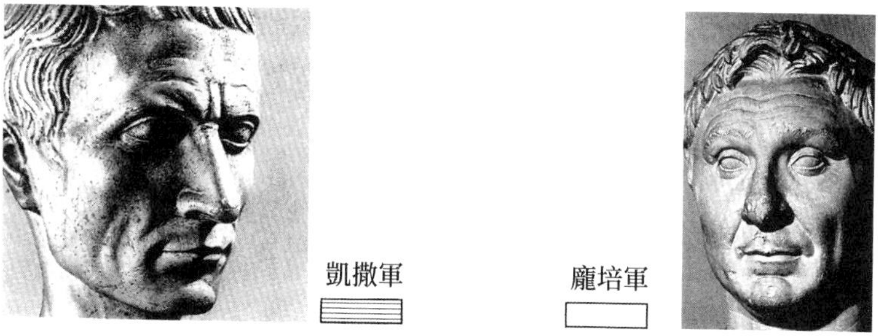

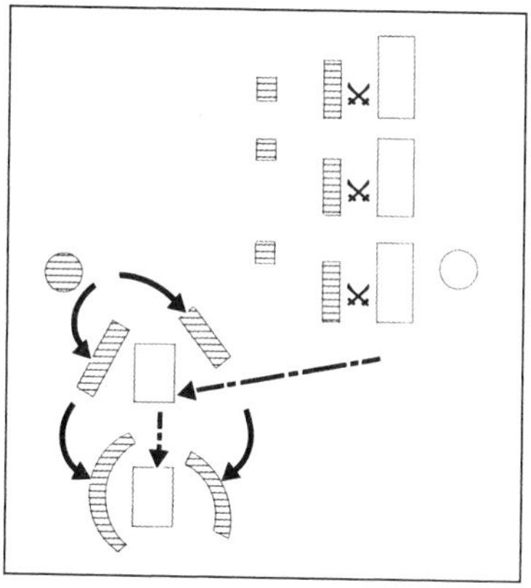

會戰的第一階段
(凱撒軍的四分之三進行突擊)

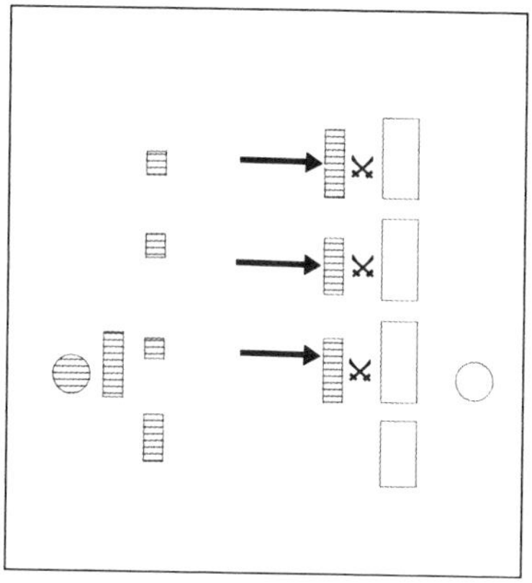

會戰的第二階段
(龐培命令騎兵出擊)

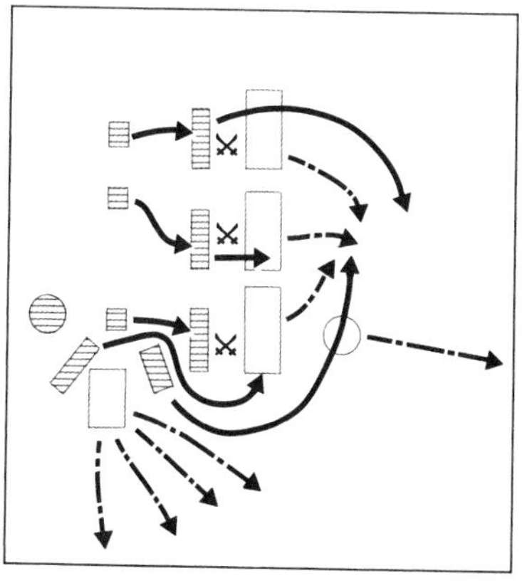

會戰的第三階段
(凱撒的「祕密兵器」出動)

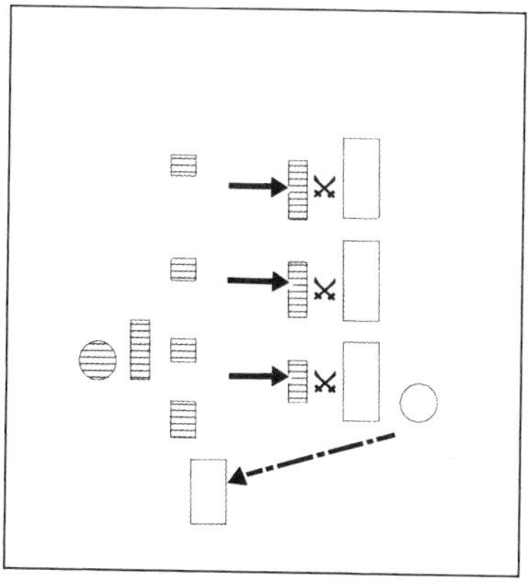

會戰的最終階段

之後，他又命令軍隊追擊從陣地後門向北逃走的龐培。

然而，根據追擊龐培的部隊所帶回的消息，龐培並未在拉里沙停留，而是已經向東逃往距拉里沙五十公里之處的海邊了。

追隨龐培逃往拉里沙的三十騎，其中有梅特魯斯．西比奧、西元前四十九年的執政官廉托魯斯和馬塞拉斯。

在得到這個報告之前，凱撒已經開始處理敵軍的殘餘兵力了。逃走的敵兵大多集中在河川對岸附近的高地之上，如果不及時處理，讓他們逃到防守堅固的拉里沙，就會留下後患。

凱撒將軍隊分成三部份。一部份留下駐守自軍營地，一部份駐守龐培軍營地，其餘的四個軍團，由他親自率領，渡河包圍龐培的殘餘兵力所在的高地。

經過一天的激戰，士兵們都已經疲憊不堪，夜幕又已經降臨了。但凱撒還是一邊激勵士兵，一邊命令他們在高地和河川之間挖掘壕溝，切斷敵人的水源，以便達到不流血就可以迫使敵人投降的目的。

工事完成之時，已是第二天的清晨，朝陽照亮了周圍的一切。幾乎就在工事完成的同時，在高地的敵軍派出了使者，向凱撒表示願意投降。

面對著站在自己面前龐培軍的殘兵敗將，凱撒首先命令他們放下武器。俘虜的人數總計有二萬四千名。在俘虜之中，有人甚至伏在凱撒腳下，哭著求他開恩，放他們一條生路。

凱撒命令伏在地上的俘虜起來，為了消除俘虜們的恐懼，凱撒針對自己一貫實行的「寬容」

精神作了簡短的說明。接著又表現出非常寬大的態度，讓全部俘虜自由選擇去留。不僅如此，還命令自軍的士兵不得傷害龐培軍的敗兵，也不得搶奪他們身上所帶的財物。之後，凱撒命令徹夜動員的四個軍團士兵返回營地休息，他自己則率領原來駐守營地而得到充分休息的四個軍團追擊龐培。然而向海邊逃走的龐培，這時已經乘著運輸小麥用的船隻，經海上向東逃走了，凱撒只好率軍返回法爾沙拉斯平原。他必須馬上確立善後政策並作出指示。

「法爾沙拉斯會戰」這個歷史上有名的凱撒與龐培的決戰，結果如下：敗北的龐培軍方面戰死者有六千人，俘虜有二萬四千人。被釋放的俘虜當中，有凱撒的情人塞維莉亞的兒子——三十七歲的布魯圖斯。凱撒甚至對全軍下令不得射殺布魯圖斯。當他獲悉俘虜中有布魯圖斯之時，欣喜異常；與其他的俘虜一樣被釋放之後的布魯圖斯，雖然凱撒沒有強求他，他也沒有與逃走的龐培派高官一起行動，而是與那些表示以後將效忠於凱撒的士兵一樣，選擇了留下。

至於凱撒軍隊方面的犧牲，戰死者只有二百人。不過三十名的百人隊長都戰死了。其中開戰之前曾對凱撒發誓過，無論生死都會以行動來感動凱撒的百人隊長克拉斯蒂努斯也在其中。這位百人隊長，臉部受到敵人劍鋒的直擊而戰死。

凱撒的面前擺著龐培的九面軍團旗，加上大隊旗和中隊旗，一共有一百八十面。龐培一共有十一個軍團，十一面軍團旗之中的九面都已經落入了凱撒手中。羅馬人只要記住這個數字，就可以計算出戰果了。

敗走的龐培派高官將領之中，只有阿赫諾巴布斯被凱撒軍騎兵追上而被殺死。

至於龐培則與梅特魯斯．西比奧、廉托魯斯和馬塞拉斯三位高官將領乘著小麥運輸船向東逃亡。西塞羅和小加圖兩人負責駐守狄爾哈強，所以並未參加法爾沙拉斯的會戰。龐培的長子勞斯正在亞德里亞海指揮海軍，所以也沒有參戰。

至於其他高官將領的去向：會戰中指揮過右翼的阿法拉紐斯、與阿法拉紐斯一起在西班牙戰役中慘敗在凱撒手中的佩里阿斯和瓦爾羅，以及在軍事上最受龐培信任並被委任為龐培主戰力——七千名騎兵總指揮的拉比埃努斯，這四人在總戰線崩潰之後成功地逃到狄爾哈強，身為指揮官的四人，都是騎馬逃離了戰場。

然而，無論是逃到狄爾哈強的四人，還是駐守在狄爾哈強的西塞羅和小加圖以及其他龐培派元老院議員，都一致認為，狄爾哈強雖然位於海岬的尖端，防守堅固，但畢竟與陸地相連，再也不可能守在這裡抵抗凱撒。最後他們決定放棄狄爾哈強，全體逃往科孚島。因為凱撒沒有海軍，一時不易攻下。

除了逃往東方的人之外，龐培派的要人，包括龐培的長子勞斯在內，在科孚島召開了會議。會議的結果，一致認為科孚島仍非安全之地，從科孚島到義大利，經海路只需要兩天的時間。在法爾沙拉斯會戰中獲勝的凱撒軍隊，正值氣勢磅礴之時，什麼時候都有可能在義大利編成船團前來攻打。

因此，他們決定趁著龐培現在還掌握強大的海軍，逃往北非。在北非，龐培派曾經消滅過古里奧的四個軍團，他們決定在那裡等待龐培，希望集結兵力捲土重來。

不過，也有人反對這個方案。反對的人認為在法爾沙拉斯會戰中的敗北，不只是戰鬥中的失敗，而是敗給了凱撒這個人。所以決定從今以後退出政治生涯。

西元前五十一年的執政官——強硬的反凱撒派馬庫斯．馬塞拉斯 (Marcus Marcellus) 決定在希臘引退並在該地度過餘生。

曾任龐培的軍團長、在西班牙戰爭中與凱撒對決、投降又被凱撒釋放之後投奔龐培的瓦爾羅，這一次也離開了龐培。這個與其說是武將，不如說是文人的瓦爾羅，決定返回義大利，重新開始他的學究生活。

西塞羅也決定不去北非。當他說要返回義大利全心全意過著筆耕生活時，勞斯．龐培視他為叛徒而將他痛罵了一頓。瓦爾羅和西塞羅兩人，不像馬塞拉斯一樣流亡他鄉，而是決定返回羅馬，因為只有這兩人，可以與凱撒在文學、藝術上進行親密的對話，所以他們認為凱撒會原諒他們曾經跟隨過龐培這一點。實際上，凱撒後來還任命瓦爾羅為羅馬最初的國立圖書館館長。

與伊沙斯會戰、坎尼會戰、扎馬會戰相比，法爾沙拉斯會戰中，戰敗一方的戰死人數非常少。不僅如此，也是俘虜人數大大多於戰死者的唯一一次會戰。此外，全部四萬七千名步兵和七千名騎兵之中，除了戰死的六千人和被俘的二萬四千人之外，還有二萬四千人逃走，這也是歷次會戰中所未有的情形。這是否說明凱撒作為武將的能力，遠遠不及亞歷山大大帝、漢尼拔和西比奧呢？

首先，讓我們來看看二萬四千名的逃亡兵。龐培的軍隊之中，有很多來自與龐培有 “**Clientes**” 關係的同盟國援助兵。這些士兵有的是由君主親自指揮，有的是由屬下的武將率領。在法爾沙拉斯會戰中，當龐培軍全線潰敗之後，這些士兵既沒有追隨龐培一起逃亡，也沒有跟著龐培派的羅馬人逃往狄爾哈強，而是分別逃回自己的故鄉，而他們的故鄉也是羅馬世界的一部份。對凱撒來說，並沒有必要追擊這些同盟國的士兵，所以也沒有下令進行追擊。況且，這些人都是最有力的現場證人，他們回到自己的國家之後，必定會把法爾沙拉斯會戰的結果傳播開來。就算是凱撒要進攻這些人，那也是因為他們的故國仍然像以前一樣屬於龐培的“Clientes”。

另外，在法爾沙拉斯會戰中，俘虜的人數比戰死者的人數要多出四倍，原因不必多加說明，因為之前的三位名將是以敵國的國民為對手戰鬥，而凱撒是與本國的國民作戰。正因為如此，凱撒甚至讓二萬四千名的俘虜自由選擇去留，並沒有強制他們加入自己的軍隊。

內戰，並非只要獲勝就可以解決一切問題。如果只是求勝，那麼凱撒就會變成蘇拉。凱撒不但不想沿襲蘇拉的作風，而且確信那絕對不是有益的作法。

在今天陸軍大學的教材中，伊沙斯會戰、坎尼會戰、扎馬會戰仍然是包圍殲滅戰的好例子。然而，法爾沙拉斯會戰沒有得到這樣的榮譽，也許有教師會提到這個會戰，但並沒有作為固定的課程。

這一點並不奇怪，因為前三者發明了會戰的「方式」並以公開方式獲勝；而凱撒所採用的則是「權宜之計」。所謂「方式」，就是無論是誰，只要沿襲它，就會有一定的效果；而受使用者的才能所左右，或是只在某種特定的場合才可以適用的，就無法作為教材了。

亞歷山大大帝、漢尼拔和西比奧·亞非利加努斯大概都可以穩站於西點軍校的教壇。如果是凱撒，也許會說：

「先讓我看看敵軍和戰場，然後再考慮獲勝的方法。」

如果這樣可以獲勝當然是皆大歡喜；然而，這卻不能創造出講求妥當性的「方式」。

凱撒的本質與前三人不同，與軍事相比，凱撒更重視的是政治。對他來說，軍事不過是輔助政事的一種手段而已。事實上，後世的戰爭史研究者對如何評價凱撒在戰爭史中的地位頗覺頭痛。

附帶說明一下，由亞歷山大大帝所創造、漢尼拔所完成並由西比奧．亞非利加努斯所證實，有效地利用騎兵的機動力來進行包圍殲滅的作戰方式，在以後的歷史中也多次證明了它的實效。後來，騎兵雖然由戰車所替代，它的妥當性還是持續著。即使在近年的海灣戰爭中，伊拉克軍的戰車和直升機部隊就讓人想起以前騎兵所擔任的角色。

無論是稱為權宜之計還是奇謀，在法爾沙拉斯會戰中大獲全勝的凱撒，雖然釋放了所有的俘虜，但同時不能忽視的事實就是龐培派的大多數要人都成功地逃過了凱撒的追擊。而凱撒所擔心的，是否只是龐培一個人作為武將的才能呢？就算只是激勵士兵用的口號，他曾說過以下的話。

在前往西班牙進攻阿法拉紐斯和佩里阿斯所率領的七個軍團時，凱撒曾對士兵說：「前往攻打沒有指揮官的軍力」；而在出發前往希臘與龐培決戰之時也曾宣稱：「前往攻打沒有軍力的指揮官」。

現在，龐培已經逃走了，凱撒在法爾沙拉斯會戰中獲勝後，也沒有馬上返回羅馬，而是決定親自率軍追擊龐培。

凱撒在書中這樣寫道：

「為了防止龐培逃亡後再編成軍隊而使內戰長期化，而必須及時追擊龐培。」

不過，因為凱撒要親自率軍追擊龐培，就必須把善後的政策對部下作充分的交待。對凱撒來說，與龐培的對決尚未結束。

法爾沙拉斯會戰發生在西元前四十八年的八月九日，如果根據後來凱撒所改革的曆法，也就是所謂實際上的季節，應該是六月的二十九日。這時雖然有充分的時間來追擊龐培，但是如果按照現在所使用的曆法來決定執政官的任期，凱撒作為執政官的任期將不到五個月就要期滿了，而追擊龐培需要多長的時間，現在還是無法預測。在這種情況之下，為了安全起見，有必要首先確立隔年、也就是西元前四十七年的對策。

身為西元前四十八年執政官的凱撒，如果不改革蘇拉所定下、必須經過十年之後才可以再選執政官的律法，就無法再就任西元前四十七年的執政官。然而，這時的凱撒卻沒有時間來改革已經實施了二十年以上的「蘇拉法」以及提出新的法令。

如果像西元前五十二年的龐培一樣，當「沒有同僚的執政官」，也就是一個人的執政官，又會怎樣呢？就任過西元前五十五年執政官的龐培，沒有經過十年而只在二年之後又再度就任執政官，是因為當時有收拾緊急事態的任務。本來，當時的龐培可以就任獨裁官來收拾緊急事態的；由於元老院並不喜歡這種獨裁官制度，所以最後變為「沒有同僚的執政官」。

但是，以推翻元老院主導的現行體制為目標的凱撒，既不需要顧慮到元老院議員的喜惡，也沒有必要得到他們的承認，所以即使同樣是出於收拾緊急事態，凱撒選擇了在西元前四十七年開始就任獨裁官的方式。如果是獨裁官，只需要有兩位執政官之中一人的任命即可。凱撒寫了一封信給留在首都、同為執政官的同僚伊扎里克斯，要求他在西元前四十八年十二月的最後一天，任命自己為獨裁官。

獨裁官還有權任命次席——如果直譯就是騎士團長。凱撒任命三十四歲的安東尼為次席。在凱撒率軍追擊龐培、不在首都期間，安東尼將代表凱撒統治本國羅馬、處理士兵的待遇以及其他諸方面的問題，這樣就填補了政治上的空白時期。在戰場上顯露出眾才能的安東尼，在政治上的才能到底如何，這時就要受到考驗了。

從凱撒後來的行動倒過來算，從法爾沙拉斯會戰結束後進行戰後處理、確立隔年的對策到發出多方面的指令並開始追擊龐培，這一連串的行動，只不過花了短短幾天的時間。凱撒在這期間內，沒有一次真正休息過。顯然，凱撒對龐培的逃走還是放心不下。這一次，凱撒只率領了第六軍團的士兵追擊龐培。

在法爾沙拉斯會戰作為主力奮戰過的第八、第九、第十、第十一、第十二軍團，按照凱撒的指示，返回義大利整備。這些軍團兵自西元前五十八年高盧戰役的第一年開始，就一直追隨凱撒戰鬥至今。而第六軍團的士兵，則是從西元前五十三年所編成的軍團，士兵的年齡比其他的軍團兵要年輕五歲左右。儘管如此，他們也已經在凱撒的指揮之下有了六年的戰鬥經驗，因此凱撒決定率領這個既可信賴又較年輕有活力的軍團來進行這一次的追擊戰。

追擊

凱撒這一次決定從陸路追擊，一方面是因為手中沒有船隻，另一面是因為凱撒打算在追擊龐培的同時，把以前與龐培有“Clientes”關係的東方諸國，編入自己的勢力範圍之中。

得知戰敗之後馬上逃往拉里沙，又從拉里沙不分日夜、快馬加鞭逃到海邊的龐培，在那裡已經乘著運輸小麥的船隻逃往愛琴海。不過龐培對這種普通的船隻還是放心不下，所以在八月十二日，他首先在希臘北部馬其頓地區的海港安提波里斯上岸，然後從那裡徵用了五層高的大型帆船繼續逃亡。雖然龐培已經遠離法爾沙拉斯，但還是得知了凱撒正在接近的消息，龐培又再次從海上出發了。這次他首先前往妻子柯爾涅莉亞(Cornelia)以及還是少年的兒子塞格斯多斯所避難的雷斯波斯島。與龐培同行到安提波里斯的西元前四十九年執政官馬塞拉斯和廉托魯斯兩人，則首先出發前往羅德斯島，龐培命令這兩人以羅德斯島為中心重建龐培的軍隊。另一方面，龐培在雷斯波斯島接到妻子之後也會前往羅德斯島。龐培打算經由羅德斯島繞過小亞細亞的羅馬屬地，再經塞浦路斯島前往敘利亞，以圖東山再起。然而，法爾沙拉斯會戰的結果，以比龐培的逃亡要快得多的速度，已經在這些地方傳開來了。

凱撒已經看透了龐培的意圖，所以即使得知龐培從海上逃走之後，並沒有馬上準備船隻追趕，而仍然從陸路向東前進，直達隔開希臘與小亞細亞的達達尼爾海峽。

受龐培的命令駐守在附近海域的是加西阿斯。他是五年前在遠征帕提亞敗北的克拉蘇軍中唯一倖存的指揮官，之後一直在敘利亞屬省就任。不過，龐培派的加西阿斯這時也知道了法爾沙拉斯會戰的結果，他沒有任何抵抗，就帶著龐培所委派給他的十艘軍艦和全體士兵向凱撒投降了。

凱撒當然也像以往一樣，讓全體士兵自由選擇去留。然而，就是這個加西阿斯，在四年之後，拉攏在法爾沙拉斯會戰中被凱撒所釋放的布魯圖斯，成為暗殺凱撒的主謀。

凱撒在渡過達達尼爾海峽進入亞細亞之後，又繼續向小亞細亞西岸的南部進軍。凱撒所到之處的各國使節，都以慶祝法爾沙拉斯會戰勝利的名義慰勞了凱撒的軍隊。而之前，這些地方都向龐培提供過資金、兵力或船隻。

凱撒並未因為這些國家曾經追隨過龐培而加以非難或懲罰。相反的，他還把從這些地方所徵收、在龐培時課以重稅的間接稅額減少了一半。當然這一點也是凱撒出於政治上的考慮而作出的決定。

在龐培曾經視為是自己地盤的東地中海諸國，這時都一起轉為凱撒派了。前往羅德斯島的兩位前執政官，甚至連港口都無法靠近；而在雷斯波斯島滯留了幾天之後向南逃亡的龐培，在西里西亞和塞浦路斯這些他曾經稱霸過的羅馬屬地也吃了閉門羹。“Clientes”的情義，在他變成敗將時也無法通用了。

面對這種現狀，龐培失去了在敘利亞捲土重來的氣概。

在小亞細亞和敘利亞都走投無路的龐培，還有最後的兩條路可以選擇。

第一是前往北非，與法爾沙拉斯會戰後逃到北非的自己派要人會合；第二是逃往埃及。無論是選擇哪一種，其中各有利弊。

在北非，除了龐培的長子勞斯之外，阿法拉紐斯、佩里阿斯、拉比埃努斯和小加圖都在那裡。而選擇北非的壞處就是無法忽視連接非洲屬省的努米底亞王國。消滅古里奧軍隊的，與其說是龐培在北非屬省軍隊的功勞，不如說是努米底亞王的功績。正由於這一點，在形式上是同盟國而實際上是羅馬屬國的努米底亞，明顯地比以前有了更大的發言權。在龐培的一生中，享有羅馬第一的武名，甚至有著可以與亞歷山大大帝並駕齊驅的尊稱──「偉大的龐培」。他本人也深以此為榮。現在雖然是一敗塗地，他的自尊還是讓他無法忍受屬國王侯的架子。

如果選擇埃及，同樣是有利有弊。現在統治埃及王朝的是姐弟兩人，他們的父親因有龐培之助而得以恢復曾一度被篡奪的王位。為了保證王室的安泰，龐培曾派遣部下的蓋比紐斯率領一個軍團前往駐守亞歷山大港。現在統治埃及王朝的是龐培的"Clientes"（被保護者）。實際上，在與凱撒進行對決之前，龐培曾經請求所有有"Clientes"關係的地方派遣援軍。當時，共同統治埃及的克麗奧佩脫拉以及她的弟弟曾經提供了五十艘的軍艦。因為響應保護者的要求是被保護者應盡的義務。

在羅馬人看來，這種相互扶持的關係理所當然應該是世代相傳的。不過，羅馬社會這種獨特的人際關係，如果在羅馬社會以外也得到尊重的話，那是因為考量到利害關係。還無法習慣失敗又因處處吃了閉門羹而意志消沉的龐培，簡直沒有勇氣來面對這種人性的現實性。也許是他從未嘗過挫折的滋味，所以無法面對人間的世態炎涼吧！如果是凱撒，一定可以正視這個現實。就像

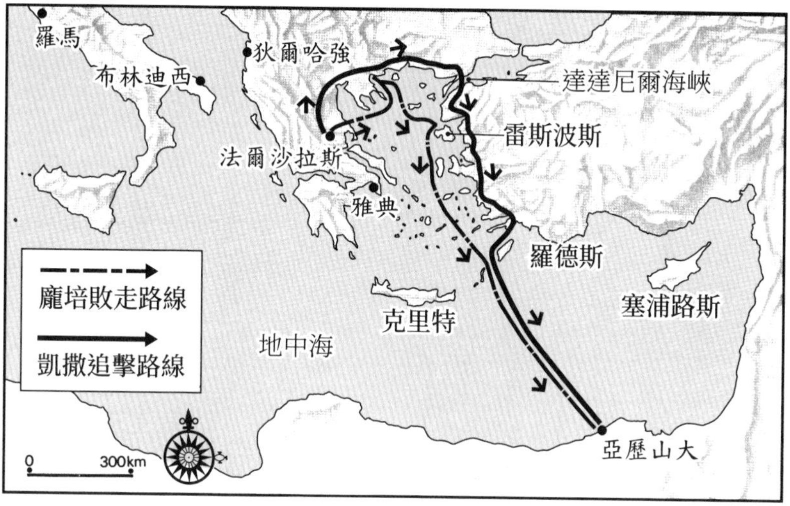

龐培敗走路線和凱撒追擊路線

他自己在書中所寫的一樣：

「苦境，可以使朋友變為敵人。」

此外，選擇埃及王朝作為逃亡之地，實在是龐培的不幸。因為在那時候，共同統治埃及的姐弟兩人產生了對立，被逐出王位的克麗奧佩脫拉正在集結兵力，計畫奪回王位。埃及可說是幾乎正處於內戰的狀態之中。龐培的岳父梅特魯斯·西比奧和兩位前執政官都力勸龐培前往北非，但龐培還是選擇了埃及。

龐培所乘的船隻經過愛琴海之後，一直向南航行。幾天之後，抵達小亞細亞的凱撒，也得知龐培正經由海路逃往亞歷山大。這一次，凱撒決定乘船進行追擊。運輸三千二百名步兵和八百名騎兵所需要的船隻，由原為龐培的"Clientes"羅德斯島提供。一方面是懾於勝者之威，一方面也是為了報恩。因為在狄爾哈強會戰前，羅德斯島出身的士兵曾被安東尼擊敗並成為俘虜，後來被凱撒全部釋放，使他們得以回到故里。

在一路南下的航海途中，龐培委託快速船帶給年輕的埃及王他的親筆信，要求埃及王允許他們一行以客人的身份在埃及上岸。不久，快速船帶回了埃及王的口信，說埃及王室對龐培一行的到來表示歡迎。龐培認為自己選對了道路，終於鬆了一口氣。

無論如何，現在的埃及王可以登上王位的寶座，也是靠了龐培的力量。現在共同統治埃及王朝的姐弟兩人正處於敵對的狀況，以龐培作為武將的名聲，在這樣的鬥爭中應該具有很高的市場價值。

這位意志消沉的五十八歲武將，似乎又恢復了元氣，甚至開始準備在埃及王面前演說用的草稿了。

然而，接受龐培的親筆信以及給龐培回信的，都不是埃及王本人，而是以輔助之名而實際上操縱埃及王的親信。在這件事上，他們雖然是言行不一，但是他們的立場也並非不可理解。在決戰中敗北的龐培，在有同盟關係的諸國都吃了閉門羹；現在逃到埃及，對他們來說，沒有什麼比這更麻煩的事了。

這裡還有必要提及曾經被龐培派遣到埃及，之後就一直在此駐守的羅馬兵的心態。那時候，他們已經完全埃及化，在姐弟兩人的鬥爭中，站在身為埃及王的弟弟一邊，捲入了埃及王朝的家庭內訌。他們這種行為在羅馬是決不容許的。這些羅馬人，既不打算再回到龐培的手下，也無意去追隨凱撒。

最後，他們的結論是將龐培殺死。至於實行這個計謀的過程、手段反映了主謀者低下、極為卑劣的品格。

亞歷山大

亞歷山大當時是埃及王國的首都，同時也是東地中海最大的海港都市，港口設備完善，可以停泊大型的船隻。龐培所乘坐的五層帆船，完全可以在有名的燈塔後面寬闊的內港拋錨。可是，由家庭教師和宦官所組成的埃及王親信，以十五歲的埃及王名義，說將派人前往接應，指示龐培一行在港外等待。龐培也不疑有他。

前來迎接的船隻終於出現了。雖然有不少的水手在划槳，卻只稱得上是小舟的小型船。船上有當時被稱為希臘人倫理學教師的阿基拉斯(Achillas)，以及羅馬兵出身的塞浦提斯。龐培認出當年在肅清海盜作戰中曾在他手下擔任過百人隊長的塞浦提斯，更加安心下來了。阿基拉斯對龐培說埃及王正在岸上等待，請他首先上船，稍後會有船隻前來接應其他的人。龐培完全不疑有他，相信了阿基拉斯的話。

結果，在阿基拉斯的勸說之下，首先乘船的除了龐培之外，只有西元前四十九年的執政官廉托魯斯以及少數的士兵而已。在妻子、兒子以及岳父等人的注視之中，龐培等人離開五層的帆船，乘上了前來接應的小船。小船駛出後，就在離他們不到一百公尺之處，意想不到的事發生了。在五層帆船上的人，清楚地看到了龐培被塞浦提斯捉住，右腕被壓到船身之外，動彈不得。龐培的生命，就在他親人充滿絕望的驚叫和悲嘆聲中結束了。

隨著龐培上船的少數士兵也都當場被殺害，廉托魯斯則被關入牢獄，後來也被殺害。龐培原來所乘坐的帆船，匆匆起錨，載著船上人的悲鳴離開了亞歷山大港。

當時為西元前四十八年九月二十八日。自法爾沙拉斯會戰以來，只不過經過了一個月又二十天。在龐培被殺的六天之後，凱撒也抵達了亞歷山大港。

這時，埃及王室獻上泡浸於香油之中的龐培頭顱，以及他生前所戴的金戒指。根據後世的史學家，也就是古羅馬時代的史學家普魯塔克、加西阿斯・迪奧等人的記載，凱撒見到龐培死後的慘狀，不禁流下了眼淚。

十二年前，也就是西元前六〇年，當時四十六歲的龐培與四十歲的凱撒兩人，是共同組成「三巨頭政治」的盟友。隔年，也就是西元前五十九年，龐培娶了凱撒的女兒尤莉亞 (Julia) 為妻。西元前五十八年，凱撒把首都委託給龐培而率軍前往高盧。在率軍前往征服高盧之前，凱撒曾寫下遺書，遺書中的繼承人就是當時就血緣關係來說是他女婿的龐培。

然而，在七年之後，兩人的關係漸漸趨於破裂。最後，龐培變為強硬的反凱撒派，昔日的朋友變成了今日的敵人。後來，凱撒渡過盧比孔河，龐培逃離義大利，再經過法爾沙拉斯會戰，最後龐培慘死於埃及。這就是相差僅六歲的羅馬兩雄互相爭雄最後二年的命運。冷峻但並非冷酷的凱撒，看到眼前昔日朋友的慘死而落淚，並不是什麼不自然之事。然而，關於龐培之死，凱撒只是在書中寫下了以下的一句話：

「在亞歷山大，得知了龐培之死。」

這一句話，就像小林秀雄所說的，與其說它是文章，不如說它更像雕刻在大理石上的古代藝術品。

凱撒的《內戰記》是以同時代的羅馬人為對象所寫的戰記。對當時的讀者而言，即使認為凱撒這句話是藝術品，那也不是過去而是當代的藝術品。讀過這句話的人，如果是凱撒派，大概會奏起凱歌；相反的，如果是龐培派，大概會禁不止悲從中來而流淚吧！上面的這句話，在感情上迎合了兩方的需要。

從這一句話中，即使是為龐培最後的不幸而落淚的人，也無法對凱撒加以非難。因為凱撒在此不僅沒有對龐培作出任何批評，甚至沒有寫下在得知龐培之死時他心中的任何感觸。這不僅真實地反映凱撒本身的氣質，還說明了凱撒即使在此時也不忘政治上的考量。這一句話，就像雕刻在大理石上的文字一樣，有一種抑制不了的重量感。

同樣是在得知龐培死後而寫的文章，西塞羅的風格就與凱撒迥然不同。雖說是寫給他密友阿提克斯的私信，沒有考慮到政治上的因素，但文章還是反映出寫信之人的文筆及氣質。

「龐培會有那樣的結果，這一點早就在我的意料之中。因為在法爾沙拉斯會戰之後，羅馬世界所有的王侯百姓都清楚看出他所在的危險立場，在那樣的狀況之下，無論逃往哪裡，結果都是一樣的。

儘管如此，我還是無法不為他的命運而感到悲哀。我所認識的龐培，是不懂得避開窘境，而只知道直行的男子。」

二千年後的希臘研究者則這樣寫道：

「在戰場上，龐培是凱撒唯一的對手。但是，在狄爾哈強會戰中，凱撒是在自軍敗北後最後撤出戰場的戰士，而在法爾沙拉斯會戰中，龐培是最早逃離戰場的戰士。知性和熱情是區分天才與只有才能者的方法，而龐培，卻缺少了天才的氣質。」

「在亞歷山大，得知了龐培之死。」這一句話，在當時有著正反兩方面的讀後感，而在後世，也使讀者可以從多方面來進行推敲。

有的學者認為，不必經過自己的手就除掉了宿敵，這正是凱撒求之不得的最好結局。認同這種說法的研究者為數不少。然而，凱撒真的是那樣想的嗎？

如果在龐培死前，凱撒能夠成功地捉到他，又會是怎樣的結局呢？在歷次戰鬥中，凱撒都把所有的俘虜釋放了，想必對龐培也只能如此。那麼，獲得釋放之後的龐培又會選擇怎樣的生活呢？從他最後十五年的生活方式來推測，大概會攜帶嬌妻、幼子引退到阿爾巴的別墅，偶爾招待前來探訪的昔日部下，過著平靜的隱居生活。

然而，如果是這樣，凱撒就會感到麻煩了。因為龐培不是憑著明確的政治信條——以元老院主導的寡頭政治而成為「元老院派」、也就是「龐培派」的領袖，而是被那些有明確政治信條，而且堅決支持傳統體制的人所推戴而成為領袖的。這樣，即使龐培本人希望平穩地渡過餘生，只要那些想利用他的人還在，他就有可能再次被推戴出來。所以對凱撒來說，龐培永遠都是個危險人物。

那又應該如何處置呢？

以凱撒的作法，大概會向龐培提出「二巨頭政治」的方式。讓我們回想一下，凱撒在渡過盧比孔河之後，無論是在他自己，還是對龐培所提出的以和平解決爭端的方案之中，他所唯一堅持的條件只有一個——與龐培直接會談來解決問題。我們可以從這裡推測到自從樹立「三巨頭政治」的時代開始，特別是在「盧卡」的「首腦會商」之後，凱撒堅信只要有機會與龐培促膝交談，一切都可以如願以償。而這一點如果可以在法爾沙拉斯會戰之後實現，更會是如此。就是在表面上雖然是「二巨頭政治」，但實質上會變成凱撒一個人操縱的「一巨頭政治」。

讓戰敗者參與政治並同化他們，是羅馬人對戰敗者的傳統處置方式，就像許多的事例所表明的一樣，凱撒也是重視融合性、現實的羅馬人。

如果這兩人可以和睦相處，首先喝采的人必定是西塞羅。即使「二巨頭政治」中的一人只是名譽會長或是沒有代表權的會長。

正是這位西塞羅，對龐培生前的評價卻是沒有一句好話。即使是給他密友、沒有任何政治上顧慮的書信，也是像以下的語調：

智慧不足，完全沒有說服力，體力也已今非昔比；沉迷於嬌妻而疏懶國政，沒有控制自己的能力；至於持久的意志力，從以前至今都沒有過等。

讀者一定會為西塞羅的行為感到目瞪口呆：他竟追隨了這樣一個在他眼裡一無是處的龐培這麼多年！但是，這就是西塞羅對龐培生前的評價。

然而，得知龐培死後，西塞羅對龐培的惡言也隨之而止了。在某人死後，人們往往會忘卻在生前對他的批評而只是想出他好的一面，這是在現實中很多人都有的共同之處。

讓我們再做一個假設，如果以龐培為「會長」，凱撒為「社長」的「三巨頭政治」可以實現，事情又會有怎樣的變化呢？

首先可以確定的一點，就是逃往北非的強硬反凱撒派，也就是龐培派的人，將失去繼續反對凱撒的名義。

然而，龐培已經被殺了，龐培之死成為那些人反對凱撒的理由。而且，在生前被認為有不少缺點的龐培，在死後反而被視為偶像而被稱為「偉大的龐培」。

「在亞歷山大，得知了龐培之死。」凱撒的這一句話，似乎應該從另一個角度來考慮。就是當時的凱撒，並不認為龐培之死是一個結束，而是看到了背後更遠的東西。

無論在得知龐培之死後，凱撒真正的心境如何，龐培之死已經是不可更改的事實。面對這個既成事實，以凱撒的性格，不會只考慮到以上所說的負面影響。龐培之死帶給凱撒的好處，主要有以下兩點：

一、對凱撒來說，作為武將而唯一不能掉以輕心的對手已不再存在。也就是說，今後凱撒只要「攻打沒有指揮官的軍隊」就可以了。之後，凱撒在埃及長期停留並捲入了埃及王室的內部紛爭。而且無論他是因為遇上西北風的季節而無法出港，還是被克麗奧佩脫拉的魅力所吸引而在埃及停留了那麼久，從凱撒的這些行動，可以推測到他那一直繃得緊緊的神經，此時終於得以放鬆了。

二、龐培死後，即使可以繼續成為反凱撒的象徵，在現實上卻再也不可能被推戴出來了。在「元老院派」之中，沒有一人可以替代「偉大的龐培」。龐培的兩個兒子勞斯和塞格斯多斯也只不過是承繼龐培的血統而已；小加圖雖然是個危險人物，但卻沒有聲望；至於西塞羅，雖是羅馬的「媒體代表」，力量也不足以成為反對凱撒的導引車。

所謂的內戰，就是在國內分成兩派的勢力，互相對抗而引起的鬥爭。從這一點來看，這次的內戰，以凱撒的盧比孔渡河開始，以龐培之死而結束。而以盧比孔渡河為開始的《內戰記》，也並非以法爾沙拉斯會戰而是以龐培之死為結局。之後，凱撒雖然也不斷與「龐培派」鬥爭，但是對凱撒來說，那已經不是兩大勢力互相抗衡的內戰，而只是對付不滿份子的抗爭而已。而《內戰記》在那之後也沒有繼續下去的理由，並不是因為凱撒沒有繼續寫作的時間，而是因為他認為沒有必要了。

實際上，之後的《亞歷山大戰記》、《非洲戰記》和《西班牙戰記》，都是出自凱撒的幕僚或是他部下的中堅指揮官手筆。特別是《亞歷山大戰記》的作者希爾提斯(Hirtius)，是《高盧戰記》最後一卷的作者，他並沒有參加在亞歷山大的戰鬥，而是根據凱撒的口述寫成了《亞歷山大戰記》。而凱撒也只是口述，沒有親自動筆。《非洲戰記》和《西班牙戰記》也是由他部下寫成。以凱撒的文筆，只要把他的口述稍作整理就可以成為出色的散文。可以想像，那時的凱撒，並不是寫不出文章，而是沒有寫作的意向。

克麗奧佩脫拉

自從凱撒「在亞歷山大，得知了龐培之死」之後，埃及王家的宮廷親信，總覺得因為殺死龐培而在凱撒面前立了大功。

在向凱撒獻出龐培的頭顱和金戒指之後，由家庭教師和宦官所組成的埃及王親信，派人傳言給凱撒這位羅馬第一的實權人物，同時也是霸權國家羅馬的現任執政官，說既然他所求的東西已經到手，希望他們能盡快離開。凱撒雖不被個人的感情所左右，卻認為這已經變為國家間的問題。埃及雖然是獨立國家，但同時也是承認羅馬霸權並與羅馬有同盟關係的國家。正因為羅馬承認埃及為獨立國，埃及才得以獨立國的形式存在。於是，凱撒決定以羅馬最高統治者以及現任執政官的身份在亞歷山大登陸。

以馬基維利的觀點，對沒有習慣以民主的討論方式來決定政策的民族，即使在這方面強加要求，也只是徒勞無功。

埃及自從西元前三〇〇〇年開始，其間雖然更換過不少的支配者，但一直是一個絕對的君主政體國家。希臘人在埃及所樹立的王朝，是從西元前四世紀開始，由亞歷山大大帝所樹立。在亞歷山大大帝英年早逝之後，由大帝的一位將軍開始托勒密王朝的統治。

當時，埃及阿蒙神廟的祭司，以神諭的形式，宣稱年輕的馬其頓王亞歷山大不是人間之子而是神的兒子。因為自古以來，埃及一直都為神之子所統治，所以這一次也不能由人而是必須由神之子來統治。對埃及人來說，要經歷死亡的人，是沒有作為支配者的正統性的。同樣是以亞歷山大大帝屬下的將軍為創始人的敘利亞塞流卡斯王朝，以介於神與人之間的角色統治王國，而埃及的托勒密王朝則是以神之子的形式統治人間。正是這一點微妙的不同，使羅馬在打敗迦太基而在東地中海地區稱霸之後，把馬其頓和敘利亞都劃為屬省，但卻讓埃及以獨立國的形式存在。另外一個原因，就是自從羅馬以迦太基為敵展開戰爭的時代開始，埃及王朝就一直站在羅馬一邊。之後，也沒有像馬其頓和敘利亞那樣，對羅馬宣戰。總之，在外交上，埃及對羅馬並沒有做出錯誤的舉動。

西元前六十三年，龐培廢除了敘利亞的塞流卡斯王朝，編為羅馬的一個屬省。在那時，羅馬也完全可以把埃及劃為屬省。因為那時埃及的軍事力量，已完全不足以與羅馬抗衡。

不過，羅馬對外關係的基本方針並非隨意地直接統治，即使將該國變為屬省，只要沒有與羅馬敵對，還是會保留該國內部的各個勢力。這是羅馬人的支配方式。羅馬人不會在宗教、語言、生活習慣方面進行強制性的同化。羅馬人是多神教的民族，並沒有像一神教的民族一樣，認定只有自己所信仰的神才是真正的神，所以對其他民族所信仰的諸神並沒有任何的排斥。在巴勒斯坦，擁有統治地位的是猶太教，而在屬於希臘系的托勒密王朝所支配的埃及，人們則是信奉奧斯里斯神 (Osiris) 和伊西斯神 (Isis)。不過，在希臘系王朝所統治的埃及，應該是屬於希臘語系。

羅馬對同盟國所要求的條件之一就是不要與羅馬為敵。因為羅馬人現在所做的、將來也想持續下去的，就是保證在羅馬霸權之下各地方的國際關係及安全，以及充實羅馬式的街道網在各地擴張所需要的資本。即使最初的出發點在於鞏固羅馬統治以及重視軍事上的效率性，但是基本設施的整備當然使生活在「羅馬世界」的人生活水準得到提高。

羅馬所直接統治的屬省，在對外關係與安全保障上都依賴羅馬；而在實際上雖為屬國、但是在形式上是獨立國家的同盟諸國，與這些屬省共同組成所謂的「羅馬世界」。而羅馬盡量避免把同盟國屬省化的主要原因，就是安全保障費。對直接統治的屬省，羅馬有保障該地內外安全的義務，而屬省人民的義務就是支付屬省稅。另一方面，對在形式上為獨立國家的同盟國，羅馬則沒有義務保障該國國內的安全。雖然少了屬省稅，但是安全保障費在任何時候都是一筆龐大的開支。此外，因為與羅馬有同盟關係，羅馬在對外宣戰時，也可以用保障相互間安全的名義要求同盟國派遣兵力。而同盟國派遣兵力的費用，由該國自己支付。羅馬把這些國家稱為「羅馬公民的友人及同盟者」，就是因為他們給羅馬帶來許多的利益。

即使如此，羅馬還是有許多屬省化的地方，這些地方可以分為兩種：

第一種是像西班牙和高盧那樣，有數目眾多的部族，而不可能通過與某個部族交涉而進行統治的地方。

第二種就是像馬其頓和敘利亞一樣，雖然有自己的支配系統，但是幾度與羅馬敵對的諸國，在第二次布尼克戰役中戰敗的迦太基就是個很好的例子。羅馬人雖然在漢尼拔身上吃了那麼多的苦頭，但是並未把迦太基屬省化。至於馬其頓和敘利亞，羅馬人在戰爭中獲勝之後，也並沒有將這兩地屬省化，只是後來這兩個地方多次與羅馬為敵，使羅馬最終不得不將這兩地屬省化。而那些一次也未與羅馬為敵的諸國，甚至像努米底亞和茅利塔尼亞這些比馬其頓和敘利亞要弱小得多的國家，也以獨立國的形式存在。至於大國的埃及，只要保持「羅馬公民的友人及同盟者」的角色，本來也是可以繼續作為獨立國而維持國家安泰的。尤其是埃及的民情特殊，並不適合人之子的「羅馬公民」統治。

然而，即使如此，羅馬的條件是不與「羅馬公民」為敵。而由家庭教師和宦官所組成的埃及宮廷親信，似乎是缺乏了這種政治感覺。昔日的大國時常會犯像這樣的錯誤。西元前一世紀後半的埃及，在兩種意義上可以說是昔日的大國——有三千年歷史的埃及文明，以及亞歷山大大帝以後三百年中閃耀著光輝的希臘文明。克麗奧佩脫拉的名字，也是馬其頓王室女子所常用的名字。

凱撒命人把泡著香油的龐培頭顱火化，並且送還給龐培的妻子。龐培的妻子柯爾涅莉亞將龐培埋葬於他生前最喜歡的阿爾巴別墅庭園中。龐培的墓地現在還保存在那裡。

西元前四十八年的十月四日，也就是龐培被殺的六天之後，凱撒在亞歷山大港登陸了。以霸權國羅馬的最高統治者以及現任執政官身份登陸的凱撒，身邊追隨著表示他顯赫身份的十二名侍衛。一直與羅馬和平相處的埃及首都居民，第一次看到了這種光景。

凱撒一行的到來，刺激了亞歷山大的住民，尤其是在希臘王朝統治之下眾多的希臘住民。至今為止，他們並未以這樣直接的形式目睹羅馬權力對埃及的影響。在沿道的人群眼中，凱撒以及他的軍團向王宮行進的樣子，簡直是羅馬人對希臘系埃及王室的侮辱。凱撒也感覺到這種緊張的氣氛，認為必須認真地加以處理。凱撒派出使節，命令由龐培殘兵所編成、駐守在小亞細亞的軍團前來埃及。同時，他清楚意識到在亞歷山大應該做的事，而且也沒有因為遇到困難而改變主意。

當同盟國發生內部紛爭之時，羅馬通常的作法就是在中間調停。雖然採取的是尊重同盟國的態度，不干涉內政的自由。但是只有當該國同盟國的內政安定下來，才可以維持與羅馬的同盟關係。凱撒把埃及國內政情的安定，視為是身為羅馬執政官自己的任務，所以在登陸之後，馬上決定三天之後，也就是十月七日，在王宮召集引起紛爭的當事人——克麗奧佩脫拉以及她的弟弟托勒密。凱撒的這個舉動，又刺激了埃及的宮廷。

在《內戰記》中，凱撒這樣寫著：

「人們往往只希望看到自己想看的現實。」

「只希望看到自己想看的現實」，這一點，不僅是埃及王室宮廷中的人而已。在希臘系王朝的支配之下，長期以來一直居住在埃及，尤其是在首都亞歷山大為數不少的希臘商人更是如此。凱撒登陸之後所做的第一件事就是命令派遣援軍，第二件事則是召集埃及王室姐弟。就在召集的當天，在姐弟倆到來之前，凱撒所做的另一件事就是宣布在亞歷山大市內實行通商權的自由化。具體地說，就是把亞歷山大經濟界中的兩股力量——希臘人和猶太人之間的不平等權利平等化。這樣一來，猶太人當然對凱撒的作法表示歡迎，但是亞歷山大的希臘系住民，則認為凱撒侵犯了他們的既得利益，對凱撒產生極大的反感。

在這種情況之下，在十月七日，凱撒作為仲裁人，對家族內訌的兩位當事者進行調停。姐弟兩人的父王，也就是先王托勒密十二世，在埃及王室經常發生的內訌中曾被逐下王位，後來因羅馬對他施以援手而得以恢復王位。而托勒密王室也就成為「羅馬公民的友人及同盟者」。當初在這件事上，龐培採取了積極的行動。而當時身為西元前五十九年執政官的凱撒，也曾為此事積極爭取元老院的認可並召集公民大會加以否決。托勒密十二世的王位得到實際上的恢復，則是在西元前五十五年，龐培手下的將領蓋比紐斯率領一個軍團前往埃及之後才得以實現。所以，羅馬插手埃及王室的內部紛爭，已經有了先例。當年，與龐培共同參與這事並努力將這事法案化的凱撒，這時更加認為在龐培死後，維持埃及政局的安定，是自己必須處理的問題。

當時身為「羅馬公民的友人及同盟者」的托勒密十二世，已在西元前五十一年死去。在他身後，有兩位王女和兩位王子，其中當年年僅十八歲的克麗奧佩脫拉是長女。在先王的遺書中，有下列兩條主要事項：

一、由長女與長子共同統治埃及。

二、埃及王室以後也繼續作為「羅馬公民的友人及同盟者」。

在當時的埃及，也許只有這位在六十五歲時死去的先王，看到了他所不希望看到的現實。先王的繼承者忠實地執行了第一項遺言。西元前五十一年，克麗奧佩脫拉七世以及她的弟弟托勒密十三世開始共同統治埃及。

而這一次的內訌，是因為托勒密十三世的親信排斥克麗奧佩脫拉，還是因為聰明伶俐、好強而又野心勃勃的克麗奧佩脫拉不願與平庸無為的弟弟共同統治，這一點無從考究。然而不論究竟是何種原因導致姐弟反目，當凱撒在西元前四十八年秋天抵達埃及時，在首都的托勒密十三世因為得到蓋比紐斯餘黨的支持，比他二十一歲的姐姐還占有優勢；而被逐出首都亞歷山大的克麗奧佩脫拉正在集結兵力，準備奪回王位。

從現實的角度來看，當時凱撒只要支持在軍事上占有優勢的托勒密十三世，埃及在政治上就可以獲得安定。然而，凱撒在十月七日與兩位當事人會談之後，所作出的裁定是兩人和解並重新開始共同統治。

克麗奧佩脫拉像

凱撒的這個裁定，一看就知對克麗奧佩脫拉有利。也正因為這樣，引起了古今中外眾多的臆測。以普魯塔克為代表的史學家，都有如下的記載，而多數人對這段插曲也是深信不疑。就在凱撒進行仲裁的前夜，克麗奧佩脫拉機巧地藏在被褥裡，由侍者帶入王宮，並成功地進入了凱撒的房間。凱撒被她的魅力迷住了而最後作出了有利於克麗奧佩脫拉的裁定。巴斯加等史學家甚至說如果克麗奧佩脫拉有進一步的要求，說不定歷史就要改寫了。

本人無意在此否定這段小插曲的史實性。以克麗奧佩

克麗奧佩脫拉銅幣的表面與背面（埃及鑄造）

脫拉的性格，這也並非不可能的事情；而這位沙場猛虎、情場老將的凱撒決不是見食不吃的呆漢。此外，經過長年緊張的戰爭歲月之後，這位五十二歲的勝利者大概也想歇歇了。現在，站在凱撒面前的，是下了一生中最大的賭注、渾身上下都充滿著魅力的二十一歲絕色美人。這位年輕的女王，不僅多彩多姿，風度嫻雅，而且富有幽默感。如果只靠肉體上的愛而沒有精神上的交流，是無法長期作凱撒的情人的。而同樣有冒險家性格的這兩人，最後發展成為情人也是非常自然的事。問題是，是否真的因為凱撒成為克麗奧佩脫拉魅力的俘虜而作出那樣的裁定呢？

身為現任執政官的凱撒，在法律上完全有資格以「羅馬公民」的代表來進行裁定的。對作為調停同盟國埃及內部紛爭的仲裁人凱撒來說，最重要的一點，就是使埃及像其先王時代一樣，繼續作為「羅馬公民的友人及同盟者」。只要現在的統治者可以明確地表示將實施先王的遺言，對於羅馬來說，便是最好的結局。在遺書中，有由長女與長子共同統治這一條。凱撒所作的裁定，只不過是忠實地遵守了先王的遺言。

此外，還有其他因素使凱撒不能只考慮到在軍事上的優勢而支持托勒密十三世。

直接殺害龐培的，雖然是身為羅馬公民的塞浦提斯，但是背後的主謀者，卻是托勒密十三世的親信，羅馬人不會放過殺死同胞的異國人。而龐培擁有前執政官的官位，是有身份、名望很高的官員，相對於“Clientes”的埃及王室，龐培是他們的保護者。雖然有這一層互相扶持的關係，被保護者卻將保護者殺害了。這對於重視“Clientes”關係的羅馬人來說，是難以容忍的行為。如果只是讓龐培吃閉門羹，羅馬人也許只能為他的悲運而感嘆；但是殺死了龐培，則又另當別論了。凱撒自從在亞歷山大港登陸，就無意放過謀害龐培的那些人。所以，如果凱撒只支持托勒密十三世為統治者，那麼，對於圍繞著年輕國王的那些親信——用凱撒的話來說，就是那些「殺人者」，凱撒就無法將他們問罪而繩之以法了。這樣，羅馬本國的人民必會感到不滿。從羅馬人的角度也好，從羅馬的統治者的角度也好，從一開始，凱撒就不會只讓托勒密十三世一人為統治者。

此外，與克麗奧佩脫拉有了肉體上的愛之後，凱撒大概也看得出這位王女的資質。克麗奧佩脫拉的智慧及堅強的意志，比起她那位被家庭教師和宦官所包圍著、性格軟弱的弟弟，更加適合作為統治者。

總之，對凱撒來說，即使沒有與克麗奧佩脫拉成為情人，他還是有很多理由要挽回克麗奧佩脫拉在軍事上的劣勢。戀愛關係的存在，並不能左右凱撒對國際關係的處理。凱撒自身是個情場老將，雖然擁有眾多的情人，但卻沒有沉溺其中。

然而，如果克麗奧佩脫拉認為，凱撒所作出的這一裁定，是因為她自身的魅力所致，那也並非沒有道理的。女人常常不願相信道理而寧可相信某種事情的結局是由於自己的魅力。而要使女人這樣想，對凱撒來說是輕而易舉之事。克麗奧佩脫拉對這一點的誤解，大概是在凱撒的遺書公開之時才恍然大悟。也許從那時開始，正是她的屈辱感，才是我們理解她後半生的關鍵所在。

然而，凱撒在西元前四十八年所作出的裁定，並沒有使在軍事上占著優勢的托勒密十三世、尤其是他周圍的親信感到滿意。在一個月之後，他們發動了反對凱撒的軍事行動。「亞歷山大戰役」就這樣拉開了序幕。

亞歷山大戰役

只想看自己所希望看到的現實，這種人，在普通人眼裡，有時就像瘋子一樣可怕。家庭教師阿基拉斯和宦官波提努斯(Pothinus)在首都召集了支持托勒密十三世的全部兵力。

這些埃及軍，由二萬名步兵和二千名騎兵所構成，其中有七年前由龐培派往埃及的蓋比紐斯餘黨。這些士兵已經在埃及娶妻生子，早已忘掉羅馬的軍規，完全埃及化了。他們人數雖然不多，但是在駐留埃及的七年中，經歷了多次的內部紛爭，對戰鬥也已經習以為常。此外，還有另外一個與其說是士兵不如說是強盜更為恰當的軍團，由原是敘利亞和西里西亞等地的海盜、犯罪者、流放者以及逃亡的奴隸所組成。這些人所共有的戰鬥經驗，並不是在戰場上的對敵搏鬥，而是在掠奪、殺人、放火中所得出的經驗。

另一方面，凱撒手中的兵力只有三千二百名步兵和八百名騎兵，軍艦也只有十艘；而敵方手中則握有七十二艘軍艦，其中很多是之前準備提供給龐培，但在得知法爾沙拉斯會戰的結果之後，又逃回埃及的大型船隻。

即使如此，凱撒除了守衛之外別無他策，而且必須在市內進行巷戰的守衛。由於前面所說的原因，希臘系的亞歷山大居民對凱撒十分反感，所以在這次戰鬥中凱撒並沒有得到市民的支持。

面對在各方面都比自己有利而且來勢洶洶的阿基拉斯和波提努斯的軍隊，凱撒也只能抵抗到底了。為了不讓敵人封鎖出海口，凱撒集中主力攻擊敵方的海軍。凱撒的士兵放火燒毀敵軍的船隻，火勢蔓延到岸上，被稱為古希臘文化寶庫著名的亞歷山大圖書館，以及其中四十萬卷的珍貴藏書都被燒掉了。緊接著，凱撒又占領著名燈塔所在的半島。占據了這個半島，就是成功占據以長達一．四公里的堤防與該半島相連的亞歷山大港的第一步。

就在這時，宦官波提努斯被殺死了。另一位王女阿西諾愛也站在托勒密十三世一邊，支持阿基拉斯。但是在這場戰鬥中，克麗奧佩脫拉一直支持凱撒。不久，在阿西諾愛的命令之下，阿基拉斯也被殺死了。這樣，戰鬥就演變成根據父王的遺言擁有繼承權的克麗奧佩脫拉與完全沒有繼承權的阿西諾愛之間爭奪王位的軍事抗爭了。凱撒雖然被捲入了這場混雜的家族內訌，但是在援軍到達之前，卻也無法在軍事上採取決定性的行動。

在由希爾提斯所寫的《亞歷山大戰記》中，只提及了亞歷山大戰爭三分之一的部份而已。因為從羅馬人的角度來看，這一場戰爭的意義並不大。然而，自高盧戰役至法爾沙拉斯會戰，亞歷山大之戰是所有凱撒指揮的戰爭中，最富戲劇性的一場戰爭。

亞歷山大之戰，簡直就像好萊塢電影中的經典名作一樣，是一場場歷史性的豪華場面：打開被抬進房間的被褥，裡面是年輕貌美的女王；為了保護女王而戰鬥的羅馬第一勇將；停泊在港口的五十艘大型軍艦被熊熊大火所燒毀；陷於烈焰之中的古希臘文化之花——亞歷山大圖書館；因高超的技術水準而成為古代世界七大奇觀之一的亞歷山大半島燈塔以及爭奪燈塔的海戰；從船上跳入海裡，游過弓矢如林的海面而得以脫離險境的凱撒等等。

以上這些場面，以豪華的埃及王朝為背景，展開了家族內訌、愛、殺人、戰鬥、火災等這些在電影中常見的場面。但是從歷史的角度來看，這只不過是一次簡單的戰役而已。

對凱撒來說，現在只能一邊進行防守，一邊等待援軍的到來。不過凱撒這位總司令官，已經習慣站在最前線進行戰鬥。在亞歷山大戰役中的凱撒，甚至讓人感覺到他在扭轉千鈞一髮的險境之後心中所感到的樂趣。此外，為了確保飲用水的潔淨，凱撒也十分重視飲用水工事。

駐守小亞細亞的多米提斯率領援軍到達埃及時，已是西元前四十七年的二月下旬，也就是自西元前四十八年的十月中旬戰鬥開始以來，已經過了大約四個月的時間。到達埃及的援軍，不僅是多米提斯派出的兩個軍團，還有志願從敘利亞和小亞細亞趕來為凱撒而戰的將士，其中還有承繼潘特斯王室血脈的勇將米斯里達茲(Mithridates)。

無論是自海路還是從陸路經敘利亞、巴勒斯坦到達的援軍，都會集在亞歷山大附近，它的周圍是呈網狀分布的尼羅河支流。一直以王宮為後盾進行戰鬥的凱撒，決定與前來的援軍會合，因為凱撒已經控制了制海權，所以決定乘船在海上進行會合，而托勒密十三世則企圖阻撓凱撒與援軍的會合。因此戰場就從亞歷山大市內轉移到尼羅河的河口。尼羅河的幾條支流在這一帶分別注入地中海，而這一帶之所以被稱為三角洲，是因為形狀酷似希臘語中的字母Δ。

從巷戰中解脫出來並與援軍會合之後，凱撒終於可以展開自己獨特的戰術了。在尼羅河三角洲所展開的戰鬥，不到一個月就決定了勝負。托勒密十三世在敗走的亞歷山大軍中戰死，作為指揮官的宦官甘尼梅得斯也戰死，王女阿西諾愛成為俘虜。凱撒以勝利者的姿態，在亞歷山大市內舉行入城儀式，緊跟在凱撒身後的，是無論他到哪裡都像影子一樣忠實追隨他的日耳曼騎兵團。當時為西元前四十七年的三月二十七日。

亞歷山大市民原想利用王室的內訌，把羅馬的勢力逐出埃及，從而鞏固希臘在埃及的勢力，而現在戰爭的結果卻讓他們感到驚慌失措。他們不僅在勝利者凱撒面前放下武裝，甚至希望凱撒在埃及稱王，求凱撒放他們一條生路。按照東方的慣例，敗者的命運，不是死就是淪為奴隸。

然而，凱撒一貫的觀念，在經過這場歷時五個多月的戰爭之後也沒有改變，那就是忠實地執行埃及先王的遺囑。結果，埃及的王位由克麗奧佩脫拉和另一位王子共同繼承。這不僅符合埃及的民情，對羅馬來說也是穩妥的策略。共同統治埃及的克麗奧佩脫拉和托勒密十四世與凱撒簽署了新的同盟條約。

托勒密十四世還只是個少年，所以埃及實際上是由二十二歲的克麗奧佩脫拉所統治。之後，克麗奧佩脫拉也和她父王一樣，成為「羅馬公民的友人及同盟者」。此外，凱撒對在軍事上反抗過自己的亞歷山大市民，並未將他們處以死刑，或是當作奴隸賣掉，也沒有施以任何刑罰。歸根究底他們都是「羅馬公民的友人及同盟者」的臣民，而羅馬人一向不喜歡干涉同盟國的內政。

殺害龐培的主謀都已經死去，羅馬公民被殺之仇也已經報了，只剩下叛亂的主謀者——克麗奧佩脫拉的妹妹阿西諾愛。凱撒認為如果讓她留在埃及，將來還會有發生內訌的危險，所以決定把她押往羅馬。

這樣，凱撒在埃及應該做的事都已經全部做完，在季節上也正值春天，不必受到西北風的干擾就可以從亞歷山大港出發返回位於西北方向的羅馬。然而，凱撒這時卻決定留下來休息了。理由有兩個：第一是讓士兵們休息，第二是要尋找尼羅河的水源。在英國皇家地理學會所發行的正式文書中，凱撒被認為是對尋找尼羅河的水源最早表示關注的人。然而據我們所知，發現尼羅河的水源並命名為維多利亞湖的，是二千年後英國皇家地理學會的會員。當時的凱撒，與其說是尋找尼羅河的水源，其實更像是在周遊尼羅河，旅伴不用說也知道是克麗奧佩脫拉。出自凱撒幕僚手筆的《亞歷山大戰記》，對凱撒的尼羅河之遊隻字未提，這說明了無論是凱撒本人還是他的部下，都把這當作是一次私人的出遊。

這一次的休假，持續了二個月之久。龐培死後，凱撒已經成為羅馬世界首屈一指的人物。然而，在與埃及相連的現在突尼西亞和阿爾及利亞的龐培餘黨，正在磨刀霍霍，準備對凱撒進行反攻。在這種形勢之下，凱撒還是顯得鎮定自如，一邊周遊尼羅河，一邊與情人作樂，悠然地渡過了二個月的快樂時光。

即使是在當時，人們對凱撒的這個作法也有兩種不同的看法。一是認為他沉迷於克麗奧佩脫拉的魅力，另一種則認為是凱撒大膽無敵的性格所致。本人認為除了以上兩種因素之外，還可以加上以下一點。

這個時期的凱撒，大概在身心上都極需要休養。從阿列沙攻防戰開始，到法爾沙拉斯會戰，凱撒度過了五年緊張的戰爭歲月。而現在，最大的對手龐培已不在人世，凱撒也需要鬆弛一下緊繃著的神經了。即使是天才，也會有神經緊張的時候。人們在進行新的活動之前，總有必要消除長期積累下來的緊張感。所謂自我控制力，就是對自身神經張力的調節能力。

而且，這時的舞臺是在南國。尼羅河上吹拂著宜人的春風，還有充滿異國情調的金字塔和眾多的神廟。而陪在身邊的，是年輕貌美而又機智過人的克麗奧佩脫拉。對於善於利用餘暇的快樂主義者凱撒來說，正是尋歡作樂的好機會。

尋找水源的結果如何，在這裡不得而知。但是在這二個月的休假中，凱撒完成了《內戰記》的全三卷。

休假之後回到亞歷山大的凱撒，接到了負責駐守小亞細亞的多米提斯的急報。多米提斯原來率領三個軍團駐守小亞細亞，在得到凱撒要求派遣援軍的命令之後，派出了其中的兩個軍團。而剩下的一個軍團，正處於幾乎無法對付潘特斯王法爾那西斯(Pharnarces)軍隊的危急狀況之中。這也成了凱撒在返回羅馬之前所必須處理的事情之一。

為了埃及王室的安全起見，凱撒留下了兩個軍團，與他一起出發的，只有在法爾沙拉斯會戰之後，追擊龐培的第六軍團和八百名日耳曼騎兵。凱撒告別克麗奧佩脫拉，離開亞歷山大的時間，是西元前四十七年的六月。按照實際的季節，只是四月中旬前後，正是適於戰鬥的季節，也就是重新開始活動的最好時機。

不過，凱撒並沒有直接前往紛爭地的小亞細亞，因為在沿途，還有需要處理的事情。

此時，身為羅馬首屈一指人物的凱撒，即使在前往戰鬥的途中也沒有忽略任何機會。而這一次，在得到充分休息之後，凱撒更顯得容光煥發。將近五十三歲的凱撒，在之後的三個月中，行動不僅像以前一樣周到，而且十分迅速。

「我來、我見、我征服」

從埃及的亞歷山大到巴勒斯坦地區托勒密．阿格（現在以色列的阿貢）的行程，凱撒選擇了海路。因為猶太以及下一個目的地敘利亞，都位處於地中海的東岸，都是龐培在東方稱霸之後而成為羅馬的屬省以及同盟國。對凱撒來說，無論是以羅馬最高權力者的身份，還是以個人的身份，都是第一次到達這些地方。

在阿貢，猶太人的諸侯和祭司對凱撒表示了歡迎。正是這位凱撒，在亞歷山大給了猶太人平等的通商權。對於政治和宗教合一的這一猶太民族的特殊情況，凱撒也表示認同。認可最高祭司長在猶太領地上的最高地位，並且允許耶路撒冷城的再建，還將羅馬在稱霸之後從猶太人手中奪去的猶太主要港口雅法（現在的臺拉維夫，Tel Aviv）交還給猶太人。同時，凱撒還解除他們為羅馬軍的冬營地提供糧食的義務。此外，還許諾在一定期間內免除猶太的屬省稅。因為這一系列政策的實施，都必須得到元老院和公民大會的承認，所以凱撒許諾在返回羅馬之後將會實行這些措施。在地中海世界中，猶太人一直被視為二等民族。現在凱撒對他們的恩澤，使他們對凱撒的崇拜，簡直就像對救世主一般狂熱。

然而，凱撒的舉動並非因為他對猶太人懷著特別的好意，而只不過是對多民族、多宗教、多文化的地區進行統治所必要的手段而已。

從阿貢以陸路北上，到達敘利亞的安提阿時，凱撒也使用了同樣的手段。凱撒在敘利亞．巴勒斯坦地區的最大都市安提阿召集了敘利亞屬省以及周圍的全部諸侯，甚至連沙漠的游牧民族貝都因部落也不例外。

這些地方的諸侯，都是因為征服者龐培而成為「羅馬公民的友人及同盟者」，其中很多人在法爾沙拉斯會戰中都曾經支持過龐培。而現在的勝利者是凱撒，這些諸侯全部發誓願意服從凱撒和羅馬的統治。而凱撒也以他個人以及國家羅馬的名義，與這些諸侯簽署了「羅馬公民的友人及同盟者」的同盟協約，並且要求他們協助羅馬，維持這一帶的安全。同時，凱撒還留下了他的親屬塞格斯提斯．凱撒作為協約關係的負責人。處理完這些事情之後，凱撒就率軍乘坐從阿貢送回的船隻，前往小亞細亞南岸的西里西亞。如果從陸路，必須經過亞歷山大大帝與波斯軍戰鬥過的古戰場遺蹟伊沙斯，再繞道北部才能到達目的地；而經海路，不用二天就可以抵達。

西里西亞也是羅馬的屬省，首都為塔瑟斯（Tarsus）。這裡也有同樣的事情在等待凱撒處理。霸權國家羅馬，有義務對它霸權之下民族間所發生的諸問題進行調停和裁決。只有盡這些義務，做好這些地區與羅馬世界外敵對民族之間的防衛，才能得到在羅馬霸權之下各國國民的承認。也只有這樣，才能使他們繼續成為「羅馬公民的友人及同盟者」。

在調停和裁決「羅馬公民的友人及同盟者」諸民族的各種問題的過程中，對宗教問題的處理也不例外。凱撒不但認可猶太教的信教自由，對自古希臘文化時代就產生的東方諸宗教也加以確認，而使其得以復甦。

羅馬霸權之下的「羅馬世界」，是多民族、多宗教、多語言的國家，古代人稱為帝國。而羅馬在皇帝統治之前的二百年，也就是打敗迦太基之後，就開始被稱為「帝國」，或是「共和國」了。帝國就是意味著霸權，所以在政治上無論是帝政還是共和政體，都並不矛盾。「羅馬帝國」的共同規範是羅馬法，共通語言則是希臘語和拉丁語。即使是在羅馬時代，東地中海地區仍然屬於希臘語系，在這些地方的布告和碑文中所用的都是希臘語。

古代人所指的帝國，大概比後世所指的帝國更加接近其本來的意思。它的形式，正如凱撒試圖向羅馬人所指明的一樣，是將來羅馬國家所應該存在的形式，也就是超越都市國家的形式而演變為世界國家。

從這一點來說，凱撒可以說是亞歷山大大帝的後繼者，也就是帝國主義者。而凱撒對於潘特斯王法爾那西斯叛亂的處理，與其說是以決戰的方式，更像是對這種事端的調停。在現實世界中，“Pax”（和平）並非指不分國勢的強弱，互相協調而得出的結果，而往往是由國勢較強的一方來進行調停、裁定，甚至是以武力鎮壓所得出的結果。從“Pax Romana”（羅馬統治下各民族的和平）、“Pax Britannica”（英國統治下各民族的和平）、“Pax Americana”（美國統治下各民族的和平）這些稱謂中就可以看到這一現實。

潘特斯王法爾那西斯是米斯里達茲的兒子。米斯里達茲曾經與蘇拉、盧加拉斯(Lucullus)等羅馬首屈一指的勇將作戰，經過幾度勝敗之後，最後被龐培逼入絕境而自殺身亡。不過當時也是被兒子背叛而不得不選擇了自殺。當時三十歲的法爾那西斯，曾經把父親的遺骸送給龐培，反而是龐培鄭重其事地將他埋葬在王室的墓園。此外，龐培還把比起他父王時代已經縮小了不少的潘特斯王國交給法爾那西斯繼續統治。

然而，在十五年之後，就在凱撒與龐培以希臘為戰場進行最後的對決時，法爾那西斯趁著人們都在關注希臘戰況的機會，以光復他父王時代的領土為旗號發動了軍事叛亂，但是他父王時代的領土也是對周邊諸國侵略的結果。這個舉動與羅馬的利益發生衝突，當然不可能得到羅馬的認可。然而，趁虛而入的法爾那西斯，首先攻陷了黑海南岸最大的都市西諾培，之後又占領了卡帕杜西亞(Cappadocia)。這些地方都是「羅馬公民的友人及同盟者」的領土，而法爾那西斯也是「羅馬公民的友人及同盟者」。所以對羅馬來說，這是在羅馬霸權之下各國之間的爭端，絕對有必要加以處置。

在法爾沙拉斯會戰中獲勝之後，凱撒感到法爾那西斯的問題事關重大，於是馬上命令首席副將多米提斯率領三個軍團前往解決這個事端，同時委託安東尼處理本國羅馬的內政。而凱撒自己，則親自處理追擊龐培這個最重要的任務。

這一次，只能說是多米提斯的運氣不好。由於精銳部隊都已返回本國休養，他手中的三個軍團都不是精銳兵力，而是原來龐培軍的志願兵。此外，多米提斯又接到被捲入埃及王室內訌的凱撒的命令，要求他派出兩個軍團前往埃及。比起自身的安全，更加擔憂凱撒處境的多米提斯，忠實地執行了凱撒的命令。但同時，他手中卻只剩下一個軍團了。多米提斯作為武將並沒有超群出眾的才能，西元前四十八年的十二月，在與法爾那西斯的對決中敗北而逃往敘利亞。

那時，多米提斯向凱撒發出了求援信，但是在收到信之時，凱撒正處於與埃及軍的激戰之中。而從戰爭結束之後的隔年三月底開始，凱撒卻開始了長達二個月的休假。所以多米提斯只好在敘利亞的安提阿焦慮不安地度過了這一時期。

到了六月，凱撒終於在安提阿出現了。而當凱撒處理完「羅馬統治下各民族的和平」必要事項之後在小亞細亞登陸時，已經是六月下旬了。在這半年之中，法爾那西斯已經占領了小亞細亞大約一半的領土。

這時凱撒所率領的，是訓練有素的第六軍團和八百名日耳曼騎兵，以及多米提斯的一個軍團，此外，還有受到法爾那西斯侵略的各地諸侯所派出的兵力。不過，第六軍團的士兵，因為生病等原因，人數已經減少到只有一千名左右，全軍的兵力也不過在二萬名之下。但是，單單聽到凱撒到來的消息，就足以迫使法爾那西斯不得不選擇經由外交手段與凱撒進行交涉。

凱撒答應法爾那西斯的請求，但是法爾那西斯卻又犯了錯誤。交涉的使節故意延遲出發時間，拖延談判的進展。凱撒不耐煩了，決定中斷交涉而加速北上小亞細亞。在卡帕杜西亞黑海附近的齊拉(Zela)，兩軍展開了激戰。

「我來、我見、我征服」
(凱旋式紀念銀幣)

凱撒的第六軍團，即使在人數上已經大幅減少，但仍無愧於凱撒精銳之師的稱號。在第六軍團的猛攻之下，東方的士兵潰不成軍。戰鬥結束後，凱撒給羅馬的元老院發送了一個簡明的報告：

「我來、我見、我征服。」

從凱撒以上的名句，以及之後的「大局已定」、「布魯圖斯，你也來殺我」等等來看，凱撒無疑有著今日廣告文案的撰稿才能。在拉丁語中，「我來、我見、我征服」是非常簡單易讀的詞彙。美國萬寶路牌(Marlboro)香菸的盒子表面和背面都印著"VENI, VIDI, VICI"的字樣，標榜著典型美國男性的生活方式必須為「我來、我見、我征服」。

至於敗北的法爾那西斯，當時雖然僥倖逃過一死，但在四年之後也在寂寥之中死去。潘特斯王國則由在亞歷山大戰爭中站在援軍的前頭為凱撒奮戰過的、有著潘特斯王室血統的米斯里達茲來統治。這樣就解決了小亞細亞「羅馬公民的友人及同盟者」諸侯間的紛爭，各民族又可以回到各自的領土上生活了。

在法爾沙拉斯這一世紀性的決戰中獲勝之後，凱撒還是保持著他一生中最大的特點——明晰的問題意識。在埃及，雖然因為意外事件而花費了不少時間，但是應該做的都做到了。之後，在行軍的同時，解決了猶太、敘利亞、小亞細亞所有的問題之後，對凱撒來說，在歸國之前所剩下的問題只有希臘了。

所有這些東地中海的全區域，在內戰爆發之時都是龐培的「地盤」。以羅馬人的觀點，這些都是龐培的"Clientes"。正是因為如此，當初龐培放棄了本國之後，也確信自己可以在希臘迎擊凱撒。因此，在龐培死後，對凱撒而言「應該做的事」，就是把原來屬於龐培地盤的各個地方變為自己的地盤。當然，他是以有利於羅馬國家利益的形式來進行這一切的。除了像埃及和法爾那西斯那樣逼不得已的情況之外，凱撒都試圖用政治而非軍事手段來解決問題。跟隨他的兵力，只有不到一千人的第六軍團和不到八百名的騎兵，這是最小的領主都可以輕而易舉召集到的兵力。凱撒不是以軍事上的壓力，而是以戰勝龐培的名聲，以及在調停、裁定時所顯示出來的公正，成功地達成了目的。這一年，他以軍事行動來解決爭端的，只有亞歷山大戰役和「我來、我見、我征服」的兩次。在曾經與龐培對決的戰場，而且幾乎全境都支持過龐培的希臘，凱撒也沒有改變他的方針。

如果經由橫斷希臘北部的艾格那提亞大道，從終點狄爾哈強乘船渡海的話，凱撒在擊敗法爾那西斯之後的二星期之內就可以回到義大利。然而，凱撒決定以一個月的時間來解決沿途的問題和返回義大利。這時，從安東尼處傳來本國羅馬陷入不可預測事態中的消息。這樣，只有優先解決希臘的問題了。進入希臘中部的凱撒，在雅典召集希臘各都市的代表。

在這裡，凱撒也沒有因為他們曾支持過龐培而加以非難。無論是成為屬省的地方，還是像雅典、斯巴達那樣的自由都市，都給予以前一樣的待遇。此外，還廢除龐培與凱撒對決時所徵收的特別稅。對於一向自發支持著龐培的雅典市民，凱撒只是說了一句諷刺性的話：

「雖然諸君的行為多次足以使你們陷於自我滅絕，但每一次，你們祖宗的榮耀都保佑了你們。」

這樣，凱撒把希臘也納入自己的地盤之後，就從狄爾哈強經海路回師義大利了。亞德里亞海的制海權，也已成為凱撒的囊中物。凱撒率領第六軍團和日耳曼騎兵隊在布林迪西登陸時，是西元前四十七年的九月底。

如果從與龐培決戰而自布林迪西出港之日算起，已經過了一年又八個月；從法爾沙拉斯會戰勝利之時算起，也已經過了一年的時光。

凱撒在埃及樹立了完全的霸權並在潘特斯之戰中大獲全勝，整個羅馬對他的戰果感到無比狂熱。公民大會因此任命凱撒為任期長達五年的獨裁官。

凱撒與西塞羅

同是一年的時光，然而這一年對西塞羅來說，是與凱撒全然不同的一年。在法爾沙拉斯戰敗之後，他並未與龐培派的同志一起行動逃往北非，而是返回義大利。在義大利等待西塞羅的，是他意想不到的情形。

對於既沒有當過元老院議員的祖先，也非出身於首都羅馬而可以當上執政官的人，羅馬人稱為「新進者」。出身於首都以外地方的西塞羅，不僅身為元老院議員，還曾當選過執政官，又是羅馬首屈一指的大律師。不僅如此，他還有眾多的著作。在羅馬人看來，西塞羅是最有出息的「新進者」了。西塞羅還擁有與生俱來的敏銳經濟觀念，十分熱衷於房地產的投資。除了在首都最高級的住宅區帕拉提諾山丘 (Palatine Hill) 擁有豪邸之外，在其他溫泉地區、臨海或是山間都擁有別墅，合計有八處之多。在法爾沙拉斯會戰之後離開龐培的西塞羅，原打算在不同季節在自己各處的別墅，重新過著與以往一樣的寫作生涯。憑著與當今的勝利者凱撒的交情，他確信凱撒一定會饒恕自己，所以選擇了歸國。

然而，當西塞羅在布林迪西登陸之時，接到了要求他暫時留在布林迪西等候進一步通知的命令。受凱撒委託負責處理羅馬國內事務的安東尼，派人傳令給西塞羅說，對西塞羅這樣的情形自己無權作出決定。在態度上，三十四歲的安東尼對五十八歲的西塞羅十分謙恭誠懇。一方面是出於對長者的禮貌；另一方面，安東尼的祖父是蘇拉時代著名的律師，在西塞羅的作品中，也多次以真正名流紳士的形象出現。在安東尼給西塞羅的信中，似乎是為了說明他下令西塞羅暫時在布林迪西待命的理由，附著凱撒給安東尼的信的抄本。

「據報小加圖和魯奇斯・馬塞拉斯將返回義大利，在首都重新開始政治生活。如此一來，內亂之源將無法斷絕。是否允許他們在國內居住，等我研究之後才作出決定。」

信上雖未提及西塞羅的名字，然而安東尼卻沒有勇氣在得到凱撒的許可之前，擅自作主將西塞羅列為例外；同時又對留在布林迪西動彈不得的西塞羅感到同情，便傳令給西塞羅說可以為他派遣特使前往亞歷山大，詢問凱撒的意向，問他是否願意為此而請求凱撒。不過，西塞羅拒絕了安東尼的建議。這並非因為西塞羅的廉潔而拒絕了對自己的特殊待遇，而是因為他害怕這將會引起那些逃往北非的龐培派的憎恨。知識十分豐富然而缺乏先見之明和決斷力的西塞羅，此時還在擔心因為自己明確的態度會導致將來所可能受到的敵視。

雖然如此，留在布林迪西動彈不得的西塞羅，此時陷入了絕望和不安之中，度日如年。西塞羅雖然不同於布魯圖斯，但是這位知識人「在逆境中十分軟弱」。現在，他雖然明白必須在此地等待，卻不知要到何時才能等到凱撒的歸國。先是聽說凱撒正在亞歷山大戰鬥，傳來了戰鬥已經結束的消息時，以為凱撒不久就將歸國，但在之後的二個月卻是杳無音訊。後來才得知凱撒正與克麗奧佩脫拉乘舟在尼羅河作樂；之後又巡視猶太、敘利亞和小亞細亞等。如果可以得知凱撒確切的行程安排，西塞羅還較容易打發自己的時間。布林迪西的周圍，到處都有西塞羅所喜愛的希臘文化。乘船只需要三天的時間，就可到達洋溢著希臘文化的西西里島，西塞羅曾經以公務員的身份在那裡任職。

然而，凱撒經常是行蹤不明，神出鬼沒，往往會在傳達他行蹤的使者到達之前突然出現。如果西塞羅到有眾多希臘式神廟的義大利南部觀光，又恐怕凱撒會在那時突然歸國。如果不能與凱撒會面，說不定連回家的機會都會失去。西塞羅就在這樣那樣的不安之中，繼續留在布林迪西。可以讓西塞羅訴說自己的絕望和不安的，仍是密友阿提克斯：

「連我自己都不清楚，是什麼樣的動機使自己作出了那樣的選擇（指選擇追隨龐培一事）。現在回想起來，顯然不是理性而是在一時的衝動之下所作出的決定。事到如今，也不得不責怪自己了。那個決定所帶來的負擔，您只要從（法爾沙拉斯會戰的）結果就可以想像到了。我現在的處境，不必多說想來您也可以明白。現在連我自己都不知道應該拜託您做什麼才好了。只要可以使我從這種悲慘的日子中解脫出來，您認為對此有利的事都可以做。」

「這一次，無論是在肉體還是精神上，都受到了有生以來最痛苦的折磨。為此我甚至無法給關心我的親朋好友回信。請您為我的事寫信給巴吉爾斯（凱撒部下）和伊扎里克斯（西元前四十八年與凱撒同時擔任執政官者）。」

「因為害怕被凱撒屬下士兵迫害，現在連大門都不敢出了。為了使凱撒在歸國之後能對我諒解，我已經寫信給巴爾布斯和奧庇斯（兩人皆為凱撒親信）。

即使如此，總是無法忘懷過往的一切。回想過去的種種為何會導致現在的悲慘境況。」

所謂的「新進者」，往往會成為熱心的體制維持派。這大概是因為對使自己出人頭地的現行體制無法割捨的一種留戀吧！讓西塞羅失去先見之明的，也許就是這種留戀。此外，他還是所謂的「元老院派」，主張堅持元老院所主導的羅馬型共和政體。當初，他在是否應該追隨龐培的問題上幾經猶豫，那是因為懷疑龐培的領導力。所以在龐培逃離首都時，只同行了一段路之後就在中途下車，躲入了佛米亞的別墅。

凱撒無法阻止龐培出逃義大利之後，在返回羅馬的途中，曾在佛米亞說服西塞羅。當時在促膝交談之後，凱撒所得到的是西塞羅的中立，對於當時的凱撒來說，那已是讓他感到滿意的結果。但是後來，在得知凱撒在西班牙陷入困境時，西塞羅的態度就馬上轉變了。他甚至強行帶著弟弟昆托斯、兒子和姪子等乘船前往投奔龐培。然而，就在他們一行即將抵達龐培的所在時，卻傳來凱撒在西班牙反敗為勝的消息。再之後，就是龐培與凱撒的對決、法爾沙拉斯會戰、龐培之死。

在龐培派的要人之中，凱撒不遺餘力進行說服的，只有西塞羅一人。然而，西塞羅還是沒有遵守對凱撒的承諾，放棄中立而投奔了龐培。現在成為勝利者的凱撒，將會如何處置他呢？

沒有與其他人一樣逃往北非而選擇返回義大利時，西塞羅並沒有絲毫不安。然而，現在當他在布林迪西，行動無法得到自由時，種種不安卻襲上了心頭。想到自己對凱撒所許下的諾言以及自己後來的毀約，西塞羅就如坐針氈，惶惶不可終日。如果讀過這一年中西塞羅給好友阿提克斯多達二十二封的長信，比起對西塞羅的同情，讀者也許對他好友的耐性更敬佩不已——他竟然可以忍耐西塞羅信中那麼多的牢騷！不過，這一年以來，西塞羅的家庭也陷入了四面楚歌的境況。

西塞羅的弟弟昆托斯責怪他讓自己「誤入歧途」，不但如此，還說要投奔凱撒而在法爾沙拉斯會戰之後留在希臘。被西塞羅以父親的權威強行拉到龐培派旗下的兒子，在法爾沙拉斯會戰之後也投奔了凱撒，姪子也是如此。返回義大利之後，甚至連妻子都離棄了他，而他最寵愛的唯一的女兒又臥病在床。未見到凱撒而無法決定自身去向的西塞羅，現在連回家探望生病的女兒都無法做到了。

另外，西塞羅所喜愛的同鄉青年柴里斯也投奔到凱撒麾下，現在正值春風得意；聽說女婿都拉貝拉也是如此。父親是龐培派，兒子是凱撒派，是這場內戰的特色之一；西塞羅的一家，就是個典型的例子。

不僅如此，在龐培派的舊同志眼中，現在的西塞羅就像小加圖和龐培的長男勞斯所責備的一樣，是個叛徒、逃兵、敵前逃亡者。這所有的一切，都使西塞羅心中充滿不安、絕望和悔恨。

如果讀了西塞羅在這個時期給他密友多達二十二封的長信，可以想像得出這位五十八歲知識份子的神經正一天天變得脆弱的樣子。到後來，他甚至於埋怨起他的密友來了。說他只需經由阿庇亞大道就可以抵達布林迪西，但卻沒有來探望正陷於苦境之中的自己。

這位通常被稱為阿提克斯的人物，出生於西元前一世紀動盪不安的羅馬。這人的一生也極富色彩。阿提克斯（阿提卡人）是因為他深愛希臘文化而起的名字，他的本名為提圖斯．龐波紐斯(Titus Pomponius)，是羅馬的名門世家，生於西元前一〇九年，比西塞羅年長三歲，比凱撒年長九歲。在雅典留學時認識了西塞羅，並成為他的終生好友。

不過，阿提克斯與熱衷政治的西塞羅不同，一生中從未參與過任何政治上的糾紛。他的父親留給他一大筆的財產，他把錢投資在金融業、訓練鬥劍士以及出版業方面等等。由於他善於理財，很快就積累了大量財富。對熱心儲蓄的西塞羅來說，阿提克斯就像是他的經濟顧問。

然而，那時在動盪不安的羅馬，只作為一個單純的經濟人，是難以在內亂中保全自己的。為了不被捲入內亂，阿提克斯實際上做了周全的安排。

阿提克斯首先通過他所經營的各種事業，與各黨派都建立了良好的關係。無論是與龐培還是凱撒都有良好的關係。甚至在他一直耐心傾聽西塞羅苦惱的這一年，他也與凱撒的代理人——現在執義大利牛耳的安東尼建立了親密的關係。從事政治的人常會因為資金不足而苦惱，對這些人來說，金融家阿提克斯的存在，實在給他們帶來了很多方便。

作為西塞羅的密友，阿提克斯在情感上無疑是偏向於「元老院派」的。然而在表面上，無論是對龐培，還是後來的布魯圖斯，阿提克斯與他們都只有資金援助式的關係。為了躲過反對派的攻擊，即使是這種所謂的資金援助，也是以貸款的形式進行的。

後來，凱撒被殺，西塞羅也被安東尼所殺死。再後來，在安東尼與屋大維對決的時代，阿提克斯也都得以逃過浩劫。他出版了西塞羅的書簡集，然而在當時全十六卷的《西塞羅書簡集》中，記錄的只是西塞羅的信，身為出版社社長的阿提克斯卻把自己的信全部刪除掉了。所以後世的人，只有從凱撒的著作以及可以作為最好史料的《西塞羅書簡集》中，得知從共和政體向帝制變遷的這一重要時代。對一直保持中立的阿提克斯的想法，最多也只能從西塞羅的信中來推測。然而，猜測終究只是猜測，即使是在《書簡集》刊行當時，人們大概也無法找到非難阿提克斯的證據。就是在現代，如果讀過全三卷的《西塞羅書簡集》，大概沒有讀者不對這位頭腦異常清醒的男子感到敬佩。

阿提克斯自身是位極有教養的學者，他本身也寫下不少的著作。西元前四十七年，也就是一直傾聽西塞羅發牢騷的這一年，他發表了題目為《年代記》的著作。書中列記了至西元前五十四年為止歷年來擔任公職者的名字。同時，他還為羅馬的名門家系——朱利斯 (Julius)、法比烏斯 (Fabius)、馬塞拉斯 (Marcellus) 和艾米里斯 (Aemilius) 寫下各家門的宗譜。此外，還用他所精通的希臘文開始執筆寫《西塞羅論》。

儘管以上的這些著作，似乎都只是對事實的記述，但即使是現代的歷史研究者，都會在這些著作面前相形見絀，自嘆不如。七十七歲時，阿提克斯患了重病，由於他自知痊癒無望，就絕食而死。為了不至於被捲入紛亂的內戰之中，阿提克斯真可說是盡全力作了十分周全的安排，顯示出他實際上是個意志堅強的男子。他與西塞羅的親密關係，即使在西塞羅死後也一直都沒有改變。他們雖然愛好相同，在性格上卻正好相反。

當初，當西塞羅責怪阿提克斯沒有來布林迪西探望他時，阿提克斯雖然派人送來了必需品和金錢，卻沒有親自露面。那時的阿提克斯大概會對西塞羅說，他之所以留在首都，是希望能盡快將西塞羅從苦境中解救出來。其實阿提克斯也並不想過分介入這件事。凱撒畢竟已經成了勝利者，也就是羅馬世界的最高權力者了。與西塞羅一樣，阿提克斯在那時大概也無法推測到凱撒將會以怎樣的態度來對待西塞羅，所以決定以謹慎為上，採取了明哲保身的作法。

而西塞羅也完全相信阿提克斯留在羅馬會對他更有利的說法，並且馬上回信給阿提克斯說：「您所說的完全正確。您的忠告什麼時候都是有效的。所以請不必多慮，把您所想的都說出來，而且愈多愈好。」在這裡，我們也可以看出西塞羅正直的一面。

然而，即使是西塞羅和阿提克斯這些具有極高教養、與凱撒同時代的人，也都無法完全理解凱撒的性情。當人們陷於憤怒、復仇之類的情緒時，往往會認為對手與自己在同樣情境時的行為反應是一樣的。凱撒一生中可以說是與這些行為無緣。這並非因為凱撒的行為有悖於當時的倫理道德，而是因為他一直堅信自己的優越性。既然比其他人都要優秀，為何要貶低自己，像其他人一樣受到憤怒、復仇之類的情緒所困擾呢？

凱撒與蘇拉在很多方面都有相似之處；然而在這一點上，兩者正好相反。所以後世的許多史學家，都稱凱撒為「真正的貴族精神」。

雖然知識淵博但卻缺乏真正貴族精神的西塞羅和阿提克斯，當然難以猜測到凱撒的心聲。有關於以下的一段插曲，引自普魯塔克的著作，但是在西塞羅寫給他密友的信中，卻對這事隻字未提。不知是出於羞恥還是因為馬上可以與老友面談，反正他信中並沒有提及到。而正是這件事，吹散了西塞羅的不安和阿提克斯的深謀遠慮。

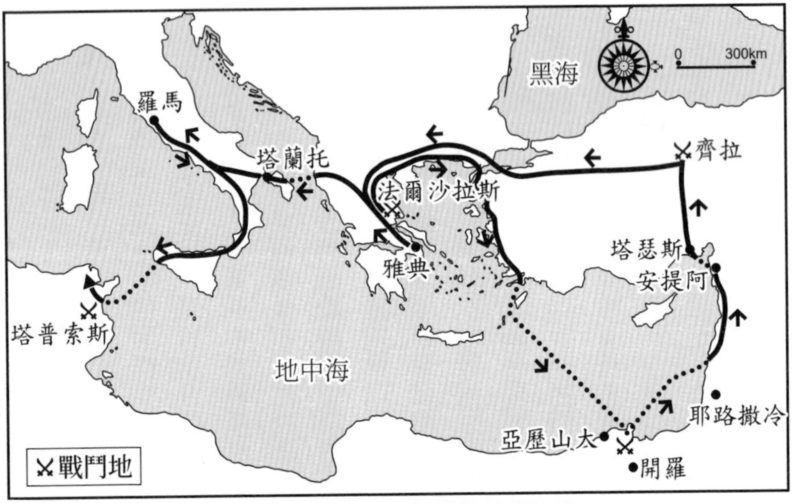

法爾沙拉斯會戰後凱撒的移動路線

「在布林迪西焦急不安地等待凱撒歸國的西塞羅，得知凱撒登陸之後，為了與凱撒見面馬上奔出家門。走在路上，西塞羅心中又萌生一絲的希望，心想凱撒也許會寬恕自己。然而，另一方面，在眾人面前，實在不好意思懇求如今已成為勝利者的凱撒饒恕自己。

然而，凱撒並沒有說出任何傷害西塞羅人格的話，也沒有讓他做出任何難堪的舉動。當凱撒在夾道歡迎的人群中認出西塞羅，並注意到他躊躇的樣子時，凱撒親自向西塞羅的方向走了過去。

而且，為了配合徒步的西塞羅，凱撒翻身下馬，像見到久別重逢的老朋友一樣與西塞羅擁抱，並親切地問候了西塞羅。之後，兩人一邊親密地交談，一邊相伴走了幾百公尺之遠。」

其他的古代史學家，接著記載了以下的情形：

「跟隨凱撒的日耳曼騎兵，為了不致於太接近徒步在前、正與友人親密交談的最高司令官，費了很大的功夫才把馬的腳步放到最慢。」

與凱撒會面之後，西塞羅的第一封信發自從布林迪西往羅馬的阿庇亞大道途中的卡諾沙。那是寫給他妻子的信，告知自己返家的預定日子，還說回家之後的第一件事要入浴，要妻子作好準備，不要使他在返家時感到不足。而他發出第二封信的地點，已經是羅馬了。

這個時期的凱撒，雖然消除了西塞羅的不安與恐懼，但是他自己卻面臨著更為嚴重的問題。

政治家安東尼

處理敗北之後的士兵問題固然艱難，勝利之後要處理好士兵的待遇問題也並非易事。士兵必需得到休養，然而又不能休養太久。建設連結「羅馬世界」的羅馬大道這種任務，幾乎都由軍團兵來負責。這是為了使士兵在冬營期以及非戰鬥期間不致於過分安逸而制定的政策。

在法爾沙拉斯會戰中獲勝的凱撒，決定親自追擊龐培之後，命令在狄爾哈強包圍戰以及法爾沙拉斯會戰中奮戰過的精銳部隊返回義大利休養，並將士兵的待遇一事委託給安東尼處理。而安東尼的職位則是被任命為西元前四十七年獨裁官凱撒的「騎士團長」，相當於次席的地位。凱撒不在國內時，安東尼就相當於凱撒的實行代理人。當時安東尼只有三十四歲，如果論及在總司令官凱撒手下的戰鬥經驗，他並沒有不足之處。

然而，此時的安東尼是以次席之位代理首席處理事務，而且首席不在的時間長達一年。凱撒交給安東尼的任務，不像以往在戰場上一樣，只要忠實地執行總司令的指示即可。安東尼現在所面臨的，是另外一種全然不同的情形。

一、在古代羅馬，獨裁官的權力不僅限於軍事，而且涉及到政治以及其他方面。所以作為代理者，必須具有與獨裁官同等的能力。

二、安東尼必須處理的，不是戰時而是和平時期的事務。

三、因為凱撒嚴格禁止對龐培派的處罰、流放和沒收財產等行為，安東尼必須一方面溫和地對待反對勢力，一方面又要保持國內的穩定。這對安東尼來說，無疑是個困難的任務。

四、同時，凱撒還交給安東尼另外一個任務，那就是防止在獲勝之後，凱撒派的恣意妄為。如果引用西塞羅的話，那就是凱撒的旗下，集中了「羅馬的年輕激進派」。在他們看來，現在凱撒已經獲勝，可以隨心所欲地處置反對勢力了，支持者往往比倡導者還要過激。對於自身也曾是「羅馬的年輕激進派」之一的安東尼，凱撒所交給他的這一任務，就相當於要他控制那些與他年齡相當的友人。

五、第八、第九、第十、第十一和第十二軍團，從高盧戰役開始就追隨凱撒縱橫疆場，在凱撒的指揮之下經歷了十年的戰爭洗禮。凱撒命令安東尼在他歸國之前使這些精銳部隊休養，進行整備，以便為將來作好準備。

三十四歲的安東尼，竭盡全力來處理凱撒所交給他的任務。從他處理西塞羅一事中也可以看出這一點。不過，無論他怎樣盡力，西塞羅還是不得不在布林迪西停留了一年之久。在這個問題上，安東尼也必須依賴凱撒的決定，這裡可以看出安東尼才能的界限。

儘管如此，凱撒不在國內的這一年，在羅馬本國，倒也沒有發生反對派被暗殺、流放等事件。但是在龐培派中，有人被沒收了財產，凱撒歸國之後所做的第一件事，就是命令安東尼負責歸還那些人被沒收的財產。然而，安東尼最大的失敗，就是無法成功地控制凱撒的精銳軍團。在戰場上指揮自如的安東尼，在和平時期卻無法做到這一點，這也只好留待凱撒歸國之後再作處理。

解決了西塞羅的問題之後，凱撒就沿著阿庇亞大道向首都出發了。途中，不斷收到來自安東尼的緊急情報。凱撒精銳部隊中的一部份軍團兵，因為長期領不到軍餉而起來反抗，並拒絕服從軍令前往非洲。尤其是作為主謀的第十軍團士兵，手持武器擁入首都，在城外的馬爾斯廣場鼓噪囂鬧。安東尼派出法務官查爾斯提斯（後來的歷史學家），對士兵們提出支付獎金的妥協方案，但被士兵們趕走。

提起凱撒的第十軍團，在地中海世界可以說是家喻戶曉，是凱撒最悉心培養的軍團，而現在反抗的正是第十軍團，事情非同小可。而且在北非，龐培的殘部正在集結軍隊，準備伺機而動，凱撒必須率軍前往鎮壓，這時正是需要這些精銳部隊的時候。

從阿庇亞大道進入首都，必須從與馬爾斯廣場相反的南面進入。抵達首都之後，凱撒的親信對他說明了現在的危險境況，要他小心行事。不過凱撒並沒有聽從勸阻，穿過羅馬市內，直接出現在正在廣場鼓噪囂鬧的部下面前。凱撒連相當於護衛兵的日耳曼騎兵都沒有帶，就出現在這些武裝的士兵面前了。對凱撒和第十軍團的士兵來說，這是分別一年之後的重逢。

出現在講壇上的凱撒，既沒有與士兵們打招呼，也沒有任何開場白，而是突然問道：

「到底想要什麼？」

士兵們七嘴八舌，大叫要求退役。其實他們都清楚，北非戰場的作戰，凱撒很需要他們。此時提出退役，凱撒一定會妥協，答應發給獎金或是提高薪水。況且他們的本意還是希望在凱撒手下繼續戰鬥，並非真正想退役。然而，出乎意料的是，凱撒的回答只有一句：

「批准你們退役。」

對凱撒這個出乎他們意料之外的回答，士兵們就像突然洩了氣的氣球一般，原來手中高舉著的劍鋒自然地低垂了下來，嘈雜的叫聲也停止了，廣場陷入沉重的沉默之中。這時只聽到凱撒的聲音說道：

「市民諸君，諸君的薪水和其他的報酬，一定會按當初所約定的數目支付。但是，這些必須在我以及追隨我的其他士兵於戰鬥結束，並進行凱旋式之後才支付給諸君。而諸君在此期間，只需找個安全的地方等待即可。」

一直以身為凱撒的最精銳軍團而自負的第十軍團士兵，只是聽到凱撒稱他們為市民諸君，就受到了很大的衝擊。在此之前，凱撒一直都是稱他們為「戰友諸君」。而現在已經變為「市民諸君」，就等於他們已經退役，成為與凱撒無緣的普通市民了。感到已被凱撒視為他人的這些士兵，再也無心反抗或是要求加薪了。他們大哭起來，異口同聲叫道：

「請讓我們恢復士兵的榮譽！」

「請讓我們繼續跟隨凱撒戰鬥！」

凱撒對此並沒有作出任何答覆。曾經以作為凱撒的第十軍團為榮，威風凜凜的士兵，此時也顯得意志消沉了。凱撒決定選擇西西里島的馬沙拉作為集結地，並從那裡開往北非戰場之後，除了第十軍團之外，對其他的軍團下了行軍的命令。第十軍團的士兵，只好像喪家之犬一樣跟在開往西西里的其他軍團後面。從馬爾斯廣場的騷亂事件算起，過了二個月的時間之後，凱撒才允許第十軍團的士兵參戰。

這一次當然又是凱撒贏了。既沒有發給第十軍團的士兵獎金，也沒有提高薪水。而且不是由他命令，而是士兵們志願要求參戰的。在現代的研究者中，有人曾經說過：

「凱撒是個高明的喜劇大師。」

古代的史學家，在介紹這一段插曲時，都會異口同聲地說：

「凱撒只用一句話就扭轉了士兵的心情。」

就像凱撒曾經說過「文章取決於對措詞的運用」這句話一樣，這一段插曲，也顯得栩栩如生。曾經在雅典留學、論學歷要比凱撒高出一等的安東尼，卻沒有凱撒的這種才能。

凱撒在處理完西塞羅事件、第十軍團的騷亂以及安東尼的失職等這些事情之後，很快就到預定的出征時間了。然而，還有一事必須由他來處理，那就是他一向認為是保證社會安定重要因素之一的經濟問題。

在人們對將來感到不安的時代，投資和消費都會減緩。借款者會懷著僥倖心理而不願意按期還債；這樣就會導致人們寧可貯藏私財而不願用來投資。這對以活化經濟為目標的凱撒來說，現在的狀況正與他的目標相反。

在這方面，安東尼也犯了錯誤。那就是因為他無法成功地控制「羅馬的年輕激進派」。這些「羅馬的年輕激進派」，以為凱撒的勝利就是他們天下的到來，可以為所欲為了，這派的代表就是西塞羅的女婿都拉貝拉以及愛徒柴里斯。這兩人當時分別身為法務官和護民官。他們無視經濟原則，採取了急進的政策，決定宣布以前的借款一筆勾消。

對此，安東尼以在凱撒歸國之前，應暫緩一切新法的成立為手段加以對抗，也就是凍結了這一提案。然而，債務人都以為以前的借款將會一筆勾消，沒有人願意還債。因此，羅馬的經濟也變得蕭條了。

為了打開這種局面，凱撒作了嘗試，宣布以下兩個法案。

一、免除過去一年間的房租。條件是在首都羅馬內的年租金不超過五百狄納利斯者，在義大利國內的年租金不超過一百二十五狄納利斯者。超過以上租金者，則不適用於該法案。

二、免除過去一年間的利息。這一條法案並未指定金額的限度，不過關於這一年以外的利息，必須按二年前凱撒所制定的法令支付。也就是除去內戰爆發後諸費用的高漲部份，以內戰爆發前的價值為基準來計算應該償還的債務以及應該支付的利息。此外，凱撒還規定把年利率降到公認的百分之十二以下。這樣雖然使債權人損失通貨膨脹部份的金額，但是另一方面，原來金額的償還與利息的支付都有望了。

凱撒的作法，對於消費和投資都產生刺激作用。從這一件事也可以看出凱撒的政治目的並非只是為了救濟貧民。人們都認為凱撒是「平民派」的代表人物，他理解到社會福祉的重要性，認為社會福祉與經濟的活性化是密不可分的。在這一點上，凱撒可以稱得上是蓋烏斯．格拉古(Caius Gracchus)的後繼者。

最後剩下的問題，就是對龐培派的處置。

就像對西塞羅一樣，凱撒給予這些人完全的自由，甚至允許他們到北非參加正在集結中的「龐培軍」。其餘的，則像對待西塞羅和瓦爾羅一樣，允許他們在國內居住，既沒有沒收他們的財物或是將他們革職，也沒有剝奪他們的言論自由。甚至給予他們與凱撒派同樣擔任公職的平等機會。不過凱撒要求有意出任公職的舊龐培派人發誓忠於凱撒。布魯圖斯和加西阿斯都發誓效忠凱撒。凱撒一直宣稱自己「不是蘇拉」，而他確實也做到了這一點。當然，他既沒有命人列出臭名遠揚的「處罰者名冊」，也沒有列出「需要注意者名冊」。對於已經去世的元老院議員，凱撒讓「騎士階級」（經濟界）出身者或是優秀的百人隊長填補他們的空缺。而那些逃往北非、將與凱撒進行對決的舊龐培派強硬份子，如龐培的岳父梅特魯斯．西比奧、小加圖、阿法拉紐斯、佩里阿斯和拉比埃努斯等，仍然保留元老院議員的身份。

上述的所有事項，凱撒只用了不到一個月的時間就處理完畢了。在出發往北非之前，為了避免政治上的空白，凱撒還決定了隔年，也就是西元前四十六年的政府。身兼獨裁官與執政官的凱撒同僚——雷比達被選為執政官。而對安東尼，凱撒既沒有讓他繼續留任，也沒有讓他當執政官，因為他已經對安東尼的統治能力感到失望了。馬庫斯．安東尼與凱撒相差十八歲，母親與凱撒一樣，出身於朱利斯家族。從血緣關係來看，安東尼也可以說是最有希望成為凱撒的後繼者。對於這個時期凱撒態度的變化，安東尼以為這只不過是一時的問題而已；然而事實並非如此。安東尼大概一生都沒有意識到這一點。凱撒死後，安東尼雖然成為羅馬世界的主人公之一，但才能卻始終有限，遠遠比不上凱撒。

非洲戰役

武將可以分為兩種，一種是等全軍準備完畢之後才開始決定性的行動；另一種則是自己率先行動，等後面的兵力到齊之後就進行決戰。龐培屬於前者，而凱撒則屬於後者。在我們這些軍事上的門外漢看來，既然在法爾沙拉斯會戰之後都已經過了一年，這時似乎沒有必要急於作戰。但是凱撒認為戰役就是寧願試行錯誤，藉著多次的小型衝突尋找戰機，最後一舉決戰。為此，只要司令官率先行動，士兵們就不得不在後面追趕。

大軍的集結需要相當的時間，即使是在現代戰爭中也是如此。就算是二十世紀、交通運輸都十分發達的現代，在波斯灣戰爭中，大軍的集結還是花了相當的時間，從集結五十萬的大軍到做好戰鬥準備，花了將近半年的時間。而二千年前的凱撒，手中的兵力只有上述的十分之一，移動的範圍也只限於地中海的周邊。但集結兵力還是必須花上很長的時間。在高盧戰役時代，凱撒每年都會慎重地選擇冬營地，目的不僅是為了監視在他控制之下的地方，還要為下一年的軍事行動作準備，使軍隊在過冬的同時，保持隨時可以進入戰鬥的狀態。

然而，高盧戰役時期的戰場，只限於高盧、不列塔尼亞的一部份以及萊茵河以西的部份地區，也就是現在的法國、比利時、荷蘭的一部份以及德國西部。另一方面，內戰時期的戰場，則波及到地中海世界的全區域。凱撒的移動路線，以現代的國家來區分，就是義大利、法國、西班牙、阿爾巴尼亞、希臘、土耳其、埃及、以色列、敘利亞以及突尼西亞。如果全部考慮以上的地點來選擇冬營地，簡直是不可能的事。而且，在內戰時期，只要時機允許，凱撒都必須返回國內處理內政，進行各項指示。所以，最方便凱撒行動的地點就是本國義大利了，也就是從義大利半島，開往下一個戰鬥地點。這一年的戰場，是龐培殘部所在的非洲屬省（現在的突尼西亞），兵力的集結地則選在西西里島西端的馬沙拉，從那裡經海路前往北非。未等兵力集結完畢就開始行動的凱撒，最先趕到了馬沙拉。

在龐培死後，凱撒就沒有繼續撰寫他的《內戰記》。之後，記載在埃及的戰鬥以及「我來、我見、我征服」的對法爾那西斯之戰的《亞歷山大戰記》則是出自他的祕書希爾提斯之手。再後來的《非洲戰記》著者是希爾提斯還是凱撒手下的哪一位幕僚，在當時就沒有記載。《非洲戰記》中的文章表達，遠遠不及《高盧戰記》和《內戰記》的簡潔、明晰和洗煉，也比不上模仿凱撒文體的希爾提斯文筆。不過，《非洲戰記》並沒有因此而失去它的價值。首先，它有作為現場證人的歷史性價值，人們可以從中得知非洲戰爭從開始到結束的全部過程。第二，因為不是出自凱撒的手筆，從中可以更加清楚得知士兵心目中的凱撒形象，也就是說，雖然無法從中體會閱讀精彩文章時的樂趣，但卻是凱撒與部下之間的真實生活記錄。實際上，《非洲戰記》從以下的一段開始：

「凱撒以騎兵的正常行軍速度前進，途中一天也沒有停留。（西元前四十七年）十二月十九日抵達馬沙拉，抵達之後馬上又乘船了。當時，與凱撒一起抵達馬沙拉港的，只有六百名騎兵，步兵尚未到達。在馬沙拉港等待步兵到來的時候，凱撒也沒有在市內宿營，只是在接近港口之處紮營。沖上來的波浪幾乎可以打濕最高司令官用的紅色帷幕。最高司令官這樣做，是向後面陸續趕到的步兵表明，在出發前往北非之前，誰也別指望在西西里慢慢休息。總之，在逆風的日子，凱撒也命令抵達的士兵和水手全部上船，以便一到順風時，馬上可以出港。如此一來，原本以為在集結全軍期間可以慢慢休息一段時間的士兵，也隨之緊張起來了。」

在凱撒加緊準備的同時，軍團兵都陸續到達了。不過，新編成的軍團中，新兵占了大半。訓練有素的，只有第五軍團的士兵。第五軍團是在內戰爆發之前，凱撒在法國南部屬省所編成的軍團，全部由沒有羅馬公民權的高盧人所組成。由於當時無法列為正規軍團，所以稱為「雲雀軍團」。後來，凱撒為了表彰他們的忠誠，便授與他們羅馬公民權，並以第五軍團的名義升格為正規軍。

另一方面，根據靠近非洲的馬沙拉所收集到的情報，在現在的突尼西亞等待凱撒軍隊的龐培派，已經集結了龐大的兵力。

首先，龐培殘部的兵力，有十個軍團的三萬五千名步兵，加上九千名從地中海各地僱傭的騎兵。此外，努米底亞王以羅馬方式所訓練的重步兵，就有四個軍團的二萬五千人，加上有名的六千名努米底亞騎兵，合計有六萬名步兵和一萬五千名騎兵。此外，還有努米底亞的一百二十頭戰象。而掌握海上指揮權的非洲屬省總督也站在龐培派一邊，所以在海上的戰力方面也占有優勢。

另一方面，凱撒只準備以十個軍團的步兵和四千名騎兵來進行北非戰役。新編成的軍團與訓練有素的軍團各有五個，訓練有素的軍團有第九、第十、第十三和第十四軍團。這些都是從高盧戰役的第一年或是第二年開始便在他的指揮之下身經百戰的士兵。此外，還加上由高盧人所組成的第五軍團。與往常一樣，凱撒的軍隊這一次在人數上也是處於劣勢，相對於敵方的六萬名步兵和一萬五千名騎兵，凱撒只有三萬名步兵和四千名騎兵。相當於現代戰車的戰象，則連一頭也沒有。此外，戰鬥地點是在敵地，兵糧的補給，也只有從西西里供給。

這樣的情形，即使是士兵也十分清楚。士兵們所關心的，就是凱撒的想法。然而根據《非洲戰記》中的記載，當時五十三歲的最高司令官，「似乎完全沒有介意在兵力上的劣勢，他的一舉一動都充滿著自信和希望。」一萬八千名步兵和二千名騎兵首先抵達馬沙拉港之後，在十二月二十七日，凱撒就下了出港的命令。同時，他還命令西西里總督阿里埃努斯負責兵糧的補給和指示隨後到達的軍團出港。

之後，就是對登陸地點的選擇。對凱撒來說，非洲是他從未涉足過的土地。如果是一般人，一定會首先考慮在離補給基地西西里最近、只要順風、乘船一夜即可抵達的突尼斯灣登陸。這附近是長達一百多公里的海灣，敵方也未必在那裡處處設防，所以選擇從那裡登陸並不是十分困難的事。而且，如果選擇現在的突尼西亞北部為登陸地點，更可以就近攻擊非洲屬省的首都，也就是龐培殘黨的大本營尤蒂卡。此外，還可以利用西比奧．亞非利加努斯所設置的「柯爾涅留斯陣地」。這個陣地自設置以來，一直成為稱霸非洲的基地。二年前的西元前四十九年，受凱撒之命遠征非洲的古里奧，當時就是在羅馬的非洲屬省，現在的突尼西亞北部登陸的。

不過，選擇在現在的突尼西亞北部登陸，也有不利之處。

一、在敵人的根據地附近登陸並對敵人進攻，必須與各方面都有充足準備的敵軍正面對決。

二、由於是在根據地附近，敵軍的戒備必定會十分嚴密。

三、在法爾沙拉斯會戰中敗北的龐培殘黨都聚集在此地，西邊緊鄰著因殲滅古里奧所率領的凱撒軍而立下大功的努米底亞王猶巴的王國。由梅特魯斯．西比奧為總司令官的舊龐培派軍隊，已經與努米底亞王結成共同戰鬥的同盟。古代努米底亞王國的領土，占有現在阿爾及利亞的東半部。如果以突尼西亞北部為戰場，那麼對努米底亞王來說，是個易於作戰的地點。

凱撒沒有選擇突尼西亞北部，而選擇了東部作為登陸地點。如此一來，在以下三個方面都對凱撒有利。

一、從自軍補給基地的西西里島馬沙拉港雖然需要四天的行程，但同時，敵軍也不得不在離補給基地尤蒂卡二百公里外之處戰鬥。

二、將與龐培殘黨共同戰鬥的努米底亞王，必須踏破三百公里以上的距離才能與龐培殘黨會合。

三、在東部，非洲屬省總督的威勢顯然比不上都市集中的北部。這樣，在敵地戰鬥的不利之處也可以相對減少。在無法全面保證隔海的兵糧補給之時，是否可以在當地籌到糧食，對凱撒軍來說，是關係到生死存亡的問題。

凱撒這人，並非與失敗無緣。他會遇到失敗，但是卻不會重複同樣的失敗。在與龐培的對決中，他就曾經犯過錯誤，那就是在龐培軍的補給基地附近狄爾哈強與龐培對決。而這一次，他大概不想重複同樣的失誤。在與龐培的戰鬥中，他最終還是將龐培從狄爾哈強引誘到法爾沙拉斯，並大獲全勝。在非洲，凱撒的第一戰略，就是從一開始就將敵人從補給基地尤蒂卡引開。不過，凱撒所選定的登陸地點——突尼西亞東部，也並非無人之地。雖然比不上北部，但還是散布著許多臨海的城塞都市，如哈德魯門、列普提斯和塔普索斯（現在的拉斯底那斯）等。無論在哪裡登陸，都可能遇上敵人。在哈德魯門，有一直向北延伸約一百公里的沙灘，從那裡也較容易登陸，但是凱撒卻選擇了在南面的魯斯皮那，位於尤蒂卡以南直線距離約二百公里之處。在那裡登陸，雖非凱撒的最終目的，但是只要對附近眾多的城塞進行攻擊，守在尤蒂卡的最終必定會出來，也就是將敵人從安全而且物資供應充足的地方引誘出來。因此並沒有必要等到全軍集結完畢之後才開始行動，而是先主動出擊，讓敵人知道凱撒已經登陸。在敵人得知凱撒已經登陸並已開始行動之後而南下的期間，凱撒的軍團也將從西西里陸續抵達。在等待其他軍團的同時，尋找戰鬥機會，最後一舉進行決戰。像凱撒這樣在敵地作戰而在人數上又處於劣勢的情況，以遠離敵軍根據地之處進行決戰的戰略，是最高司令官最高明的決策。

然而，士兵們並沒有辦法知道凱撒的這個基本戰略，而凱撒也不是什麼事都向部下一一說明的司令官。在高盧戰役中與凱撒共同戰鬥過的士兵都知道制定戰略是凱撒的事，他們只需聽命於凱撒即可。這也是凱撒軍一貫的作法，所以這些士兵都沒有怨言。但是，首先到達非洲的很多都是新兵，也較為年輕，他們對凱撒的不滿，主要是出於以下兩種原因：

一、只集結一萬八千名步兵和二千名騎兵，就要出發前往有六萬名步兵和一萬五千名騎兵，以及一百二十頭戰象的敵地，私底下，他們都認為最高司令官輕率、魯莽。

二、他們不明白為何非要在寒冬季節出陣不可。這些新兵還沒有理解到對凱撒軍來說，只要有必要，不管是春夏秋冬都必須作戰。

不過，準備迎擊凱撒的原龐培軍，也沒料到凱撒會在十二月底出港。按日曆，凱撒從馬沙拉出港的日子是十二月二十七日，不過如果根據不到一年之後所實行的「朱利安曆法」，也就是根據實際上的季節來計算，那時還只是十月。在地中海，那並不是難於航行的季節。凱撒在宣布改革曆法之前，腦中早就已經完成了對曆法的改革。而其他人，還是習慣按照以往的曆法來生活和行動，儘管它與實際的季節相差二個月以上。

從馬沙拉出港之後的第四天，也就是接近突尼西亞東岸時，新兵的不滿變得更加強烈了。當時，滿載著二萬名步兵與騎兵的船隻將近百艘，但是與陸上的行軍不同，有的船隻因為看不到前方的友船而迷失了方向，而凱撒並沒有指示船長應該在哪裡登陸。因此，見不到凱撒所乘的船隻之後，其他的船隻都不知應該在何處上岸才是。

如果依照普通的作法，對這種有必要在戰略上保持機密的指令，都會在封印之後交給各船的船長，而船長在出海之後拆開。而凱撒並沒有交給任何一位船長這樣的指令，導致部份船隻迷失了方向。新兵又發出怨言，說凱撒是輕率、魯莽的司令官。但是，《非洲戰記》的作者卻為凱撒作了辯解：那是因為凱撒考慮到突尼西亞東岸，是敵軍疏於防備之處，各船可以自由選擇登陸地點，只要在登陸之後集合便可。就這樣，各船只好自己作出判斷來選擇登陸地點。這對士兵們來說本來是逼不得已的作法，卻收到意想不到的效果──沒有損失一兵一卒，最終全部集中一起了。那時，新兵也發不出牢騷了。

不過，即使新兵不再抱怨凱撒，但是心中的不安卻沒有消失。突尼西亞東岸的三個主要都市之中，只有列普提斯對凱撒打開了城門，哈德魯門和塔普索斯都是由原龐培派的兵力所守衛，對凱撒要他們投降的勸告根本就不予理睬，而且已經向尤蒂卡方面報告凱撒登陸一事。新兵們想到將會在北方地平線出現的六萬名敵軍，無論如何都難以消除心中的不安。即使如此，他們的最高司令官在陣地修築完畢之後，又忙於率軍視察周圍的形勢了。另一方面，在西西里的後續部隊，至今未見蹤影。《非洲戰記》的作者記下這個時期士兵們的心態：

「官兵中沒有一人能夠猜透最高司令官的心思。大家都感到不安和恐懼，更想得知凱撒心中的想法。畢竟，凱撒手中只有小規模的兵力，現在正孤立於『敵海』之中，尤其是敵方擁有數量驚人的騎兵。士兵們的直屬指揮官──大隊長和百人隊長都無法消除他們心中的疑慮與不安，因為這些指揮官的心境也與士兵們一樣。只有最高司令官快活的表情和不知疲倦的行動力，使士兵們得以恢復對自己的信心。實際上，士兵們每次看到凱撒，都會感受到他偉大的精神和自信。這樣，士兵們也安下心，恢復了戰鬥的勇氣。因為凱撒讓他們感到了希望：以凱撒的深思熟慮和過人的力量，無論在任何事態之下，最終一定會有好結果。」

原來在新兵心目中輕率、魯莽的凱撒，在不到一個月的時間之內，就完全改變了他們的看法。而這些新兵，後來也鍛鍊成相當於地中海世界代名詞的「凱撒戰士」。西元前四十六年的一月底，經過千錘百鍊的「凱撒戰士」終於到達了。其中有與凱撒一起渡過盧比孔河的第十三軍團和第十四軍團，還有凱撒悉心培養的八百名高盧騎兵以及一千名投石兵和弓弩手。第二批人馬的抵達，使凱撒的戰力增加到二萬五千名重步兵、二千八百名騎兵以及由投石兵和弓弩手所組成的一千一百五十名輕步兵。不過，步兵的戰力還是不到敵軍的二分之一，騎兵則不到敵人的五分之一。精銳兵力的到達，並沒有使凱撒改變戰略。

首先，凱撒命令以陣營為中心，修築長長的防護欄，來對付占有絕對優勢的敵方騎兵。第二就是關於兵糧的確保，甚至連凱撒自己有時也親自出馬籌集兵糧。凱撒親自出馬，一方面使自己的軍隊不致於以掠奪的方式籌集兵糧，另一方面是為了把周邊的城市拉入自己一派。在敵地進行戰鬥時所不能忘記的一點，就是要在敵地尋找支持自己的力量，其中一定會有對屬省政府不滿的城市或部族等。如果得到他們的支持，不僅可以確保兵糧的供應，也可以在決戰時使背後的安全得到保障。

身處突尼西亞東部的凱撒，眼光卻不僅限於突尼西亞東部，而是看到了北非全體的形勢。在努米底亞王國的西鄰，是茅利塔尼亞王國。這個王國也與努米底亞王國一樣，是承認羅馬霸權的同盟國，這兩個鄰國時常有衝突。茅利塔尼亞王國與支持龐培的努米底亞王國不同，在霸權國羅馬的內戰時期，並沒有與努米底亞王國採取一樣的行動。不過即使如此，這個王國也並非從一開始就支持凱撒。在王國中，有個相當於茅利塔尼亞王顧問、名為西提阿斯的羅馬人。凱撒對他採取懷柔政策，目的是為了使茅利塔尼亞王國進攻努米底亞王國，以牽制努米底亞王猶巴的行動。

同時，凱撒也拉攏居住在努米底亞王國以南的撒哈拉沙漠住民，這些部族以向努米底亞王提供兵力得以存續。凱撒知道舊龐培軍是由多民族軍所組成，所以決定從內部進行分化瓦解。凱撒的這個策略，一步步地獲得了成功。

得知凱撒登陸之後，舊龐培派的首腦是否察覺到凱撒的戰略就是將他們引出安全的補給基地尤蒂卡，然後進行決戰，關於這一點史料並未提及。不過，如果他們回想起狄爾哈強包圍戰以及之後的法爾沙拉斯會戰，還是沒有意識到這一點，那麼根本就沒有率軍作戰的資格了。在龐培死後，作為總司令官的梅特魯斯．西比奧、小加圖、阿法拉紐斯、佩里阿斯和拉比埃努斯，這些在北非準備迎擊凱撒的全部指揮官，在希臘都曾有與凱撒作戰的經驗。

本人認為這些指揮官已經察覺到凱撒的戰略。因為當時雖說是離凱撒的登陸地點有二百公里的直線距離，但是他們在得知凱撒登陸之後並未馬上採取行動。而這大概正是因為察覺到凱撒的戰略。

不過，他們最終還是出動了。最初出動的是拉比埃努斯所率領的騎兵。雖然在人數上占了絕對優勢，但是卻未能成功打敗凱撒為數不多的兵力。相反的，每次出擊之後，歸營的士兵人數都會減少。因為凱撒軍所修築的防護欄，在很大程度上妨害了拉比埃努斯騎兵的行動。

此間，由凱撒精銳兵力所組成的第二批人馬已經抵達，凱撒在突尼西亞東部又開始有了影響力。這一切，使守在尤蒂卡的人開始感到不安。

終於，梅特魯斯．西比奧決定全軍出動了；凱撒的預測真可說是準確無誤。這樣就可以確定戰場不是在突尼西亞北部而是東部了。

然而，兩軍在相距數公里之處對峙之後，並沒有馬上進行會戰。因為當時兩軍都有各自的原因。舊龐培派軍方面，因為共同作戰的努米底亞王國受到來自茅利塔尼亞王國的進攻，為了防衛本國，努米底亞王猶巴在途中返回國內。沒有努米底亞軍的參戰，梅特魯斯·西比奧也沒有勇氣與凱撒進行對決。

在凱撒軍方面，原來預計應該到達的第三批人馬，至今仍未見蹤影。第三批人馬是凱撒精銳軍隊中的精銳兵力，由第九、第十兩個軍團所組成。凱撒原是為了懲罰去年進行反抗的第十軍團才命令他們在最後一批出發往非洲，不過後來竟因為天氣的關係，導致他們無法出海，只好繼續留在馬沙拉。凱撒心中大概也為當時的決定而感到後悔。在士兵們進行反抗時，凱撒把對他們的稱呼由「戰友諸君」改成「市民諸君」，高明地演出了一段喜劇式的插曲。儘管如此，凱撒最信賴的，還是第九與第十軍團的士兵。然而，這兩個軍團至今還未見蹤影。《非洲戰記》的作者作了以下的描寫：

「凱撒的心和眼睛，不分晝夜，都在眺望海面。」

不過，即使在「與往常的凱撒相反，他並沒有進行積極攻勢」的時期，凱撒也沒有虛度光陰。他將年輕又沒有戰鬥經驗的新兵召集在一起，傳授他們戰鬥方法。《非洲戰記》的作者，對當時的凱撒作了以下的描繪：

「在與由多民族的非洲兵所組成的敵軍展開激戰之前，凱撒開始了對士兵的訓練。他的訓練方法，不是最高司令官對戰場經驗豐富而且戰績輝煌的精兵訓練，而是像劍術的教師，在教授新入門的徒弟。

應該與敵人保持多遠的距離、向敵陣衝鋒時前進的限度、以什麼樣的姿勢可以保全自己而擊倒敵人、前進和後退的方法，以及有效的投石方法等等。凱撒對這些方法，都詳加說明。」

凱撒軍中，即使是老兵，也絕不允許他們坐山觀虎鬥。這些老兵，包括高盧人、不列塔尼亞人、日耳曼人、還有西班牙、希臘和東方的士兵。他們都有豐富的戰鬥經驗。不過，卻沒有以戰象為對手的戰鬥經驗。

「因此，凱撒派人找來大象，並在士兵面前對這個『教材』作了說明。大象是怎樣的一種動物、具有怎樣的習性和攻擊力，以及作為戰力的缺點。大象的哪一部位易於攻擊、應該向哪個部位投石、長矛應該刺向哪個部位才有效果等等。凱撒一邊讓士兵以自己的手實際地觸摸大象，一邊詳加說明。凱撒不僅讓士兵習慣大象，還命人帶來戰馬，讓牠們習慣這種龐然大物。最後還讓士兵親身實驗，直到這種巨大的動物倒地為止。這樣，無論是士兵還是戰馬，面對大象時都不再感到恐懼了。」

這時，讓凱撒等得焦慮不安的第三批人馬終於抵達了。緊接著，第四批人馬也到達了。第三

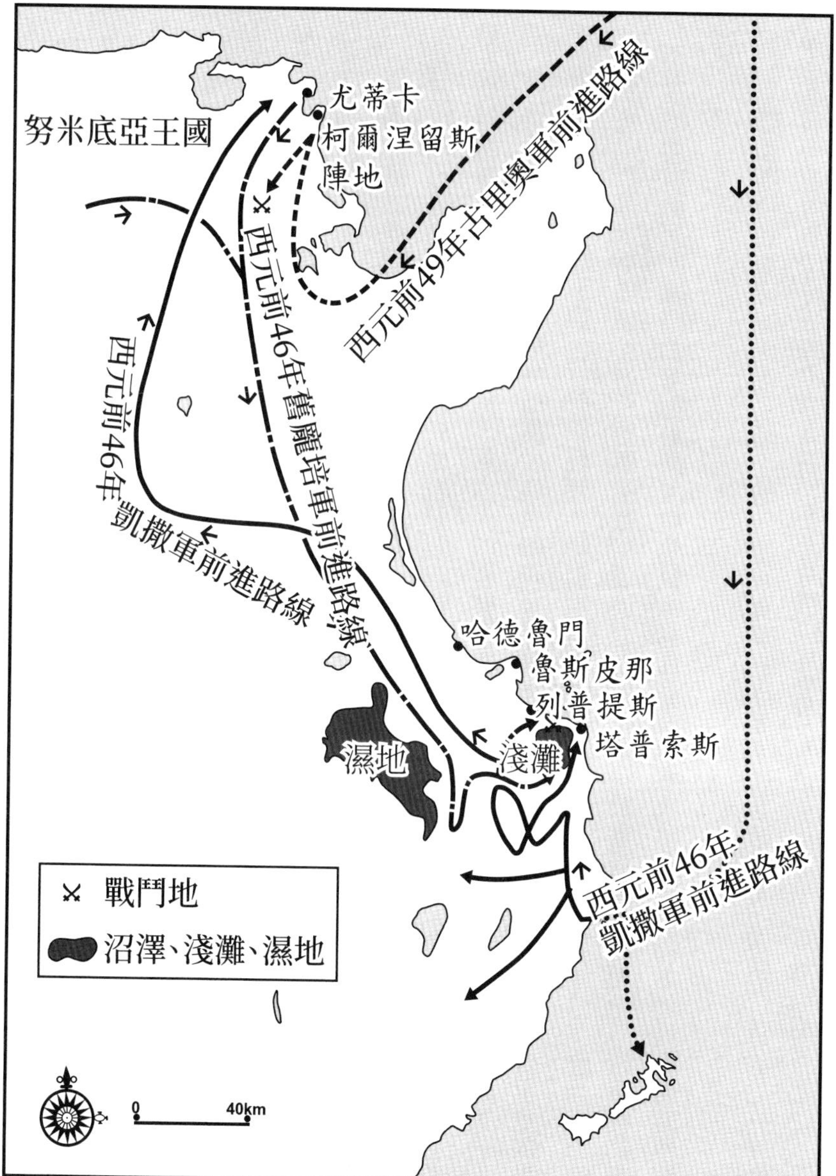
尤蒂卡
柯爾涅留斯
陣地
努米底亞王國
西元前49年古里奧軍前進路線
西元前46年舊龐培軍前進路線
西元前46年
凱撒軍前進路線
哈德魯門
魯斯皮那
列普提斯
塔普索斯
淺灘
濕地
西元前46年
凱撒軍前進路線
戰鬥地
沼澤、淺灘、濕地
0
40km

非洲戰役略圖

批人馬是第九、第十軍團的精銳兵力，而第四批人馬則是因病或其他原因而延後出發的訓練有素士兵，其中有四千名重步兵、以投石兵和弓弩手組成的一千名輕步兵。這樣凱撒的戰力就增加到三萬名重步兵、三千二百名騎兵和二千一百五十名輕步兵。不過，在數量上還是無法與龐培的殘部相比。

在凱撒的準備趨於完畢之時，敵軍也已做好準備。努米底亞王猶巴將本國的防衛委託給手下的將領後已經率軍南下。這時對凱撒來說，已經有了展開積極攻勢的可能性和必要性。可能性就是兵力的集結已經完畢，必要性就是在敵地停留愈久，對自己就愈不利。而且在季節上，也快到四月了。

然而，敵方並不急於進行決戰；對凱撒的數度挑戰也只以小規模的兵力加以應付，並沒有進行真正決戰的態勢。在法爾沙拉斯會戰展開的初期也曾有過同樣的情形；這一次，凱撒也必須對敵人進行誘導作戰了。要迫使敵人進入戰鬥的狀態，就必須攻擊使敵人無法置之不理的某處。

一邊挑戰一邊尋找戰機的凱撒，終於發現了目標，那就是離列普提斯以南十五公里處的塔普索斯。那裡由龐培屬下的一位將領駐守，是這附近重要的戰略要地之一。

不過，塔普索斯雖是這附近重要的戰略要地之一，卻不是最重要的戰略要地，最重要的基地是現在還對凱撒緊閉城門的哈德魯門。可是凱撒為什麼沒有進攻哈德魯門和其他城市而盯住塔普索斯呢？

塔普索斯位於海岬的尖端，陸上的一側是寬闊的淺灘，南北環繞著淺灘的，是約二公里的細長陸地連接著內陸部份。海水的淺灘，在當時也作為鹽田。

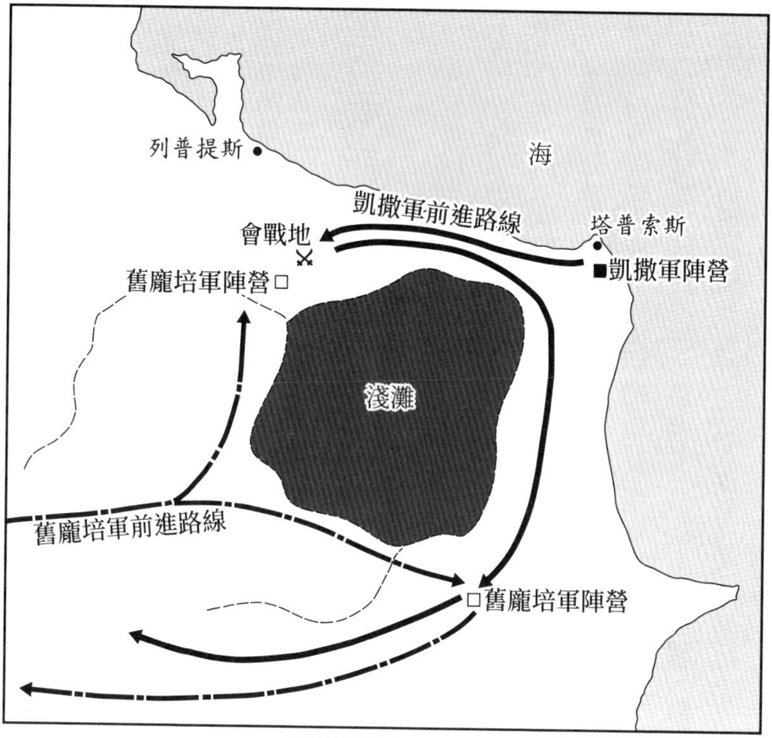

塔普索斯附近略圖

如果攻擊塔普索斯，敵人必定會從南北兩個方向的陸地進行封鎖，可對在塔普索斯布陣的凱撒軍進行夾攻、封鎖的有兩條通路。這樣一來，在數量上多出自軍二倍的敵軍，就必須將全軍分成兩股。對塔普索斯的攻擊，只不過是凱撒投下的誘餌而已。

西元前四十六年四月四日的清晨，經過一夜的行軍之後，凱撒的軍隊到達了塔普索斯。接著馬上布置四方形的羅馬式陣地，設營之後馬上又開始了攻城。因為只是「誘餌」，所以並沒有必要真正進攻，凱撒只讓一半士兵攻城，一半則在營中休息，以這種輪流作戰的方法讓士兵的體力得以恢復。敵軍果然從後面追來了。隔天，也就是四月五日的日落時分，敵軍到達半島的入口處，並且就像凱撒所預料的一樣，敵人將全軍分成了兩股。

在北面進行封鎖的，是總司令官梅特魯斯．西比奧所率領的軍隊和全部戰象，南面則是努米底亞王所率領的另一半軍隊。

梅特魯斯．西比奧到達封鎖地點之後，馬上建設陣營。

但是，凱撒軍訓練有素的兵力，不僅是戰鬥的精銳，在建設陣地等方面也十分老練。敵軍建設陣營所需要的時間，比凱撒軍要長很多。而凱撒，也沒有忽略這個差異。

塔普索斯會戰

西元前四十六年的四月六日拂曉，凱撒開始了行動。留下兩個軍團對付背後的敵軍，就率領其他的全部兵力離開陣營，大概是打算在看到敵軍的陣形之後再進行布陣，凱撒命令以軍團為單位出發。然而，在看到敵軍的布陣之後，凱撒布下了與一般原則完全相反的陣形。

通常的陣形，騎兵常被安排在最左翼和最右翼，或是像法爾沙拉斯會戰時一樣，集中在最右翼。然而在塔普索斯，凱撒卻把騎兵全部安排在中央。

在靠近寬闊淺灘的左翼，是第十三和第十四軍團，臨海的右翼，則是第九和第十軍團。最左翼和最右翼，則由高盧兵組成的第五軍團分成兩部份，每一邊安排五個大隊，他們的任務就是應付敵軍的六十頭戰象；凱撒命令他們以投石和投槍的辦法趕走戰象。其餘的三個軍團的新兵，安排在騎兵的背後，也就是陣形的中央。

另一方面，在陣營尚未修築完畢就受到凱撒進攻的梅特魯斯．西比奧，在慌忙之中布下的陣形，與普通的陣形沒有任何不同。最左翼與最右翼是戰象，左翼和右翼是騎兵，中央是重步兵團。

本人在軍事方面雖然只是個門外漢，但是在記述這些戰鬥的過程中，似乎也明白這樣的道理：所謂的戰術，就是用何種方法來達到最終包圍敵人的目的；也就是只有這種包圍戰術，才可以在戰鬥的初期將敵方的主要戰力非戰力化。

選擇塔普索斯為戰場的凱撒，必須在最短的時間之內解決梅特魯斯．西比奧的軍隊，也就是在南側的努米底亞王率領軍隊前來增援之前，進行決戰。

因此，凱撒只有採取速戰速決的方式。與常規相反，把騎兵安排在自軍中央的目的，就是準備以騎兵攻擊敵方中央虛弱部份的步兵；之後分成兩股，繞到敵軍右翼和左翼的背後，進行包圍。

負責從正面攻擊敵軍右翼和左翼的，是歷經百戰的第九、第十、第十三和第十四軍團，戰象則由第五軍團對付。

如果這個戰術可以實現的話，就等於成功地實現對敵軍的包圍殲滅戰，而且是從臨海和靠近淺灘的兩側展開包圍作戰。這樣，將敵軍分成兩個部份進行包圍殲滅，不僅易於戰鬥，同時也節省時間。

包圍殲滅戰的創始人是亞歷山大大帝，經漢尼拔完成，甚至西比奧．亞非利加努斯在對漢尼拔的戰爭中也證實了這戰術的有效性。在法爾沙拉斯會戰中，凱撒雖然因為在騎兵戰力上處於劣勢而使用祕密武器，但基本上，在對敵軍進行包圍、殲滅時，都沿襲先人的戰術。

凱撒在塔普索斯將騎兵安排在中央，對敵軍的包圍圈就從通常的一個變成了兩個。然而，這樣一來，就必須在努米底亞王率領軍隊前來增援之前進行決戰。

組成陣形之後，凱撒就率軍向敵軍前進了。隊伍中，最高司令官的斗篷在晨風中飄揚。凱撒徒步穿梭於士兵之間，激勵他們。

對老兵，凱撒逐一地打招呼，激勵他們像以往一樣英勇奮戰；對新兵，則激勵他們不要輸給為凱撒軍團建立名聲和榮譽的老兵。

然而，就在可以看到敵軍的陣容時，出現了凱撒意想不到的事情。

曾經反抗而引起凱撒不滿，覺得尚未完全得到凱撒原諒的第十軍團士兵，急於將功補過，第十軍團的喇叭手，還未等凱撒下令，就吹起了突擊的喇叭。

凱撒原來打算在較接近敵軍時才下令開始戰鬥，不過此時的情勢，就像他自己在《高盧戰記》中所寫的一樣：「當士兵的戰鬥意欲爆發時，與其加以制止，不如趁著他們自然爆發的戰意，還會收到更好的效果。」因此，凱撒也馬上在全戰線下達了突擊命令。

凱撒自己也躍身上馬，率領騎兵衝向敵陣。右翼是衝在前頭的第十軍團，左翼也是由精銳兵力所組成，士兵們一邊高喊：「跟著最高司令官！」一邊衝向敵陣。

戰鬥的發展與凱撒所預期的完全一樣。受到第五軍團士兵襲擊受傷而變得狂怒的戰象，不但沒有衝向敵人，反而轉頭踩傷了自軍的士兵，然後很快逃離了戰線。

前半戰

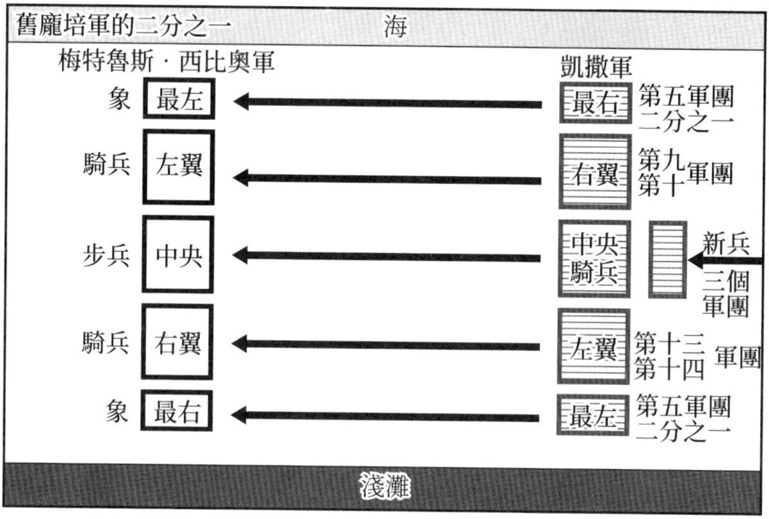

後半戰

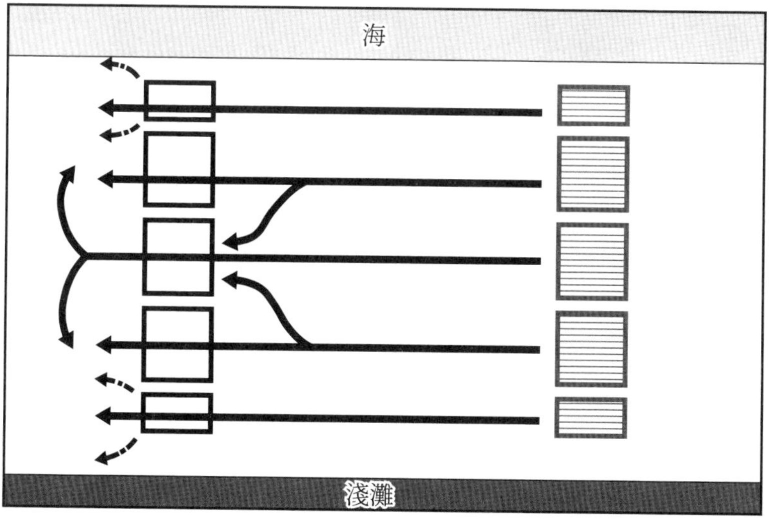

塔普索斯會戰略圖

拉比埃努斯指揮的騎兵團，前面受到凱撒的老練步兵攻擊，背後又受到騎兵的包圍，除了拉比埃努斯和少數騎兵僥倖逃出之外，其餘的全部被殲滅。

梅特魯斯．西比奧所率領的三萬步兵之中，有一萬人戰死，其餘的四散逃走。凱撒軍犧牲人數不到五十人，其中不少人還是因為被自軍過於勇猛的士兵誤認為敵人而被殺死的。

不到半天，就結束了會戰。凱撒把追擊敵人的任務交給第九、第十軍團，自己則率領其餘的全部人馬返回。不過，他並沒有返回陣營，也沒有再進攻塔普索斯城，而是直指努米底亞王猶巴的陣營。

在梅特魯斯．西比奧與努米底亞王猶巴的陣營之間，隔著很寬的一片淺灘，當凱撒繞過淺灘半周到達努米底亞王的陣營時，在梅特魯斯．西比奧陣營前的戰鬥結果已經傳到努米底亞王的陣營，軍中沒有人再有勇氣來迎擊凱撒，全軍沒有受到任何攻擊就敗逃了。當凱撒到達之後，陣營中已是空無一人。於是凱撒將所率領的兵力一分為二，一半負責追擊那些殘兵敗將，他自己則率領另外的一半兵力追擊努米底亞王。目的地是努米底亞王所逃往的扎馬。一百五十年前，就是在扎馬附近的平原，漢尼拔與西比奧．亞非利加努斯在此地展開了激戰。

不過，在一百五十年後的西元前四十六年，決定北非將來的戰鬥，在塔普索斯就已經結束了。努米底亞王猶巴已經無力在扎馬迎擊凱撒，因為扎馬的居民，讓敗逃而來的本國國王吃了閉門羹。塔普索斯會戰的結果，很快就傳遍了努米底亞國內的大小城鎮，到處都出現了向凱撒派一邊倒的現象。絕望的努米底亞王與同行的龐培派將領佩里阿斯一起自殺身亡。一百五十年前因協助西比奧・亞非利加努斯對迦太基作戰而興盛的努米底亞王國，最終也遭到滅亡的命運。凱撒讓羅馬人西提阿斯統治舊努米底亞王國，他曾經率領茅利塔尼亞王軍從背後襲擊努米底亞而助了凱撒一臂之力。接著，凱撒便領軍一路北上，直指尤蒂卡。

行軍途中，不斷傳來舊龐培軍首腦的消息。

總司令官梅特魯斯・西比奧在準備乘船逃走時被俘，士兵們並不知道他的身份，就將他殺死了。

在軍事和政界方面一直都沒有受到注目的蘇拉兒子法斯托斯・蘇拉，也在逃走途中被殺。

在西班牙戰役中向凱撒投降後又投奔龐培、在法爾沙拉斯會戰中敗走、繼而在塔普索斯又成為敗將的阿法拉紐斯，憑著在西班牙被俘又被凱撒放走的經驗，以為這一次也可以得到凱撒的寬恕，便帶著家眷和傭人向凱撒投降。途中，遇上了附近的強盜團。對逃亡中的殘兵敗將來說，這些強盜的存在就像禿鷹一樣可怕。這位曾經擔任過執政官的龐培派要人以及他的家眷，不但被搶走身上所有的財物和穿戴，除了奴隸傭人之外，全部被殺了。

小加圖

因為海岸線的變化，現在的尤蒂卡，已經成為一個內陸城市，找不到一點昔日的蹤跡了。但是在古代，這裡是繁華的海港都市。在迦太基時代，是僅次於首都迦太基的第二大都市。在迦太基滅亡，首都成為廢墟之後，尤蒂卡更成為這一帶首屈一指的大都市。羅馬將原來的迦太基領土編入羅馬的一個屬省之後，將尤蒂卡作為非洲屬省的首都，已有百年的歷史。決定在北非迎擊凱撒的龐培殘黨，也理所當然地以尤蒂卡為根據地，而從周邊徵集的兵糧也貯藏於此。

作為從迦太基時代就存在的海港都市，尤蒂卡的防衛十分完備。負責駐守此地的小加圖，在獲悉塔普索斯會戰的結果之後也沒有逃走，而是決定在防禦堅固的尤蒂卡徹底抵抗。他給予奴隸們自由，使他們成為士兵。同時以從塔普索斯逃到此地的一千五百名騎兵為主力，組成了防衛軍。

但是，尤蒂卡的居民拒絕協助小加圖進行防衛，他們也都已經得知塔普索斯會戰的結果。沒有居民的協力，徹底抗戰也只是個夢想而已。

風聞凱撒已經在非洲登陸之後，為防不測，龐培的長子與次子已經逃往加那利群島。另外，塔普索斯戰敗之後，原龐培軍的兩名將領瓦爾羅與拉比埃努斯，也已逃往西班牙。小加圖在那時如果想逃走，是完全可以脫身的。但是，無論是以前在希臘，還是現在的北非，小加圖都沒有打算從凱撒面前逃走，也沒有準備向凱撒投降。

比凱撒小五歲的小加圖，在政治上的主張與凱撒相反，是元老院主導的寡頭政體支持者。同時在個人感情上，他也對凱撒懷有憎惡之情。

小加圖認為，清廉的人生比什麼都重要，對不正行為十分反感。在他看來，像凱撒那樣的人，既談不上清廉，又沒有好的品行；論野心，卻是超人一等；不費氣力就可以借到大筆錢財；在政治上春風得意，在戰場上也是所向披靡；他的行動雖然不見得民主，卻擁有眾多的支持者。而且他所做的一切，都顯得理直氣壯。這一切，對小加圖來說，都是無法容忍的。他與凱撒在性格上是完全不同的兩種人。即使沒有政見的不同，大概也始終無法成為友人。

之前，小加圖從狄爾哈強逃走，是因為那時龐培還健在。而現在，龐培已經不在人世，龐培手下的將領，大多數人不是戰死，就是向凱撒投降了。就連曾經將自己視為父親的外甥布魯圖斯，雖然不是將領之一，但在法爾沙拉斯會戰之後也投奔了凱撒。看來，現在已經是凱撒的天下了。

聽說凱撒正向尤蒂卡逼近，水手們都全部跑光了。這樣一來，即使是從臨海的尤蒂卡，也不可能乘船逃走了。

小加圖叫來了凱撒的親族——龐培派的魯奇斯．凱撒，委託他負責一些重要人物及家屬的安全。這些人當中有龐培的女兒，也就是獨裁官蘇拉的兒子法斯托斯．蘇拉的妻子龐佩雅 (**Pompeia**) 以及他的兒子、小加圖自己的兒子和女兒波西亞。波西亞是曾在西元前五十九年就任過凱撒的同僚執政官、內戰爆發之後成為龐培海軍將領的比布拉斯的妻子，在比布拉斯死後，波西亞就成了寡婦。

將這些人託付給魯奇斯之後，小加圖並沒有命令他帶著他們逃走，而是勸他們向凱撒投降。因為他相信，凱撒一定會無條件將他們送回國內。

但是他本身卻無意求得凱撒的寬恕，他既不想讓凱撒享有寬恕敵人的特權，也不想看到凱撒在寬恕敵人之時所得到的快感。

塔普索斯會戰之後的第六天，小加圖招待了尤蒂卡的要人，共進晚餐。

羅馬人的晚宴，就像柏拉圖的“*Symposium*”（《饗宴》）中所描繪的一樣，人們躺臥在床型的椅子上，一邊享受美酒佳餚，一邊針對某個特定的主題展開討論。羅馬人將這種場合的對談稱為專題討論（**Symposium**，源自希臘語，由羅馬人按拉丁語發音演變而成）。在這種場合中，決定討論主題的，是同時身兼司儀的主人。那一晚，在小加圖所舉辦的宴會中，絲毫沒有提及塔普索斯會戰的結果，討論的全是哲學上的問題，主題是關於自由。

小加圖以蘇格拉底為例，強調正直的人即使在死後，靈魂也會得到不朽，可以作為自由人而繼續存在。

宴會之後，小加圖返回寢室，但並未馬上就寢，而是在燈下翻閱起柏拉圖的*"Phaedo"*（《費多語錄》），那是本哲學書，描述在隔天將被處死的蘇格拉底，與到獄中探望自己的弟子關於生與死的對話情景。過了不久，小加圖取出短劍，刺入自己的腹部。噴出來的鮮血，濺滿了身邊打開著的*"Phaedo"*。

但是小加圖並沒有刺中要害部位，所以沒有立即斃命。在宴會上，對小加圖的發言有不祥之感的小加圖兒子和其他人，當時都還在寢室外留意室內的動靜。聽到從寢室傳出的呻吟聲，馬上衝進去；看到小加圖的情形，馬上叫來醫生。趕來的醫生試圖把小加圖的傷口縫合，然而遭到小加圖的激烈反抗，他親手挖出自己的內臟之後，氣絕而亡。時年四十九歲。

在鼓吹公民一律平等的共和政體之下的羅馬，羅馬人饒恕其他的羅馬人，是不被允許的行為，尤其是在擔當國政的元老院議員之間更是如此。小加圖認為，承認個人擁有饒恕他人的特權，是違反共和政體的精神。在那時，這是合乎邏輯的想法。即使是對於救了自己性命、既沒有沒收自己財產也沒有將自己流放的善行，在「法的公民」羅馬人看來，公民沒有權利決定其他公民的生死這一點是不容置疑的。即使在現代，還是有不少人讚賞小加圖之死是自由對權力的抗議。

如果小加圖能夠始終如一，徹底堅持這個信念，並且用在自己的兒女身上，在邏輯上也可以保全他的信念。然而，小加圖並未能做到始終如一；因為他把自己的兒女，連同寵培的女兒和孫子都託付給了凱撒。

即使如此，小加圖這種羅馬人稱為「意志之死」的自殺方式，還是顯得十分壯烈，留給人們的衝擊也十分強烈。在生前未曾立下什麼豐功偉績的小加圖，死後卻作為與絕對權力抗爭的自由人典範而留名後世。對小加圖的反對派來說，這是死後比生前更有危險性的典型人物。

得悉小加圖死亡的西塞羅，不知是忘記了自己正是因為得到凱撒的寬恕才可以恢復自由，還是因為心中有愧，發表了〈加圖〉，對小加圖大加讚賞。另一方面，凱撒也發表了〈反加圖〉，提出了與西塞羅相反的論調。西塞羅的〈加圖〉與凱撒的〈反加圖〉都沒有保存下來，具體內容雖然不得而知，不過只要想像，也可以猜出個中大概。

西塞羅的小加圖論，大概就是讚美了小加圖的清廉，並對他堅持自己的信念而寧死不屈的行為大加讚賞；而凱撒的反小加圖論，則大概是批判小加圖狹隘的視野，並在文中說明，在世界上，比起小加圖所自豪的清廉和在理論上過於執著的追求，還有更重要的問題需要解決。從這一段插曲中也可以看出，無論是在政治還是在其他方面，一個人的思想，就是他生活方式的反映。

小加圖自殺的隔天，勝利者凱撒抵達了尤蒂卡城。未等來訪的魯奇斯．凱撒開口求情，凱撒就主動表示會保證小加圖的兒女以及龐培的女兒和孫子的安全。留在尤蒂卡城的龐培派，沒有一個人被處刑，也沒有將小加圖在尤蒂卡的中央廣場梟首示眾。小加圖曾經強烈譴責凱撒的「寬容」違反共和政體的理論和自由的精神，而凱撒正是以這種「寬容」精神來對待他的敵人。

凱撒任命後來成為歷史學家的查爾斯提斯為新的非洲屬省總督，之後就乘船離開了尤蒂卡。從他以勝利者的身份入城之日算起，只不過經過了二天的時間。

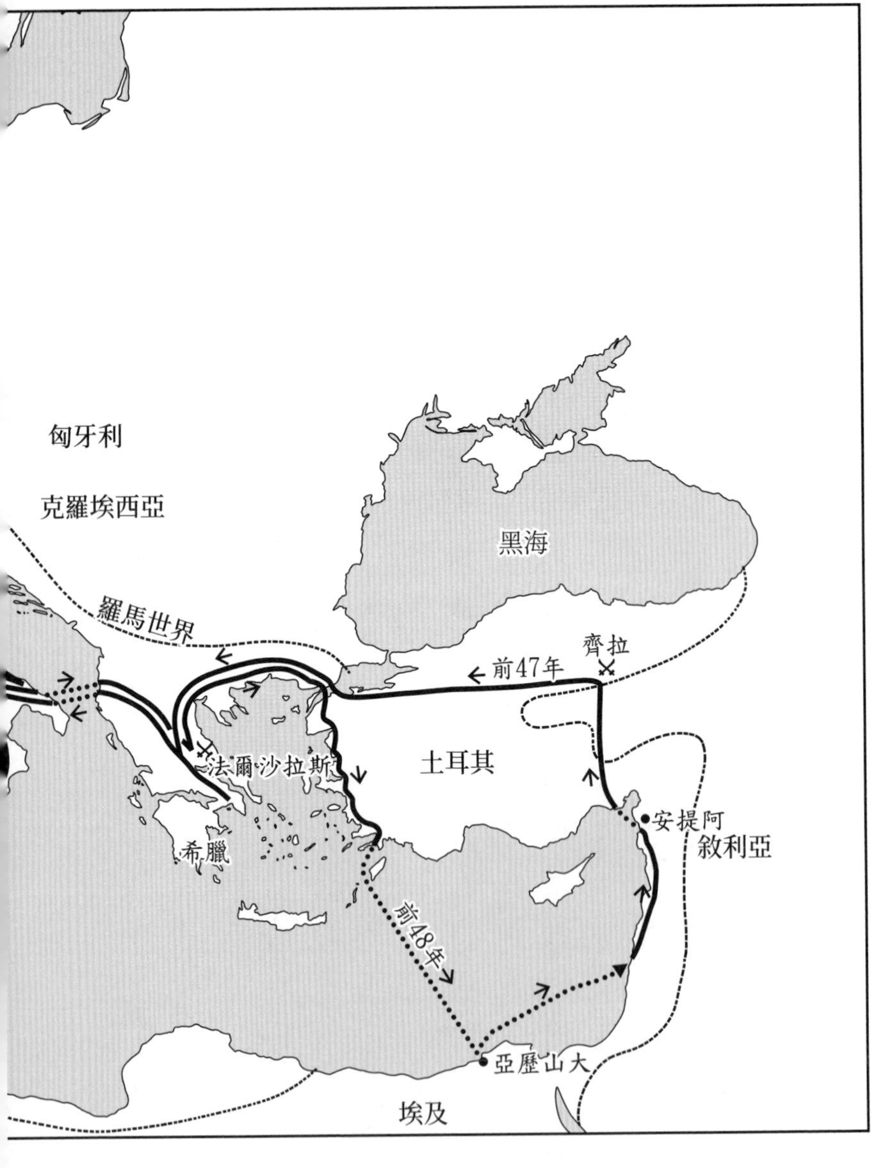
匈牙利
克羅埃西亞
黑海
羅馬世界
齊拉
前47年
法爾沙拉斯
土耳其
安提阿
敘利亞
希臘
前48年
亞歷山大
埃及

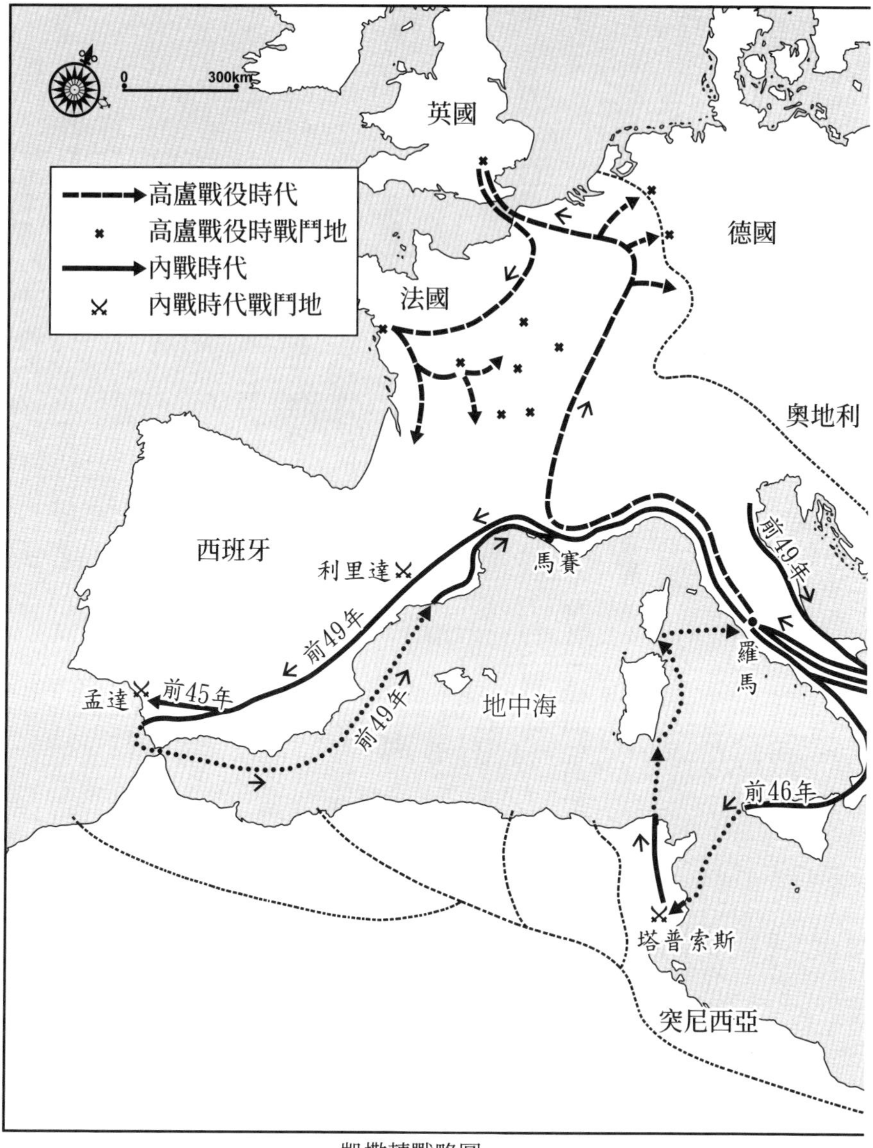
0
300km
高盧戰役時代
高盧戰役時戰鬥地
內戰時代
內戰時代戰鬥地
英國
德國
法國
奧地利
西班牙
利里達
馬賽
前49年
羅馬
前49年
孟達
前45年
前49年
地中海
前46年
塔普索斯
突尼西亞

凱撒轉戰略圖

凱撒在非洲的稱霸，花了三個月的時間。按一般人的作法，都會從尤蒂卡經由海路或陸路回師羅馬。現在已經是凱撒的天下了，當初強渡盧比孔河，一心想樹立羅馬國家的新秩序，這在肅清龐培派的殘黨之後，也已經有了可行的環境。

不過，這時凱撒又顯出他性格中獨特的一面。他命令軍隊歸國之後，便帶著少數的士兵出發前往薩丁尼亞島了。這一次，並非因為那裡有龐培派的人需要解決，而只是純粹的視察之行。理由是他從未踏上薩丁尼亞與科西嘉兩島的土地。

從多佛海峽到尼羅河的「羅馬世界」中，凱撒未曾涉足的，大概就只有薩丁尼亞與科西嘉兩地了。這兩島對放棄主食小麥自給自足的羅馬人來說，是重要的糧食生產地；同時，又因為地處地中海的中央，也是戰略上的要地。這一次的視察，並非沒有理由，但是卻花了太長的時間。

由於中間橫隔著大海，在波濤洶湧時根本無法出海；相反的，沒有一絲風的日子，也只好在港口等待順風吹來。正因為如此，凱撒自四月中旬從尤蒂卡出發，視察薩丁尼亞與科西嘉兩島之後返回羅馬時，已經是七月二十五日了。所以後世的研究者中，有人稱他為「行蹤不定的凱撒」。但是凱撒之所以能做到這一點，是因為在他手下，有著一批能幹的部下。即使他不在，只要給予他們明確的指示，工作就可以順利進行。舉例說，龐培在舉行凱旋式時，為了那二天豪華的凱旋式，從他歸國之日算起，以九個月的時間來作準備；而凱撒的凱旋式，準備分四天舉行，比龐培的更為壯觀。但是為此所作的準備，從他歸國之日算起，不過花了十天的時間。效率性就是必須考慮到可能發生的意外事件，才使執著的追求顯得有意義。

凱旋式

對步入五十四歲的凱撒來說，這是有生以來第一次經歷作為羅馬男子的最高榮譽——凱旋式。至今才舉行凱旋式，並非因為他功績不足，而是因為時間上的關係。在十天左右的時間內分四次舉行的凱旋式，當然是比當初龐培為時二天的凱旋式還要隆重，另一個原因是因為凱撒所戰勝的對手一共有四個國家的緣故。也就是，第一次是對高盧人的凱旋式，第二次是對埃及王托勒密十三世以及王女阿西諾愛，第三次是對潘特斯王法爾那西斯，第四次是對努米底亞王猶巴。而在法爾沙拉斯會戰中對龐培的勝利，則未列入凱旋式中所慶祝的內容，因為那是羅馬人之間的戰爭。凱撒向來的慣例，就是不打壓敗者，而是給予他們與勝利者同等的權利和機會。如果這一次將對龐培的勝利列入凱旋式慶祝的內容，必然會觸怒龐培派的人，在政治上也只是個愚蠢的決策而已。另一方面，凱撒本身大概也不想慶祝對龐

穿著軍裝的凱撒
(現藏於羅馬市政廳)

培之戰的勝利。凱撒的性格中，有著異乎尋常冷靜的一面，但卻並不冷酷。

另一方面，凱撒雖未直接與努米底亞王對決，凱旋式中卻有慶祝塔普索斯會戰勝利這個項目。在凱撒心目中，與「三巨頭政治」時代曾是自己盟友的龐培不同，在龐培死後仍負隅頑抗，與自己作對的龐培殘黨，已經成了他的敵人。凱撒對那些投降者，以他一貫的作法不但饒恕了他們的性命，也未沒收他們的財產，或是將他們流放。而努米底亞王猶巴是使古里奧全軍覆沒的罪魁禍首，對凱撒軍來說，努米底亞王一戰的勝利，終於得以報仇雪恥了。而對羅馬人來說，這是對在表面上與羅馬締盟卻反抗羅馬的舊同盟國的勝利，所以有十分充足的理由來慶祝這一次的勝利。

凱撒經常擁有與眾不同的想法，然而這一次的凱旋式，還是忠實地按照舊有的形式進行。

首先，參加凱旋式的全部人馬，都集中到馬爾斯廣場。由於從站在隊列最前頭直到最後的人都集中在那裡，所以那一天，像長蛇一樣蜿蜒的隊伍擠滿了整個馬爾斯廣場。由於同時是假日，所以無論是在遊行隊伍所經過的沿途，還是在儀式的開始地點馬爾斯廣場，都是人山人海，擠滿了圍觀的群眾。

遊行隊伍排列完畢之後，凱撒出現了。在他身後，跟隨著表示他獨裁官身份的二十四名侍衛。軍團長號令一下，軍團兵一邊保持著直立不動的姿勢，一邊同時斜舉右手，敬禮歡迎凱撒。後來被稱為「羅馬式敬禮」的這種敬禮方式，我們現在可以在關於德國納粹黨的紀錄片中看到。最先是墨索里尼，後來是希特勒也倣效了這種形式。實行排斥異民族路線的納粹，即使只是在軍隊的敬禮這一點上，倣效了在人類歷史上最初實現異民族間共存共榮的羅馬，也引起了很大的非議。不過，如果單純作為軍隊的敬禮，似乎是比英、美式的敬禮顯得更有派頭。附帶提一下，墨索里尼所創始的法西斯主義(Fascism)一詞，就是由古代羅馬侍衛所舉著的代表權威的束棒(Fasces)一詞演變而成。墨索里尼將他的軍隊稱為軍團，並導入了羅馬式的敬禮。同時，為了強化義大利的軍隊，還將最精銳的軍團稱為第十軍團。但是在第二次世界大戰中，還是得到眾所周知的下場。從這個例子也可以看出，形式固然重要，但是其中的內容才是最重要的東西。

凱旋將軍已經到達，遊行隊伍開始出發了。隊列的先頭是元老院議員和政府的高官。文官在前武官在後，這也是羅馬人的習慣。接著就是樂隊，樂隊的後面是滿載著戰利品的馬車行列。不只是把戰利品堆積在馬車上面就可以，還要讓沿途圍觀的群眾看得到，而且更要讓看到的人發出感嘆聲，所以必須在展示的形式上下功夫。

滿載著戰利品的馬車經過之後，就是標語牌的行列。標語牌上描繪出獲勝戰役的情況。在慶祝高盧戰勝之日，標語牌上所描繪的，是在高盧的地圖上方，描繪出羅馬的軍團旗銀鷹，或是萊茵河上的橋梁，以及在阿列沙之戰後跪拜在凱撒面前的敗將維爾欽傑托斯(Vercingetorix)；在慶祝對潘特斯王法爾那西斯的勝利之日，標語牌上所描繪的，是作為遊行隊伍先導的「我來、我見、我征服」；在慶祝對努米底亞王的勝利之日，則描繪著努米底亞王與佩里阿斯互相殘殺的場面，以及小加圖自己挖出內臟自殺的情景。無論是以文字還是圖畫的方式，那時標語牌在羅馬得到了廣泛的應用。這方面，羅馬人與希臘人不同，他們十分重視讓一般平民百姓也可以理解的宣傳工作。

標語牌的隊列之後，是載著表示「戰果」的戰敗者馬車。沿途圍觀的群眾，在看過標語牌之後，已經對戰役有了大概的了解，接著的程序就是親眼看這些勝利的「成果」了。被鎖在馬車上的戰敗者代表，在慶祝高盧戰勝之日，是維爾欽傑托斯；在慶祝對埃及的勝利之日，是王女阿西諾愛;潘特斯之日則是法爾那西斯的一個兒子;努米底亞王之日，是國王猶巴五歲的兒子。

通常，在凱旋式之後，即使會將這些人扣留在義大利，也不會將他們殺害。努米底亞王年幼的王子，在成年之後，因茅利塔尼亞的王室沒有繼承人而繼承王位。只有維爾欽傑托斯在儀式結束之後，就在牢獄裡被殺了。因為凱撒認為他不但擁有過人的能力，而且是個十分危險的人物。

在載著戰敗者的馬車後面，是在儀式最後的祭祀中作為祭品用的白牛。白牛的後面，跟隨著祭司。在羅馬，並沒有專門的聖職階級，所以祭司不過是經選舉所選出執行祭祀儀式的人而已。凱撒本身是相當於祭司長的最高神祇官，所以在他自己的凱旋式上，並沒有像以往的凱旋式一樣，有最高神祇官走在祭司的前頭。

參加者全部穿著禮服，衣冠整齊，態度嚴肅。馬車和馬匹裝飾得漂漂亮亮。連載著戰敗者的馬車，也用羅馬人所喜愛的常春藤裝飾，就像在馬車上鑲邊。羅馬人一向喜歡以平切的石塊鋪裝道路，並將種植的樹木圍起來。翠綠的樹木與大理石或是白色的石塊相輝映，十分好看，不過缺點就是樹根常常會讓鋪石變得鬆弛。羅馬人在節日喜歡將常春藤搓成綬帶狀，掛在牆壁上裝飾，羅馬人就是這樣讓由石頭砌成的單調牆壁增添上色彩。

以政府官員為象徵的「政治」以及祭司所代表的「宗教」行列之後，就輪到「軍事」的出場了。那一天的主角——凱旋將軍終於出場了。大約到西元前二世紀為止，凱旋將軍所乘坐的、由四匹白馬所拉的馬車，都是由凱旋將軍親自駕馭。到了西元前一世紀，馬車則由侍衛駕馭，凱旋將軍則站在馬車背後高出來的地方，接受沿道群眾的歡呼和投向自己的花。

在這個盛大日子中的凱旋將軍，在白色的短衣上穿著黃金製的護甲，護甲上刻著精巧的浮雕。

腳上是為儀式而訂做的齊膝靴子，靴子上也有美麗的裝飾。將軍的左肩披掛著最高貴的寬大紫色大斗篷，斗篷在右肩固定住。左手握著在正式戰鬥中由右手所握的象牙指揮棒，指揮棒也以黃金裝飾。沒有戴頭盔而是戴上桂冠。在那一天，凱旋將軍的臉要塗成紅色。將勝利者的臉塗成紅色，是倣效伊特魯里亞 (Etruria) 民族的習俗，據說是可以驅邪。

跟在凱旋將軍所乘的戰車後面的，首先是凱撒的幕僚，他們都是乘馬前進。接著就是騎兵團。在凱撒的凱旋式中，提到凱撒的騎兵，誰都會想到是日耳曼民族出身的騎兵為凱旋式增添了異國情調。他們的體格高大強健、金髮碧眼、表情嚴肅。而羅馬人的體格也很強健，但要比他們矮小，頭髮和眼睛都是茶褐色，表情也十分豐富。所以日耳曼騎兵更是引人注目。

在威風凜凜的日耳曼騎兵團後面，是威名遠播的羅馬軍團的行列。各軍團的前頭是羅馬的軍團旗銀鷹旗，隊伍由軍團長、大隊長、百人隊長和軍團、大隊、中隊組成。他們全都穿著軍裝，手中握著長矛和佩劍。不過在外表上，他們的表情並不嚴肅，而是顯出輕鬆甚至是不太正經的氣氛。他們負責擔任在遊行隊伍中一齊唱和的角色。在凱撒的凱旋式上，眾人齊呼的是：

「市民們，藏起你們的妻子，誘騙女人的禿頭到了！」

這似乎是有點過分，凱撒對此表示抗議。但是十二年以來，一直與凱撒同甘共苦的士兵，並不理會他們所敬愛的最高司令官的抗議。在凱旋式上，決定唱和的內容，是軍團兵的權利。這樣的唱和，似乎是有損於凱旋將軍的威嚴，但這是羅馬凱旋式的傳統，據說這樣是為了讓諸神不至

卡匹杜里諾丘最高神朱比特神殿（復原圖）

於嫉妒凱旋將軍。比一般人要富有幽默感的凱撒，那時的抗議大概也是十分有趣。對於禿頭，凱撒似乎也無法做到漫不經心，因為那時唯一令他煩惱的就是不斷後退的前額。元老院在決定授權凱撒就任十年的獨裁官時，破例同意凱撒在凱旋式以外的場所戴上桂冠，凱撒也欣然接受了這一榮譽。戴上桂冠，就可以遮掩住不斷後退的前額了。

軍團兵以上的大聲唱和，使本來莊嚴的凱旋式增加了一種活潑的氣氛，圍觀的市民聽了之後肯定會忍不住哈哈大笑。從馬爾斯廣場出發的遊行隊伍，進入集會廣場，並通過將廣場分為南北兩部份的聖道，開始登上卡匹杜里諾丘（羅馬七丘之一）。這時軍團兵也停止了逗笑般的唱和，神情變得嚴肅起來。在這裡，將舉行向諸神報告歷次勝利以及表示對諸神感謝的儀式。

現在人們都是從北面登上卡匹杜里諾丘，那是在十六世紀前期按米開蘭基羅的設計重新開發而成。之前，則是經過集會廣場從南側登上。在羅馬七丘之中最高的卡匹杜里諾丘，供奉著羅馬建國以來的諸神，其中有羅馬的最高神朱比特 (Jupiter) 和其他眾多的神。在羅馬，這是唯一不是由人而是由諸神所居住的地方。凱旋式的最後，必須在此地向諸神報告戰鬥的勝利，感謝不死的神對必須面對死亡宿命的人類的幫助。

供奉最高神的朱比特神廟，只有凱旋將軍一人才可進入。一向是合理主義者的凱撒，此時大概也是懷著真摯的感謝之情對神報告吧！經過長年以來嚴峻的考驗，才得到今日的榮耀。

凱旋式之後，舉辦了盛大的宴會，旁觀遊行隊伍的市民也在被招待之列。凱撒非常喜歡豪華的場面，不用多說，也可以知道這一次的宴會是盛況空前的了。

與他共同戰鬥過的士兵，全都分到了賞金。士兵是每人分得五千狄納利斯，百人隊長每人一萬狄納利斯，大隊長每人二萬狄納利斯。而且，與慣例不同的是，對於戰死者的家屬，以及因負傷而不能繼續服役的士兵，也發給了部份的賞金。從布尼克戰爭時代開始，羅馬軍團士兵的年薪一直就是七十狄納利斯；內戰爆發後，凱撒將士兵的年薪提高了一倍，也就是一百四十狄納利斯。而在凱旋式後所發出的賞金，就相當於他們三十五年的薪水了。

不僅是士兵拿到了賞金，凱旋式當日，圍觀的人，除了婦女和十七歲以下的小孩之外，每個市民都分到相當於八十七．五公升的小麥、三．二七公斤的橄欖油和一百狄納利斯銀幣。

這些賞金，都不是以普通的貨幣來支付，而是為此而特別鑄造了面值二十五狄納利斯的紀念銀幣。這種銀幣不僅具有紀念價值，也可以像普通貨幣一樣使用。

分四次舉行的凱旋式之後的宴會，合計有二萬二千桌。在夏天清涼的夜風中享受美酒佳餚的客人，估計有六萬人左右。未被邀請的平民百姓，實際上也參加了這一盛宴。晚宴都是在集會廣

凱撒凱旋式紀念貨幣
上：兩枚都是象徵著戰敗的高盧
中：象
下：凱撒的妻子庫爾普妮亞

場或是臺伯河中的小島等野外進行，所以在招待方面也不可能做得那麼細緻。而凱撒本身也很喜歡這種豪華的宴會。

晚宴結束之後，人們都目送凱撒回家。在凱旋式之夜護送凱撒回家的隊伍中，走在最前面的，不是侍衛，而是背上綁著火炬的大象行列。對於觀眾來說，這又是個有趣的場面。因為就像前面所提到的一樣，在迦太基語中，凱撒的意思就是大象。

凱旋式的內容不只是凱旋的遊行隊伍和宴會，在四次凱旋式之間，還穿插很多精彩的節目。其中有戲劇的演出、將臺伯河的水引入競技場進行模擬海戰、劍術表演、有四百頭獅子的狩獵等等。當然，全部都是免費演出。在慶祝非洲之戰勝利的演出日子，還從非洲送來了長頸鹿。羅馬的霸權已經擴展到地中海的南岸，使羅馬人得以見到不少產於非洲的動物，但是他們還是第一次看到長頸鹿。凱撒命人將戲劇的演出定在龐培劇場，在眾多的慶祝節目中，只有這一項是為了紀念年紀輕輕便不在人世的女兒尤莉亞而舉辦的。尤莉亞曾經是龐培的妻子。

在羅馬，有著這樣的傳統，就是有權勢者自費建造作為某種用途的建築物並作為公共設施捐贈出來。可以舉行凱旋式的人，為國家建造一、二座公共建築物，是理所當然的事。在集會廣場北面的「艾米里亞會堂」，是西元前一七九年戰勝馬其頓王佩魯修斯 (Perseus) 的艾米里斯·保羅 (Lucius Aemilius Paulus) 所捐贈。在聖道的另一邊，是格拉古兄弟的父親老格拉古 (Tiberius Sempronius Gracchus) 在西元前一七〇年所捐贈的「善普羅尼斯 (Sempronius) 會堂」。西元前八〇年，獨裁者蘇拉也在集會廣場對面的卡匹杜里諾丘建設了公文書庫，不過那實際上是為政府所用的建築物。現在在南面，還有中世紀時期的建築物，其中部份是現在羅馬市政廳的所在地。而曾經在東地中海稱霸的龐培，自然也不甘落後於前人。在西元前五十五年，在城牆外建設了羅馬最初的石造劇場和大迴廊，並且捐贈給國家。

凱撒當然更不會落後於先人。從高盧戰役開始，他就著手進行集會廣場的擴建工程——神廟和迴廊的建設。他還宣布將「善普羅尼斯 (Sempronius) 會堂」的修繕作為這次凱旋的紀念事業。但是由於該會堂年久失修，結果只好拆掉重建，後被稱為「朱利斯 (Julius) 會堂」。不僅如此，凱撒對整個都市計畫特別關心。他所做的，遠遠超出了作為凱旋將軍的紀念事業範圍。凱撒在樹立國家羅馬政治新秩序的同時，也準備讓首都羅馬在外觀上令人耳目一新。

迦太基在經過七百年的歷史後滅亡了；而羅馬，在經過七百年的歷史之後，正經歷著新生。

凱撒所構想的首都再開發計畫，將顯示出在凱撒統治之下新羅馬的誕生。

「歷史有時會突然凝聚在一個人身上，之後世界便傾向以這個人所指示的方向前進。在這類偉人的個人身上，普遍與特殊、停駐與躍動濃縮成一個人格。他們體現了國家、宗教、文化以及社會危機。（中略）遇到危機時，既成的與新的事物交織合而為一，在偉人的個人心中達到極致。這些偉人的存在乃是世界史的一個謎。」

——選自布爾克哈特的《世界史的考察》

國家改造

在塔普索斯會戰中獲勝，肅清了舊龐培軍之後，凱撒於西元前四十六年四月離開了非洲。在凱撒心中，自西元前四十九年一月十二日渡過盧比孔河之後所開始的內戰終於劃上了休止符。與龐培的抗爭，其實就是「元老院體制派」與「反元老院體制派」之間的抗爭。

以此看來，國家羅馬內部的混亂，就如之前格拉古兄弟所指摘的一樣，是因為「元老院體制」不能發揮功能。古代的史學家阿庇亞努斯(Appianus)的著作《內戰記》，也是從格拉古兄弟開始著筆。古代的羅馬人，也普遍認為如此。常常超越時空思考的凱撒，也一定是認為霸權國家羅馬，從格拉古兄弟時代就開始陷入了混亂的狀態。實際上，凱撒在最初就任執政官時所施行的最重要政策，就是由格拉古兄弟所提案，後因他們英年早逝而中止的農地改革法案。

然而，羅馬的混亂已經十分嚴重，並不是實際個別的政策就可以解決。在格拉古兄弟之後也有許多人意識到這一點。也就是說，有人認為，這樣的混亂，是因為長久以來，羅馬所採用的共和政體，已經無法再像以往一樣發揮功能了。其中的代表人物，就是蘇拉、西塞羅和凱撒三人。

所謂羅馬獨特的共和政體，就是由不必經過選舉的菁英所組成的元老院，輔助以每年所選出的兩位執政官為最高代表的行政機關，並由公民大會作出最終決定的制度。由於擔任行政的多是元老院議員，所以也被稱為寡頭政體。

在布尼克戰役時代，希臘史學家波力比維斯認為在羅馬的共和制中，執政官表現出君主政體的優點；元老院體現了貴族政治的優點；而公民大會則象徵了民主制度的優點。他對當時羅馬這種結合三者優點的政體大加讚賞。

在這種制度之下，執政官以下的行政官員選舉以及元老院議席的獲得，每個公民都有平等的機會，而不存在階級上的差別。但是在權力的行使方面，則視個人的能力而定。

羅馬人從未試過採用民主制度，因為羅馬人清楚地看出，即使在伯里克里斯時代，因為領導者伯里克里斯有著超群出眾的政治能力，才使雅典的民主政體得以發揮最大的效能。伯里克里斯去世之後，雅典的眾愚政策使國力迅速衰弱。這對當時尚是新興國家的羅馬來說，是極好的反面教材。

因此，羅馬人選擇了與執著於都市國家體制的希臘人相反的道路。也就是羅馬人每征服一個地方，都會以征服者的姿態使被征服地區與自己同化。

而這種同化政策，遲早都會導致擁有公民權者的人數擴大。所謂民主政治，並不是根據有選舉權者的智慧和判斷力來發揮功能；而是由在某種事件發生之後，可以馬上趕到現場的有選舉權者的人數來決定。雙親的一方如果出身於其他的都市，則得不到公民權。當初雅典就是採取這種關於公民權的鎖國政策，才發揮了民主制度的機能。

雖然如此，在第I冊《羅馬不是一天造成的》時代中所確立的羅馬獨特的共和政體，在第II冊《漢尼拔戰記》的時代中，就像外國人的波力比維斯所讚賞的一樣，由元老院主導的共和政體，出色地發揮效能。對天才漢尼拔和當時的大國迦太基的勝利，也正是因為元老院團結一致，擔當了戰鬥的指揮系統。對迦太基之戰的勝利，可說是羅馬在組織力上的勝利。當時，一直在最前線戰鬥的元老院階級，在陣亡將士中，占了最高的比例。

然而，無論怎樣的制度，都有時限性。征服迦太基繼而成為地中海世界霸主的羅馬，遇到了作為勝利者的難題。原因之一，就是任何制度都無法避開的動脈硬化現象。另一個原因在於成為勝利者之後，所面對的問題也有了質的變化。

之前一直發揮正面效能的制度，隨著環境的變化，造成了負面的影響。

就人來說，改變長期以來出色地發揮功能的某種制度，比從零開始還要艱困得多。因為要實行這種改造，就必須首先進行自我改革。而對一直對自己的能力深信不疑的人來說，沒有什麼事比進行自我改革還要艱難的了。但是如果不加以改革，就不可能樹立適應新時代的新制度。格拉古兄弟以後的羅馬有識之士所面臨的苦惱，正是這一點。

無論是蘇拉、西塞羅還是凱撒，都一致認為有必要恢復羅馬的統治能力。而且三人都有一個共識，那就是以作為統治階級的元老院現狀來看，是無法執行這一任務的。雖然這三人所採取的方式各不相同，但都是憂國憂民的有志之士。

然而，以上的三人，是試圖用怎樣的方法來解決這個難題的呢？

蘇拉的方法，簡單地說，就是實行內部改革。當蘇拉就任不許任何人反對的獨裁官之後，組織了危機管理內閣，實行高壓政策。對反對派，他毫不留情地加以殺害、驅逐、沒收財產等等。蘇拉的政治改革，是為了增強元老院體制，從而恢復元老院的統治能力。就像在第III冊《勝者的迷思》中所詳述的一樣：嚴格地實施功績序列制度，防止個人的抬頭。同時，讓作為統治階級的元老院議員有更多的機會來鍛鍊自身的統治能力，以使指導者階層的品質得到改善。

但是蘇拉心目中的統治階級，是指必須與他有共識的人。對反對派，則是徹底地加以肅清，甚至還列出詳細的「處罰者名冊」。理由是國家政治的擔當者，必須由對羅馬的共和政體有高度忠誠的人構成。

而與蘇拉相差三十歲的西塞羅，又試圖以怎樣的方法，將陷入危機中的羅馬解救出來呢？西塞羅反對蘇拉所實行的肅清反對派，以強化統治階級的政策。蘇拉的恐怖政治，結果將會導致人心的墮落。在「加帝藍的陰謀」時，身為執政官的西塞羅，就為此而憂心忡忡。

不過，他也不同意與自己同年代的凱撒，從根本上改變整個制度的作法。

西塞羅是地方出身的成功者。一般人，尤其本來是「外來者」，往往會對接納自己的體制有一種執著，自然就會熱心地維持現行體制。

即使如此，對羅馬國家的現狀，西塞羅還是比任何人都感到擔憂。他所考慮的改造羅馬的方法，以他自己的話來說，就是「政府官員生活的淨化」。他認為，只要這一點可以實現，羅馬國家的將來就可以安泰了。

西塞羅還確信，可以通過言論的力量實現這一點。在他所發表的眾多著作中，比起普遍意義上的道德改善，他更重視的是羅馬政府官員的道德改善；甚至以此作為他辯護文的基礎。

西塞羅在他最得志的時期，曾經為自己下過這樣的定義：

Consul sine armis　非暴力執政官

Dux et imperator togae　穿著寬外袍的司令官

Cedant arma togae　以文制武

然而，在現實中，就如蘇拉所實行的內部制度改革無法從根本上改變羅馬的腐敗一樣，西塞羅所提倡的道德改善，並未能產生他所預期的效果。

凱撒的作法又是如何呢？西元前四十六年以後的凱撒，與當年的蘇拉一樣，當上獨裁官，從而獲得了絕對的權力。也就是說，任何人都無法對他行使否決權，他可以按自己的意願實施各項政策。

步入五十四歲的凱撒，以「寬容」為座右銘，準備樹立羅馬的新秩序。在為凱旋式所鑄造的紀念銀幣的一面，刻著仁慈的字樣。凱撒處處不忘表明自己與蘇拉的不同。

他沒有作成記錄反對派人士名字的「處罰者名冊」，對逃亡者，仍然允許他們歸國。對安東尼等人的失誤，他命令將所沒收的財產如數歸還，或經原主人同意後購入。當然，他更不會將龐培派的人在集會廣場梟首示眾。對那些希望歸國、恢復公共生活的人，他都寬大對待。就連曾經發出「元老院最終勸告」，宣布凱撒為國家敵人的原執政官馬塞拉斯，凱撒也允許他歸國。凱撒的心願，就是要無論是反對還是擁護自己的人，都團結一致，為國家羅馬的再生而盡力。

但是凱撒的這種方法，比排除異己的蘇拉式改革，還要艱難得多。蘇拉的作法合乎他的個性；同樣的，凱撒的作法也反映出凱撒的個性。

對凱撒的作法，大多數羅馬人都放下心頭大石。長期以來，羅馬人同胞之間的流血鬥爭，已經使多數的羅馬人精疲力盡了。而像小加圖一樣，認為羅馬人對羅馬人的寬容，是違反共和政體精神的人，雖然已為數不多，但還是存在。雖然小加圖已經在尤蒂卡自殺身亡，但是仍然有人開始聚集到龐培兩位遺子的逃亡之地西班牙。

不過，發表了〈加圖〉，對小加圖的壯烈自殺大加讚賞的西塞羅，對凱撒的寬容精神卻表示贊同。這個時期的西塞羅，似乎有一種使命感，積極致力於舊日同志與凱撒之間關係的改善。

西塞羅的熱心，源自他的政治理念，也就是重建由少數菁英所主導的自由共和國家。現在，他將希望寄託在大權在握的凱撒身上。但是凱撒卻認為，國家不是一種理念，而是實際。問題在於是否可以最有效地發揮它的機能。西塞羅對凱撒的期待，說明了即使是西塞羅，也無法理解凱撒的這種觀點。在這種情形之下，久而久之，人們往往會忘掉自己未曾理解過某種事物這一點，就因為結果無法按自己所期待的那樣發展而大失所望，認為自己被背叛了。在戰場上未經歷過孤獨的凱撒，在政治上，卻無法避免孤獨。

然而，孤獨往往會成為創造者一生無法擺脫的宿命。這也許是相對於神所賦予的創造才能所必須付出的代價吧！如果為自己的孤獨而嘆息，那就無法進行創造了。實際上，這種人是沒有時間和精力來嘆息的。正因為如此，凱撒並沒有理會西塞羅的評論，而是著手開始進行他認為應該處理的事務。他最先進行的，就是曆法的改革。這個象徵性的改革，表現出他作為實踐家的一面。

曆法改定

在那時羅馬人所使用的曆法，是西元前七世紀由第二代王努馬(Numa)所整理的陰曆。以月的圓缺為基準，將一年分為十二個月，一年的天數為三百五十五天，多出的天數，則以每數年增加一個月來調整。然而這種方法產生了很大的誤差，到了西元前一世紀中期，曆法上的季節與實際季節之間，已經有了將近三個月的誤差。

凱撒決定進行曆法改革，不僅是為了消除這種誤差。他認為，只要制定出正確的曆法，並在「羅馬世界」加以推廣，那麼人們就會有共同的生活節奏。他認為，羅馬世界應該不僅是軍事上的霸權，在允許各種不同文化共存的同時，也必須有共通的文明。而共有相當於日常生活中計量器的曆法，就是擁有共通文明的第一步。

凱撒請來在埃及時認識的埃及天文學家以及希臘數學家，制定實際曆法。這些被凱撒請到羅馬的科學家計算出地球繞太陽運轉一周所需要的時間為三百六十五天又六個小時。以三百六十五天為一年，分為十二個月，每四年一閏，閏年為三百六十六天，閏年在二月時多出一天。這樣，陽曆產生了，因為改良者的名字而被稱為「朱利安曆法」(Julian Calendar)。

而之前的曆法已經與實際季節有很大的誤差，所以在西元前四十六年那一年，在十一月與十二月之間，插入了三個月。這樣，西元前四十六年的各月就變成：

一月、二月、三月、四月、五月、六月、七月、八月、九月、十月、十一月、插入第一月、插入第二月、插入第三月、十二月。在那一年，羅馬人多出了約七十天的時間。「朱利安曆法」決定從西元前四十五年開始實施。

西元一五八二年，教皇格里高里(Gregory)對「朱利安曆法」作了修訂。在此之前的一千六百二十七年，「朱利安曆法」在地中海世界、歐洲以及中、近東被廣泛應用。教皇格里高里修訂「朱利安曆法」的理由，是因為在十六世紀後期，隨著天文學的迅速發展，科學家計算出地球繞太陽運轉一周所需要的時間不是三百六十五天又六小時，而是三百六十五天又五小時四十八分四十六秒。之後，以此計算為基礎的「格里高里曆法」(Gregorian Calendar)就取代了「朱利安曆法」而沿用至今。判定十一分十四秒的誤差，竟然需要一千六百二十七年的時間，這也表明當時所制定的「朱利安曆法」已經有了驚人的準確度。而「格里高里曆法」只是比「朱利安曆法」在時間上準確了十一分十四秒，在概念上兩者並沒有不同之處。

不過，凱撒並沒有強制其他民族使用「朱利安曆法」，他是打算制定出一種可以通用的「國際曆法」。而各民族也繼續使用他們所習慣的舊曆。就像高盧人，在新曆法頒布之後相當長的一段時間，還繼續使用陰曆。不過，他們也並沒有拒絕使用「朱利安曆法」。即使是現在，也有不少地方並用陰曆和陽曆兩種曆法。這在當時，也是在羅馬霸權之下的非羅馬人生活方式。

貨幣改革

凱撒認為兩種曆法的並用沒有什麼不妥之處，這種觀念在他後來所實施的貨幣改革中也可以看出。不過，即使是並用，作為主軸的仍然是羅馬的貨幣。貨幣制度的確立，成為促進羅馬世界全體經濟不可缺少的部份。

凱撒首先從元老院取得造幣權，設立國立造幣所，將金幣、銀幣和銅幣的鑄造全部制度化。不僅是紀念貨幣，連通常所使用的貨幣也刻著他的肖像。在貨幣上雕刻還活著的人的肖像，這在羅馬的貨幣史上也是個創舉。不過，在其他具有造幣權的地方，像一些屬省，以及一些像雅典一樣的獨立都市，還是繼續使用該地所鑄造的貨幣。當時的兌換所想必是十分繁忙的。

不少的史學家都是希臘人，他們著作中的貨幣單位當然也是希臘的通貨。這對現代的研究者來說，無疑是個頗為頭痛的問題。他們一定是和我一樣，必須經常備著各國通貨的換算表和計算器。這也是凱撒的並用主義所留下的後遺症吧！

在語言的世界也同樣存在著並用的現象。但是在這個世界中，有兩種語言，就像「朱利安曆法」因為它的正確性和實際性而得到廣泛應用一樣，也成了當時具有代表性的語言——那就是具有高度完整性的希臘語和拉丁語。

在西元前一世紀，因為有了西塞羅和凱撒這兩位稀世文豪，拉丁語也像希臘語一樣得到高度的發展。本來拉丁語是可以作為霸權者的語言在羅馬世界稱霸的，但是自古以來，羅馬人就有使

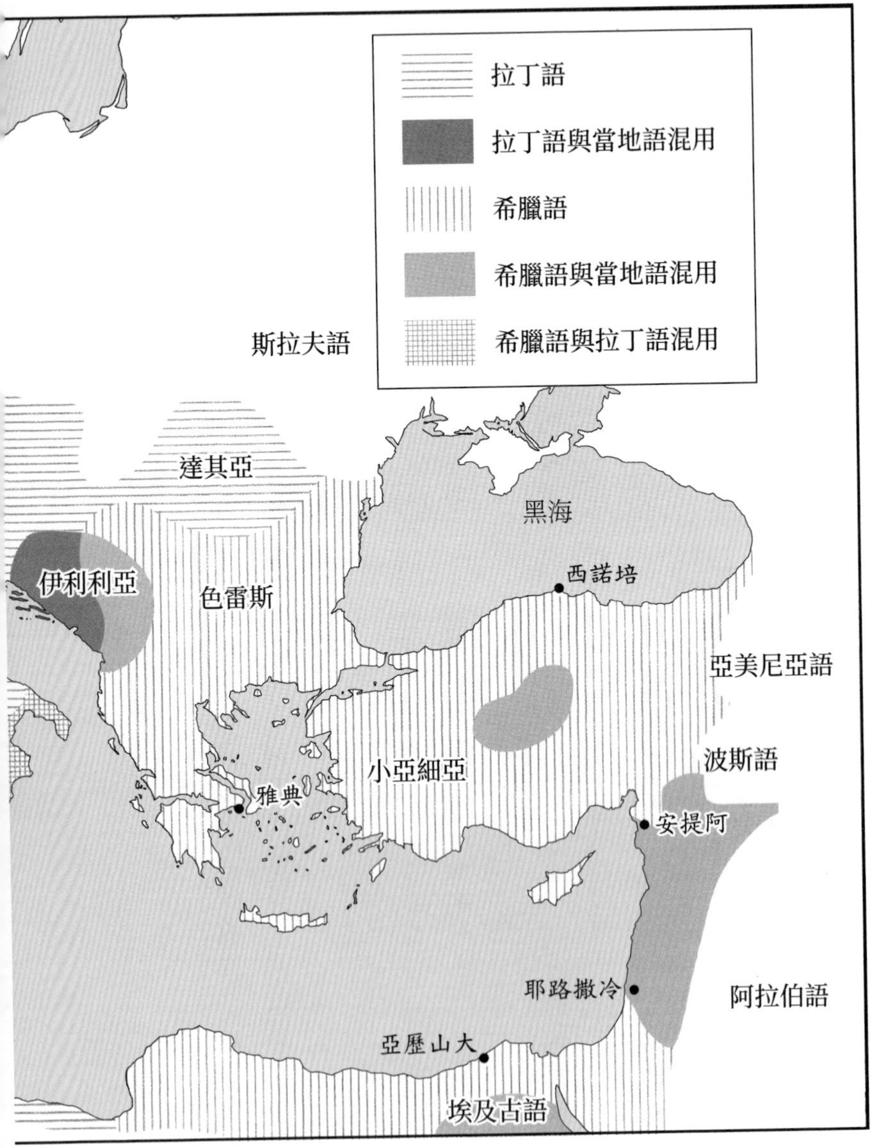
拉丁語
拉丁語與當地語混用
希臘語
希臘語與當地語混用
希臘語與拉丁語混用
斯拉夫語
達其亞
黑海
西諾培
伊利利亞
色雷斯
亞美尼亞語
小亞細亞
波斯語
雅典
安提阿
耶路撒冷
阿拉伯語
亞歷山大
埃及古語

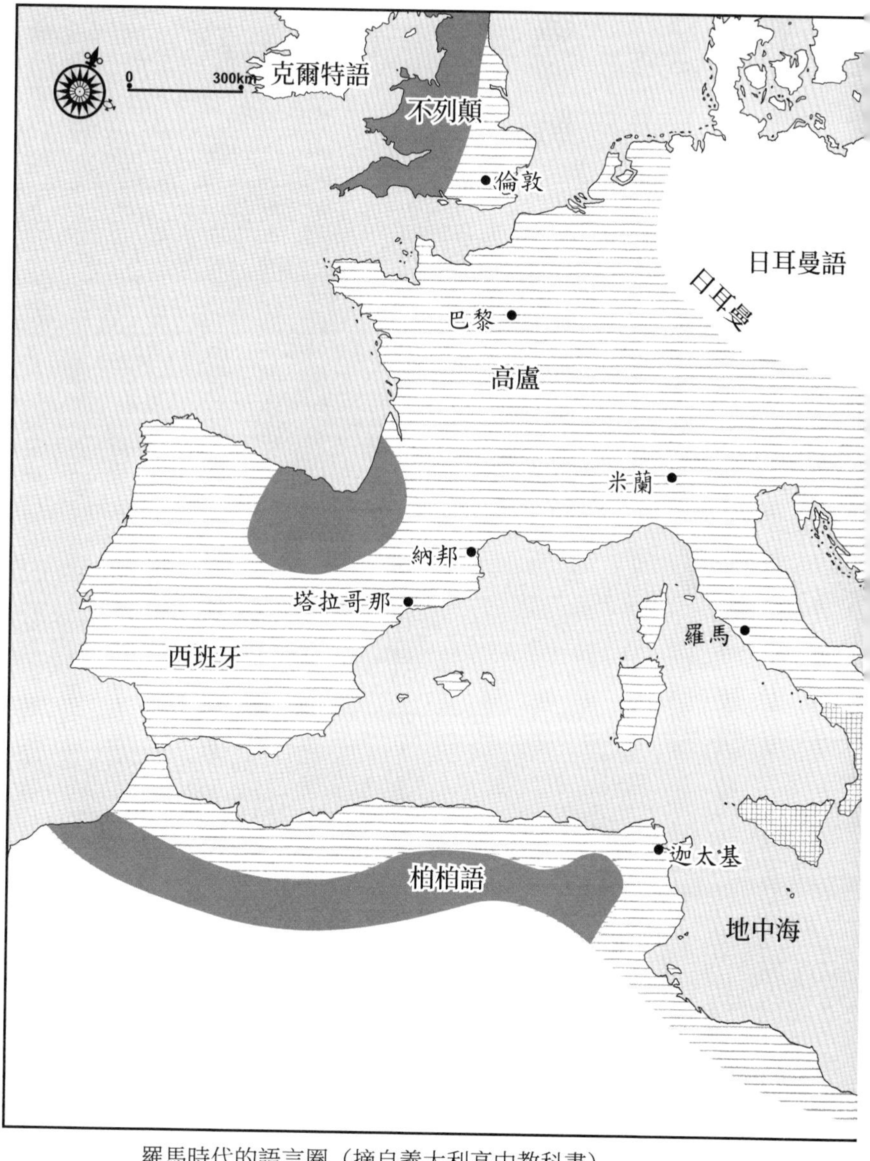

羅馬時代的語言圈（摘自義大利高中教科書）

用雙語的習慣。凱撒還命人在羅馬最初的國立圖書館中，同時保存希臘語和拉丁語的藏書。此外，在希臘語圈的公告，即使是羅馬中央政府所發出的公告，使用的也是希臘語。

除了這兩大國際語言之外，當地人也長期使用當地的語言。在羅馬帝國滅亡之後，很多地方都是同時使用當地語言和拉丁語，並由此逐漸演變成為近代各國各自的語言。

在很多方面，凱撒都認同分權主義；但是在統治制度、法律、軍事、道路、上下水道以及港灣設備等代表社會資本的方面，凱撒則是按照羅馬方式來實施。在這方面，他是徹底的中央集權主義。他理想中的帝國，就是分權和集權得到合理並用的人類社會。凱撒要創造的，是一個世界性的國家。

但是這個偉業，這時也不得不暫時停止了。因為在西班牙，又出現了反抗凱撒的勢力，那就是擁戴龐培兩位遺子的反凱撒勢力。

孟達會戰

龐培的長男努斯和次男塞格斯多斯，以及在塔普索斯會戰失敗之後逃到西班牙的拉比埃努斯和瓦爾羅等人，之所以成功地組織起反抗勢力，是因為他們得到當地居民的支持。

西班牙人本來就不是心甘情願地受羅馬統治的民族，說得好聽一些，就是不甘屈服於強權；簡單地說，就是沒有意識到強權是其生存所必要的條件。所以每次一出現與羅馬對抗的帶頭人物，西班牙人都會群起反抗羅馬。而每一次在戰敗之後，又會回到羅馬的統治之下。

西元前七十五年前後，龐培出兵西班牙所平息的「塞多留斯」(Sertorius)之亂，就是個典型的例子。而這一次進行叛亂的是龐培的兩位遺子。這並非因為西班牙人是龐培派，即使代表羅馬政府的不是凱撒而是龐培，西班牙人大概也會群起反抗龐培的。對這樣的民族，除了以軍事取勝之外別無他策。凱撒派出軍團長佩迪斯和法比烏斯出兵西班牙以平息叛亂。

這兩位將領從高盧戰爭時代開始就是凱撒的幕僚，都是十分稱職的軍團長。但是身為戰役的總指揮，對他們來說卻是個過於重大的任務。結果，不但未能成功地平定叛亂，反而讓勞斯·龐培在西班牙南部一帶的勢力擴大。在西班牙南部支持凱撒的，只有一個重要城市科爾多瓦(Gordoba)；勞斯已經在西班牙集結了八萬的兵力。此時，凱撒也不得不親自出馬了。

西元前四十五年三月十七日在孟達(Munda)進行的會戰，終於擊潰了龐培派最後的抵抗。在這次戰役中，凱撒派出了由高盧兵所組成的第五軍團、在法爾沙拉斯會戰之後曾跟隨他一起出兵埃及的第六軍團、以及像影子一樣追隨凱撒的第十軍團。此外，還有以茅利塔尼亞王國的士兵為主的兵力，總數有四萬八千名。另一方面，敵軍則有八萬的兵力，由龐培的長子勞斯和在塔普索斯會戰之後逃到西班牙的拉比埃努斯指揮。激戰之後，凱撒軍的死者有一千名，敵軍方面則有三萬三千人戰死。拉比埃努斯也戰死。勞斯·龐培負傷而逃，但在逃走途中被殺。只有龐培的次男塞格斯多斯逃往大西洋沿岸的山地而免於一死。

在內戰時代，由凱撒所指揮的會戰有個特點，就是俘虜人數遠超過戰死的人數。那是因為凱撒嚴命自己的軍隊，寧可俘虜也不可殺害自己的同胞；唯有在孟達會戰中沒有俘虜。這一次，在激戰中獲勝的凱撒軍士兵大開殺戒，這也說明反抗凱撒的羅馬人已經不多了。在這一次相當於龐培派的最後一次抵抗中，雖然司令官與指揮官階層都是羅馬市民，但是在手下戰鬥的士兵，大多是西班牙當地的居民。

這一次，拉比埃努斯戰死，使他與凱撒的敵對終於劃下了休止符。這也是四年以來，凱撒第一次見到自己以前的副將。站在這位曾經是自己的同志而後與自己背道而馳的拉比埃努斯遺體面前，凱撒的心情如何，在《西班牙戰記》中隻字未提。書中只是寫著「拉比埃努斯也戰死，被埋葬」而已。

在之前，無論是在對龐培還是在對龐培派的戰鬥中獲勝，凱撒都沒有舉行過凱旋式。但是在孟達會戰中獲勝後，凱撒舉行了凱旋式，與市民共同慶祝勝利並對諸神表示感謝。

在現代的研究者中，有人認為這時的凱撒終於撕下了面具。但是以凱撒的看法，孟達會戰是鎮壓反抗正統羅馬政府的叛亂。這一次的戰鬥，雖然最後是由凱撒親自出馬才獲勝，但是凱旋將軍並非只是凱撒一人，還有佩迪斯和法比烏斯兩位軍團長，也身為凱旋將軍乘著由四匹白馬所拉的戰車參加凱旋式。兩人都被授與指揮兩個軍團的「絕對指揮權」，也就是表明了他們的社會地位，是由凱撒派遣鎮壓叛亂的官員。凱撒讓兩位部下也作為功臣參加凱旋式，從而明確地表明了自己立場的正當性。

去年，凱撒已經被元老院任命為任期十年的獨裁官，而且在西元前四十六年和前四十五年，凱撒還兼任執政官。西元前四十六年的同僚執政官是雷比達，前四十五年的同僚執政官則是法比烏斯。法比烏斯因病去世之時，雖然任期只剩下短暫的時間，凱撒還是馬上讓提波紐斯填補了空缺。而凱撒本身，先是通過元老院和公民大會而被任命為期五年，繼而又被任命為期十年的獨裁官。在這期間，凱撒處心積慮，打算將獨裁官這種羅馬政體中的特例常態化。而當時的羅馬人，是對帝制十分敏感的國民。

遺書

現在，凱撒終於可以暫時放下戰爭而專心投入政治了。這一點，從他在這個時期所寫下的遺書中也可以看出。

凱撒最初的遺書，是在他女兒尤莉亞嫁給龐培之後，在他出征高盧之前，大約是西元前五十八年前後所寫下的，繼承人是龐培。不過結果是女兒尤莉亞去世，凱撒與龐培的關係破裂，再之後龐培也死去，凱撒的「遺書」就顯得有趣了。不過當時的情況，留下遺書之類是十分普遍的事。即使提到財產的繼承問題，當時的凱撒，除了在蘇布拉(Subura)的私邸以及其他地方有一、二所山莊之外，並沒有什麼財產，倒是欠了不少債。

然而，西元前四十五年凱撒所寫下的遺書，與之前的有極大的不同。首先，第一次是他出征之前所寫；而這一次則是凱旋歸來之後的遺書。這時的凱撒，也沒有欠債了，不過私有財產也沒有增加多少。西元前四十五年的遺書，是屬於政治性的遺書，也就是說，他是以遺書的形式來指定繼承人。

在西元前四十五年寫下遺書，也並非因為此時的凱撒已經步入五十五歲的緣故。在當時的羅馬，即使是普通的士兵，現役年齡也是到四十五歲為止。在緊急狀態下，也會召集六十歲以下的退役士兵進行防衛。那時，未滿六十歲是屬於壯年期，超過六十歲才開始進入老年期。此外，司令官階級根本就不存在著退役年齡的限制。

此外，那時的凱撒仍是十分健康。曾經有凱撒患上羊癲瘋之說，但是翻閱同時代的史料，卻完全沒有提及此事。只在一百五十年至二百年之後普魯塔克等希臘史學家的書中才出現。這是一種隨時都會發作的病，像凱撒這種時刻都在眾人注目之中的人物，如果患上這種病，是不可能隱瞞的。此外，像西塞羅這樣的消息靈通人士，也不可能不知道。西塞羅即使與凱撒有一定的友情，但是在政治上卻是凱撒的反對派，如果得知凱撒患病，也不可能不在寫給他密友阿提克斯的信中提及。但是，無論是在西塞羅的作品還是書信中，都找不到提及凱撒患有羊癲瘋之處。所以，這大概也與傳聞凱撒的母親是剖腹生產 (Caesarean Operation) 生下他一樣，純屬後人的虛構。實際上，在近、現代的研究者所留下的重要學術性著作中，也沒有一人提到此事。

至於凱撒遺書的內容，等凱撒被殺身亡之後的遺書公開之時再作詳述。不過，遺書中的繼承人當時還只有十八歲。這說明了凱撒在寫下遺書之時，是準備在十二、三年之後再隱退的。再過十二、三年，對新生羅馬的建設也將會大功告成，之後就可以將國家的營運託付給後繼者了。凱撒是在三十歲時開始他在羅馬的政治生涯，十二年後，他所指定的繼承人也將是三十歲。然而，歷史並沒有像他所期望的那樣發展。

帝國

從西元前二〇二年打敗漢尼拔到征服高盧的西元前五〇年的這段期間，羅馬正處於高度成長時期。不過，如果以漢尼拔的話來形容，那就是羅馬的外形已經迅速成長起來，但是內臟卻還未發育成熟。

與迦太基作戰之前，羅馬只是擁有從盧比孔河到墨西拿海峽的義大利半島；而羅馬的內臟，也就是政體等各項制度，適合當時國家羅馬的統治。

在對迦太基的戰爭獲勝之後，羅馬的領土急速擴大。地中海不再成為與他國的境界，而是成為「我們的海」、「內海」。但是內臟部份，還是繼續以前的統治制度，這樣當然就會產生矛盾。最早察覺到這種矛盾並試圖改變的是格拉古兄弟。之後的羅馬，一直處於身為勝利者的混亂和困惑之中。

朱利斯．凱撒就是要給羅馬換上適合肉體發展的新內臟。換句話說，就是要將國家羅馬從高度成長期導向安定成長期。

國家羅馬的防衛線，從萊茵河、多瑙河、黑海一直到幼發拉底河。地中海以南，以舊迦太基的領土、現為羅馬屬省的非洲屬省為中心，另有兩個同盟國埃及和茅利塔尼亞。西部是與伊比利半島相接的大西洋，北部則是接著不列塔尼亞和高盧的北海。

凱撒將遠征帕提亞作為最後的戰役，目的並非在於征服帕提亞王國，而是在戰勝帕提亞以確立幼發拉底河的防衛線。此外，在遠征帕提亞之後，他還打算在歸途將多瑙河南岸一帶納入羅馬的勢力範圍。

此外，凱撒不希望再擴大羅馬的領土了。不過，在現有的基礎上再擴大領土的想法也已經不實際了。

確定防衛線之後，接著的問題就是國力的充實了。同時，必須維持在羅馬霸權之下各地區、各民族的秩序和平，也就是"Pax Romana"（羅馬統治之下各民族的和平）的確立，並由此實現羅馬作為生活大國的目標。但是生活大國並非提倡就可以輕而易舉地實現，首先必須對不適時的各項制度進行改革。

凱撒認為，比起元老院主導的羅馬型共和政體，帝制更適合現在的羅馬。就像隨著羅馬領域的擴大而無法發揮機能的民主制度一樣，寡頭政治也面臨地理上的變化而帶來問題。隨著統治領土的擴大，首先必須解決的問題就是制度的效率性。現在的元老院有六百名的議員，不但意見難以統一，要制定政策更是難上加難。

國力變得強大之後，必定會導致現有制度的修正。在中世紀，文藝復興時代的強國威尼斯王國，也曾為加強統治能力，將二百人的元老院改為由十七人組成的「十人委員會」，作為政策的決定機構。

凱撒打算將具有六百名元老院議員的共和政體，改為由一人決定國政的帝制。與十四世紀的威尼斯王國所統治的地域相比，西元前一世紀的羅馬所統治的地域，要寬闊得多。對凱撒來說，將現有制度改為帝制，才是真正的「渡越盧比孔河」。

羅馬人對在各地鋪設羅馬式街道網這類的政策，可以充分理解其中的必要性，因為那是可以看到的利益。而現在，凱撒試圖進行國家體制的改造，目的就是要使羅馬的內臟適應肉體的成長。

凱撒對此採取怎樣的具體措施呢？

回想起來，與凱撒有相同理念的亞歷山大大帝，在國力得到高度成長之時就英年早逝了。

公民權問題

前面已經提及關於曆法與貨幣改革的問題，以及作為安全保障的防衛線問題。接著要提到的是對於即將邁向帝國的羅馬至關重要的公民權問題。

凱撒宣布從盧比孔河到阿爾卑斯山的義大利北部屬省自由民，都享有羅馬公民權。這樣，長期以來住在阿爾卑斯山南部的高盧人也成了羅馬公民。凱撒的理由是為了報答在高盧戰役中在後方大力支援過自己的義大利北部住民，但是實際上，義大利北部已經幾乎與盧比孔以南的地區一樣羅馬化了。在那裡，也是到處都分布著羅馬式的街道。

這樣，所有的住民將不再是屬省居民而變為羅馬公民了。這一點有著重要的意義。原來只是高盧人村落的美迪拉紐（現在的米蘭）和托利諾（現在的都林），也像羅馬人的都市一樣，開始進行都市規畫了。從此，盧比孔河以及流經佛羅倫斯的亞諾河，就不再是本國羅馬與屬省的邊界了。

不過，居民雖然已經成為羅馬公民，但是在行政上，義大利北部仍然是以屬省的形式存在。當時，羅馬的國法不允許在本國常駐軍隊，但是在屬省則可以。如果直到阿爾卑斯山一帶都處於無防備狀態，在安全上就得不到保障。所以，還是像以前一樣，由羅馬派遣總督統治該地。不過，義大利北部的居民就無須像以前一樣繳納屬省稅了。

凱撒還決定將羅馬公民權擴大到西西里。不過，在西西里擴大公民權，並沒有直接的理由。而且西西里的住民屬於希臘系，與使用拉丁語的義大利北部高盧人不同，西西里的住民所使用的是拉丁語和希臘語。

於是，凱撒決定給予西西里的住民「拉丁公民權」。擁有拉丁公民權，除了沒有選舉權之外，在其他方面全部與「羅馬公民權」享有同等待遇。「拉丁公民權」就相當於「羅馬公民權」的預備軍。

除了西西里之外，在法國南部屬省，凱撒也實施了同樣的政策——也就是「拉丁公民權」，理由也是為了報答當地居民以前對自己的支援。雖然兩地的住民同是高盧人，卻享有不同的公民權，那是因為兩地的羅馬化程度不同。根據不同情況作出不同處理，這也是羅馬的政治特色之一。

而擁有羅馬公民權又有怎樣的好處呢？

原來作為公民義務的兵役制，經過馬留斯的軍政改革之後，變成了志願制。這樣，不願意服役的人可以不必服役。屬省居民雖然沒有服役的義務，但是必須繳納屬省稅。而羅馬公民則沒有繳納這種直接稅的義務。不過，當時的直接稅並不高，只占收入的百分之十。

除了經濟上的有利之處之外，羅馬公民權對個人來說，也是一種安全上的保障。羅馬公民如果被其他國家的士兵殺害，羅馬人是絕不會對此保持沉默的。此外，根據羅馬的法律制度，私有財產和人權都可以得到保護。擁有公民權，就不必擔心財產被強奪而得不到保護，或是未經裁判就被處刑了。

與沒有血緣關係就無法享有公民權的雅典不同，羅馬的公民權並沒有這樣的限制。不過，這種開放的傾向，在凱撒之前，最多也只限於義大利半島的居民。而凱撒卻將公民權的範圍擴大到很多地方，其中有部下士兵的退役地和屬省等。同時，高盧人、日耳曼人和西班牙人等都取得了羅馬公民權。這樣在屬省的羅馬公民人數就大為增加了。

凱撒對防衛上的境界，有清楚的概念，但卻沒有像我們今日一樣的國境這種概念。

政治改革

——元老院

在首位國王羅慕路斯 (Romulus) 時期，元老院議員的定員是三百人。七百年之後，到了蘇拉時代，蘇拉將人數增加到六百人。三十五年之後，凱撒又增加到九百人。

不過，蘇拉即使是為元老院導入新血液，對象限制居住在本國的羅馬公民。而在凱撒時代，得到元老院新議席的，大多是在屬省居住的羅馬公民以及他手下軍團的百人隊長。在凱撒的殖民政策之下，許多百人隊長都居住在羅馬屬省，所以羅馬的元老院流入了大量的屬省住民。

尤其是剛剛被凱撒所征服的中、北部高盧部族族長，也進入了元老院，這個舉動，使即使是有同化傳統的羅馬人也感到無比驚訝。想一想，如果大英帝國的國會中，有印度或是其他地方的議員，將會出現怎樣的情景呢？

首都的居民對凱撒的開化加以諷刺：

「有元老院議員向路人詢問到元老院會議場該怎麼走呢！」

「我們羅馬人有著連拉丁語都講不出來的元老院議員。」

「即使披上寬外袍，聽說下面還是要穿著褲子呢！」

就如前面所敘述的，褲子是高盧人傳統的服裝。

也許對一般的平民百姓來說，這些只是笑話而已。可是對坐在會場本國出身的元老院議員來說，卻不見得是有趣的現象。即使在現代，在義大利的高中教科書中，還有人將這些對凱撒開國路線感到不滿的人評為「懷舊」。其中的代表人物有西塞羅、布魯圖斯、加西阿斯等人。

此外，即使同樣是為元老院輸入新血液，蘇拉與凱撒的目的也正好相反。蘇拉的目的是為了強化元老院體制；而凱撒增加元老院議員的名額，則是為了削弱元老院的力量，使元老院議員無法一致聯合起來反抗他。

以凱撒看來，元老院應該只是個輔助式的機構，而絕對不允許元老院擁有發布「元老院最終勸告」式戒嚴令的權力。元老院只是輔助承擔國政者以及獨裁官凱撒的一種政治機構而已。

嫌惡偽善的凱撒，並沒有打算隱瞞自己的思想，所以那些「懷舊」的人完全理解凱撒作法中的含意。不過，理解並不意味贊同。

——公民大會

即使如此，元老院也並沒有完全成為有名無實的機構。議員仍是像以前一樣享有很高的社會地位。因為凱撒手中握有屬省總督的任命權，所以在人事上還是需要得到他的承認。此外，承擔國政者幾乎全都是元老院議員。

但是，凱撒卻將國政的最高決定機構——公民大會，改變為純粹的追認機構。

當時，擁有羅馬公民權者，也就是有選舉權的總人數，已經超過了百萬人，以百萬人是無法發揮民主政治的效用的。而且這百萬的人口，並非集中於義大利本土，而是隨著羅馬霸權的擴大而散布在地中海全區域。這樣，就更不可能實行民主政治了。

在首都羅馬集中有選舉權者召開公民大會這種作法，早在西元前九十一年，也就是在義大利半島的所有自由民獲得羅馬公民權時，就已經失去意義了。而現在，凱撒只不過是將人人都心知肚明但又極力掩飾的事實揭示出來而已。

即使已經是形同虛設，但是凱撒並沒有將公民大會廢除。因為公民大會是共和政體的象徵。而這個「象徵」，現在只是作為凱撒決策的追認機構而已。就連政府的要職，也是在凱撒決定人事之後再由公民大會作出形式上的追認，追認的方式是由選舉來決定。

——護民官

另一個被凱撒虛位化的職位，是護民官。

凱撒並非認為為了保護被統治階級，也就是為保護一般大眾權利而制定的護民官制度沒有用處才加以廢除；也並非像蘇拉一樣，是為了壓制經常進行反體制活動的護民官權力而作出這項改革。以現代的說法，就是凱撒並不是兩大政黨主義者。取代元老院階級而成為最高統治者的「元首」之後，對凱撒來說，保護被統治階級的權利，也是他責任中的重要部份。

出身於名門貴族的凱撒，雖然沒有資格擔任護民官，但是他的繼承人屋大維卻出身於平民貴族。這位在形式上為「元首」但實際上是首位皇帝的人，在他出任「元首」的同時也兼任護民官的職位。

凱撒所樹立的羅馬新秩序，並不是將以元老院為基礎的「體制」與以護民官為首的「反體制」兩派分開，而是打算合二為一，從而創造出一種「新秩序」。

兼任皇帝的屋大維，也就是後來的奧古斯都，完全繼承了凱撒的思想。

——終身獨裁官

為什麼凱撒會成為羅馬史上史無前例的終身獨裁官呢？

羅馬市民對帝制十分敏感，在他們看來，皇帝只能是軍隊的最高司令官，元首的權力也不能超過元老院的「院內總務」。

凱撒之所以出任獨裁官，是因為只有這個官位可以得到羅馬國法的承認而不必與同僚共同執政的行政職位。而且，護民官對獨裁官也無法行使最有力的武器——否決權。因為根據羅馬國法規定，唯有獨裁官可以不受否決權的限制而推行政策。不過，以往的獨裁官只是屬於一時性的危機管理制度；而凱撒卻打算將這種特別的制度常態化。

這樣一來，權力的集中就不僅限於某一特定時期，而將變為長期性的了。一直以來，獨裁官都體現代表「體制」的元老院和代表「反體制」的護民官這兩種性質。所以，凱撒認為獨裁官制度有利於實現以下兩點：

一、消除國內各階級之間的鬥爭。
二、對於幅員遼闊的羅馬世界，進行有效的統治。

因此，凱撒決定將獨裁官制度常態化。

以前，蘇拉只擔任過二年的獨裁官就辭職了。凱撒對此曾經評論說：

「蘇拉不懂政治。」

對蘇拉來說，「政治」就是強化元老院，換句話說，就是強化現有的體制以恢復統治能力；

而對凱撒來說，「政治」則是通過樹立新秩序而恢復統治能力。

西元前四十四年二月，元老院和公民大會任命凱撒為「終身獨裁官」，這就相當於為凱撒打開了通往帝政之道的大門。

金融改革

凱撒設立了國立造幣所，將貨幣的鑄造系統化。同時，他還認為羅馬的貨幣，必須作為羅馬帝國全體的主軸通貨，所以將金幣與銀幣的換算值固定下來。一枚金幣相當於十二枚銀幣。而在此之前的羅馬，並沒有固定的貨幣制度。現在，有了作為主軸的通貨之後，與各屬省通用的地方通貨之間的關係也得到了統一。這對經濟的活性化起了積極的作用。國立造幣所的營運，由「造幣三人委員會」負責，嚴密監視金、銀的含量。

也許是因為凱撒本身負過債，所以認為借貸並非壞事，而是從事經濟活動中的要素之一。按照凱撒的觀點，在以下兩方面要做到公正，第一，必須對擔保物件的價值做出公正的評估；第二，就是不能放任利率自由。

第一個問題，就是以內戰爆發前的物價指數為標準進行評估。換句話說，就是扣掉通貨膨脹的百分之二十五來計算。

第二個問題，規定年利率不得超過百分之十二。凱撒還打算逐漸降到百分之六。他自己身為債權人的情況，就是按這個比率來計算年利率。但是在傳統上，羅馬人認為對私有財產的保護，是不可侵犯的權利。所以，除了規定利率的上限之外，在其他方面還是必須依賴市民的經濟倫理。

行政改革

在行政方面，凱撒並沒有改變執政官制度。執政官還是行政上的最高職位，每年選出兩人擔任。不過，兩者之一便是由身為獨裁官的凱撒兼任。在獨裁官的任期內，執政官無權行使否決權，所以雖說是同僚執政官，實質上只是相當於獨裁官凱撒的次席而已。以共和政體的形式存在，但實際上是實行帝政，凱撒的這個意圖，到這裡已經表現出來了。附帶提一下，凱撒真正開始進行國家改造的西元前四十五年，執政官是凱撒與法比烏斯，法比烏斯死後由提波紐斯接任；西元前四十四年的執政官，由凱撒和安東尼擔任。法比烏斯、提波紐斯和安東尼三人曾在凱撒手下擔任過軍團長，與其說他們是凱撒的同僚執政官，不如說是身為「終身獨裁官」凱撒的輔佐角色更為恰當。除了最高神祇官之外，所有的官職都是複數制以防止個人權力集中的羅馬共和國已經不存在了。

凱撒還把僅次於執政官的要職——法務官，從蘇拉時代的八人增加到十六人。不過，任期並未改變。

在凱撒時代，除了負責國家的安全保障而無法死板地規定任期的屬省總督之外，其他官員的任期，仍按照共和時代的制度進行。這一點有利於帝國統治之下的人才培養。沒有規定任期的，只有屬於宗教最高職位的「最高神祇官」和「終身獨裁官」。這兩個職位，都由凱撒擔任。

在凱撒時代，屬省的數量已經比蘇拉時代大為增加，所以凱撒將法務官的人數增加到十六人。一年任期終了之後，法務官就成為「前法務官」，具有指揮兩個軍團的「絕對指揮權」，然後被派往屬省。這些人都在最前線負責保衛羅馬帝國的安全，所以人數的增加是十分必要的。

每個軍團都有一名審計官，凱撒也將人數增加到四十名。審計官的任務就相當於軍團的總務，負責各項收支，須滿三十歲才有資格擔任。這個職位可說是通往羅馬政界的階梯，擔任過審計官的人，幾乎都可以自動成為元老院議員。

相當於首都羅馬「都廳」的按察官，也從原來的四名增加到六名。凱撒準備從各個方面，將羅馬建設為超越其他都市的「世界都市」。

關於國政方面的行政改革，在羅馬本國內則有「地方自治體」。羅馬帝國是由本國羅馬、屬省以及同盟國所組成的集合體，同樣的，「地方自治體」可以像屬省一樣，具有內政自治權。

統治「地方自治體」的「地方長官」由中央派遣，地方長官必須與地方議會共同管理地方行政管理。構成地方議會的議員，由在該地方居住的擁有羅馬公民權者選出。選舉權大概也像決定國政的公民大會一樣，從可以服兵役的年齡十七歲開始，這是以前蘇拉所制定的政策。凱撒將可以競選議員的資格年齡，也就是具有被選舉資格的年齡，分為以下三種：

一、無兵役經驗者——三十歲以上。
二、具有軍團步兵兵役經驗者——二十三歲以上。

三、具有騎兵或百人隊長兵役經驗者——二十歲以上。

此外，凱撒還明確規定具有選舉權但卻沒有被選舉權者的範圍：犯罪者、偽證者、軍團逃兵或是被驅逐者、劍鬥士、演員、賣淫者以及經營賣淫者。

這裡值得一提的是，凱撒還允許被稱為「解放奴隸」的原奴隸出任地方議會的議員以及地方自治體的行政官員。在屬省也實施同樣的措施。總而言之，在凱撒時代，任用大量的解放奴隸擔任行政官員。

「解放奴隸」的任用

為了使羅馬的貨幣成為「羅馬世界」的主軸通貨，凱撒設置了國立造幣所。最初出任相當於造幣所所長的「造幣三人委員會」三人，都是以前屬凱撒家裡的奴隸。凱撒察覺他們都具有敏銳的經濟頭腦，所以賜予他們自由並任命為「造幣三人委員會」。當時，他們的身份也是屬於解放奴隸。

早在格拉古兄弟的父親老格拉古出任執政官時，就規定子女在五歲以上，並且有三萬塞斯泰契斯以上資產的奴隸，換句話說，就是具有相當於一般市民生活環境的奴隸，就可以取得羅馬公民權。這個政策已經施行了一百二十四年。這為解放奴隸出任行政長官以及地方自治體的官員打下了基礎，而凱撒則將這一點明確地政策化。

凱撒的這個作法，完全沒有遭到輿論的反對。在羅馬人的家庭中，奴隸可說是必不可少的。即使是小規模耕作的農民或是商店，都擁有一、二名的奴隸，在家庭中也與主人共同起居。至於元老院階級，家中則有擔任執事的奴隸管理家中的一切事務。在執事指揮之下的傭人也都是由奴隸組成，擔任家庭教師的也大多是奴隸。被西塞羅曾經評價為「沒有你，我就無法執筆」的祕書也是奴隸。出身於希臘，曾為克拉蘇寫過演說稿的奴隸祕書，成為元老院議員爭相出高價購買的人物。

但是，因為出於對凱撒的崇拜而寧願終生背著奴隸身份服侍在凱撒家的，最多也就是高盧以及西班牙出身的奴隸，其他的大多數奴隸都希望成為自由人。西塞羅的祕書也因為西塞羅曾經許諾將來會賜予他解放奴隸的身份而為西塞羅盡心盡力。只要成為解放奴隸，就可以參與公眾生活了。凱撒還發出布告，命令不得再將參與公務的原奴隸稱為「解放奴隸」。凱撒進行改革的目的，在於使羅馬帝國發揮有效的統治。而他的奴隸政策，也是他為帝國所導入的「新血」。

屬省統治

羅馬帝國是由本國義大利半島、諸屬省以及諸同盟國所組成的多民族、多文化、多宗教、多人種、多語言的集合體，所以除了本國的國政、本國的地方自治體之外，關於屬省的行政政策也值得一提。

首先，在凱撒時代的同盟國有潘特斯、加拉太，以及東方的亞美尼亞，被稱為加利利的猶太、埃及以及茅利塔尼亞諸國。以上的王國都是「羅馬公民的友人及同盟者」，在承認羅馬霸權的同時，以獨立國的形式存在。

同盟國與羅馬之間，都簽署相互安全保障條約。這些國家的義務，就是在戰時向羅馬提供兵力，但是無須繳納直接稅。不過，有些研究者認為，當時羅馬在諸同盟國也進行鋪設道路等基礎整備，這樣必定會導致商品的流通，而同盟國大概是向羅馬繳納過商品稅之類的稅金。

至於羅馬帝國的另一重要組成部份——屬省，凱撒劃分為十八個地區。在蘇拉時代有十個屬省，此後，龐培與凱撒擴大羅馬的征服地而增加了八個屬省。不過，這只是一半的原因；另外一半的原因是因為凱撒將全部屬省重新區劃。原來只是一個屬省的希臘，分為馬其頓和阿卡伊亞兩個屬省。進行再區劃的基準是根據防衛上的需要以及各省的經濟力，就像有希臘三倍領土的高盧，仍是作為一個屬省存在。

以順時鐘方向的形式，依據與本國義大利的距離來區分，有以下的屬省：

一、西西里島。
二、薩丁尼亞和科西嘉兩島。
三、遠西班牙（現在的西班牙南部）。
四、近西班牙（現在的西班牙北部）。
五、納邦 (Narbo) 屬省（現在的法國南部）。

六、長髮高盧（現在的法國、比利時、荷蘭南部、德國西部、瑞士）。
七、阿爾卑斯山以南高盧（現在的義大利北部）。
八、伊利利亞（現在的斯洛伐克、克羅埃西亞）。
九、馬其頓（現在的阿爾巴尼亞、希臘中北部）。
十、阿卡伊亞（現在的希臘中南部）。
十一、亞細亞（小亞細亞中西部、現在的土耳其中西部）。
十二、俾斯尼亞（達達尼爾海峽一帶，現在的土耳其北部。當時是對黑海的制海權十分重要的地方）。
十三、西里西亞和塞浦路斯島（小亞細亞東南一帶，現在的土耳其東南部；現在是希臘與土耳其之間有爭議的地區）。
十四、克里特島——在二千年之後的第二次世界大戰中，被視為「漂浮在東地中海的航空母艦」而成為英軍與德軍爭奪的據點。當時凱撒將克里特島升格為屬省的意圖也十分明顯：因為他清楚，那是"Pax Romana"（羅馬和平）在東地中海的「航空母艦」。
十五、敘利亞（現在的敘利亞西北部、黎巴嫩以及巴勒斯坦一帶，同盟國加利利除外）。
十六、昔蘭尼加（現在的利比亞北部）。
十七、非洲（舊迦太基領土，現在的突尼西亞）。
十八、新非洲（舊迦太基領土，現在的阿爾及利亞中東部）。

羅馬是否能夠有效地對多民族、多文化、多宗教、多人種、多語言的集合體進行統治，首先取決於是否對屬省有一套有效的統治手段。凱撒認為，保持中央集權與地方分權的平衡，是帝國統治的關鍵所在。他並沒有將本國與屬省之間的關係，視為單純的支配者與被支配者的關係，也沒有將屬省作為可以任由本國榨取的對象。

凱撒認為屬省只是出於行政上的必要而進行的區劃，在屬省居住的，也不僅限於該屬省的住民。凱撒積極推行殖民政策，鼓勵羅馬公民移民到各屬省，並在各屬省鋪設羅馬式街道。

在現在的義大利語中，表示屬省的拉丁語“Provincia”還是保留著和以前同樣的發音。這個辭彙有兩種含意：第一是指「省」，比如“Provincia de Milano”，指的就是米蘭省；第二種意思是指「地方」。比如“Provincia”出身者，指的就是出身地方的人。古代的羅馬人，對屬省的概念大概也不過如此而已。否則，即使發音有所變化，法國南部的人也不致於一直將自己的土地稱為「屬省」了。而屬省這種概念的形成，也得歸功於凱撒。

但是，羅馬帝國內的屬省與羅馬本國內的地方自治體還是有不同。統治屬省的最高責任者是屬省總督，他的責任與地方長官不同，除了統治屬省之外，還擔負防衛的任務。正因為如此，屬省居民必須繳納相當於安全保障費的屬省稅。屬省總督同時還是軍團司令官，掌握很大的權力。不過，像屬省議會等機構，在形式上還須得到凱撒的認可。議員則是根據各屬省內部的具體情況進行選舉，或是由部族的首長組成等。每個屬省都可以根據具體情況來決定方式。與羅馬人有同樣都市國家歷史的希臘，當然是採用選舉制度。但對高盧以及西班牙來說，選舉制度並不實際。帝國的統治，採取的是集權與分權並用的方式。凱撒認為在屬省內部也應該如此。

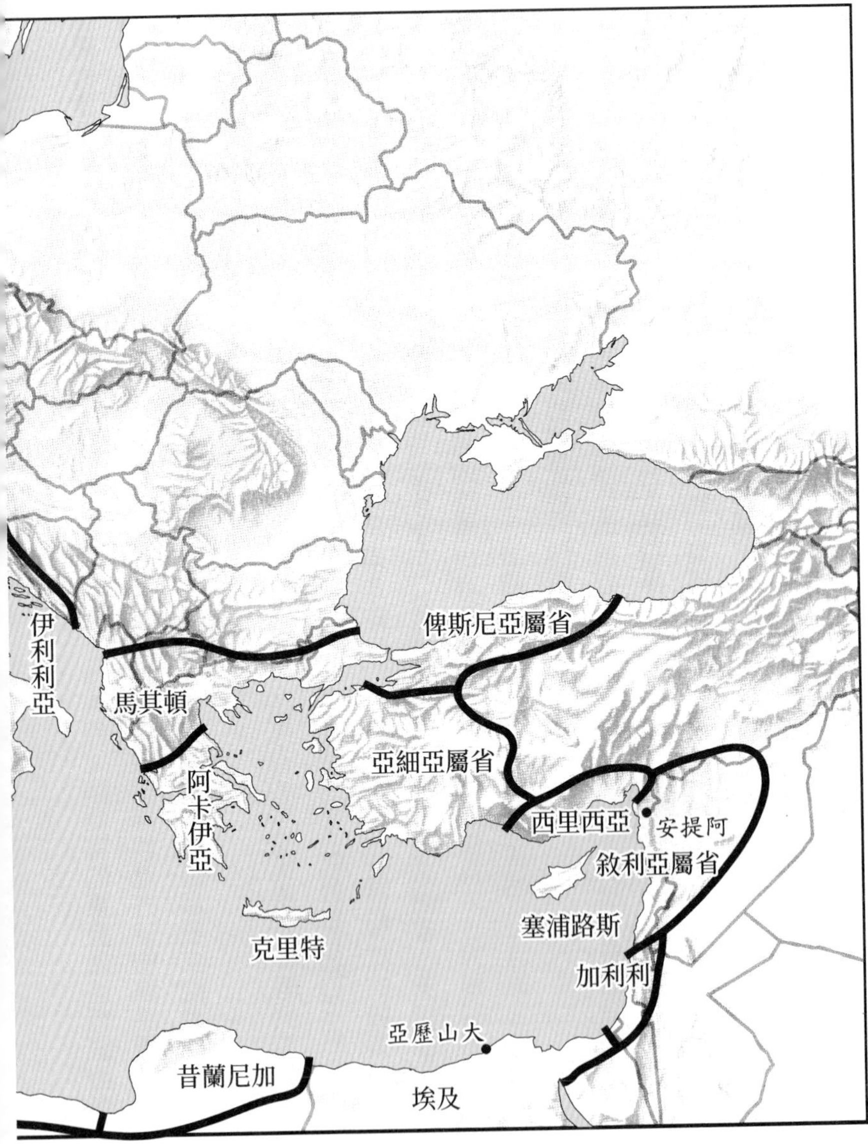
伊利利亞
馬其頓
俾斯尼亞屬省
亞細亞屬省
阿卡伊亞
西里西亞
安提阿
敘利亞屬省
塞浦路斯
克里特
加利利
亞歷山大
昔蘭尼加
埃及

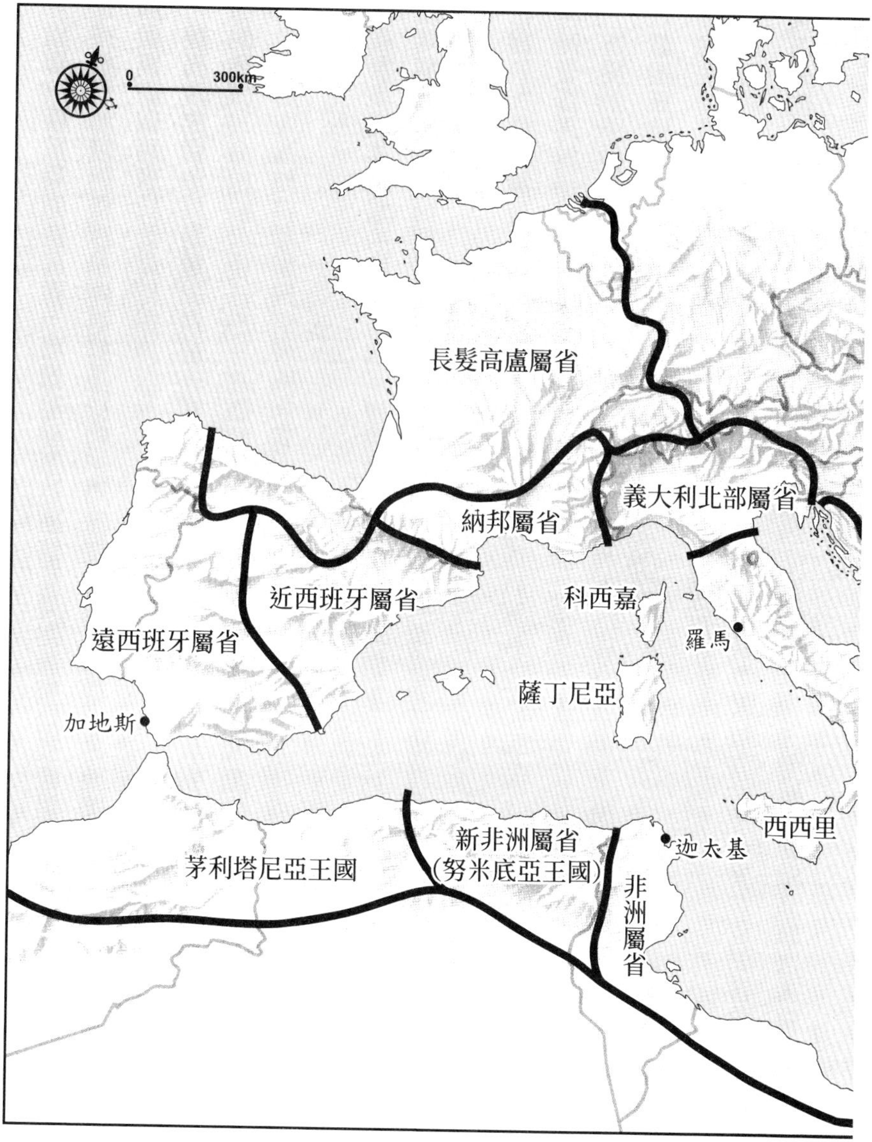

由凱撒再編成的屬省和同盟國

統治屬省的關鍵，除了如何掌握分權的限度之外，對稅制和宗教問題的處理也十分重要。

首先，關於稅制的問題，凱撒廢除了以前的私營徵收制度而設置公營的徵稅機構。因為凱撒判斷，投標制度對徵稅事務是弊多於利。為了做到公正，他一方面將納稅者的名單公開，另一方面盡量縮小徵稅者所管轄的範圍。

屬省稅的稅率，還是與以前一樣，占收入的十分之一。現代的稅收人員都認為要正確掌握納稅人的所得十分困難。這一點，在古代也是同樣。也許正因為如此，現代在徵稅方面有這樣一種傾向，就是從比較容易掌握所得的人著手。

作為多民族國家的羅馬帝國，自然也是個多宗教的國家。在這方面，凱撒所考慮的，也不單是承認個人的宗教信仰自由，而是從全局出發，採取集權與分權並用的方法。

對羅馬人來說，神並不是一種約束人們生活方式的存在，因為他們認為約束人們生活方式的是法律。神會保護以法自律的人並使人的努力得到報答，所以羅馬人都會將諸神帶往他們所到之處。隨著羅馬統治區域的擴大以及軍事、商業上的關係，來往於本國與屬省之間的人大為增加。另一方面，因為凱撒的殖民政策，在屬省定居的人口也增加不少。因此，凱撒認為有必要將羅馬的宗教明確地確立起來。他規定羅馬的主神為最高神朱比特、朱比特的妻子朱諾 (Juno) 以及密涅瓦 (Minerva) 三神，並將祭祀這三神的日子，作為羅馬帝國全境的國定假日。

這個規定，對希臘語的地區來說，是十分簡單的事。因為這三神本來就是源自希臘，分別相當於希臘的宙斯 (Zeus)、希拉 (Hera) 和雅典娜 (Athena) 三神。凱撒在征服高盧之後還是保留該地

密涅瓦女神

朱比特的妻子朱諾

最高神朱比特

的祭司階級，他認為，非信仰希臘、羅馬宗教的人，並沒有義務到供奉以上三神的神廟參拜。對信仰高盧本土宗教的人來說，朱比特神的祭日，只不過是普通的假日而已。

對凱撒的這種作法，反應最熱烈的就是猶太民族。猶太民族是信仰一神教的民族，以為羅馬人也像他們一樣，將自己的宗教當成唯一的信仰，唯恐羅馬人有朝一日會強制他們信仰羅馬的宗教。所以在獲悉凱撒被暗殺之後，真正發出悲嘆的，大概就是猶太民族了。

司法改革

在羅馬司法中最重要的，就是控訴權和陪審團制度。

經格拉古兄弟中的弟弟蓋烏斯．格拉古所提案而成立的「格拉古法」規定，在將犯罪者處刑之前，必須經過審判，並給予犯人上訴的機會。這個法令自成立以來就成為羅馬的國法。不過，這是由代表「反體制」的護民官提案而成立的法令，必然會遭到代表「體制」的元老院派反擊。元老院以緊急事態宣言，也就是「元老院最終勸告」來對抗。「元老院最終勸告」一經發出，被通告者就被宣布為叛國者，既沒有經過審判，也沒有上訴的機會就可以被當場判處死刑。這是元老院手中強有力的武器。最初的犧牲者，就是「格拉古法」的立法者蓋烏斯．格拉古。之後，元老院多次發出「元老院最終勸告」，而「格拉古法」則成了有名無實之法。

從三十七歲開始，凱撒就認為元老院只是個提出建議和忠告的機構，而不應該是決定機構，沒有發出緊急事態宣言的權利。現在，成為最高權力者的凱撒，恢復了「格拉古法」，從元老院手中剝奪了最有力的武器——「元老院最終勸告」。這樣，擁有羅馬公民權的人，就不會未經審判，沒有上訴權就被判處死刑了。

為了保證裁判的公正而設置的陪審團制度，在格拉古兄弟之後，為了陪審員的構成比率，各階級一直鬥爭不斷。為什麼這會成為階級鬥爭呢？

自西元前五〇九年共和政體成立以來，羅馬的陪審員一直是由元老院議員所獨占。在西元前一二二年，蓋烏斯．格拉古成立新法，規定陪審員由羅馬社會的三大階級——元老院議員（政界）、騎士（經濟界）以及一般平民構成，人數各占三分之一。在西元前八十一年，蘇拉為了強化元老院體制，宣布陪審員由元老院議員獨占。陪審員的問題也成了階級鬥爭的問題。到了西元前七〇年，以平民支持為背景的龐培和代表經濟界利益的克拉蘇當選為執政官之後，又按「格拉古法」規定陪審員的構成比率。在凱撒當上獨裁官之時，陪審員還是由元老院議員、騎士以及一般平民構成。

凱撒廢除了這個制度，重新規定陪審員的資格。按照新的規定，凡是擁有四十萬塞斯泰契斯資產的羅馬公民，都有資格成為陪審員。從當時羅馬人的經濟力來看，這屬於中產階級之上。也就是只要擁有相當的資產，無論出身如何，即使原是奴隸也可以成為陪審員。這樣，凱撒將長期以來圍繞陪審員構成比率所產生的鬥爭劃下了休止符。

至於判決之後的上訴權，之前是向公民大會上訴。由於凱撒已經將公民大會變成他決策的追認機構，所以上訴的對象也轉向為身為獨裁官的凱撒。

此外，對政治犯的最高刑罰，由死刑改為流放。而且流放的對象也僅限於當事者而未株連到家屬子孫。

凱撒還準備成立羅馬法典。

羅馬人並非成文法的公民，對制定法律十分熱心。不過羅馬人所制定的諸多法律，因為沒有加以使用，隨著時光的流逝，已有不少的法律都被遺忘了。而凱撒是善於將這些被人遺忘的法律挖掘出來的名人，他認為有必要將這些法律加以整理，並使之簡單明瞭。

而且，羅馬法典將有利於作為世界國家的帝國統治。

在第I冊《羅馬不是一天造成的》中，我曾經寫過：

「關於人們行動原則的準繩，
猶太人藉宗教匡正人類的行為；
希臘人選擇哲學來做規範；
羅馬人則用法律約束人民。
由此可以清楚地看出這三個民族不同的特質。」

對沒有宗教信仰的人來說，宗教不可能成為「行動原則的準繩」。而哲學，對無法理解哲學含意的人也沒有影響力。縱使蘇格拉底的邏輯是多麼巧妙精闢，大概也無法成為在雅典外港皮留斯的勞動者「行動原則的準繩」。贊成將蘇格拉底處以死刑的雅典市民，也證明這種「行動原則的準繩」的局限性。

但是，法律卻與這些有所不同。即使是對不同宗教、對哲學毫無關心的人來說，法律是人們在社會中生存所必要的規則。對正在創立一個多人種、多民族、多文化、多宗教帝國的凱撒來說，羅馬法也像羅馬街道、羅馬貨幣、羅馬曆法一樣，成為羅馬世界的共通點。法的精神，就是使觀點不同的人可以在規則的制約之下共同生活。

然而，凱撒還未來得及編纂羅馬法典就被暗殺了。凱撒的願望，在六百年之後，也就是東羅馬帝國的皇帝查士丁尼編纂了《羅馬法典》之後，才得以實現。不過，在那時，像凱撒時代那樣充滿「羅馬精神」的羅馬人已經不復存在了。

社會改革

——福利制度

成為最高權力者的凱撒，並非只是代表當初支持他的「平民派」利益。

格拉古兄弟中弟弟蓋烏斯．格拉古曾經以很低的價格將小麥配發給貧民，後來蘇拉廢除了這項作法；而奧雷留斯．寇達 (Aurelius Cotta) 又將它恢復。格拉古的「小麥法」經歷了波濤起伏的歷史之後，在凱撒登場時，還是成為政治鬥爭的工具。元老院派的小加圖為了爭取貧民階層的支持，將配給人口的限制撤銷，而護民官為了與他對抗，又將低價配給改為無償配給，以取得貧民的支持。因此，在凱撒當政時期，可以領取無償配給小麥的人口已經達到三十二萬人。

這對國庫造成了不小的壓力。凱撒認為，福利並非單純的給予，而只是一時的支援，是保證人們在找到工作之前可以維持生活的收入而已。

凱撒將配給的人數從三十二萬一舉減少到十五萬人。而且，還規定無論在任何情況之下，都不得增加配給的人數。因此，專門設置了兩名按察官，對各戶的收入以及家屬人數進行嚴密的調查，以便正確地判斷配給的必要性。只有公正的調查、判斷，才可以使「小麥法」從政治鬥爭中脫離出來而真正成為一種社會福利事業。

雖然凱撒將配給的人數減少到十五萬人，但是並沒有引起貧民階層的不滿。這也證明以前的當權者，為了政治上的需要，已經將小麥配給的對象，擴大到沒有實際需要的人。

——失業對策

失業，不僅會剝奪一個人的生活工具，還會剝奪人保持自尊心的理由，普通的人都會在工作中感受到自身存在的理由。而失業並不是福利可以解決的問題，只有相應的就業才是解決之道。

如果不能正確解決這個問題，必將導致人口大量流入都市，而且無論福利政策是否徹底，這種現象都會成為社會不安的溫床。

格拉古兄弟所實施的「農地法」，以及馬留斯對徵兵所做的改革，將失業預備軍——農民家庭中的次子、三子等都吸收到軍隊中了。

根據「農地法」規定，失業者可以借地耕種，在羅馬本國的國有地數量有限；不過，對凱撒來說，在本國與屬省之間並不存在著國境。

凱撒積極推廣殖民政策，將失業者與退役士兵遷移到各屬省，並分給他們土地。對凱撒來說，這個政策的實施有以下兩個有利之處：

一、不必像蘇拉一樣，從義大利內部的居民手中奪取土地來分給自己的部下。

二、羅馬公民到各屬省殖民，將使羅馬帝國的基地擴大到羅馬帝國全區域。

在凱撒的殖民政策中，對象並非棄民。他將最心愛的軍團士兵，就是第六、第七、第八、第九、第十軍團的士兵，以軍團為單位分散到法國南部以及其他屬省。

此外，凱撒還復興了被羅馬所滅而成為不毛之地的迦太基和科林斯。北非的迦太基和希臘的科林斯，都曾是享受過七百多年繁榮的首都，繁榮的要因之一就是優越的地理條件。凱撒認為身為勝利者，如果不善加利用這些具有諸多優點的土地，是十分可惜的事。

這樣，迦太基和科林斯自西元前一四六年滅亡之後，經過了百年的滄桑，又得到復甦。為了不必繞過伯羅奔尼撒半島就可以從義大利直達愛琴海，以及發揮科林斯的重要性，凱撒還準備挖掘地峽。不過，與凱撒曾構想過的其他土木工程一樣，這也都是到了近代才得以實現。

在凱撒的政策下，殖民到各地的人數，單是戶主就有八萬人之多。殖民政策使凱撒心目中的

「羅馬世界」、「羅馬帝國」正一步步地形成。

——委員會對策

在羅馬，從古代開始就存在著各種行業的「委員會」，目的是為了使同行業的人可以互相扶助。在多神教的羅馬，即使是各種行業的組織也免不了帶著宗教色彩，如石工有石工的守護神等。而通常只要不捲入外部的人，或是因狂熱的信仰而引起社會不安的宗教，羅馬人都會加以承認。所以這些「委員會」也成為羅馬社會的要素之一而存續下來。

然而，到了西元前一世紀，護民官克洛狄斯注意到這些「委員會」的另外一種用途。既然是各種行業的組合，成員就是屬於平民階級。當時，還在高盧戰鬥的凱撒，交給克洛狄斯的任務就是讓他設法牽制住元老院，所以克洛狄斯將各種行業組合政治化，以作為攻擊元老院體制的工具。結果，因效果過於顯著，元老院也只好默認米羅所組織的暴力組織——院外團體，以作為與「委員會」對抗的工具。

當時曾經活用過「委員會」的凱撒，在掌握政權，樹立新秩序時，「委員會」的存在卻成了有害無益。凱撒廢除舊的陪審員制度之後，又將平民階級權力的溫床——已經被政治化的「委員會」解散。同時，又批准以互相扶助為目的的各種行業委員會的重新建立，而這些「委員會」也都擁有信仰各自守護神的自由。

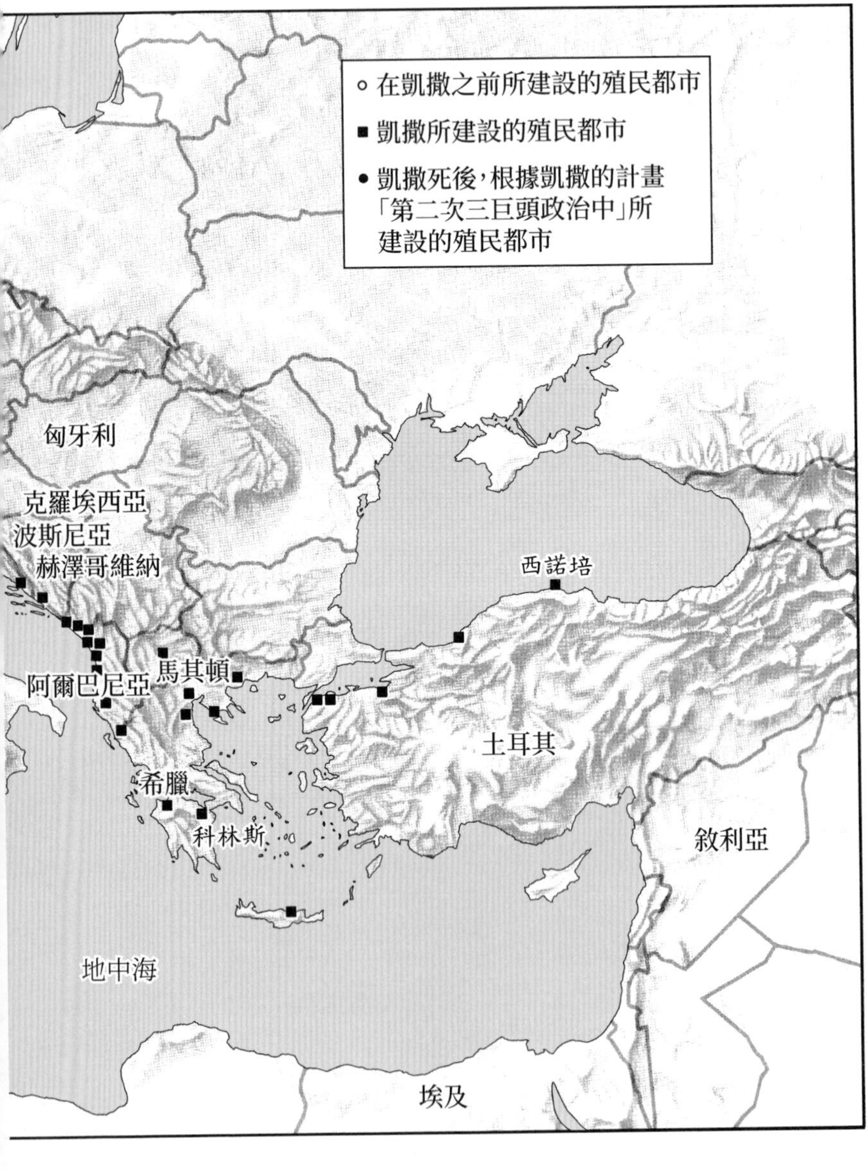

○ 在凱撒之前所建設的殖民都市
■ 凱撒所建設的殖民都市
● 凱撒死後，根據凱撒的計畫「第二次三巨頭政治中」所建設的殖民都市
匈牙利
克羅埃西亞
波斯尼亞
赫澤哥維納
阿爾巴尼亞
馬其頓
希臘
科林斯
西諾培
土耳其
敘利亞
地中海
埃及

0
300km
英國
德國
斯瓦松
法國
奧地利
里昂
斯洛伐克
葡萄牙
西班牙
納邦
羅馬
科爾多瓦
瓦倫西亞
帕爾馬
迦太基
摩洛哥
突尼西亞
阿爾及利亞

凱撒的殖民政策

——治安對策

據研究者們推測，在凱撒時代的首都羅馬，包括婦女、兒童、奴隸、外國人在內，人口總數約有百萬人。在多人種、多民族、多宗教、多文化、多語言的世界——羅馬帝國，首都也就相對地成了帝國的縮影。

雖然如此，當時的羅馬並沒有像首都警察這類的機構，所以凱撒打算設置這樣的機構。因為如果忽略了治安對策，富裕的家庭就會僱用私家警團，這將會造成首都的重大混亂。克洛狄斯以及米羅的暴力院外團體就證明了這一點。

而且，作為「世界之都」的羅馬，如果在治安問題上輸給其他都市，就沒有資格作為帝國的首都了。研擬治安對策的凱撒，在外出時卻不願帶著護衛，這也反映了他的性格。

——交通阻塞對策

集中百萬人口的首都，在市中心集會廣場、市場以及臺伯河沿岸一帶，更是車水馬龍，熙熙攘攘，混亂不堪。因此凱撒作出新的規定。

白天，在街上可以使用馬車的，只限於已婚婦女和女祭司。運貨車的通行，限於日落之後到日出之前的這段時間。

身為最高權力者的凱撒，在街上也是徒步而行。運貨車只能在夜間通行的規定，一直到帝政時代都沒有改變。夜間，車輪輾過以石塊鋪設的道路時所發出的噪音，使住在道路兩側的人根本無法安然入眠。因此，就像第IV冊所敘述的一樣，在羅馬市中心的住宅，內側是開放式，外側則沒有窗戶。因為當時還沒有橡膠，只能改變房子的結構來減少車輪所引起的噪音。

百年之後，剛從西班牙「上京」的塞尼加，當時還是沒沒無聞，在羅馬租公寓居住。對日落之後運貨車在市中心所發出的噪音，曾寫過一篇夾帶幽默感和感嘆的文章。

不過，自古以來，羅馬人就同時過著都市與田園兩種不同的生活。大多數的市民，在鄉間都擁有房屋。街市的噪音，是享受都市便利生活應該付出的代價吧！

——清潔問題

治安和衛生問題，最能反映當地居民的素質。

凱撒沒有忽視羅馬的清潔問題，公共場所的清潔屬於按察官所管轄的範圍，其他地方的清潔則屬於當地居民的義務。各人負責清掃自己的房前屋後。古代的羅馬，一定是比現代的羅馬要清潔得多。

——禁止浪費法

凱撒並不是想將羅馬人改變為斯巴達人。本質剛健也有一定的限度，超過限度則會違反現實的人性而無法持久。另一方面，放任自由則容易刺激人們的嫉妒心。凱撒禁止某種程度的浪費行為。其中之一，就是除了魚店之外，禁止在魚簍中養魚。

當時，富裕的羅馬人家中，流行在池子或是較大的魚簍中養魚。因為相比起肉類，羅馬人更愛吃魚。所以對凱撒禁止個人在家中養魚的作法，西塞羅曾諷刺說：

「最近老是瀉肚子。因為那個法律的緣故，無法吃到魚，只好每天吃青菜。」

凱撒本身並不是個追求美食的人。他已經習慣與士兵一樣用膳，葡萄酒也只是點到為止，從未喝得酩酊大醉。即使是小加圖，也曾經這樣說過：

「在想打倒共和政體的人當中，只有凱撒是清醒的。」

成為最高權力者之後，凱撒也從未命人為他特別烹調飯菜，也沒有因為飯菜不合口味而抱怨過。如果同席中有人抱怨菜色不佳，凱撒只是說不合口味就不要勉為其難。

首都再開發

西元前六十四年出生於小亞細亞潘特斯的斯特雷波，可說是凱撒的同代人。即使在現代，他還是被視為人文地理學的先驅。這位希臘學者在他的著作《地理》中這樣寫著：

「希臘人只要將城市建設得美觀、安全，並有可以作為物品出入用的港口，就心滿意足了。

另一方面，羅馬人心目中的都市，還包括很多為希臘人所忽略的基礎設施，例如道路的鋪設、

帝政時代的廣場以及墨索里尼所建的「歷代皇帝會堂通道」
（摘自 *Roma Antiqua, Forum, Colisee, Palatin*）

上下水道的完備等。尤其是羅馬的上下水道十分出色，在羅馬街道的地下呈網狀分布。由於是弓形的石造，下水道的上面可以直接作為道路使用。所有水道的水，都排放到臺伯河中。

鋪設也不限於羅馬市內的道路，而是擴散到領土全域的街道。

羅馬人在鋪設道路時，都要先將丘陵地削平，使地勢變得平坦，這樣鋪設起來的道路十分平坦，運貨車也因此而可以運載很多東西。

上水道的整備也十分完善，沒有一戶人家會因為飲用水不足而煩惱。很多人家都備有貯水槽，有人家裡甚至有可以一整天噴水的設備。」

羅馬人的都市具備了各種功能

和舒適性。即使在二千年之後，研究者還都將凱撒評論為：「體現強壯而健全的羅馬精神的現實主義者」。凱撒的首都再開發構思，就是依據這個精神展開的。

墨索里尼為了向希特勒炫耀德國所無法倣效的閱兵用舞臺裝置，將凱撒所提倡的首都再開發計畫，以一條寬闊的道路無情地切斷而成為今日所見到的街道景觀。據說當時的建築師魯．柯爾賓吉曾經建議過以架橋的方式代替鋪路，以便保全古羅馬的風貌。但這樣卻不適於進行閱兵。所以就有了今天從威尼斯廣場 (Piazza Venezia) 到圓形大劇場 (Colosseo) 的寬闊道路。從這裡也可以看出，即使是最高權力者，如果缺乏理智，還是會作出愚蠢的決定，而不知要對此感到羞恥。

"Via Dei Fori Imperiali"，直譯就是「歷代皇帝會堂通道」。在南側是凱撒的全身肖像，相對的一側則是奧古斯都、涅爾瓦、提圖斯這些繼承凱撒首都再開發構想的皇帝銅像。缺乏理智的法西斯政權滅亡之後，取而代之並已經持續了五十年的民主主義政權，不知是因為缺乏理智，還是因為財政上的困難，以致有半數以上的皇帝會堂，至今還是默默地休眠在柏油路的下面。

成為「世界之都」之後，羅馬民眾生活的中心集中在祭祀諸神的卡匹杜里諾丘、集會廣場、歷代皇帝的會堂以及後來由圖雷真皇帝加以開發的地方。

然而，被法西斯政權切斷之後的羅馬，如果只是借助地圖，沒有超人的想像力，實在無法在腦海中再現古代羅馬的全貌。

附帶說一下，今天的「歷代皇帝會堂通道」，在節日、假期是行人徒步區，通常是車流不絕，還時常有遊行示威的隊伍經過。不知歷代的皇帝會以何種心境看著在自己眼前所發生的一切？

凱撒廣場（復原圖）

凱撒廣場

所謂的會堂也就是集會廣場，對於古代羅馬人來說，是公眾生活的中心地帶。那裡集中了政治、行政、司法、宗教以及經濟活動。這種「渾然一體」的方式，是羅馬人建設都市的特徵。而市民們也都積極地參與這些活動。

凱撒的首都再開發構思，將這種「渾然一體」的方式更加明確化了。

在凱撒之前所建的神廟，無論是在集會廣場之內還是在街頭巷尾，都是以孤立的形式存在。樣式與在卡匹杜里諾丘所建的神廟一樣，都沿襲希臘神廟的格式。

不過，西元前五十五年開始購地建設，西元前四十六年所完成的「凱撒廣場」，樣式與以前的建築物有很大的不同。其中有供奉凱撒所定的守護神——美神維納斯的神廟，從正面眺望，左右是長長的迴廊，由圓柱支撐著。裡頭有許多商店，不過那並不是像現代一樣出售日常用品的商店，而是相當於「騎士階級」（經濟界）辦公室之類的地方，這裡就已經集中了宗教和經濟活動。此外，凱撒設置了「文化」與「教育」兩項活動。

「凱撒廣場」的規模，長達一百六十五公尺，寬七十五公尺。一百六十五乘以二就相當於三百三十公尺。不過，並非所有的地方都是作為辦公處。按照原來的規畫，其中一處將作為羅馬最初的國立圖書館。但是未等到圖書館建造完成，凱撒就遇刺身亡了。而當時，受凱撒之命負責挑選藏書的原龐培派瓦爾羅，正在收集希臘語與拉丁語的書籍。

另外，還計畫在廣場的一角，以私塾的形式創辦學校。甚至在今天，還可以看到學生們塗鴉所留下的痕跡。

以上證明，凱撒所構想的「廣場」，就是羅馬集會廣場的縮影。

在羅馬集會廣場，有作為國庫的撒頓神廟和其他神廟，還有被稱為“Basilica”的長方形會堂。其中有由艾米里斯·保羅所建的「艾米里亞會堂」，以及由格拉古兄弟的父親所建，後又經凱撒擴建的「朱利斯會堂」。

長方形會堂的建築式樣源自希臘，而後人又轉化為基督教堂的式樣。不過，即使同樣是“Basilica”式的建築，教堂的建築是封閉式的空間，而羅馬時代的會堂四面都是開放式的。中央是寬敞的空間，左右是圓形的柱子。「艾米里亞會堂」長達七十公尺，寬二十九公尺，而「朱利斯會堂」的規模則是它的二倍。羅馬人就是在有屋頂的「會堂」中進行各種活動，包括裁判、商談、情報交換等。羅馬的雨量不多，但日照十分強烈。

「凱撒廣場」中設有辦公處，兼備會堂的功能。整個建築物簡直就是羅馬集會廣場的縮影。同時，建築式樣又脫離了希臘式建築的影響而創造出一種具有羅馬獨特風格的建築模式。不過，對凱撒來說，以自己的騎馬像為中心而構成的廣場，最大的作用就是成為對所有人，包括對少男少女都開放的公共場所。

對於傳統的羅馬集會廣場本身的開發，凱撒也不只是限於建造一個「朱利斯會堂」而已。不過，對他現在所住的最高神祇官官邸，他卻無意將它修飾得富麗堂皇；而是將召開公民大會以及演說用的講壇位置移到中央。雖然並非因為講壇已經到了非修繕不可的地步，凱撒這樣做的理由，只是為了將雜亂無章的狀態變得井然有序而已。也許凱撒雖然喜好「渾然一體」，但卻嫌惡無秩序的混雜吧！

凱撒的首都改造構想，還擴展到城外的馬爾斯廣場。

源自戰神馬爾斯 (Mars) 之名的這一帶，是為臺伯河所環抱的寬闊平地。就像名稱所顯示的那樣，馬爾斯廣場本來是兵力的集結場和練兵場。後來，隨著羅馬的強大，城內已經無法容納新的建築物，漸漸地，許多公共建築物都建到城外來了。

在馬爾斯廣場最初的公共建築物，大概就是被稱為"Villa Publica"的建築物。那是貯藏小麥的倉庫，是將小麥配給貧民的場所。它的西鄰到現在還留有三座神廟的遺蹟。此外，在臺伯河沿岸，是可以與共和時代羅馬「大競技場」相提並論的「弗拉米尼烏斯」(Flaminius) 競技場。這個競技場建於西元前二二一年，當時，平民出身的執政官弗拉米尼烏斯（後來在與漢尼拔的戰鬥中被殺），為了改變貴族獨占「大競技場」的情況而建造，目的是為了提高平民的體育水準。雖然這並非只限於平民才可以使用，而「大競技場」也並非單為貴族階級所設，但是相當於平民階層「俱樂部」的「弗拉米尼烏斯競技場」，還經常作為護民官召集平民大會的場所。

弗拉米尼烏斯還命人鋪設了現在義大利的第三號國道——弗拉米尼亞大道。在文藝復興時代，弗拉米尼亞大道改名為克魯索道，以羅馬集會廣場為起點，筆直通向臺伯河的這條大道，長達五千五百公尺，可稱得上是典型的羅馬式大道。

擁有愈來愈多公共建築物的馬爾斯廣場，經過龐培的建設，已經不再成為「城外」了。由龐培所建造並捐贈給國家的石造半圓形劇院，於西元前五十五年完工，可以容納一萬二千人。此外，龐培還建造長達一百八十公尺，寬一百三十五公尺的大迴廊，在這裡也可以召開元老院會議，當然，還設有辦公處。

在公共建築方面，凱撒也沒有輸給曾是自己政治上以及軍事上的對手龐培。在龐培所開發的地域北面，凱撒建設了迴廊，作為公民大會的投票場所以及供市民休憩的地方。長為三百公尺，寬為一百二十公尺，四面都是柱子，十分壯觀。一排圓形的柱子，除了支撐建築物之外，本身看上去也十分美觀。

此外，凱撒還計畫在臺伯河沿岸建造一座石造劇院，後來由他的後繼者奧古斯都帝建成。奧古斯都帝為紀念他早逝的姪子而將劇院命名為「馬塞拉斯劇院」，現在已經變為複合式住宅。

無論是劇院、迴廊、會堂還是競技場，在「凱撒廣場」一排排柱子中間的半圓形空間，以及廣場的中央部份，都以大理石和銅器裝飾。正是因為有這種實際上的需要，才使羅馬這種美術樣式達到全盛時期。

而且不管是出於虛榮心，還是不甘輸給前人，或是想將自己所得到的榮譽回饋社會，當權者對公共事業的關心，使「世界之都」羅馬在得到擴展和整備的同時，逐漸具備了各種功能性和舒適性。

不過，在這些實權者之中，只有「政治人物」凱撒與眾不同。他不只是從事建設，還進行了破壞；而且不是為了在舊址建設而破壞，而純粹是為了破壞而破壞。

在羅馬，從西元前六世紀開始，就是第六代王塞爾維斯(Salvius)時期所修築的「塞爾維斯城牆」，長達八公里，圍住了羅馬七丘，一共有十四個城門。即使是名將漢尼拔，在這堅固的城牆外也只能搖頭嘆息。

但是，曾經是那樣堅固的「塞爾維斯城牆」，在現代，只是在車站終點前面的拉溫廷丘和卡匹杜里諾丘上，殘留一些遺蹟而已。即使經過二千年的自然風化，也顯然是太少了。據調查，在後代的建築物中也沒有發現到城牆存在的痕跡。

據說那是凱撒命人拆毀的。環繞著現代羅馬舊街道的「奧雷里安城牆」，是西元後三世紀所修築的城牆。那時，「羅馬和平」("Pax Romana")的說法已經顯得怪異，為了防衛上的需要而不得不修起了城牆。

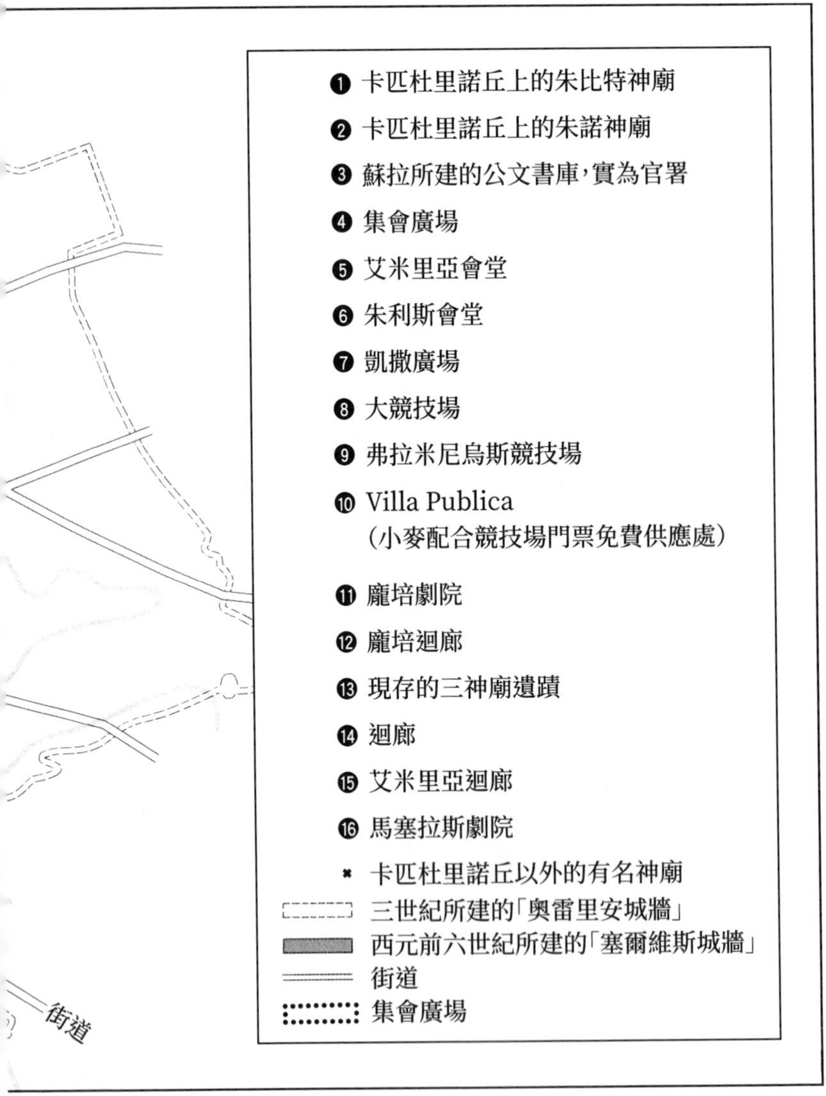
❶ 卡匹杜里諾丘上的朱比特神廟
❷ 卡匹杜里諾丘上的朱諾神廟
❸ 蘇拉所建的公文書庫，實為官署
❹ 集會廣場
❺ 艾米里亞會堂
❻ 朱利斯會堂
❼ 凱撒廣場
❽ 大競技場
❾ 弗拉米尼烏斯競技場
❿ Villa Publica
（小麥配合競技場門票免費供應處）
⓫ 龐培劇院
⓬ 龐培迴廊
⓭ 現存的三神廟遺蹟
⓮ 迴廊
⓯ 艾米里亞迴廊
⓰ 馬塞拉斯劇院
卡匹杜里諾丘以外的有名神廟
三世紀所建的「奧雷里安城牆」
西元前六世紀所建的「塞爾維斯城牆」
街道
集會廣場
街道

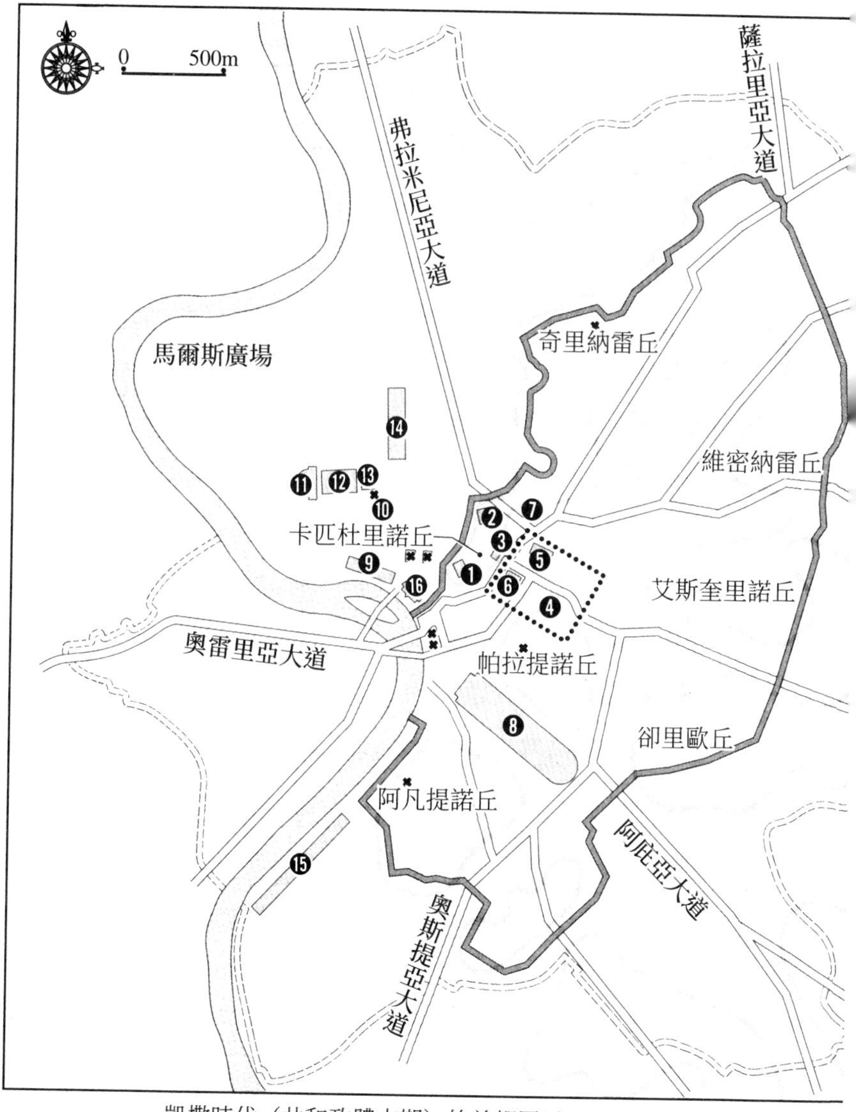

凱撒時代（共和政體末期）的首都羅馬
（摘自 *Atlas of the Roman World*）

在一千七百年後的今天，「奧雷里安城牆」還是顯得相當堅固。除了古代羅馬優秀的技術之外，取代歷代皇帝而成為羅馬一國之主的歷代羅馬教皇也沒有忽視修繕工作。即使是作為基督教的地上王國，也無法在沒有護牆的情況之下保證和平。

另一方面，古代羅馬帝國的首都，在三百年的歲月中，都在沒有護牆的情況之下維持和平的狀態。完成了「羅馬和平」("Pax Romana")的是奧古斯都帝，而凱撒給奧古斯都帝以及其後的皇帝指明了羅馬的目標，應該是使首都實現沒有城牆的和平。

城牆可以起防衛作用，但同時，也容易成為交流的障礙。對凱撒來說，拆除城牆不僅是因為擴建首都，同時，也表明了他在沒有城牆的情況之下維持和平的意志。最初本人曾對共和時代幾乎沒有留下什麼城牆遺址一事感到不可思議，在拜讀了研究學者的論文，又經實地考察之後，覺得這個論說十分有理而不禁深為感動。在之後的歷史長河中，當政者修築了許多有形無形的「城牆」，不禁令人懷疑人類是否真的會隨著時光的流逝而進步。

以上是凱撒的首都再開發構思。不過，包含拆毀城牆在內的這些措施，都只屬於「硬性」的一面；在「軟性」方面，凱撒也進行改造，那就是提高教育水準和醫療水準。

教師和醫師

凱撒還下令，凡是在首都羅馬的教師和醫師，不分人種、膚色、民族、宗教，都享有羅馬公民權。

成為羅馬公民，首先可以免除繳納直接稅如屬省稅等；第二點有利之處就是，根據羅馬法，個人的安全可以得到保障。

不過，凱撒深知，只靠以上的直接利益，還是無法打動有志於從事教育和醫療事業的人。

因此，他積極致力於充實醫療設備，而在帝政時代的統治者也都繼承了凱撒的這個作法。那時軍團基地醫院的設備和規模，至今還令人驚嘆不已，無法相信這是二千年以前的醫院。這一點，在描述帝政時期的章節中再作詳述。

另一方面，凱撒提供教授文理科的教師提高自身水準的學習機會和場所。在「凱撒集會廣場」中的國立圖書館本身就是個研究所，凱撒還將其中的一角規畫為私塾而設計許多有長凳的門廊。

凱撒的這項政策，不僅對提高教育和醫療水準產生很大的作用，在其他方面，也有很好的連鎖效應。來自小亞細亞的哈里卡那索斯 (Halicarnassus) 的戴奧尼索斯 (Dionysius)，就是在羅馬教書的同時，寫下了《古羅馬史》。對有志撰寫羅馬史的人，提供了很多的資料，其中有由蘇拉所建的「公文書庫」中的資料，以及《最高神祇官記錄》中所記載的每年朝政記錄。凱撒不但將這些記錄公開，還命人抄寫下來並加以出版。

這樣一來，教師和醫師職業的重要性第一次得到了社會的公認；這也應該歸功於凱撒。不久，在整個義大利，以至於羅馬人所移民的殖民都市以及軍團基地，教師和醫師都取得了羅馬公民權。

其他的公共事業

一、從義大利北部的拉溫納，沿著亞德里亞海，鋪設通往布林迪西的道路。也就是將原有的道路改為羅馬式，換句話說，就是相當於現代的高速公路。這個計畫在帝政時代得到了實現。

二、將羅馬以東的巴勒利亞大道延長至亞德里亞海，這也是在帝政時代才得以實現。

三、將巴勒利亞大道旁邊的費茲諾湖 (Fucinus) 填成耕地。在帝政時代完成了填湖工程，但是變為耕地的工程，直到十九世紀才完成。

四、改善羅馬的外港奧斯提亞 (Ostia) 港的設備，由克勞狄斯帝和圖雷真帝完成。

五、將阿庇亞大道一帶一萬公頃的濕地填為耕地。這項計畫，直到在墨索里尼統治之下的二十世紀才得以實現。

六、將臺伯河改道，以制止東岸（馬爾斯廣場一帶）洪水的氾濫，同時將西岸（梵蒂岡一帶）編入羅馬市內。

後來的奧古斯都帝認為凱撒的這項計畫是不切實際的大工程，所以並未按照原計畫著手進行。在防洪方面，則以加高堤岸來防止洪水氾濫。

不過，加高的堤防卻結束了凱撒的夢想。那就是使羅馬沿著臺伯河而演變成為一個完整的整體都市。在中世紀的佛羅倫斯，人們用堤壩將亞諾河的上下流攔住，使水流緩慢，成功地將整個城市與亞諾河融為一體。但是，臺伯河的水量比亞諾河要多，對臺伯河，無法採用與亞諾河同樣的方式。

在凱撒所實行以及計畫中的事項中，因評價不佳而無疾而終的還有一項，那就是裝訂書籍的方法。

古代的書籍，是寫在紙莎草 (Papyrus) 上的卷軸。所以古代的書籍都是以第×卷而不是以第×章來劃分。

凱撒計畫將長長的卷軸切斷，再訂綴成為書本。這樣，讀者就可以馬上找到自己所需的部份。凡事追求合理的凱撒，這一次卻無法迎合羅馬人的喜好。比起一頁頁地翻閱書本，支配階級的羅馬男子，更喜歡打開長長卷軸時的「莊重之感」。所以凱撒裝訂書籍的方案，在古代的羅馬，最後是無疾而終了。

然而，隨著時光的流逝，在中世紀，基督教成了歷史的主人公。當時基督教的修道院，負責抄寫古代的資料文獻。他們注意到這種裝訂書籍的方法。中世紀所使用的紙，已經不是紙莎草紙而是羊皮紙了。羊皮紙又厚又硬，根本無法做成卷軸。修道院的僧侶將羊皮紙切斷，裝訂成書本，還加上很硬的護套以壓平硬繃繃的羊皮紙。修道院的僧侶大概是從古代的文獻中得知凱撒這種裝訂書籍的方法。這樣，凱撒裝訂書籍的方法在中世紀復活。後來，紙的質地由厚變薄，也可以容易地製成卷軸了。然而，凱撒的方法一直被繼承下來，直到現代。

凱撒的特權

西元前四十五年至前四十四年，五十五歲的凱撒從元老院和公民大會所得到的榮譽、權威和權力如下：

一、在存續四百五十年的共和政體中，歷來獨裁官的任期都是以六個月為限；而凱撒被任命為「終身獨裁官」，權力與以前的獨裁官一樣，任期則沒有限制。

二、凱撒有權在任何一年兼任執政官。

三、通常只在戰勝後才可以受到士兵尊稱的稱號——「最高司令官」，凱撒有權在平時使用。

四、享有「國父」的榮譽。羅馬最初的建國者為羅慕路斯，羅馬市民將凱撒稱為第二位建國者。

五、凱撒有權在平時穿著通常只有在凱旋式當天，凱旋將軍才可以穿的紫色長袍。

六、平時有權將桂冠戴在頭上。

七、原來屬於財務官所管轄的、矯正社會風紀的職位（直譯則為「倫理矯正官」），由凱撒終身獨任。

八、在元老院的會議席上，凱撒有權坐在比執政官要高的位置上。

九、在劇院和競技場，在觀眾席中央為凱撒設有特別的位子。

十、在卡匹杜里諾丘上的朱比特神廟入口處，排列著王政時代歷代國王的肖像，凱撒有權將自己的全身像立在那裡。

十一、在元老院會議上，凱撒有最先發言權。

十二、凱撒有權任免國家的官員公職，公民大會對凱撒的任命予以承認。這樣，公民大會實際上失去了自西元前五〇九年共和政體成立以來的權利——選舉就任公職的人選。

十三、原來只有護民官才能享有的否決權以及身體不可侵犯的權利，凱撒也可以享有。這是因為出身於名門貴族的凱撒，無法就任只有平民或是平民貴族才可以就任的護民官一職。

十四、不僅是紀念貨幣，在普通的貨幣上也可以雕刻著凱撒的肖像。

十五、自第二代王努馬改革曆法以來，當時一年的開始月份是三月；為了紀念凱撒的生日，將「第五月」的七月，改為"Julius"，就是英文中的"July"。

十六、將凱撒政治的基本精神「寬容」神格化，允許建設名為「凱撒之寬容」的神廟。

這樣，帝政已經在事實上成立了。

即使對凱撒沒有好感的布魯圖斯，也不得不佩服凱撒不懈的努力。

但是，在多民族融合國家的羅馬，凱撒所要建立的帝政，超出多數同代人的想像。當時，有群眾將凱撒稱為「皇帝」。凱撒回答說：

「我是凱撒，不是皇帝。」

但是凱撒的反對派，都認為凱撒的回答只是偽善的言辭。他們都認為凱撒要稱王，只是為時尚早而不便過於囂張而已。雖然凱撒本身十分清楚作為單一民族國家國王與作為多民族國家皇帝的不同之處。

凱撒就是以他的「寬容」精神，在寬容他的反對者的同時，堅持不懈地進行他的政治事業。也許是他的宿命，使他必須從事這種艱鉅的事業。而那些反對他的人，都自負地認為自己是站在與凱撒同等的立場上承擔國政。

不滿的人

西塞羅曾經給他的友人寫過這樣的信：

「以前，雖然不是出於個人的喜好而監督國政，但是以前我們（元老院）是在船尾掌舵；如今，雖然還是乘著船，我的位置卻已變成船底了！如果我在拿坡里，說不定隨時都會聽到羅馬元老院決議的政策有變化的消息。

如今，所謂的元老院決議，都出自算是我們某一個友人所在的官邸。只要是那人認為妥當，法案的起草者會變成我的名字呢！之前，起草對亞美尼亞、敘利亞等地政策的人，所用的是西塞羅之名，而當時，西塞羅本人對這卻是毫無所知。

您別認為這只是笑話而已，這是目前正在發生的事呢！

某日，突然收到來自遠方王國的王侯感謝信，我才知道上面所說的事。信中，遠方王國的王侯說，正是託我所起草的法案之福，才使他的王位得到了保證等等。而我根本就不知道世界上有這些人的存在。」

在給密友阿提克斯的信中，西塞羅更加坦率地發洩了他的不滿：

「您總是極力主張說我的位置應該是在元老院。然而，曾經是政治中心的元老院已不復存在。您說，待在這種地方還有什麼意義呢？

阿提克斯，西塞羅已經沒有存在的理由了！也許從以前就是如此，不過現在我也不得不徹底承認這一點了。我與國家之間的關係已經被切斷了。也許最好的選擇就是隱退，在別墅孤獨地度過餘生。」

「阿提克斯，像以往一樣通信、交換意見已經沒有意義了。因為信中所有的內容都是千篇一律，充滿寂寞無助之感。我已經成為失業者了。」

「瞻望羅馬共和國的前途，往往不禁愴然淚下。」

「從前，是老練穩健者在操縱著政治；如今，已是在某人掌握之下的年輕人世界了。我的政治熱情，也許只能用於從事園藝了！」

曾經集中羅馬菁英的元老院，如今加入了不少高盧人、西班牙人和希臘人。在那裡，他們用幼稚的拉丁語陳述意見。對大文豪西塞羅來說，這些人的拉丁語簡直令他不堪忍受：

「從高盧等地流入首都的這些人，使長久以來我們為之自豪的羅馬光輝傳統，蒙上了一層陰影。」

「有秩序的融合」是西塞羅政治思想的根底。然而，他所主張的融合，指的是他現在所屬的元老院階級和他的出身階級——「騎士階級」之間的和睦相處，而不是凱撒所追求的、羅馬人與屬省居民之間的融合。西塞羅這樣評論：

「我現在並不是凱撒政治實行機構的一員，雖然無法得知他所施行的政策，但是凱撒本身，也許都不知道他自己在走著怎樣的路。」

凱撒心中當然是十分清楚的，只是凱撒所看透的東西，西塞羅卻無法看透而已。

即使如此，西塞羅仍然無法對政治斷念。現在，是凱撒一個人在承擔所有的國政。西塞羅與友人商量，打算給凱撒寫意見書，闡述自己對國家羅馬的將來的見解。

「考量之後擱置下來了，不過還是考慮以書簡的形式寫一篇〈政治備忘錄〉。然而卻不知從何著手。現在，我手中有亞里斯多德和狄奧蓬波斯獻給亞歷山大（大帝）的兩本書，不知是否可以作為參考呢？他們所寫下的，不僅給他們本身帶來了榮譽，其中內容也得到了亞歷山大（大帝）的讚許。

阿提克斯，您認為我與他們之間有共同之處嗎？對於這一點，我自己都無法判斷了。」

結果，西塞羅還是沒有寫成他的意見書。因為他無法判斷這是否會給他帶來名譽。而且，他還擔心因為意見書的發表，會說明自己實際上已經承認了凱撒現在的地位。還有，即使是寫下意見書，又會不會得到凱撒的認同呢？

對拒絕了凱撒的寬容精神而選擇自殺的小加圖，西塞羅曾經發表過〈加圖〉，對他大加讚頌。由於擔心西塞羅的這篇文章對世人的影響，凱撒發表了〈反加圖〉。凱撒並沒有禁止發行西塞羅的〈加圖〉，而是採取由自己來進行反論的方式。凱撒在西元前四十四年二月就任終身獨裁官之後，曾有人在夜間將非難他的匿名文章張貼在集會廣場的牆上，凱撒也對此未加追究。

如果西塞羅發表〈政治備忘錄〉，闡明只有元老院主導的少數領導制才是羅馬應該堅持的政體，凱撒大概也不會對此加以彈壓，而會再次執筆進行反論。

所以，西塞羅沒有寫下〈政治備忘錄〉，並不是因為害怕會遭到凱撒的彈壓而擱筆，而是他自己選擇了放棄。

凱撒的祕書長希爾提斯曾經將〈反加圖〉送給西塞羅，西塞羅在讀完之後馬上給密友阿提克斯寫下了這樣的讀後感：

「對我的〈加圖〉論，凱撒有何種感想，只要讀過希爾提斯所送的凱撒〈反加圖〉論就可以想像了。在他的反論中，凱撒列舉了小加圖的缺點並加以非難。然而，書中卻對我的文筆加以讚美。為了讓更多的人都可以讀到〈反加圖〉，我已命令姆斯加斯進行抄寫了。」

只要自己受到讚賞，不管是來自何人，出於何故，西塞羅都會變得飄飄然，即使已經過了耳順之年，還是改變不了自誇自擂的習性。在凱撒的獨裁統治之下，言論還是得到極大的自由。然而，即使絕對權力者有接受批評的氣度，現在只不過是友人身份的昔日同僚，卻失去了親自署名批評他的勇氣。這些人的代表西塞羅，也自動選擇了放棄。

主動限制，從心理背景以及採取主動限制所造成心理上的影響來看，實際上是十分有趣的現象。如果是蘇拉，不管是西塞羅，還是其他反對自己政治主張的人，大概根本就不會給予他們機會來為是否要寫意見書而煩惱。只需將他們列入「處罰者名冊」，一律殺掉即可。

還有，對認為寬容他人是羅馬人之間不可以擁有的權利的小加圖、以及受小加圖思想影響，因為自己現在所享受的一切皆來自凱撒恩惠而煩惱不已的布魯圖斯等人，如果是蘇拉，大概也是一律格殺勿論。這樣一來，那些人自然就會主動限制，受恩者也不會因此而內疚煩惱了。

但是，凱撒並沒有命人作成「處罰者名冊」。無論是對原龐培派的人，還是堅持元老院主導的共和政體主義者，他都一律加以寬待。允許他們歸國，恢復在本國的生活，還在元老院為他們保留與以前同樣的議席。凱撒還任命馬庫斯．布魯圖斯為西元前四十六年義大利北部屬省的總督——雖然那是因為布魯圖斯是自己情人兒子的緣故。

凱撒與辛拿的女兒結婚之後，蘇拉曾經強行要求凱撒與自己政敵的女兒離婚。而布魯圖斯在小加圖死後娶了小加圖的女兒為妻，凱撒對此並沒有流露出一絲不悅之感，更沒有命令他們離婚。以第三者看來，凱撒的方式顯然要比蘇拉好得多。然而，身處其中的當事人，又是怎樣想的呢？

如果因為統治者的言論彈壓而無法執筆意見書之類的東西，那麼可以將責任歸咎於進行彈壓的一方；然而，未受到任何彈壓而主動放棄，則無法將責任轉嫁給任何人。而且，曾經是自己矛頭指向的人物，不但饒恕了自己的性命，還讓自己擔任高官的職位。對此，即使是自己心存內疚不安，又能向誰發洩呢？

蘇拉的作法是將這類的煩惱、內疚、憎惡等在產生之前就殺光了。而凱撒，就是因為未動殺戒而使這些思想有了生存的空間。

蘇拉在生前總是為恐懼所包圍；不願為恐懼感所包圍的凱撒，卻被在表面上沒有暴露出來的憎恨所包圍了。

西塞羅、布魯圖斯以及與布魯圖斯同為龐培派，後來得到凱撒寬恕而成為凱撒手下高官的加西阿斯，從西元前四十五年至前四十四年這個時期，互相給對方寫了不少的信函。那時，布魯圖斯以及加西阿斯都在首都，而西塞羅則在自己的別墅像往常一樣發牢騷。

已過耳順之年的西塞羅與剛滿四十歲的布魯圖斯和加西阿斯，並非有共同體驗的同代人，西塞羅的同代人應該是五十五歲的凱撒。西塞羅與凱撒，不僅有共同的體驗，還有共同的教養，兩個人都擁有明晰的拉丁語知識。

這兩人在政治上的立場卻常常相反。在性格、兩性關係以及對待金錢的態度上，兩人之間可說是天壤之別。但是，從個人的角度來看，西塞羅對凱撒的評價遠遠高於他對龐培的評價。而且，從另一方面來說，與西塞羅有共同政見的人，在另一方面，也顯然較喜歡凱撒。就像西塞羅，經常抱怨自己在羅馬已經沒有立足之地，已成為失業者等等。但是，在發完牢騷之後，他還是這樣說：

「凱撒具有極好的平衡感，對任何事物都十分寬容，但又並非對任何人都是如此。對有才能、有志創大業者，則不分國家、出身階級，一律加以重用。」

「對凱撒的認真、正直、賢明的行為，我不惜加以讚美之辭。即使是龐培，在談到凱撒時，語氣中也無不充滿敬意。」

龐培曾經出資建造龐培劇院以及大迴廊，並捐贈給國家。在迴廊中，原來有一座大理石造的龐培全身像，在法爾沙拉斯會戰後，凱撒派的人曾經將龐培的肖像推倒，後來凱撒又在原來的位置為龐培造了一座全身像。即使是對死者，凱撒也是盡量做到「寬容」。而這樣程度的寬容，西塞羅是可以理解的。另外，在文章評論方面，西塞羅是羅馬首屈一指的評論家。他曾這樣評論：

「凱撒的文章，無論是口頭還是落筆的形式，都有以下特點：品格高尚、光芒四射、壯麗而又高貴，而最重要的一點就是極富有理性。」

但是，西塞羅並沒有將文藝評論作為自己的「正業」，也無法像原為龐培派的瓦爾羅一樣，在失敗之後十分乾脆地脫離政治而以研究為樂趣，並受凱撒之命而專心於創設羅馬最初的國立圖書館。從西塞羅寫給密友阿提克斯的信中，也可以看出他決心的反覆不定。最後，他還是決定親自到凱撒的官邸拜訪。他認為，凱撒是不會不念及多年交情的。

然而，凱撒自從就任獨裁官之後，幾乎將所有的精力都投入政治上，每天在智囊團和祕書們的「包圍」下忙得不可開交。現在，即使只是負責首都改造的建築家，就有希臘人、羅馬人以及埃及人。如果是希爾提斯、巴爾布斯以及奧庇斯這些長期擔任凱撒祕書的人，都很熟悉凱撒與西塞羅的關係而會對他加以禮遇。但是新的祕書並不知道這層關係，所以對到官邸來訪的西塞羅，只是像對待其他訪客一樣，讓他在接待室等待。

可以想像得到西塞羅在接待室等待凱撒時的心境。昔日，他們曾經處於對等的立場；今日，兩人之間卻存在如此大的差距！這難免會讓他深感屈辱。不過，這種屈辱感並沒有維持多久。偶然從辦公室走出來的凱撒，看到在接待室等待的西塞羅之後，對身邊的祕書們大聲感慨道：

「連馬庫斯．西塞羅都必須在接待室等待而無法自由出入我的辦公室，難怪聽說有人會憎恨我了！」

從那以後，不到二個月的時間，也就是西元前四十五年十二月，凱撒給西塞羅寫了一封信。信中說想利用從十二月十七日開始的撒頓祭這段時間，到拿坡里近郊渡假，想抽出一天到西塞羅的別墅作客。

喜歡體驗古代風情的現代觀光客，大都喜歡到拿坡里東面的維蘇威火山以及山麓下的龐貝古蹟一帶遊覽。而古代的達官貴人(VIP)，則流行在拿坡里以西的庫馬、米塞諾岬、巴伊亞(Baiae)灣，帝政時代則是在作為軍港的坡佐里一帶購置別墅。以達官貴人自居的西塞羅，所擁有的八幢別墅之一，就是在坡佐里。凱撒在拿坡里灣一帶並沒有別墅，如果冬季想在這氣候溫暖又有溫泉的勝地渡假，就必須在這一帶達官貴人的別墅中作客。

西塞羅收到凱撒的信之後，很緊張。聽說連士兵在內，凱撒一行共有二千人左右。然而這又是來

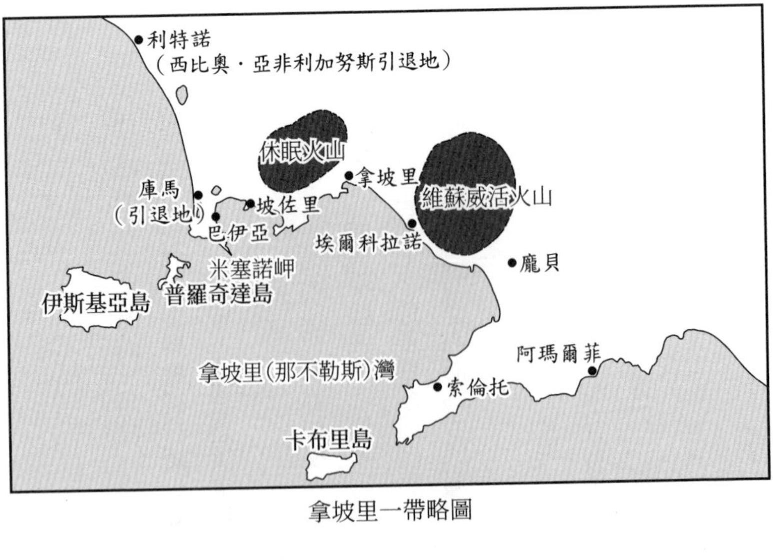

拿坡里一帶略圖

自最高權力者的要求，要拒絕是不可能的了，唯有做好一切準備等待他的來臨了。那一天終於到來了。第二天，西塞羅就從坡佐里發出內容為「凱撒，成為西塞羅別墅座上客」的信函。以下就是信中的內容。不過，信中說一共有二千人，卻是令人難以置信，也許只是在中世紀抄寫時所造成的筆誤而已。參閱其他的史料，覺得如果是十分之一的人數（二百人），還可以令人信服。

「啊！如此麻煩的客人終於離開了。不過，坦白說，這也是十分令人愉快的一天。在撒頓祭的第二天傍晚，凱撒一行抵達了菲利普斯（西元前五十六年執政官，屋大維母親再嫁的對象）的別墅。凱撒帶來的人擠滿了整間別墅，只有放置招待貴賓用的餐桌房間才空著，畢竟隨行的人數有二千名之多。而在明天，應該如何招待這些人，我簡直有點束手無策了。幸好巴爾巴．加西阿斯在這時伸出了援手，凱撒在我這裡逗留期間，他派來了專門警備隊。擔任警備的士兵，夜間在外面搭起帳篷露營。在菲利普斯的別墅逗留的次日，凱撒一大早就起床了。但是在午後一點鐘之前，他都是一個人獨處。中間只有巴爾布斯進入過他的房間，那大概是為了帳目上的事情。然後，凱撒在海邊散步很長的時間，散步後就直接來到我的別墅。入浴之後，還作了按摩。按摩完畢之後，他披上衣服，不動聲色地聽著親信馬姆拉的報告，之後才開始晚餐。因為服用了催吐劑，不必擔心消化上的問題，所以可以放開肚皮大吃大喝。無愧是西塞羅家的晚宴，餐桌上擺滿山珍海味，應有盡有，不僅豪華而且富有情趣。在用餐時，愉悅而高水準的談話，更為晚餐增添了一份情趣。如果您想知道談話的具體內容，我將加以詳述。總之，不乏親密而又合乎禮節（這裡大概是指沒有人醉倒）。

隨行的人員，也都在其他的三個房間用餐。即使是對不那麼重要的被解放奴隸和侍從，也準備了豐盛的晚餐和周全的服務。當然，身居要職的被解放奴隸，在這裡也受到了特別的款待。總之，對主客雙方來說，在這裡都得到了與其身份相符的對待。通常，在客人離開時，主人都會說有機會請一定再次光臨之類的話。但是我卻沒有這樣的心情。只一次就足夠了。關於晚餐之後的話題，隻字未提政治，只是探討了文學。凱撒一直顯得興致勃勃，好像那才是他應該從事的領域。凱撒說他會在坡佐里再逗留一天，之後在巴伊亞(Baiae)停留一日。這就是凱撒逗留在西塞羅別墅中的經過。雖然，這原非出於我本身的意願，但回味起來，真是令人十分愉快的一天。我自己還會在這裡住上數日，之後再到多斯克羅的別墅。聽說凱撒到達都拉貝拉（西塞羅的女婿，凱撒的親信之一）的別墅時，很多士兵在別墅兩側列隊歡迎騎馬到來的凱撒。不過，也許凱撒本人並不喜歡這樣，後來就沒有這樣做過。」

在西元前四十四年初，凱撒宣布他將遠征帕提亞(Parthia)。他從去年秋季就已經開始為此準備了。出發的日子定於西元前四十四年的三月十八日。

遠征帕提亞，是凱撒決意在他有生之年實現的夢想。

當時，在帕提亞還有克拉蘇率軍攻打帕提亞失敗之後被俘虜的一萬名羅馬士兵。那些士兵雖然得以倖存，但是全都被帶到帕提亞王國最東北部的國境地帶梅爾布，被處以終身兵役，實際上也就是相當於流放。已經過了九年，還有多少人得以生存，雖然不得而知，但是將這些士兵救出，是羅馬軍應盡的義務。

凱撒遠征帕提亞的目的，並不包含征服帕提亞王國這一點。如果包括這一點在內，二年的時間顯然過於短暫。凱撒是計畫在與帕提亞軍的會戰中打個漂亮的勝仗，再次在東方的諸侯面前顯示羅馬的力量，確立以幼發拉底河為界的防衛線。這樣，就可以將幼發拉底河以西的各區域再次收入羅馬的傘下。這是凱撒遠征的第一目的。

另外一個目的大概就是在遠征帕提亞的歸途中，征服多瑙河沿岸，並確定多瑙河為防衛線。如果可以順利達成這兩個目的，除了凱撒已經確定的萊茵河防衛線之外，還可以確定多瑙河、黑海、幼發拉底河這些防衛線。這樣，羅馬帝國的防衛線就可以穩固，而凱撒也就可以放心地將帝國交給後繼者了。

凱撒大概是決定以二年的時間來進行這次遠征，所以他已經決定了他不在羅馬期間統治本國以及屬省二年間的人選。確定防衛線，並非以與當地居民對話的方式就可以簡單解決的。對進行抵抗的地方，就必須付諸戰爭。凱撒計畫經希臘首先到達東方，戰勝帕提亞之後再出征黑海沿岸，然後征服多瑙河再回師義大利。這樣，即使是凱撒，也需要二年的時間，因為並非每次戰鬥都可以做到「我來、我見、我征服」。

這次遠征，對五十多歲的凱撒來說，是在壯年後期可以使他衣錦榮歸的一大壯舉。

有一位史學家曾經說過凱撒「可能會欺騙他人，但一次也沒有欺騙過他自己」。遠征帕提亞，並不是為了誇示作為最高權力者的權力，而是在冷靜透徹的思考之後所作出的決斷。

凱撒要求元老院的所有議員對以下一事宣誓。

誓約的內容為：

「敵視凱撒者，也是他們的共同敵人，他們發誓保護凱撒的人身安全。」

西塞羅在誓約上簽了名。布魯圖斯和加西阿斯也都簽了名。凱撒得到元老院全部議員簽名的這份誓約後，解散了主要由西班牙人以及日耳曼人所組成的護衛隊。他要求元老院議員在誓約上簽名的理由就是——「整天為人身安全而憂心忡忡，不算是真正的活著。」

然而，當凱撒宣布決定遠征帕提亞後，關於凱撒想稱帝的謠言愈傳愈廣。當時，羅馬人所信奉的女預言家曾經預言過只有為王者才可以成功地征服帕提亞。這就是謠言的根源。此外，處事沒有深思熟慮的安東尼的輕率舉動，更加深了人們對謠言的相信。

每年的二月份，在羅馬都有紀念豐饒之神魯佩卡莉亞而舉行的魯佩卡莉亞節。除了祭祀之外，還進行體育比賽。當天，凱撒也參加了在「大競技場」中進行的體育比賽。當時，與凱撒同為當年執政官的安東尼，向坐在觀眾席中央的凱撒獻上了皇冠。觀眾中雖然有人拍手歡迎，但有更多的人因為驚愕而未能出聲。因為羅馬人對王政十分敏感，甚至有人一提到王政就咬牙切齒。

凱撒當場就拒絕了安東尼所獻的皇冠。同時，他也意識到這一次的事件非同小可，不可等閒視之。所以為了平息他準備稱帝的謠言，他命人在集會廣場一角的大理石柱上刻下了這樣的「公式記錄」：

「執政官馬庫斯・安東尼請求終身獨裁官蓋烏斯・凱撒接受王者的權威，但被凱撒拒絕。」

在那以後，不到一個月的時間，也就是在三月十五日，凱撒就在元老院的議場被殺了。不知為何，西塞羅並未成為暗殺集團中的一員，在三月十五日那天，他也沒有出席元老院會議。但是，在獲悉凱撒被暗殺之後，西塞羅馬上給暗殺者之一的巴吉爾斯寫了一封信，信中落款的日期就是凱撒被殺的三月十五日。

「啊！這簡直是喜從天降。我應該感謝您，好好愛您。而您也應該愛我才對呢！您與其他的那些人此後有何打算？請逐一告知。」

在凱撒戰勝龐培之後，不僅對龐培派的人未加殺害，饒恕他們的性命之後，還讓他們自由選擇去留。對凱撒的這一舉動，西塞羅當時是讚不絕口。就是給這位西塞羅，凱撒曾經寫過以下內容的回信：

「您是十分理解我的人，您說在我的行為中，從各個方面來看，都沒有殘忍性。對於您的這種評價應該是可以相信的。這樣的行動本身，已使我感到十分滿足。連您都對我的行為表示讚賞，真是令我不勝欣喜。

即使從我這裡獲得自由的人，將來再把矛頭指向我，我也不會為此而感到後悔。我對自己的要求，就是忠於自己的信仰，所以認為他人也理應如此。如果您與其他人來到羅馬，協助我實現自己的理想，我將不勝感激。即使只是建議也好，忠告也好，或者是發揮您與其他人的特長也好，只要是有用的，我都會接受。而您豐富的知識必定會讓我受益無窮。」

被暗殺之時，再過四個月，凱撒就五十六歲了。

第七章

「三月十五日」
Idus Martiae

西元前四十四年三月十五日～前四十二年十月

長久以來，人們往往認為歷史的春秋大筆掌握在勝者手中，對此本人卻不敢苟同。這一章的敘述可說就是典型的證明。因為第七章的敘述，全部都是以敗者，也就是反凱撒派所留下的史料為根據而寫成的。理由很簡單，給我們留下這些史料的，就是反凱撒派的西塞羅。在這一章中所記述的事件，都是根據西塞羅和在本章節中出現的人物之間的信函而寫成。這些信件就相當於「現場證人的證言」。百年之後，普魯塔克在他的《列傳》中，以及後來的阿庇亞努斯和加西阿斯·迪奧都在他們的著作中，引用了這些信函的內容。

為什麼西塞羅的《書簡集》會成為「現場證人的證言集」呢？在凱撒死後，西塞羅認為自己又可以像以前一樣，有機會在羅馬這條船中擔任掌舵的角色了。他積極活躍起來，周旋於反凱撒派與凱撒派之間，居中調停兩派。不過，因為他本身屬於反凱撒派，調停的目的當然是為了反凱撒派的利益。以他六十二歲的年齡，以及他在羅馬享有的盛名，使兩派的人都樂於聽取他的建議。這樣，他手中就集中了來自兩派的大量書信。

凱撒被暗殺的消息，對羅馬人來說，簡直就是晴天霹靂。無論是反凱撒派還是凱撒派，此時都如同迷失了方向一般，陷入了驚慌失措之中。而這時，西塞羅似乎成了暴風雨中唯一的支柱。因為對殺害凱撒的人來說，西塞羅在政治思想上是與他們一致的；而對凱撒派來說，西塞羅並沒有直接參與謀殺凱撒的行動。

但是，對那些與西塞羅通信、聽取他意見的人來說，西塞羅並非他們的「指南針」。而西塞羅本身也常把他無法對布魯圖斯和加西阿斯說的話，向密友阿提克斯訴說。西塞羅雖然缺乏先見之明，但是身為知識份子，對現狀的觀察和認識能力都比常人要勝出一籌。此外，他又有一流的表達能力，所以西塞羅的《書簡集》，就成了值得信賴的「現場證人的證言集」了。

在一百多年，甚至是經過更長的時間之後，普魯塔克之後的不少古代史學家，都寫下了有關於這段歷史的著作。與這些史料不同的是，《西塞羅書簡集》真實地反映當時的實際情形。因為是記錄日常所發生的事情的書信，內容才更具真實性。也正是因為如此，在二千多年後的今天，我們還可以透過西塞羅的書簡，得以一窺布魯圖斯、安東尼、屋大維等人的本來面貌，甚至是即使被殺之後依然屹立不搖的凱撒形象。

「三月十五日」

長期以來，羅馬的元老院並沒有固定的會議場。即使是作為國家最高權力機關的公民大會，也並非總是在固定的場所召開。直到帝政時代的後期，元老院的會議場才固定下來。因為在羅馬市中心，有很多可以容納數百人而又可以隔離開來的場所，會議可以在神廟中，也可以在迴廊的一角召開。因為沒有固定的會場，所以當時在向義大利各地的元老院議員發布召集令時，一定會明記日期和場所。

凱撒就任終身獨裁官時，「朱利斯集會廣場」有些細節尚未完工，所以那時的元老院會議常常在龐培劇院東側的大迴廊召開。被稱為「龐培迴廊」的這個大迴廊，面積就有一百八十公尺乘以一百三十五公尺。只要在當天禁止一般人入場，就有足夠的空間召開元老院會議。

然而，如果凱撒沒有著手進行首都的再開發，元老院會議就不可能在「龐培迴廊」召開。因為迴廊位於城外的馬爾斯廣場之中。當時，只有軍隊的司令官有必要出席時，才會在城外召開元老院會議。在共和政體時代的羅馬，軍隊以及軍隊的統帥入城都是被禁止的。

凱撒首都改造計畫的特色之一就是拆除城牆，消除首都羅馬與羅馬帝國之間的界線。之前在城外的馬爾斯廣場，也成為市中心的一部份了。這樣，在這裡召開元老院會議也就沒有什麼值得爭議之處了。

此外，對在龐培所建造、現在仍然被稱為「龐培迴廊」的場所召開元老院會議這一點，凱撒本人也沒有絲毫的反對。因為如果凱撒有一絲的反對，他完全可以選擇其他地方作為會場。三月十五日的元老院會議，也是在馬爾斯廣場中的一處召開。從那裡可以俯視凱撒為龐培重新豎立起來的龐培全身像。

當時，凱撒住在羅馬集會廣場中的最高神祇官官邸，到現在已經很難在現代建築群中找到痕跡的「龐培迴廊」那裡，只能用徒步的方式。因為根據凱撒所制定的法律規定，白天除了已婚女性和女祭司之外，任何人都不得使用車子的，而使用者也只有在緊急情況之下才能白天在市內騎馬。從凱撒住處到會場的直線距離雖然沒有一公里，但是如果根據當時羅馬的模型復原圖來看，兩者的距離約是直線距離的二倍。

按照當時羅馬的習慣，身居高位的人在「上班」（這裡指到元老院開會）時，會有地位較低者到家中迎接，並陪同高位者一同前往會場。當天，陪同凱撒從官邸前往會場的，是狄奇阿斯·布魯圖斯。

沿途，必定有很多的群眾向凱撒打招呼。在日出而作，日落而息的時代，人們都習慣早起。尤其是當時的羅馬人習慣在中午之前就結束一天的工作。無論是一般人的工作，還是元老院會議，都是在上午進行。據說西元前三月十五日的元老院會議的開會時刻，也與平常一樣，是在上午的十點鐘左右。

無論是拉丁語中的"Idus Martiae"、英語中的"The ides of March"、還是義大利語中的"Idi di Marzo"，只要提到「三月十五日」，西歐人都會知道這是凱撒被殺的日子。這已經成了一種常識。在西洋史上，這也可說是最富有戲劇性的一天。

這一天的經過，經過後世添枝加葉的謠傳，結果使傳說本身變得更為出名了。凱撒的妻子庫爾普妮亞(Culpurnia)的惡夢、預言家「三月十五日要當心」的預言、從三月十四日到三月十五日襲擊羅馬的暴風雨、在羅馬集會廣場突然集中了大量的鳥群等等。

關於不祥之兆的描述，古代的史學家在描寫理性的凱撒時，似乎都發揮了超人的想像力。其中的代表就是普魯塔克的《列傳》，之後還有莎士比亞以此為基礎而寫成的《凱撒大帝》。

不過實際上，羅馬三月的氣候往往是變化無常的。凱撒的行動是不受任何事物所影響的，更何況是惡夢、預言、鳥占卜等這些前兆。並不是凱撒完全無視這些東西的存在，只要是對國家的統治有用，或者是可以提高士兵的士氣的，他都會毫不猶豫地加以利用。而他本人也是根據自己的意志就任羅馬宗教界的最高位——最高神祇官。無論是古代還是現代的史學家和研究者，都一

朱利斯・凱撒

馬庫斯・安東尼

馬庫斯・布魯圖斯

屋大維

西塞羅

致認為凱撒是一流的合理主義者，是富有理性的人。

而且，在古人所留下的資料中，記述著這一事件的，除了西塞羅之外，其餘的都是希臘人。希臘民族是富有理性、積極追求真理的民族，產生過不少的哲學家。對理性的深信不疑，使人們一旦脫離理性的束縛之後，就會變得比其他人更為沒有理性。但是羅馬人，尤其是凱撒卻不是這種類型的人。他們認為，人們不可能擁有百分之百的理性，也不可能完全沒有理性。認為保持兩者的平衡才是重點所在。這也是羅馬人對於平衡感的認識。

正視人性這種真實性的羅馬人，並非只是凱撒一人。西塞羅也是如此——雖然他們在政治上的立場不同。無論是西塞羅，還是其他給西塞羅寫信的「現場證人」所留下的資料，內容都沒有提及這些超現實性的前兆和預言。

此外，「三月十五日」也並非在得知這些不祥之兆的人屏息以待之中所發生的事件。那是個與平常一樣的日子，除了陰謀者之外，沒有人會預料到的突發性慘劇。所謂戲劇性，就是一開始並非戲劇性地進行，而是中途卻發生了突變，使整個過程顯得富有戲劇性。

三月十五日的元老院會議，對在十八日即將遠征帕提亞的凱撒來說，是很重要的一次會議，他不可能因為妻子的惡夢而缺席。他打算利用出征前的最後一次機會，宣布他不在本國的二年中，擔任本國以及各屬省的統治和防衛的負責人名單。對凱撒來說，這是最後的機會；但同時對謀殺者來說，這也是最後的一次機會。

這些謀殺者所擔心的是，那些一心希望凱撒成功遠征帕提亞的元老院議員，會在出征之前最

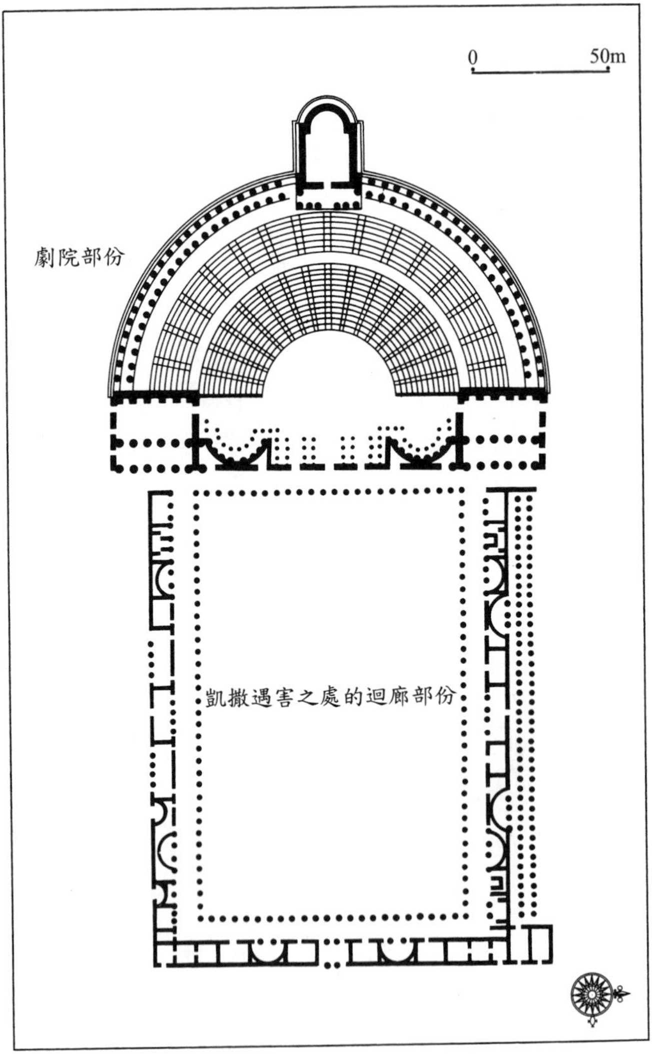

龐培劇院以及迴廊的平面圖
(劇院部份的復原圖請參照第IV冊 244 頁)

後一次的會議上，正式推舉凱撒為王。而且，即使是元老院沒有作出這個決定，他們的危機感還是無法消除。

凱撒只要戰鬥，一定會獲勝。羅馬人對這一點是毫無疑問的。人們都相信，凱撒這一次遠征，一定可以為克拉蘇報仇雪恥，將在敵國邊境服役的羅馬士兵帶回國；在歸途征服多瑙河之後再凱旋歸國。尤其是謀殺者對此更是深信不疑。他們覺得，如果凱撒凱旋歸來之後想稱帝，那時是任何力量都無法阻止的了。阻止凱撒稱帝的最後機會，就是三月十五日的元老院會議了。他們一致認為，必須在凱撒遠征帕提亞之前將他殺死。

元老院會議是以言論為工具的場所，禁止攜帶武器進入會場。無論是凱撒還是凱撒派的議員，都只能赤手空拳地出席會議。雖然有守衛，但都不是武裝的士兵。

此外，凱撒在得到元老院議員的誓約之後，就已經將由西班牙兵和日耳曼兵所組成的護衛隊解散了。獨裁官雖然有二十四名的侍衛，但是他們手中所有的，只是象徵性的斧頭與柴束，作為一種儀式而並非武器。而這些警衛在會議進行時，往往都只在離會場較遠的地方待命而已。

謀殺者將短劍藏在有很多褶的袍子內側，將武器帶進了會場。現在他們所擔心的，就是安東尼的體力。連西塞羅也說過，安東尼的體力可以與劍鬥士媲美。

加西阿斯主張將安東尼也一起殺掉，但是遭到布魯圖斯的反對：「我們並不是殺手」，只好作罷。最後決定只將凱撒一人殺死。

因此他們決定由其中的一人藉口與安東尼說話，將他從凱撒身邊引開。最後決定由提波紐斯擔任這個角色。提波紐斯已經在凱撒手下擔任多年的軍團長，安東尼對他的舉動應該不會產生懷疑。

如果在會議開始之後暗殺凱撒，就變成必須在數百名元老院議員面前刺殺凱撒，這樣成功的機率也許會大為降低。因此暗殺者提前動手了。他們在會議開始之前，也就是在議員們尚未全部到齊時就採取行動。

有一種說法，就是參與暗殺凱撒的元老院議員一共有六十名。但是關於這一點，並沒有確鑿的證據。不過，可以確定實際參與暗殺行動的十四人的名單。這十四人在行動時，也許是因為缺乏冷靜，有人竟將本來應該刺向凱撒的短劍，刺向了自己的同志。

處於狂亂狀態之中的十四人，對一個人進行刺殺的結果是：凱撒身上有二十三處受傷，其中只有刺在胸部的一處是致命傷。

意識到自己必死無疑的凱撒，為了不讓人們看到自己倒地而死的慘狀，用長袍把臉和頭蒙住，終於倒在龐培的雕像腳下。

當其他的元老院議員還未完全意識到發生什麼事而目瞪口呆時，慘劇就在這一瞬間發生了。

事件發生當時，暗殺者的名字、經歷和年齡如下：

馬庫斯・布魯圖斯——父親屬於馬留斯派，在蘇拉死後，曾與雷比達一起試圖以武力樹立平民派的新政權。後為龐培所鎮壓並被處以死刑。當時布魯圖斯只有八歲。母親塞維莉亞讓他接受良好的教育，為他請來希臘人的家庭教師，又讓他外出留學。但當時，占據布魯圖斯母親的心的，並非處於青少年期的兒子，而是凱撒。在她丈夫死後，更是公開地成了凱撒的情人。當時，在羅馬，再婚是十分普遍的現象，沒有再婚的寡婦反而會成為人們議論的對象。凱撒不僅為了政治上的需要而結婚過多次，對自己擁有眾多的情人這一點也無意加以隱瞞。但塞維莉亞還是一心一意地愛著凱撒。這種一往情深的愛，大概連身為兒子的布魯圖斯，在成年之後仍然無法理解。

在青年前期，布魯圖斯專心於學業。先後在雅典、羅德斯等屬於當時最高學府的地方留過學。在今天，也就是相當於在國內最好的大學以最好的成績畢業後，再到牛津大學和普林斯頓大學留學一樣。與關心政治、軍事的同齡人不同，布魯圖斯在青年時期最感興趣的是哲學。因此，他在軍務方面完全沒有任何經驗。既沒有當過相當於通往政界起點的審計官，也沒有候選過按察官。因為他是屬於平民貴族出身，本來可以爭取到護民官的職位，但是他本人對這個不感興趣。不過，在他少年、青年時期，比他年長十歲的叔父小加圖對布魯圖斯的影響十分深刻。而這位叔父，正是反凱撒派的先鋒。

布魯圖斯並非出身於特別富裕之家，要在羅馬維持上流階級的生活，就必須找到一官半職。如果當律師，就必然會牽涉進入政界的問題，因此布魯圖斯連試都沒有試過。三十歲左右的布魯圖斯，決定投身於金融業。他在小亞細亞徵收高達百分之四十八的年利率，連當時身為當地總督的西塞羅都因此而十分憤慨。

與布魯圖斯同時期的凱撒，雖然負了很多債，仍然可以做到面不改色心不跳；但是布魯圖斯一生都未借過債。沒有恆產也就沒有恆心，兩人對此大概有著同感。但是借款數目一大，也就成為恆產的一部份了；而布魯圖斯卻無法接受這個觀念。

然而，在三十歲的後半期，布魯圖斯又放棄金融業。在凱撒渡過盧比孔河，羅馬進入內戰狀態時，布魯圖斯不顧母親的反對，和叔父小加圖一樣，投奔龐培。雖然龐培是殺害了他父親的人，但布魯圖斯認為應該把國家利益放於個人私情之上，所以投奔堅持元老院體制的龐培派旗下。

法爾沙拉斯會戰之後，在塞維莉亞的懇求之下，凱撒向軍隊發出不得射殺布魯圖斯的指令。而逃走後的布魯圖斯也親自寫信給凱撒，對凱撒的勝利表示祝賀並告知自己的所在地。放下心頭大石的凱撒，還派出一隊的護衛以保證布魯圖斯的安全。凱撒就像是對待離家出走的兒子一樣，將布魯圖斯送回了他母親塞維莉亞之處。

之後，布魯圖斯也許是聽從了母親的勸導，並沒有再追隨逃往非洲以期捲土重來的小加圖，而是在羅馬專心於學術研究。

龐培死後，凱撒解決了埃及的內亂，平定了小亞細亞的叛亂後回到羅馬。這時，塞維莉亞又將兒子的將來託付給凱旋歸來的凱撒。而凱撒也沒有拒絕一生甘為自己情人的塞維莉亞的請求。

西元前四十六年，沒有任何公職經驗的布魯圖斯，被委任為屬省總督，負責治理義大利北部地區，時年三十九歲。眾所周知，這都是因為凱撒的關係才使布魯圖斯得以就任這個職位。當曾經十分親密的叔父小加圖在北非與凱撒苦戰之時，布魯圖斯卻一聲不吭地擔任著他的總督。在義大利北部屬省，當地的住民大都已經被凱撒升格為羅馬公民，所以在布魯圖斯就任總督期間，並沒有出現過什麼亂子。

任期結束、歸國之後的布魯圖斯，與原來的妻子離婚而娶自殺身亡的小加圖女兒波里亞為妻。對於布魯圖斯的這個舉動，雖然未知其中的真正原因，但這也許是出於對叔父的一種謝罪心理吧！而波里亞不但是一生反對凱撒的小加圖之女，前夫還是曾為凱撒同僚而總是輸給凱撒的比布拉斯。波里亞憎恨凱撒，是不足為奇的。但是布魯圖斯本人，卻正是因為凱撒才得以出人頭地。在他參與暗殺凱撒的當年，也就是西元前四十四年，布魯圖斯正擔任法務官的職務。

布魯圖斯有淵博的知識和良好的教養。在這方面，連西塞羅和阿提克斯也對他表示讚賞。如果他將自己的一生投身於學者的道路，成就將是毫無疑問的。但是，知識和教養並不等於智慧。而且布魯圖斯又常常會受到來自外界的影響。

在一開始，布魯圖斯並不是暗殺凱撒的主謀。真正的主謀是妹夫加西阿斯，布魯圖斯則是被推戴出來的。不過，大多數人都是因為布魯圖斯為主謀而決定參與的。附帶提一下，西元前五〇九年推翻王政而建立共和政體的，也是名為布魯圖斯的人。這兩位布魯圖斯之間雖然沒有血緣關係，但是由於家族名相同，後來的布魯圖斯有可能是把自己想像成為當年的布魯圖斯了。人們在決定大事之時，往往需要借助某種名目。

布魯圖斯曾經請西塞羅幫忙推敲演說草稿。當時西塞羅對他說了些什麼雖然是不得而知，但是後來西塞羅在給他無話不談的密友阿提克斯的信中曾經這樣評論：

「文章的構成精緻，富有邏輯性。但卻缺乏一種熱情，就是那種向他人傳達自己意思的熱情。」

凱撒在生前聽過布魯圖斯的演說之後，曾經這樣評論：

「雖然不知那位青年所追求的是什麼東西，但是可以理解他為何會那樣強烈地追求。」

如果是本人，聽到這含著諷刺意味的評論，大概也會難以入眠。對一生忠於自己的情人的兒子，凱撒雖然憑著自己的權力讓他進入政界，但似乎並不認為布魯圖斯有多大的才華。而且，關於凱撒被刺時所說的「布魯圖斯，你也來殺我」中的布魯圖斯，所指的並不是這一位馬庫斯．布魯圖斯，而是指狄奇阿斯．布魯圖斯。本人也認為這個說法有道理。馬庫斯．布魯圖斯在刺殺凱撒的那一年，時年四十或者是四十一歲。

加西阿斯．郎吉努斯 (Cassius Longinus) ——「三月十五日」的真正主謀者。年齡與布魯圖斯一樣，但兩人的經歷卻是截然不同。

西元前五十四年，克拉蘇遠征帕提亞時，三十歲的加西阿斯身為審計官正在從軍。在隔年的戰鬥中，他以前審計官的資格負責指揮克拉蘇軍的右翼。當年才三十一歲的加西阿斯就平步青雲了。但是在有名的「卡雷」戰役中，克拉蘇軍被帕提亞軍打敗。當時加西阿斯拋棄了總司令官克拉蘇，帶著五百名騎兵逃離了戰場。

後來，加西阿斯身為軍隊的指揮官，負責敘利亞屬省的防衛，發揮他出色的軍事才能。內戰爆發之後，加西阿斯就投奔到以東方為地盤的龐培旗下，並負責確保愛琴海的制海權。法爾沙拉斯會戰之後，凱撒對龐培進行追擊。當凱撒越過達達尼爾海峽抵達小亞細亞時，加西阿斯未作任何抵抗，就帶著他所指揮的全部軍艦向凱撒投降了。凱撒也發揮他一貫的「寬容」精神，讓他自由選擇去留。但是加西阿斯既沒有追隨龐培逃往埃及，也沒有前往北非與他的同志會合。同時，他也沒有像那段時期的布魯圖斯那樣，謹言慎行，而是積極地協助凱撒。在凱撒「我來、我見、我征服」的對法爾那西斯之戰中，加西阿斯被凱撒任命為軍團長。在軍事上，加西阿斯有出色的才能。那時，對加西阿斯已經成了忠實的凱撒派這一點，已經沒有人還存疑問了。同時，在眾人的眼中，布魯圖斯也已成為忠實的凱撒派。就是在那時，加西阿斯娶布魯圖斯的妹妹為妻。西元前四十四年，加西阿斯與布魯圖斯同時被凱撒任命為法務官。才四十一歲就平步青雲了。

但是，加西阿斯本身對此並不滿意。雖然同為法務官，布魯圖斯負責的是首都的事務，也就是相當於首席法務官。而與布魯圖斯同齡但論資歷卻遠在他之上的加西阿斯，負責的是有關在羅馬居住的外國人事務。拋棄了龐培並與龐培的殘部決絕之後，認為自己對凱撒已經做到鞠躬盡瘁了，而這一次的人事安排，使他在心中對凱撒產生怨恨。

此外，加西阿斯心中一直懷疑凱撒對自己沒有好感。這一次他更是對此深信不疑了。他認為，只要凱撒一直大權在握，自己就難有出頭之日。

也許凱撒本身真的是對加西阿斯沒有什麼好感。他雖然對加西阿斯同樣發揮了「寬容」的精神，但是在心中，凱撒也許無法原諒帶著五百名騎兵逃走而拋棄了克拉蘇的加西阿斯。

五百名騎兵，是很強的戰力。如果加西阿斯沒有率領五百名騎兵逃走，說不定會有完全不同的戰鬥結果。即使無法獲勝，克拉蘇指揮之下的羅馬軍隊，也許還可以避免那樣悲慘的命運。對重視士兵生命如同重視勝利的凱撒來說，姑且不管個人的臨陣脫逃，帶領五百名騎兵逃走而置遠征軍全體覆沒不顧的加西阿斯，無論以後的言行如何，在凱撒心中，都是無法原諒的。

加西阿斯本身，卻沒有真正認識到自己所犯下的錯誤的本質。不過，如果他可以意識到這一點，也許一開始就不會帶著五百名騎兵臨陣脫逃了。

不過，加西阿斯也清楚意識到，如果他自己為旗手，大概沒有什麼人會追隨。因為不滿於被安排在底位的官職而殺害最高權力者，這樣無法說服他人動手。所以他選定了布魯圖斯。布魯圖斯能夠身居要職，並非出於他個人的野心，而是因為凱撒。關於這一點，在元老院議員中可以說是眾所周知的事實。推戴布魯圖斯為首，就會讓人們感到他是為了羅馬國家的利益，而犧牲了凱撒所給予自己的個人利益。是潔白、無欲、沒有野心的布魯圖斯。

推戴出來的旗手，並沒有過人的才能。但是如果由有能力的人當旗手，其他人就會加以提防而不會追隨了。加西阿斯選布魯圖斯為旗手，算是選對人了。

除了布魯圖斯和加西阿斯之外，還有里加利阿斯、阿奎斯、魯布里斯、那佐、蓋烏斯．加斯加、普布里斯，以及西元前五十四年的執政官、強硬的反凱撒派阿赫諾巴布斯的兒子。歷史學家將這九人稱為「被凱撒所饒恕的原龐培派」。但是，在謀殺集團中，也有凱撒派的人。

托利阿斯．金布羅——職位不詳，在凱撒的推薦之下成為元老院議員，也就是所謂的「凱撒擁護者」之一。

蓋烏斯．提波紐斯——「三月十五日」之時，大概是四十五、六歲。西元前六〇年曾就任過審計官，五年後又就任過護民官。從西元前五十四年開始，就以軍團長的身份，隨著凱撒出征高盧。內戰爆發之後也追隨凱撒，在馬賽攻城戰中負責陸上的攻擊。西元前四十七年，受凱撒之命前往西班牙統治之時，讓龐培的兩個兒子成功地集結了叛軍，最後還是凱撒親自出馬才平定了叛亂。在凱撒的軍團長之中，屬於具有中等程度才能的將領。

狄奇阿斯．布魯圖斯——高盧戰役時期，在凱撒帳下的幕僚中，最有軍事才能的，大概就是這位狄奇阿斯．布魯圖斯和在遠征帕提亞時戰死的普布里斯．克拉蘇了。這兩人都是良家子弟，在二十多歲就追隨凱撒。凱撒在提及這兩人時，總是愛用「青年克拉蘇」、「青年布魯圖斯」的稱呼，從中不難看出凱撒對這兩位有才華年輕人的喜愛。「青年克拉蘇」後來隨父親遠征帕提亞而壯烈犧牲。「青年布魯圖斯」則一直追隨凱撒度過高盧戰役的歲月，在內戰中也是功不可沒。

凱撒十分欣賞這位青年將領的才能。在遺書中，凱撒指明如果第一繼承人拒絕繼承，則改由布魯圖斯為繼承人。不過，在「三月十五日」當時，四十歲的布魯圖斯並不知道凱撒遺書中的內容。據說凱撒的遺書公布之後，布魯圖斯頓時面無人色，默然不語。很多人都認為，「布魯圖斯，你也來殺我」中的布魯圖斯，所指的並不是狄奇阿斯的堂兄弟馬庫斯．布魯圖斯，而是指這位狄奇阿斯．布魯圖斯。實際上，得知凱撒被殺之後，平民百姓的憤怒，比起指向馬庫斯．布魯圖斯，反而更是集中在狄奇阿斯．布魯圖斯身上。

斯庇基阿斯．格巴——這人也是從高盧戰役開始就是凱撒的軍團長。他身為軍團長，並沒有出眾的才能。也許是因為如此，凱撒自己在高盧奮戰時，將格巴作為對付元老院的對策。他被選為西元前五十四年的法務官。西元前四十九年被凱撒派推選為執政官候選人，但是由於龐培和元老院派的緣故而落選。在內戰時期，雖被凱撒任命為軍團長，卻只是一種可有可無的存在而已。

米努里阿斯．巴吉爾斯——從西元前55年開始參加高盧戰役的軍團長，內戰時期也在凱撒手下戰鬥過。史料也沒有記載這人身為武將的才能。他屬於凱撒派，同時又以西塞羅的弟子自居。

這五人，尤其是凱撒手下的高級將領提波紐斯、格巴、巴吉爾斯以及狄奇阿斯．布魯圖斯四人，在內戰時期也都是對凱撒忠心耿耿，為什麼會參與暗殺凱撒的行動呢？

這些人在「三月十五日」之後的二年之內都被殺了，既沒有留下遺書也沒有任何遺言，後人只有借助想像來推測了。據研究學者的推測，那是因為這些人感到自己被凱撒背叛了。他們認為自己站在凱撒一邊而戰，是為了恢復羅馬的秩序而不是為了讓凱撒稱帝。研究學者將這五人稱為「害怕的凱撒派」。

但是，並非凱撒所有的幕僚和親信都一舉反對凱撒。在他的幹部中，這些人大概只占總數的二十分之一。不過，即使只占總數的二十分之一，為什麼凱撒悉心培養出來的這些人，會讓自己的手沾上凱撒的鮮血呢？

在現實中有不少這樣的情況：往日得到主人重用的人，在某一時期情況發生變化時，就會將這種變化視為自己的末路，感到絕望而作出最後的反擊。

但是，在凱撒與這五人之間，根本看不出有這種變化。在凱撒準備遠征帕提亞而作出的人事安排中，狄奇阿斯．布魯圖斯和提波紐斯都被任命為屬省總督。由此可以斷定，他們並非因為那種不安和絕望才參與謀殺凱撒的行動。

此外，凱撒雖然堅決拒絕王位，但同時，他也毫不隱瞞他的政治觀點，那就是認為將來羅馬應該實行君主政體（由一人統治的制度）。實際上，在凱撒身邊的人，無論是希爾提斯、巴爾布斯還是安東尼，都理解凱撒的這個觀點。而同樣是與凱撒十分親近的狄奇阿斯．布魯圖斯以及其他的三人，為什麼就無法理解到這一點呢？

如果他們理解卻未能同意凱撒的觀念，那麼他們完全可以投奔到龐培旗下；如果他們是反對君主政體而贊成寡頭政治，應該在「三月十五日」之前就會明確表示態度了。因為凱撒與龐培對決的結果，一直到內戰爆發之後的第二年，也就是在法爾沙拉斯會戰之後才見分曉的。

這時，我不由得想起了凱撒所說過的那句話：

「沒有人願意看到現實的全部。大多數的人只希望看到他們想看的部份。」

這樣，追究這些直接參與殺害凱撒者的動機，似乎並沒有多大的意義。不管每個人的真正動機如何，這十四人刺殺凱撒的動機，就是為了恢復以元老院為主導的共和政體，阻止現行政體轉變為王政。

凱撒所要樹立的「帝政」，是一種新的政體；而這些人「不希望看到的」，只是初期的羅馬政體——像當時其他君主國家一樣的「王政」。這十四人一致認為，如果王政是凱撒的最終目的，就必須在實現之前將它毀滅。

在生前，凱撒曾經說過：

「無論結果怎樣惡劣，開始的動機是出於善意。」

所以與其一味追究動機，倒不如探討他們的善意更有意義。讓我們以另外一位懷著善意的人——西塞羅的證言為根據，探討這些謀殺者的「善意」。這樣，整個故事與莎士比亞以普魯塔克的《列傳》為基礎而寫成的《凱撒大帝》，就會有迥然不同的開展了。

看著被刺了二十三處而倒地身亡的凱撒，所有的人，包括安東尼，都一下子四散逃走了。無論是安東尼，還是其他凱撒派元老院議員，或是那些既非凱撒派也非布魯圖斯派的議員，幾乎都在得知凱撒被殺的瞬間，全部逃出會場。處於一種狂亂狀態之中的謀殺者，手中的短劍和身上的白色長袍都沾上了鮮血。布魯圖斯等人還被自己的同志誤傷了手腕。等到這些人回過神來時，寬大的「龐培迴廊」中已經是空無一人，連守衛也不見了蹤影。

布魯圖斯帶領謀殺者走出迴廊。一路上，他們高喊「恢復自由了！」、「暴君死了！」但是無人回應。之前逃離會場的元老院議員，一邊逃跑一邊喊道「凱撒被殺死了！」所以市民們都已經得知了這個消息。大家都逃回家中，緊閉大門，靜觀事態的發展。平日熙熙攘攘的羅馬市中心，頓時變成了無人街。

謀殺份子原以為熱愛自由的羅馬市民會以歡呼聲來迎接他們，現在看著空無一人的羅馬街道，他們又感受到將短劍刺向凱撒的瞬間所感受到的那種恐懼了。這些人又再次陷入了狂亂之中。這些謀殺者再也沒有勇氣邊走邊在無人的街上高喊「恢復自由了！」、「暴君死了！」他們當初的計畫是讓布魯圖斯在市民面前發表演說，可是，即使是在集會廣場，也看不到市民的蹤影。最後，謀殺者登上了卡匹杜里諾丘。他們並不是向諸神報告所做的大事並感謝神的幫助，而是因為在羅馬，只有這裡是諸神居住的地方。這裡是羅馬人心目中的聖地。謀殺者認為只要躲在這裡，安全就可以得到保障了。西塞羅在獲悉事件發生之後，馬上趕到了卡匹杜里諾丘。

西塞羅首先對手中還握著沾著鮮血短劍的謀殺者表示讚佩，之後，他主張馬上召集元老院會議，以決議恢復元老院所主導的共和政體。布魯圖斯和加西阿斯當時都是法務官。根據羅馬法律規定，法務官有權召集元老院會議。尤其是布魯圖斯，是負責首都羅馬事務的法務官，所以西塞羅主張由布魯圖斯召集元老院會議。

但是，雖然凱撒已經死去，另外一位執政官安東尼卻還在首都。只有在兩位執政官都因故無法召集會議時，法務官才有權召集元老院會議。現在安東尼還在首都而由布魯圖斯召集元老院會議，是違法的行為。

如果說到違法與否的問題，這些謀殺份子都曾經宣誓過凱撒的身體不可侵犯，並發誓要積極保護凱撒的人身安全。不過，布魯圖斯還是拒絕了西塞羅的建議，理由是元老院會議的召集權，在於安東尼。於是恢復共和政體的可能性，也在這個瞬間消失了。布魯圖斯也渡過了「盧比孔河」，但與凱撒不同的是，他在渡河之後就停滯不前了。

此間，凱撒的遺體還是躺在「龐培迴廊」的一角。凱撒被刺的消息已經傳到他所住的官邸。凱撒的妻子庫爾普妮亞得知這個消息之後昏厥了過去，不省人事。家中的奴隸都不知如何是好。到了下午，三位平日對主人忠心耿耿的奴隸，雖然沒有任何人的命令，他們還是悄悄地潛入了「龐培迴廊」，將主人的遺體運了出來。他們並沒有將遺體運往位於集會廣場內的凱撒官邸，而是運往凱撒在蘇布拉的私宅。後來，經醫師的診斷，在二十三處刀傷之中，只有一處是致命的。

在卡匹杜里諾丘的西塞羅與謀殺者決定，像當年對待格拉古兄弟一樣，將凱撒的遺體拋入臺伯河中。然而，就在他們為此事爭論時，凱撒的遺體已經被有勇氣的奴隸們運走了。

到了三月十五日的夜晚，一直處於興奮狀態的謀殺者，也多少恢復了正常。根據西塞羅所派出的奴隸調查後，得知安東尼以下凱撒派的人，都緊鎖大門，躲在家中。而在馬爾斯廣場一帶投宿的凱撒精銳士兵，也因為這突如其來的事態而顯得不知所措。當時很多奴隸，不管他們主人之間的關係如何，在他們自己的圈子中，經常互相交換情報。得知事情陷入僵局之後，謀殺者約定隔天一早在集會廣場會合，之後就各自回家了。

但是，西塞羅卻不敢回到他在帕拉提諾丘的私宅，而是在凱撒的密友、金融家馬提阿斯的宅邸借宿。馬提阿斯的宅邸位於阿庇亞大道的沿道，離首都中心較遠。西塞羅認為凱撒的士兵大概不會到這裡襲擊凱撒密友的宅邸。

凱撒並沒有決定率領自高盧戰役時就隨他浴血奮戰的精銳軍團出征帕提亞，他將土地賜給他們，並讓他們到各地殖民。但還是有許多士兵堅決要求隨凱撒出征，所以凱撒讓他們先在馬爾斯廣場一帶投宿，其中有很多人都是百人隊長。無論是在新兵訓練還是在實際戰鬥中，這些人的存在對凱撒來說都是十分重要。這一次，凱撒雖然被四名高級將領背叛，但是中堅將領以及士兵對凱撒則是絕對忠誠的。這並非因為他們比軍團長更理解凱撒的政治主張，他們根本就沒有試圖去理解，他們只是信賴凱撒而盲從於凱撒所有的行動而已。所謂真正的信賴，也許就是盲從吧！就像男女之間的愛，就像塞維莉亞對凱撒一往情深的愛一樣。謀殺份子最擔心的，就是凱撒士兵的行動。

「三月十六日」

隔天，也就是三月十六日，市民們又出現在街頭巷尾了。但是卻沒有人開店營業，也沒有人前往商店購買東西。在會堂、迴廊和廣場一角的私塾，也沒有見到上課的教師或者學生。聽說布魯圖斯將發表演說，市民們都集中到集會廣場來了。凱撒的士兵也擠在站滿講壇周圍的群眾中間。

布魯圖斯開始了演說，聲明他們並非出於個人的憎恨，而是出於對國家羅馬的熱愛才將凱撒殺死。如果一直聽任凱撒這樣下去，除了凱撒本人之外，所有的羅馬人將淪為奴隸。為此，他們才刺殺了要剝奪羅馬人自由的凱撒。

周圍的群眾都默不作聲地聽著布魯圖斯的演講，沒有人表示反對，但也沒有人表示贊同。布魯圖斯演講完畢之後，辛拿登上了講壇。這人並沒有參與殺害凱撒，但在事件發生之後曾經前往卡匹杜里諾丘，對謀殺者表示支持。當辛拿開始發表攻擊凱撒的演說時，一直保持沉默的群眾終於爆發了。當辛拿說應該將凱撒的遺體拋入臺伯河時，從群眾中發出了怒吼，狂怒的人群一齊衝向辛拿以及布魯圖斯等人所在的講壇。

謀殺份子在自家奴隸的護衛之下，從集會廣場的後面逃到了卡匹杜里諾丘，又像前一天一樣，躲進了神廟之中。

遺書公開

就在那時，安東尼來到了凱撒的私邸。四年前，在龐培死後，安東尼沒收龐培在卻里歐丘的宅邸並且搬了進去。凱撒歸國時得知了這個情況之後，十分憤怒，在凱撒的命令之下，安東尼向龐培的遺孀支付了一筆費用之後，終於正式成為這座宅邸的主人。從那裡到蘇布拉，並不需要經過集會廣場。

告訴安東尼說凱撒留下遺書的，是凱撒的岳父皮索(Piso)。在這之前，安東尼完全不知道這件事。遺書存放在女祭司長之處。這時，凱撒家中已經來了許多人。人們集中在內庭的迴廊中，從那裡可以望見凱撒遺體。這些人當中有庫爾普妮亞、皮索、凱撒的親信希爾提斯和巴爾布斯，還有身為執政官、在凱撒死後成為羅馬最高權力者的安東尼。遺書送來之後，在眾人的注視中開封了。遺書中的日期是西元前四十五年九月十五日。是在六個月之前所寫下的遺書。

一、凱撒所有財產的四分之三，由蓋烏斯・歐古塔維斯和阿蒂亞的兒子屋大維繼承。

二、其餘的四分之一，由魯奇斯・庇那里阿斯和昆托斯・培第阿斯繼承。

三、如果第一繼承人屋大維主動放棄，則繼承權歸狄奇阿斯・布魯圖斯所有。

四、如果屋大維是繼承人，則由狄奇阿斯・布魯圖斯和安東尼負責執行遺書的事項。如果其妻子庫爾普妮亞在凱撒死後生下兒子，則由這兩人作為他兒子的監護人。

五、屋大維在成為第一繼承人之時，同時成為凱撒的養子並且必須以養父的名字為主，自己的名字為輔。

六、贈給在首都的每位羅馬公民三百塞斯泰契斯，將凱撒在臺伯河西岸的花園捐作大眾公園，由第一繼承人負責執行。

凱撒被殺時，屋大維只有十八歲。出身於阿庇亞大道沿途的小城維利特雷 (Velitrae)，他的父親歐古塔維斯出身於「騎士階級」，是城中的實力者，同時又是元老院議員。母親是凱撒妹妹的女兒阿蒂亞。屋大維 (Octavianus) 就是青年歐古塔維斯 (Octavius-Junior) 的意思。屋大維的祖母是凱撒的妹妹。

魯奇斯．庇那里阿斯和昆托斯．培第阿斯是凱撒姐姐的兒子，也就是凱撒的外甥。

而狄奇阿斯．布魯圖斯與凱撒似乎沒有什麼血緣關係。

而馬庫斯．安東尼母親的名字是 **Julia**（尤莉亞），屬於 **Julius**（朱利斯）家族，也就是說，安東尼與凱撒有親戚關係。

凱撒的遺書與普通的遺書不同，內容基本上不是取決於血緣關係。因為遺書中寫著贈與在首都的每位羅馬公民三百塞斯泰契斯，他的目的也並非在於贈與財產。那是政治性的遺書，將屋大維收為養子，讓他使用凱撒之名並指名他為凱撒的合法繼承人。

遺書公開之後，最為失望的，大概就是安東尼和克麗奧佩脫拉這兩人了。「三月十五日」之時，克麗奧佩脫拉以及據說是她和凱撒所生的兒子小凱撒(Caesarion)都還住在羅馬。

凱撒在眾人面前也毫不隱瞞他與克麗奧佩脫拉的情人關係。他將臺伯河西岸花園中的別墅提供給克麗奧佩脫拉居住，而他自己則與妻子住在官邸。

凱撒在遺書中，對自己與克麗奧佩脫拉所生的兒子卻是隻字未提。這並不是因為凱撒懷疑不是自己的兒子而不願加以承認，凱撒不是那樣的男人。也許凱撒認為這樣做，對母子兩人的將來都會更為有利。然而，克麗奧佩脫拉卻無法理解凱撒的真意。凱撒被殺之後，克麗奧佩脫拉帶著兒子悄悄地離開了羅馬。乘小舟渡過臺伯河之後，埃及女王乘上了停泊在奧斯提亞港的大型船隻，向著埃及揚帆出海了。這一次，不僅是出於對遺書中內容的失望，「三月十五日」之後的羅馬，已經陷入了人心惶惶的情形之中。

當時三十八歲的安東尼，也是十分失望。他認為身為凱撒右腕的自己，才是凱撒繼承人的最合適人選，對這一點，他一直都深信不疑。凱撒就任終身獨裁官並兼任執政官時，安東尼是凱撒的同僚執政官；而凱撒任命他為凱撒遠征帕提亞時統治國內的最高責任者。

法爾沙拉斯會戰後，凱撒為追擊龐培，不在國內的時間長達一年之久。在那段時間內，安東尼並未能治理好國家，其間還發生了第十軍團的反抗事件等。歸國之後的凱撒，對這曾感到十分不滿。不過，那些情況都在不到一年的時間內得以解決了。凱撒與安東尼也恢復了最高權力者與其右腕之間的關係。而現在，凱撒卻指定屋大維為他的合法繼承人！屋大維只有十八歲，體弱多病，連指揮一個大隊的經驗都沒有。而且屋大維與凱撒之間，並不存在著特別濃的血緣關係。不僅是安東尼，其他人也一定難於理解凱撒的這個決定。

以未成熟的十八歲的年齡，作為羅馬帝國的最高統治者，簡直就是一種不負責任的行為。然而，凱撒在寫下遺書時，原是打算在十二、三年之後再隱退的。那時，從共和政權轉變為帝政的準備已經完畢，他可以放心地把國家交給屋大維治理了。將近五十六歲的凱撒，如果十三年之後隱退，繼承帝國的屋大維將是三十歲了。三十歲，在羅馬，剛好是跨入政界的年齡。

在當時的羅馬，三十歲雖然算是進入了青年後期，不過，離男子最佳狀態的壯年期還是有很長的一段時間。如果凱撒可以再活十三年，那時的安東尼正好是五十歲。在羅馬人看來，那是進入了壯年後期的最好時期。比起年輕，羅馬人更重視成熟感。比起三十歲，他們認為五十歲更可信賴。由於凱撒被暗殺，年僅十八歲的繼承人誕生了。對於安東尼來說，實在難以嚥下這口氣，當時他的失望之情是不可言喻的。

不過，安東尼也與克麗奧佩脫拉一樣，無法理解到凱撒的真意。

法爾沙拉斯會戰後，在一年多的時間裡，安東尼在政治上的失誤，帶給凱撒的，不只是一時的不快之感。凱撒看出了安東尼在和平時期的統治能力。在軍事上，安東尼屬於最高級的軍團長。羅馬軍的布陣，經常分為右翼、中央和左翼三個部份，以安東尼的能力，無論是右翼還是左翼的指揮，都完全可以勝任。凱撒也承認這一點。然而，非戰時而是和平時期的統治能力，卻得不到凱撒的承認。在凱撒決定遠征帕提亞後，並沒有打算讓安東尼繼續負責本國的統治。在凱撒所預定的第二年、第三年的執政官人選中，都沒有安東尼的名字。凱撒已經預定從第二年開始，委任安東尼為希臘北部的馬其頓屬省總督。這樣，在凱撒戰勝帕提亞後，安東尼就可以為打算在歸途中征服多瑙河一帶的凱撒作好準備。在戰場上，安東尼是個勇猛果斷的指揮官。

凱撒為什麼會選屋大維為繼承人呢？那時屋大維在羅馬還是沒沒無聞。當遺書公開之後，大多數羅馬市民的反應都是「誰是屋大維？」凱撒之所以選定屋大維作為繼承人，是因為屋大維有著與安東尼相反的才能。

凱撒自身兼備了和平時期與戰時的兩種才能。而安東尼只有戰時的才能。凱撒雖然看出屋大維在和平時期的統治才能，同時也看得出屋大維沒有戰時的才能。但是，和平必須依靠防衛才能維持。凱撒認為如果缺乏軍事方面的才能，就無法作為自己的後繼者。為了彌補屋大維的弱點，凱撒給屋大維指派了一位名為阿古力巴的士兵。與屋大維同齡的阿古力巴雖然出身卑微，但是為人誠實而富有軍事方面的才華。

凱撒寫下遺書後，就開始實施他的計畫了。當時，為了遠征帕提亞，正在希臘西部的阿波羅尼亞集結兵力，凱撒將屋大維和阿古力巴也送到那裡，準備讓他們一起出征帕提亞。對十八歲的屋大維來說，遠征帕提亞是他第一次真正的出陣。因此，凱撒被殺時，屋大維並不在羅馬。

得知凱撒遺書的內容之後，安東尼最初的失望轉化為一種野心。他決意取代不在羅馬的屋大維而成為凱撒的繼承人。

首先，他以自己是執行凱撒遺言的責任者為理由，將金庫從凱撒家中拿走，帶回自己家裡。金庫中存放著遠征帕提亞用的資金，據說有一億塞斯泰契斯之多。奪走金庫之後，安東尼開始行動了。他利用凱撒的祕書希爾提斯，與謀殺份子接觸。安東尼得知凱撒遺書的內容，是三月十六日上午。當天夜裡，希爾提斯就悄悄地拜訪了狄奇阿斯·布魯圖斯。之後，狄奇阿斯·布魯圖斯馬上將這事轉告了馬庫斯·布魯圖斯和加西阿斯。同時又抄寫了一份同樣內容的信給西塞羅。

「羅馬，三月十七日清晨。

向諸位報告現狀。昨夜，希爾提斯來到我家裡，告知了安東尼的意圖——那是最為惡劣、極不誠實的意圖。

據說群眾以及凱撒的士兵都處於狂怒之中，叫囂著要為凱撒復仇，所以我們之中沒有人在羅馬可以得到安全。從我這裡無法判斷這種說法的真偽，從你們那裡大概還可以判斷吧！

現在可以清楚地知道的，就是根據希爾提斯所說的、安東尼的意見了。安東尼並不贊成我等以就任某種職位的方式留在義大利——即使只是低級的官職。他說面對憤怒的市民和士兵，沒有自信保證我等的安全。

為此，我向希爾提斯提出了以下的建議。就是利用那種制度（限用於元老院議員，不管是因公務還是私事，都可以享受與公務同樣的待遇，在屬省或者是同盟國居留的一種制度），讓我們全部離開義大利。

希爾提斯答應為此事說服安東尼。然而，以我看來，安東尼不可能讓我們全部人都得以利用那種制度。因為現在凱撒派的行動就像勝者一樣，一心要將我等追入窮途末路。即使現在接受了我等的建議，將來也有可能馬上改變態度，把我等指定為國家之敵而加以驅逐。

兩位一定會問，那又如何是好呢？在此，我認為還是屈服於命運，遠離義大利為上策——不管是逃到羅德斯也好，其他地方也好。如果時來運轉，便返回羅馬；如果運氣呈平行線，就繼續逃亡生活；如果時運不濟，那就只有『全軍覆沒』了。

對我的建議，不知兩位看法如何？希爾提斯也急於知道兩位的想法。等收到你們的回信之後我再轉告給希爾提斯。之後他將在上午十點鐘之前向我們轉達安東尼的意見。所以，請兩位馬上回覆。」

這是凱撒被殺之後的四十八小時之內，謀殺份子一邊的狀況。

妥協

同一天，也就是三月十七日的下午，安東尼在卻里歐丘的神廟中召集了元老院會議。因為那時，在集會廣場還聚集著憤怒的群眾，所以選了這遠離集會廣場的地方開會。當天，謀殺者全都在場，安東尼以下的凱撒派也全部出席了。但是這一次也沒有讓西塞羅出席。這一次的元老院會議，實際上是互相揣測的兩派，為找出妥協點而召開的一次會議。

在得知凱撒生前所準備的隔年以及第三年的人事安排之後，在兩派之間，尤其是謀殺份子之間，產生了很大的動搖。因為名單上有著他們之間不少人的名字。而安東尼則利用了對方的動搖。凱撒被刺後的兩天之內，元老院會議就作出了以下的決定：

凱撒派對於違反誓約，暗殺凱撒的人，不追究刑事上的罪名。

另一方面，暗殺者認可凱撒政治的繼續。具體來說，就是實施凱撒預定的人事安排。

到了三月十七日，以布魯圖斯為首的謀殺份子，最為關心的事，已經不是再建共和政體，而是如何面對憤怒的群眾和凱撒的士兵，以及怎樣在這種狀態之下保全自己的性命了。只要可以出任政府的要職，人身安全就可以得到保障了。

以下是凱撒所準備的、經元老院和公民大會認可之後就正式生效的人事安排。有×符號的，指的是謀殺者，或者是雖然沒有直接刺殺凱撒但卻參與了謀殺計畫者。

西元前四十二年執政官——普蘭克斯、×狄奇阿斯・布魯圖斯

西元前四十三年執政官——希爾提斯、旁薩

西元前四十四年開始，也就是凱撒遠征帕提亞時的各屬省總督如下：

近西班牙屬省——雷比達

遠西班牙屬省——波里奧

包括法國南部的全高盧屬省——到西元前四十三年底由普蘭克斯就任，從普蘭克斯就任執政官的西元前四十二年開始，由負責近西班牙屬省的雷比達兼任。

義大利北部屬省——到西元前四十三年底由×狄奇阿斯・布魯圖斯就任，西元前四十二年他就任執政官之後，再由凱撒決定其他人選。

在被稱為阿爾卑斯山以南高盧(Cisalpine Gaul)的義大利北部屬省，大多數的居民都已經獲得了羅馬公民權，但在形式上，仍然是屬省。因為羅馬的國法規定，從盧比孔河到墨西拿海峽之間的羅馬國內，不得擁有軍隊。而只要用屬省的名義，軍隊的存在就是合法的。當時，凱撒在高盧稱霸之後還未滿六年，在那裡還有高盧民族，以及被追逐到萊茵河以東的日耳曼民族，所以義大

利半島北部的防衛不可能加以解除。相對之下，享有比羅馬公民權要低一等級的拉丁公民權的西西里島，並沒有被列為屬省，那是因為南部較為安全。從本國防衛的觀點來說，義大利北部比西西里要重要得多。

義大利北部屬省只隔著盧比孔河就與本國相接了。因此對總督，同時也是軍團的最高責任者，就必須如同對可以負責統治本國的人一樣，選擇值得信賴的人。西元前四十六年，凱撒任命曾投奔龐培而後又向自己投降未滿一年的馬庫斯．布魯圖斯為義大利北部屬省總督。此外，還決定在自己遠征帕提亞時，由狄奇阿斯．布魯圖斯就任義大利北部屬省總督。所以羅馬市民責難這兩人恩將仇報並非沒有道理。接著還有以下的名單：

馬其頓屬省——由安東尼在執政官任期終了之後赴任

亞細亞屬省（小亞細亞西南部）——×提波紐斯

俾斯尼亞屬省（小亞細亞西北部）——×金布羅

敘利亞屬省——都拉貝拉

舊非洲屬省——×科尼費基斯

新非洲屬省——塞斯提斯

此外，從西元前四十四年十二月十日開始任期的護民官之職，由最先將短劍刺向凱撒的加斯加就任。

護民官——×加斯加。

這裡值得一提的是，名單中並沒有加西阿斯的名字。身為西元前四十四年法務官的加西阿斯，按理從隔年開始就可以順理成章地升格為屬省總督的。凱撒曾經任命布魯圖斯為義大利北部屬省總督，而對於布魯圖斯的同齡妹婿加西阿斯，凱撒並沒有任命他為任何一地的屬省總督，更不用說是重要的義大利北部屬省了。成為屬省總督，就掌握了軍團的指揮權。大概在凱撒的內心，還是無法原諒加西阿斯。

凱撒被殺二天後的第一次元老院會議，凱撒派與暗殺份子之間妥協的結果，就是決定實施以上由凱撒所準備的人事安排。凱撒被殺了，但是凱撒所安排的人事卻留了下來。

當時並不在場的西塞羅，獲悉這個消息之後，向阿提克斯表達了他的憤怒和感慨：

「真不知為何將凱撒殺害了！」

不僅是關於重要官員的人事安排，元老院會議還決定全面繼承凱撒的政治路線。元老院保守派曾經十分嫌惡的高盧以及西班牙屬省的代表還是可以照樣進入元老院。關於凱撒的羅馬公民權政策也沒有改變，沒有在本國出生的人同樣可以享有羅馬公民權。

而安東尼向謀殺者所作出的妥協，只有一點。那就是廢止終身獨裁官。因為安東尼心中十分清楚，在凱撒死後，無論是誰出任這一官職，都只會讓市民們失笑而已。此外，關於遠征帕提亞一事，誰也沒有提及。

凱撒派主張將在集會廣場為凱撒舉行葬禮。被凱撒生前所安排的人事所吸引的暗殺者，對此並沒有反對。葬禮決定於三月十八日舉行。

三月十七日的元老院會議結束之後，狄奇阿斯·布魯圖斯就悄然離開了羅馬，前往凱撒為他所安排的義大利北部屬省。在羅馬，他已經感受到市民與凱撒士兵的憤怒都集中於自己身上，所以決定盡快前往可以指揮軍團的任地。提波紐斯和金布羅也都匆促地準備出發前往各自的任地。

而馬庫斯·布魯圖斯和加西阿斯這兩位主謀者，則似乎相信了與凱撒派所作出的妥協。會議結束之後，兩人分別成了凱撒派兩位主要人物家中的客人。布魯圖斯到雷比達家中作客，加西阿斯則被安東尼招待。不管是否各懷心事，表面上，晚餐的氣氛總算是一團和氣。

隔天，也就是十八日，是為凱撒舉行葬禮的日子。

在莎士比亞的《凱撒大帝》中，首先是由馬庫斯·布魯圖斯發表演說，之後是安東尼那堪稱煽動政治家傑作的有名演講。不過，根據「現場證人的證言集」，事情的經過似乎並非如此。

首先，如前面所述，在暗殺當天的三月十五日，謀殺者並沒有對市民發表演說，而是躲進了卡匹杜里諾丘的神廟之中。第二天，也就是三月十六日，馬庫斯·布魯圖斯雖然發表了演說，但最後也與第一天一樣，躲進了卡匹杜里諾丘的神廟之中。而在三月十八日，也就是為凱撒舉行國葬之日，不用說狄奇阿斯·布魯圖斯，馬庫斯·布魯圖斯也不敢在群眾以及凱撒士兵的面前露面。這時的情形與二天前並沒有什麼改變。所以，憑弔死者的演說，只由安東尼一人進行。

雖然沒有一位史學家記述安東尼追悼演說的內容，但是大家都寫著安東尼發表了演說，這也是理所當然的。在羅馬，追悼演說一般都是由死者最親的親人進行。一心想取代屋大維而成為凱撒實際繼承人的安東尼，當然不會放過這個可以在市民面前表明自己與凱撒之間親密關係的良機。但是關於演說的內容，卻沒有記載。

在《凱撒大帝》中的安東尼卻因此而成了戲劇和電影中的主角。那有名的演說，實際上只是莎士比亞的創作而已。《凱撒大帝》是通俗易懂的作品，在此不再加以引述。不過在這裡卻存在著疑問：是否有必要以那樣的演說來煽動「三月十五日」當時的群眾呢？如果沒有安東尼的煽動，羅馬的民眾就會為暗殺者的行動拍手稱快，對他們表示讚賞嗎？而導致民眾對暗殺者產生憎恨，對他們嚴加譴責的，難道是安東尼那富有煽動性的演說嗎？

有一位古代的史學家這樣記述著：

「安東尼站在安放於集會廣場講壇之上的凱撒遺體旁，宣讀了凱撒的遺書。表示將根據遺書內容，給每位住在首都的羅馬公民三百塞斯泰契斯，並將凱撒在臺伯河西岸的花園捐贈出來作為大眾公園。同時，安東尼又說，那些謀殺者曾經與其他的元老院議員一起，在同意保護凱撒安全的誓約上簽了名。之後，安東尼說了一些讚美故人功績的話之後便結束了他的追悼演說。」

本人認為，無須那富有煽動性的演說，有以上內容的悼文就足夠了。

凱撒火葬

這裡的情形與《凱撒大帝》中的描述一樣。第一次看到凱撒遺體的群眾，情緒十分激憤，有人忍不住大哭起來。燃燒著凱撒遺體的火焰，變成了群眾心中的怒火。凱撒的葬禮，不是哀悼死者，而是變成了憎恨和聲討謀殺者的場面。

群情激憤的人以燃燒凱撒遺體的火點燃了手中的火炬，向著謀殺者的房子蜂湧而來。然而謀殺份子都躲到友人的家中了，所以那一天沒有一個謀殺份子被殺死。反倒是有位與金布羅同名的凱撒派詩人被誤殺了。

就在燃燒遺體的火苗即將消失之時，突然下起了滂沱大雨。在人們還來不及將凱撒的骨灰收集起來時，大雨就將骨灰全部沖走了。後來，凱撒的繼承人屋大維在平息內亂之後，建造了一座皇帝廟。因為凱撒的骨灰已被大雨沖走，所以凱撒並未能成為最初安葬於皇帝廟中的人。

因此，凱撒也沒有墳墓。凱撒的骨灰，也許已經滲入了羅馬的地下，也許順著完善的下水道流入臺伯河，再流進了地中海。不過，沒有平凡的墳墓，似乎更適合凱撒。

逃走

三月十九日清晨，在天亮前，布魯圖斯和加西阿斯逃離了羅馬。布魯圖斯身為負責首都羅馬事務的法務官，有義務留在羅馬。但是群情激憤的羅馬，對他們來說太危險了。他們逃往沿著阿庇亞大道南下約三十公里之處。那裡有布魯圖斯的別墅。人們通常將在郊外的獨幢住宅總稱為“Villa”。而在羅馬，“Villa”指的是那些有高牆大院的宅第。高大堅固的圍牆以石塊築成，內部寬大的邸宅中有馬廄，還有供奴隸居住的地方等。在防衛上比市內的邸宅要堅固。這兩位暗殺凱撒的主謀，躲進了這個安全之地，打算在此地等待安東尼所承諾的「特赦」，以便早日得以返回羅馬。

然而對安東尼來說，形勢的發展出乎他的意料。情況比他所預料的還要有利得多。儘管西塞羅在熱心周旋，而安東尼自己也承諾過將「特赦」所有的謀殺份子，而在這時，安東尼決定重新考量了。對這一點，也不能全部歸咎於安東尼，因為如果他在那時實行諾言，「特赦」謀殺者，群情激憤的民眾大概會遷怒於安東尼。

凱撒就任終身獨裁官後，曾經要求元老院全體議員簽署誓約，保護他的人身安全。當時，全體議員，包括暗殺者在內，都在誓約上簽了名。在得到元老院全體議員簽署的這份誓約之後，凱撒就解散了跟隨在身邊、由日耳曼和西班牙等地的士兵所組成的護衛隊。

現代人也許會說，就這樣相信人們的誓言，未免顯得輕率。但是，對古代的羅馬人來說，誓約有著十分重大的意義。

羅馬人是多神教的民族。與單一神教的猶太民族不同，他們並沒有與神締約的概念。羅馬人認為，諸神是保護人、幫助人的一種存在，而不是裁定人們生活方式是否正確的裁判官。裁定人們生活方式是否正確的，是人類自己。所以，羅馬人成為法的精神創造者。既然進行裁決的是人類自己，那麼首先就必須相信人所說的話。羅馬人通常進行的誓約，大概有以下幾種：

一、與敗者的誓約——以人質為保證而結成同盟關係的誓約。

二、與債務人的誓約——有了擔保之後融資關係的成立。

三、不拘於人質和擔保的形式，相信對方諾言的誓約。換言之，就是有正式效力的紳士協定。

凱撒要求元老院全體議員的，就是這種「紳士協定」。而包括謀殺者在內的元老院全體議員，與身為終身獨裁官的凱撒之間，締結了「紳士協定」。

如果沒有簽署這份誓約，大概凱撒的暗殺，也只是單純的暗殺事件而已。謀殺者所犯的，只是屬於刑事犯罪行為。根據羅馬的法律，尤其是經凱撒改定之後的法律規定，這些人只要自己選擇流亡他國，就不再追究責任。但是，締結了具有正式效力的「紳士協定」之後，暗殺凱撒就不只是單純的暗殺事件了。那是屬於國家統治階級者的毀約行為——那種無須人質和其他擔保而是以誓言為憑且具有正式效力的誓約。換句話說，就是「君子一言，駟馬難追」中的君子，在社會中屬於上等人的紳士，做出了與其身份不相稱的行為。正是這些「紳士」，在不能攜帶武器的言論場所——元老院會議場，將相信了「紳士協定」而解散護衛隊的凱撒殺害了。謀殺份子的行為再次表明了他們不適合作為國家的統治階級。

關於事件的嚴重性，從暗殺凱撒的興奮中清醒過來之後，西塞羅就最先感覺到了這一點。為了使謀殺者能夠獲得特赦，西塞羅積極地進行了周旋，目的就是為了讓這些人擺脫這種不光彩的名聲。但是在當時的羅馬，不只是西塞羅所考慮的那種特赦，人們甚至連饒恕罪行這種概念都沒有。如果一定要說到特赦，大概只有主動流亡才比較接近他所指的意思。

此外，暗殺者在刺殺凱撒之後，也意識到事件的嚴重性；從他們全盤接受了凱撒所作的人事安排也證明了這一點。只要能就任政府公職，特別是重要公職，在道義上，撕毀「紳士協定」的罪行也就變得不那麼嚴重了。而且，經西塞羅的遊說，安東尼已經許諾對他們「特赦」。只要「特赦」得以實現，他們就可以恢復「紳士」的地位了。這些暗殺份子，都是以自己出身於本國的羅馬公民為榮的元老院議員集團，對於各屬省代表因為凱撒的新政策而可以自由出入元老院這一點，感到十分不快。他們都曾以為，對作為指導者最重要的道德——嚴格遵守誓約的重視程度，他們不落於他人之後。

但是這種概念，只能在「紳士」之間適用。而對於不屬於統治階級——元老院階級的一般平民百姓並不適用。然而，凱撒的被殺，也引起了一般平民百姓的激憤。這又是為了什麼呢？是否就像《凱撒大帝》中所描述的那樣，是因為安東尼富有煽動性的演說，還是因為凱撒在遺書中表示將贈給每位首都公民三百塞斯泰契斯而深受感動，或者只是出於對昨日還是最高權力者的悲慘之死的同情而已？

元老院和公民大會曾經授與凱撒「國父」的稱號。在「加帝藍的陰謀」時，也曾經有人這樣稱呼過西塞羅。不過，這一次是授與凱撒的正式稱號。相對於羅馬最初的建國者羅慕路斯，凱撒成了第二位建國者，也就是所謂的「中興之主」。

所謂國家之父，就是國民之父。無論是對元老院議員，還是對一般平民百姓而言，凱撒就相當於他們的父親。而凱撒在遺書中表示將贈給每位首都公民三百塞斯泰契斯，這在羅馬也是史無前例的。這就像是父親將財產贈給自己的子女一樣。殺父之罪，在羅馬是最嚴重的罪行。

即使與「紳士協定」沒有什麼關係的一般平民百姓，說到殺父之罪，是誰都可以理解到其中的嚴重性。市民們對殺害凱撒的這些人，不是稱他們為謀殺者，而是稱為「殺父者」。表示出平民百姓對這些謀殺者的憎恨以及悲憤之情。

安東尼察覺到民心所向。在得知凱撒遺書內容之後，安東尼就決定要成為實際上的繼承者。而對逃離羅馬的謀殺份子，安東尼已經無意讓他們回來了。從西塞羅的信中可以看出，從三月下旬到四月中旬這段時間裡，他對安東尼的行動感到十分不安。即使沒有參與暗殺凱撒的西塞羅，也感覺到危機四伏了。不僅是自己在羅馬市內的私宅，他連在羅馬郊外的友人宅第都不敢住了。為了使布魯圖斯和加西阿斯等人的安全得到保證，曾經與以安東尼為首的凱撒派交涉的西塞羅，現在也只有以走為上策了。西塞羅也離開了羅馬，躲入了別墅之中。

雖然躲在離羅馬二十公里之遠的多斯克羅的別墅中，西塞羅還是未能安心下來。聽說凱撒的士兵正準備復仇，雖然他認為自己並不是士兵們復仇的目標，但卻為布魯圖斯和加西阿斯的安全感到擔憂。為此，西塞羅勸說還在布魯圖斯別墅中的這兩人躲到自己在亞斯托拉的別墅之中。亞斯托拉位於布魯圖斯別墅所在的拉努比奧以南三十公里之處的海濱，遠離主要道路。而西塞羅自己也隨後前往亞斯托拉。西塞羅這人，即使是借債，也十分熱心於房地產的投資。在這個時候，他的投資倒也派上用場了。

另一方面，安東尼也在此時失去了成為凱撒繼承人的良機。如果要在實際上成為凱撒的繼承人，應該馬上實施遺書中的內容，也就是應該盡快發給每位首都公民三百塞斯泰契斯。

然而，安東尼卻沒有做到這一點。他打算將從凱撒家中拿到的金庫中的錢，作為集結自己兵力的資金。在這種情況，馬庫斯·安東尼並不懂得用錢之道。

不過，即使忘了執行凱撒的遺言，安東尼並沒有忘掉安排自己派的人就任高官要職。凱撒死後，最高神祇官一職由原為獨裁官的首席副官雷比達就任，並且由都拉貝拉填補了當年執政官的空缺。兩人均為凱撒派，並且與當時三十八歲的安東尼屬於同輩。

在西塞羅的不安之中，安東尼的勢力日漸壯大了。就在他正為成為實際上的凱撒繼承人而作出種種安排之時，他最不歡迎的人在義大利南部的布林迪西上陸了。十八歲的屋大維歸國了。那是西元前四十四年的四月中旬，凱撒被殺之後約經過了一個月的時間。

屋大維

受凱撒之命，從西元前四十五年秋天出發前往希臘西岸的阿波羅尼亞的屋大維，在獲悉凱撒之死後，也得知了凱撒遺書的內容。當時他正在阿波羅尼亞，為遠征帕提亞集結兵力。雖然凱撒已死，但這裡的將士仍以身為凱撒的士兵為榮。軍團的指揮官都勸告這位年輕的繼承人不要返回羅馬，而是暫時待此地靜觀其變，之後再作打算。但是，十八歲的屋大維卻決意早日返回羅馬，以完成凱撒的遺願。

之前，屋大維對凱撒遺書中的內容也是一無所知。而凱撒自己也沒有料到會那麼快就與世長辭，所以不僅是遺書的內容，連指定誰為繼承人也從未透露過。

西元前四十六年底至前四十五年中，凱撒曾經出征西班牙平定龐培遺子的叛亂。當時在屋大維的請求之下，凱撒同意讓只有十七歲的屋大維隨軍出征。在獲勝歸國之後，凱撒給剛滿十八歲的屋大維配備了富有軍事才華的士兵阿古力巴。後來，又命令阿古力巴隨同屋大維前往兵力集結中的阿波羅尼亞。

不過，凱撒的這種作法，在羅馬的上層階級中是司空見慣的事。僅憑這兩件事情，誰也不會想到凱撒會選定屋大維為將來的繼承人。對羅馬一般市民來說，屋大維還只是個沒沒無聞之輩，而凱撒不但指定他為財產的繼承人，還讓他使用自己的名字。當遺書

屋大維

阿古力巴

公開時，市民的反應是「誰是屋大維？」即使是屬於元老院階級的人，也不由得會問「為什麼是屋大維？」

屋大維出身於地方的小都市維利特雷。父親曾擔任過元老院議員，在屋大維小時就去世了。之後，母親阿蒂亞很快就再婚了。在當時的羅馬，再婚時一般都不帶和前夫所生的子女，所以少年時代的屋大維就與姐姐一起，被送到祖母尤莉亞家中。祖母尤莉亞就是凱撒的妹妹。當時凱撒的母親還健在，身為遺孀的尤莉亞也和她母親一起生活。雖然不知道他們是住在蘇布拉還是住在集會廣場內最高神祇官的官邸，不過可以肯定的是，屋大維的少年時代，就是在凱撒家中度過的。

不過當時的凱撒，長年在高盧開疆拓土，並沒有什麼機會和少年時代的屋大維一起生活。但是，在凱撒所指揮的高盧戰役中，連續的勝利吸引了羅馬青少年的心，他們對凱撒簡直是佩服得五體投地。阿列沙之戰更是使整個羅馬狂熱無比。那一年，屋大維才十一歲。二年之後，凱撒渡過了盧比孔河。內戰爆發之後，在羅馬的上流社會，年輕人大都是凱撒派，而年長者多為龐培派。所以在元老院議員的家中，「家庭騷動」事件頻頻發生。西塞羅心目中的好青年，像古里奧、柴里斯、自己的女婿都拉貝拉，甚至連只有十多歲的姪子和兒子，都一個個悄悄地投奔了凱撒，使他為之頭痛不已。為了讓兒子和姪子離開那些狂熱的羅馬年輕人，西塞羅甚至曾經強行將他們送往希臘。在這種情形之下，屋大維也受到了相當程度的影響，尤其在他十三歲到十七歲的這段期間更是如此。對屋大維來說，凱撒同樣是他所崇拜的對象，而且這人又是他的舅公。雖然凱撒很少有機會在家，不過，只要凱撒一回來，無論是在官邸還是私宅，或是在拉比科的山莊，屋大維也都會隨著凱撒一起生活。

雖然還只是個少年，但是屋大維還是可以感覺得到凱撒對自己的關心。明知自己沒有軍事上的才能也沒有放棄，而是讓富有軍事才華的阿古力巴跟隨在自己身邊。凱撒在這方面對自己的好意，屋大維心中也十分清楚。所以在凱撒同意讓屋大維隨軍遠征帕提亞之後，他就率先服從了舅公的命令，來到了兵力的集結地阿波羅尼亞。

凱撒的被殺，對很多人來說都是十分意外的打擊。對年僅十八歲的這位年輕人來說更是意外的噩耗。與大多數人一樣，屋大維也陷入了悲憤之中。而在得知遺書的內容之後，屋大維心中更是百感交集。

在遺書中，凱撒不但將自己指定為繼承人，還將自己收為養子，讓自己使用凱撒的名字。屋大維的生父，生前雖然是元老院議員，不過從他的名字蓋烏斯．歐古塔維斯 (Caius Octavius) 就可以清楚地知道他屬於平民出身。屋大維 (Octavianus) 這個名字，也就是青年歐吉塔維斯 (Octavius-Junior) 的意思。只要聽到這個名字，羅馬人就可以明白他出身的低微。所以凱撒也認為，如果只是將屋大維收為養子，還是沒有十足充分的條件讓他成為自己的繼承人，所以在遺書中明記讓屋大維使用自己那屬於名門貴族的名字。對凱撒的這份心意，屋大維應該比任何人都要清楚。正是凱撒的遺書，讓屋大維從一位沒沒無聞的地方有力人士之子，一躍而成為羅馬屈指可數名門之家的繼承人。

另外，即使凱撒在十多年之後還健在，他當時就已經決定將自己一手創建的帝國交付給年僅十八歲的屋大維了。自己雖然尚未有任何的豐功偉績，卻已經得到了凱撒的承認。光是這一點，就足以讓屋大維深受感動了。十八歲時這種強烈的感動，成為屋大維意志的泉源，以及在後來一直支持他的動力。屋大維心中的這種感情，不僅是布魯圖斯和加西阿斯，連安東尼和西塞羅都沒有注意到。

凱撒被殺之後未滿一個月的時間，也就是四月中旬，無論是在首都羅馬還是在義大利半島，人們都還是生活在不安之中。

而在羅馬，安東尼一心想擴大自己的勢力；至於那些謀殺份子，被任命為屬省總督的，早就匆忙地離開本國；而沒有就任資格的布魯圖斯和加西阿斯，也逐漸向南部，也就是向離首都羅馬愈來愈遠的地方移動。無論西塞羅如何激勵，布魯圖斯除了哲學之外，對其他的事卻閉口不談。

就在此時，屋大維歸國了。很多人都以為在這種危險的情形之下，屋大維會躲在阿波羅尼亞，不會這麼快就歸國的。屋大維按照國法規定，沒有帶領軍隊回來。不過，他也並非單槍匹馬回到羅馬。跟隨他的，除了阿古力巴之外，還有其他的少數人。從布林迪西登陸之後，屋大維一行就沿著阿庇亞大道一路北上了。西塞羅在寫給阿提克斯的信中，告知了屋大維於四月十六日抵達拿坡里一事。屋大維在他母親的再婚者菲利普斯的別墅逗留期間，凱撒的親信們很快就從羅馬趕來了。

無論是希爾提斯、巴爾布斯、還是奧庇斯，也都像其他人一樣，對凱撒指定屋大維為繼承人感到十分意外。但是，這些一直跟隨在凱撒身邊的人，並沒有像其他人一樣問「為什麼？」因為那是自己所崇拜的凱撒所選擇的繼承人，他們也都選擇了遵從凱撒的遺志。

在拿坡里停留的數日中，這位十八歲的年輕人，明確地表明了自己繼承「亡父」遺志的決心。屋大維還拜訪了當時就在附近的西塞羅，以表示對這位與亡父有著深交的前輩的尊敬之情。受到奉承馬上就會變得得意洋洋的西塞羅，看到這位年輕人對自己充滿敬意的舉動，心中自然是十分滿意。

在西塞羅的信函中，一直將屋大維稱為「少年」。對六十二歲的西塞羅來說，也許十八歲還只能算是少年。不過這樣的稱呼不久就傳播開來，讓屋大維頗為不快。

不過，屋大維卻有著凱撒所沒有的一種資質，那就是偽善。

屋大維與亡父的親信們一起，從拿坡里沿著阿庇亞大道北上，於四月底抵達了羅馬。安東尼以十分冷淡的態度迎接了屋大維。

三十八歲的安東尼與西塞羅一樣，也只是將十八歲的屋大維視為「少年」。在年齡上占著優勢，又自負為身經百戰的強者安東尼，對屋大維的態度十分傲慢。而這位乳臭未乾的小子，如今不僅是凱撒的養子，還有資格使用凱撒的名字。但是，這一切尚未正式實現。繼承名門貴族之名，必須得到最高神祇官的承認之後，再由公民大會通過。在凱撒死後，最高神祇官一職由雷比達就任。對性格溫厚的雷比達，安東尼並不難控制。而身為執政官的安東尼手中又握著元老院會議的召集權。安東尼已經決定阻止屋大維成為凱撒的養子，簡單地說，就是決定進行破壞行動。

作為對年長者的禮儀，屋大維前往拜訪了解安東尼。他首先表明了自己繼承凱撒遺志的決心，之後又要求安東尼交還凱撒死後他從凱撒屋中拿走的金庫。

在羅馬，有這樣一種習慣。有社會地位的人去世之後，為了表示對死者的懷念，繼承者會舉辦戲劇表演以及運動會等等。而招待觀眾就需要一筆不小的開支。此外，在凱撒的遺書中，還寫明贈給每位羅馬公民三百塞斯泰契斯。屋大維的出生之家雖然比凱撒富裕，但也遠比不上以前身為百萬富翁的克拉蘇和龐培。如果安東尼不肯退還拿走的金庫，那麼屋大維就無法盡到作為凱撒之子的義務。

對屋大維的要求，安東尼自然是百般推諉，最後還是沒有交出金庫。沒有這筆金錢，屋大維就無法盡繼承人的義務，失望的市民對屋大維是否成為凱撒的繼承人就會失去關心。這樣，正中安東尼的下懷。

年僅十八歲的屋大維，一時也顯出不知所措的樣子。然而，這位「少年」的決心十分堅決，他拜訪了凱撒生前那些具有雄厚財力的好友，請求資金援助。其中有一人是馬提阿斯。凱撒遇難之後，西塞羅逃出了陷入混亂狀態之中的羅馬後，就曾經躲藏在馬提阿斯於阿庇亞大道旁的宅第中。馬提阿斯屬於「騎士階級」的商人，是位金融業者，平時並沒有介入政治活動。這人知識豐富，有很好的涵養，曾經翻譯過荷馬《伊里亞德》的拉丁語版本。凱撒的友人出身不盡相同，然而有一個共同點，就是每個人都具有豐富的知識和良好的修養。

但是，又有人從中阻撓了。這一次想阻撓的，不是安東尼而是西塞羅。雖然與安東尼的目的不同，西塞羅同樣反對屋大維成為凱撒的繼承人，如果屋大維繼承了凱撒的政治，那麼殺害凱撒的意義就失去了。因此，他特地從拿坡里寫信給好友馬提阿斯，對他加以責難，說他在凱撒死後仍然沒有斷絕與凱撒派的關係。最後，西塞羅勸告馬提阿斯不要答應屋大維的要求。而馬提阿斯隨後就回信給西塞羅，內容如下：

「您那妙筆生花的來信，令我非常欣喜。且不管內容如何，您對我所懷著的好意，洋溢在字裡行間。但是，我也不得不說，信中的內容使我陷入了深深的苦惱之中。我並不知道，我要做的事（向屋大維提供資金一事）使您高貴的精神受到了困擾。儘管我對您的敬意，絕不在於任何人之下。但是，我的決心並沒有改變，因為那是我的義務——即使這將成為對您非難的反駁。

我深知，凱撒死後，有很多人都對我加以非難。當我為痛失摯友而陷入悲哀之時，在為自己所敬愛的稀世之才的慘死而悲憤之時，大家卻對我橫加責難。

他們都對我說，應該置國家利益於友情之上。凱撒之死，對國家羅馬來說是有益之事。因此，即使（凱撒）是自己的摯友，也不應該為此而流淚。對如此高尚的見解，我並沒有興趣。坦白說，我的修養尚未達到那樣賢明的階段。

在凱撒與元老院的抗爭中，我並沒有表示過贊同。不過，即使不贊同他（渡過盧比孔河）的行動，我卻無法對在困難時期的朋友坐視不管。內戰爆發之後，為了能夠促成凱撒與龐培之間的對話，私底下我曾經打算採取積極的行動（實際上，在內戰中的一段時期，馬提阿斯曾經為了使兩者進行談判而周旋過。不過當時因龐培無意與凱撒進行一對一的談判，最後這事無疾而終）。

在兩者的對決中，最後雖說是我較為敬愛的一方獲勝，但是我並沒有利用與勝利者的親密關係為自己圖利。相反的，凱撒所進行的金融改革，使我在經濟上蒙受了莫大的損失（指按內戰爆發前的物價評估擔保金額，也就是未將內戰爆發後的通貨膨脹列入計算之內的政策，使擔保評估金額實際減少了百分之二十五，從而導致作為債權人的金融業者的經濟損失）。

為了促進經濟的活性化，凱撒實施了這種令我們金融業者蒙受損失的政策。但是我們也不可以忘記，正因為凱撒的寬容政策，才使反凱撒派的人得以繼續在羅馬居住，可以過著與以往同樣的公眾生活。也正是因為如此，才使他們在『三月十五日』有機會將劍鋒刺向凱撒。而我為何要像那些忘恩負義之徒一樣，憎惡凱撒，對凱撒的死表示欣喜呢？那些人也許會說：『如果我們沒有將凱撒殺死，早晚連你也會成為凱撒的犧牲者。』

這是何等的傲慢！他們不為犯下殺人之罪而苦惱，卻企圖禁止人們為凱撒之死悲傷。即使是奴隸，也還有喜怒哀樂的自由呢！相反的，自稱將人們從暴君的統治中解放出來的這些人，卻連個人的感情世界都企圖支配。

對我來說，無論是怎樣的威脅都不會有效果。無論是怎樣的威脅，都無法奪去我作為一個『人』以及身為友人的義務感。即使是以死亡威脅也沒用。凱撒之死，使我對死作了深刻的思索，那種對自身懷著自豪的死。現在，對我而言，死亡已不足為懼了。

坦白地說，我希望凱撒之死，可以讓所有的人都感到苦惱。

然而，我卻不會將自己的這種想法強加於他人身上。同樣的，我也不希望受到他人的干涉。讓我可以自由地為自己最敬愛的人、最有才幹的人的慘死而悲泣。

西塞羅，您大概是聽說我將提供資金給紀念凱撒的運動會才寫了這封信給我。這件事，只是我作為個人的義務，完全沒有政治上的目的。是我個人懷著敬意，為了紀念這位偉大人物，同時也是我親密友人而作出的捐贈而已。我無法拒絕懷著真情來向我請求援助的那位年輕人。同時，我也為凱撒選出了這位合適的繼承人而深感欣慰。

正如您所提及的那樣，我時常會到安東尼府上拜訪。不過那是純屬於禮節性的拜訪。如果您也到那裡，一定會明白這一點的。現在到那裡拜訪的人絡繹不絕。其中有很多人都是為了謀取私利而拜訪這位當今的最高權力者。而那些責備我無視於國家利益而為凱撒之死感到悲憤的人就在其中。

以前，無論我拜訪何人，或是誰來我處訪問，即使對方是凱撒的政敵，他也從不會表示出不快之感，更不會禁止我與任何人交往。然而，奪走我最為敬愛的友人生命的那些人，卻連表達個人感情這一點都企圖禁止！這種企圖在精神上控制人們的獨裁制度，是無法長期存在的。如果這種制度不幸長期存在，那麼我只有引退到羅德斯度過餘年了。在遠離羅馬的羅德斯，不受任何人的干擾，就可以在追憶凱撒之中度過我的餘生了。」

在馬提阿斯正氣凜然的反駁之下，西塞羅似乎也放棄了阻撓。同時，為了順利地在凱撒的出生月份七月召開紀念凱撒的運動會，屋大維正在加緊準備。在資金方面，除了馬提阿斯之外，還有另外一位經濟界的大人物也提供援助。換句話說，就是屋大維得到了羅馬經濟界的支援。這時，安東尼也無法從中阻撓了。屋大維的這個舉動，令人們，尤其是在羅馬具有影響力的人對這位十八歲的「少年」刮目相看。執行作為兒子的義務，對重視家族觀念的羅馬人來說，是一種值得讚賞的美德。這位十八歲的年輕人，沒有借助軍團的力量，就獲得第一回的勝利。

謀殺份子

首都羅馬又再回到凱撒派手中了。相反的，謀殺份子方面的情形卻如日薄西山。離開拉努比奧的別墅之後，布魯圖斯和加西阿斯來到了距羅馬六十公里的安濟歐(Anzio)，那裡有布魯圖斯的別墅。但是他們還是無法安心，於是又準備帶著家屬，逃到更遠的拿坡里一帶。布魯圖斯甚至主張主動流亡。但是主動流亡就等於承認自己犯罪。而且，無論逃到哪裡，布魯圖斯也沒有自信可以躲過凱撒士兵的憤怒。

就在這種惶恐不安之中，在安濟歐的布魯圖斯別墅中，他們對事後的處理進行協議。在場的人有布魯圖斯、西塞羅、布魯圖斯的母親塞維莉亞和他的妻子波里亞，此外，還有他的妹妹，也就是加西阿斯的妻子提朵莉亞。

西塞羅向布魯圖斯提出了他在來此途中所想到的方案，那就是讓布魯圖斯和加西阿斯兩人以購買小麥的名義前往西西里。根據西塞羅的推測，安東尼大概不會拒絕這種任命。

對著面露沉痛表情的布魯圖斯，西塞羅苦口婆心地加以說服。他對布魯圖斯說，對他們全部人來說，現在最為重要的，就是要保證身為共和政體旗手的布魯圖斯的人身安全。就在此時，加西阿斯進來了，西塞羅又重複了剛才的話。

布魯圖斯還是沉默不語。但是，加西阿斯卻被激怒了。他兩眼冒著怒火，盯著西塞羅說道：

「絕對不去西西里！為什麼非要將屈辱當作禮物來接受不可？而且還必須表示感激！」

西塞羅問道，那又如何是好？加西阿斯回答說寧可到阿卡伊亞（希臘中部），然後西塞羅又問布魯圖斯有何打算。這時，一直保持沉默的布魯圖斯終於開了口：

「當然。」

「如果沒有危險的話，您贊成我返回羅馬嗎？」

「絕對不可。我絕對不贊成。返回羅馬，您就會陷入絕境了。」

「西塞羅，如果您也贊成，我打算返回羅馬。」

西塞羅答道，然後又說：

「今年，您是現任的執政官，而明年將沒有任何官職。我的本意並不想要您到屬省，而是希望您能夠留在本國。但是，您必須清楚，現在的羅馬對您來說，是個危險之地。」

然後，西塞羅又說明為什麼對暗殺者來說，首都已成了危險之地。西塞羅的分析，點燃了在場的人心中的怒火。商討善後對策的會場，變成了責難自己同志的場面。加西阿斯比誰都顯得激動，以激烈的語氣追究其他同志的責任。其中受到加西阿斯最強烈指責的，是已經以總督身份到義大利北部屬省就任的狄奇阿斯．布魯圖斯。

在暗殺者當中，與凱撒關係最為密切的狄奇阿斯．布魯圖斯，本來可以在暗殺之後，當民眾還處於茫無頭緒，束手無策之時，及時掌握主導權的，但是他卻沒有及時行動。不但是加西阿斯，馬庫斯．布魯圖斯也對此加以非難。

西塞羅也沒有保持沉默。這位六十二歲的共和主義者，在他的希望之星馬庫斯．布魯圖斯和加西阿斯面前，也忍不住發洩了心中的不滿：

「為什麼當時不連安東尼也一併殺死？即使是違法，也應該在暗殺之後馬上召集元老院會議，恢復共和政體。為什麼在暗殺之後，沒有煽動茫無頭緒的民眾，將凱撒所推翻的共和政體恢復？」

這時，布魯圖斯的母親塞維莉亞插話了，她以十分激動的語調說：

「我從沒聽任何人說過這樣的話！」

塞維莉亞的言外之意，是責備布魯圖斯沒有考慮到暗殺之後要做什麼就將凱撒殺害了。

馬庫斯．布魯圖斯的母親塞維莉亞，一生甘願作為凱撒的情人。在丈夫死後，不僅沒有再婚，而對有過多次政治性婚姻同時又有許多情人的凱撒，卻是一往情深。而現在，這位女子卻不得不面對這樣的一種命運——自己最愛的人，被自己的兒子殺死了！這簡直就像希臘悲劇世界中的情形一樣。除了以上的那句話之外，就難以找到可以說明當時塞維莉亞心中感想的史料了。不過，如果憑著僅有的少量史料來推想，在凱撒生前，把情人看得比兒子還要重要的塞維莉亞，在凱撒死後，大概也回到了作為母親的立場。在討論善後對策時，塞維莉亞也答應向安東尼以及希爾提斯、巴爾布斯等人求情，以不損害名譽的情況之下讓兒子布魯圖斯離開義大利。因為凱撒的緣故，塞維莉亞與以上這些人都保持著很好的關係。但是自此之後，塞維莉亞就沒有與自己的兒子有過共同的行動。兒子布魯圖斯已經四十歲，而兒子身邊又有對凱撒深懷憎恨的小加圖女兒波里亞。據說這對婆媳之間的關係非常惡劣。這也難怪，一方面是一心將兒子拉向凱撒一邊的母親，一方面是執意將丈夫從凱撒身邊引開的妻子。在謀殺凱撒之前，布魯圖斯一定是處於兩人的夾縫之間。

那一天的會議之後，塞維莉亞就搬到了凱撒生前贈給自己的、在拿坡里附近的別墅。即使成為暗殺者主謀的母親，無論是安東尼、屋大維，還是凱撒以往的親信希爾提斯、巴爾布斯和奧庇斯，對一生願為凱撒情人的塞維莉亞，一直都以十分尊重而親切的態度來對待。塞維莉亞住在凱撒生前贈送給自己的別墅之中，不僅在經濟上，在安全上也沒有任何擔憂。只是，她從未讓自己的兒子躲進這幢別墅之中。

塞維莉亞在商討善後對策的會場斥責了布魯圖斯沒有考慮到暗殺之後的對策就殺害了凱撒。應該受到斥責的這些人，情況愈是惡化，就愈顯得意志消沉，根本就無法冷靜地考慮以後的對策。結果，那一天的會議，就在交織著絕望、悲嘆和責難的氣氛中結束了。詳細地記錄了那一天過程的西塞羅，在給密友阿提克斯的信中，最後這樣感嘆：

「在我面前，彷彿出現了各懷心思的人共乘著同一條船的情形。沒有人能夠明確地指出目的地，也沒有一人可以冷靜地判斷今後應該如何行動。那件事之後就陷入了混亂之中的這些人，現在更是變為絕望了。每個人都恨不得插翅飛離此地，直到聽不到暗殺者這些字眼。」

西塞羅寫給阿提克斯的這封信，落款日期是西元前四十四年六月八日，凱撒遇刺之後還未滿三個月的時間。同一時期，西塞羅還給阿提克斯寫過以下內容的信：

「三月十五日之後，將希望寄託在那些人身上，現在回想起來，只是變成了可笑的幻想。他們以英雄的熱情採取了行動。然而行動之後的英雄們的頭腦，還比不上小孩。大樹被砍倒了，但是樹根卻照樣存在著。」

不過，西塞羅似乎並沒有資格指責以布魯圖斯為首的「英雄」們的幼稚。在同一時期的另一封信，他這樣寫著：

「至於屋大維，以我的判斷，既有才能又不乏勇氣。對我們的英雄（指布魯圖斯和加西阿斯），（也不像安東尼那樣）充滿強烈的憎惡之情，也許還有和解的機會。但是，畢竟還是過於年輕，我擔心他會受到在他身邊那些人的影響。現在的問題，就是怎樣讓他與安東尼分裂。只要成功地將那位尊稱我為『父親』的『少年』拉攏過來，我們的英雄們也許就有機會重見天日了。」

但是，尊稱西塞羅為「父親」，對十八歲的偽善者來說，只不過是易如反掌的事。而此時的「少年」，正在為七月中旬的運動會加緊準備。歷時七天的紀念凱撒運動會，招待了包括婦女、兒童在內的全部市民。市民們又想起了四個月之前的「三月十五日」，而陷入了對未滿五十六歲就遇刺身亡的凱撒的追憶之中。市民們的心中，又燃起了對殺害凱撒的那些暗殺份子的憎恨，以及為凱撒復仇的決心。屋大維忠實地執行了「亡父」的遺言，發給每位公民三百塞斯泰契斯。

屋大維命人鑄造的凱撒紀念銀幣（刻有哈雷彗星）

在運動會的最後一天的夜晚，一顆閃亮的彗星劃過了羅馬夏季深藍色的遼闊夜空，人們都說，那是凱撒升上了天堂。

附帶提一下，後來，根據天文學家的研究，那時的大彗星就是「哈雷彗星」。

屋大維舉辦的運動會獲得了成功，這給遠離羅馬，隱匿在拿坡里的布魯圖斯和加西阿斯的心中投下了陰影。不過，最深切感受威脅的，是同在首都羅馬的安東尼。

為了對抗聲望日高的屋大維，安東尼又再次與布魯圖斯和加西阿斯接觸了。而情勢的變化，對一心想以不損害名譽的形式逃往國外的暗殺者來說，正是求之不得的良機。這是三月十七日的元老院會議以來，安東尼與布魯圖斯的第二次妥協。

逃往國外

羅馬人將七月稱為「第五月」，也就是稱為“Julius”。在「七月」，屋大維為紀念凱撒而舉辦的運動會獲得了成功。現在，無論是首都羅馬的市民，還是在義大利半島居住的羅馬人，或者是因為商業、殖民、服役等關係住在國外的羅馬公民，都知道屋大維的名字。再也沒有人會問：「誰是屋大維？」了。看了這種情形，安東尼首先慌張起來了。

安東尼一邊指使出任最高神祇官的雷比達停止辦理屋大維的養子關係手續。另一方面，又開始了自凱撒被殺的第一次元老院會議以來，與布魯圖斯和加西阿斯的第二次接觸。西塞羅在信中絲毫沒有提到這事，所以這一次他大概沒有介入。不過，布魯圖斯和加西阿斯對於安東尼在元老院所通過的決議倒也沒有流露出驚愕之情。所以可以推斷，在元老院進行否決之前，安東尼就已經和布魯圖斯達成了協議。也許是與凱撒派有著親密關係的塞維莉亞從中活動的結果。

“Julius”月的隔月，也就是八月初所召開的元老院會議，以多數贊成通過了執政官安東尼的提案。表面上，這次會議是為了決定現任執政官安東尼和都拉貝拉在任期結束之後，從西元前四十三年開始的任地。而與布魯圖斯和加西阿斯有關的事項，則採取了附屬於以上決議的形式巧妙地提了出來：

一、執政官安東尼，從西元前四十三年開始，以地方長官的資格出任義大利北部屬省總督，任期為五年。都拉貝拉也同樣以地方長官的資格出任敘利亞屬省總督，任期為五年。

二、安東尼就任執政官的西元前四十四年底為止的馬其頓屬省總督，由馬庫斯．布魯圖斯就任。但是，以凱撒的命令在希臘的阿波羅尼亞為遠征帕提亞而集結的兵力，沒有列入布魯圖斯的指揮之下，而是帶回本國。此外，作為馬其頓屬省總督的布魯圖斯，也沒有編成軍團的權力。

西元前四十四年底為止，因為凱撒原來所預定的敘利亞屬省總督都拉貝拉已經成為執政官的緣故，所以改由加西阿斯赴任。

即使屋大維已經是聲名大噪，但是十八歲的他還是無法進入元老院。凱撒被殺之後，執元老院牛耳的，是身為現任執政官而有召集權的安東尼。曾經公開宣稱繼承凱撒政治路線的安東尼，這次卻促使元老院通過了人事的變更。不過，即使屋大維可以出席這次的元老院會議，他大概也不會反對安東尼的這個提案。以屋大維的性格，只要可以最終達到目的，在必要之時，他會毫不猶豫地選擇繞道而行的方式。

在凱撒被殺之後的第五個月，元老院會議所作出的決定包括下面兩項內容：

第一是，相對還有二個月才滿十九歲的屋大維，三十八歲的安東尼第一次公開表明決心成為實際上的凱撒繼承人的意志。

如前所述，被稱為「阿爾卑斯山以南高盧」(Cisalpine Gaul) 的義大利北部屬省，因為凱撒的政策，大多數的居民都已經獲得了羅馬公民權，在實質上與盧比孔河以南的本國已經成為一體了。而仍然作為屬省存在的原因，第一是出於對北方敵人的防衛需要。第二是因為本國內無法擁有軍隊而在屬省軍隊可以合法存在。

然而，在凱撒被殺之後，從高盧和日耳曼都來了使節，表示對凱撒的哀悼，同時也表明在凱撒死後也將繼續忠於羅馬。所以第一個理由就顯得不怎麼重要了，重要的是第二點的理由。安東尼企圖在退任執政官之後，從容易渡越的盧比孔河以北，以強大的兵力為後盾，控制本國。這就是安東尼想取代已經前往赴任的狄奇阿斯·布魯圖斯而出任義大利北部屬省總督的真意所在。而且將任期定為五年。從中就可以看出安東尼打算從就近的屬省控制本國的真正意圖。

在安東尼的提案中所包含的另一項內容，是關於事實上的「特赦」一事。

儘管任期以西元前四十四年底為限，從提案生效時算起不過是四個多月的時間。但是，無論是被任命為馬其頓總督的布魯圖斯，還是被任命為敘利亞總督的加西阿斯，都可以用就任公職的名義離開義大利了。前面也提過，如果選擇主動流亡，就等於承認了殺害凱撒的罪行。而現在，以赴任的形式出國，就與主動流亡大為不同了。以布魯圖斯和西塞羅所喜歡的說法，就是「以不損害名譽的形式出國」。對一心想獨攬大權的安東尼來說，現在所擔心的對象是屋大維，而不再是進行暗殺之後就一心想逃離羅馬的布魯圖斯以及加西阿斯。對這兩人的「特赦」，只是為了將權力集中在自己手中所付出的小小代價而已。因為這樣一來，在元老院，就可以獲得以西塞羅為代表的布魯圖斯支持者的支持票了。

布魯圖斯、加西阿斯以及西塞羅，都察覺到了安東尼的意圖。協助安東尼，就相當於為了恢復共和政體而殺害專制君主的這些人，協助另一位專制君主確立自己的權力。但是，就像西塞羅所說的，「現在最重要的，就是保證共和政體的象徵——布魯圖斯的人身安全。」因此，暗殺者甚至對狄奇阿斯．布魯圖斯都坐視不管了。

暗殺之後的第一次元老院會議所通過的決議，任命狄奇阿斯．布魯圖斯為義大利北部屬省總督。而這一次，由安東尼提出並經元老院通過的法案，不但取消了正在赴任中的狄奇阿斯．布魯圖斯的就任資格，甚至沒有讓他到其他屬省就任。這樣，對狄奇阿斯．布魯圖斯來說，就沒有任何東西可以保障自身的安全。曾經在凱撒手下擔任過多年的軍團長，才能為凱撒所承認且被凱撒指定為第二繼承人的狄奇阿斯．布魯圖斯，最後卻將劍鋒刺向了凱撒。正因為如此，凱撒被殺之後，凱撒的士兵以及一般的平民百姓對他的憎恨格外強烈。如果失去可以指揮軍團的總督之職，也沒有被任命其他的任何官職，就等於失去自己的藏身之地了。事先已經與安東尼妥協的馬庫斯．布魯圖斯和加西阿斯，對安東尼的提案並沒有任何反對。而在元老院會議上投了贊成票的西塞羅，對同志狄奇阿斯也見死不救了。

安東尼所提出的法案，有著十分巧妙之處。現任執政官都拉貝拉，在執政官任期結束之後的西元前四十四年底，將以總督身份前往敘利亞赴任。被任命為敘利亞總督而得以逃往國外的加西阿斯任期也只是到西元前四十四年底為止。而另一方面，以馬其頓總督的身份得以離開羅馬的馬庫斯・布魯圖斯的繼任人事尚未決定。這樣，又使得以西塞羅為首的布魯圖斯支持者心中燃起了新的希望。之前，他們都以為也許最多只能保全暗殺凱撒的象徵性存在布魯圖斯了。而安東尼正是利用了反凱撒派的這一弱點而達到了自己的目的。

八月底，布魯圖斯和加西阿斯分別前往馬其頓、敘利亞赴任。因為是就任公職，所以兩人都在白天堂而皇之地出發了。不過，這實際上就是逃亡國外。在「三月十五日」，當他們揮舞著沾著血跡的短劍，在羅馬的街道上叫囂「打倒暴君了」、「恢復自由了」時，大概沒想到會有這麼一天吧！

在寫給密友阿提克斯的信中，西塞羅曾經對這兩人的幼稚如此非難：

「以為只要將專制君主殺死，就可以自動地將專制政治打倒了。」

但是這時的西塞羅，還是將恢復共和政權的希望寄託在這兩人身上。在為這兩人送行時，這位六十二歲的知識人所說出的激勵之言，只要是共和主義者，就不可能不被他感動：

「羅馬的共和政體精神，曾經在首都羅馬存在過；而現在這種精神就在您們的所在之處。」

這時，西塞羅對自己的影響力還是深信不疑。而這次成功地將布魯圖斯和加西阿斯安全地送往國外，更使西塞羅增添了勇氣。在兩人離開羅馬之後，西塞羅認為自己必須做的，而且確信只有自己可以勝任的事，就是以自己所擅長的言論為武器，為恢復共和政體而衝鋒陷陣。

彈劾安東尼

從西元前四十四年九月開始，西塞羅一共發表了多達十四次、史上有名〈菲利庇格〉——彈劾安東尼的演說。以西塞羅的意譯，就是「彈劾菲力普」。光憑題目，就可以清楚地看出西塞羅的意圖。

在希臘進入衰退時期之時，亞歷山大大帝的父親、當時的馬其頓王菲力普，曾經試圖將希臘的都市國家統一起來，當時，狄摩西尼斯就是以〈菲利庇格〉為題，發表了著名的彈劾菲力普的演說。在演說中，他向雅典市民闡明，只有自由，才是作為公民所應該謹守的最高價值。而羅馬人一聽到〈菲利庇格〉，大概就可以明白西塞羅的意圖了。而這正是西塞羅的目的所在，也是他命名的巧妙之處。

然而，西塞羅對安東尼的攻擊活動，並沒有收到他所預期的效果。西塞羅本來以為，贊同他演說的民眾會集中到集會廣場，異口同聲地說：

「對，西塞羅所言極是。羅馬不允許個人的獨裁政治，應該恢復共和政體。應該驅逐安東尼而迎接布魯圖斯回國。」

元老院也響應市民的呼聲而通過相應的決議。然而，這一切都沒有發生。不過，老西塞羅的熱情在元老院議員之中還是起了一定的作用。借用西塞羅的形容，就是屬於穩健派的，也就是在「三月十五日」之後對安東尼的專橫感到不滿的那些議員，對安東尼更加反感。按西塞羅的分類，所謂的穩健派，指的就是一致擁護屋大維的原凱撒派。

但是，為什麼西塞羅只是將目標集中在安東尼身上，而沒有攻擊凱撒所指定的繼承人屋大維呢？這是否因為他並沒有將屋大維視為恢復共和政體的障礙呢？

在〈菲利庇格〉中，西塞羅甚至對安東尼作人身攻擊。他說安東尼雖然孔武有力，但卻只是個沒有修養的武夫，沉迷於酒色，只會大吵大鬧而沒有其他的能耐。這種沒有品格的人身攻擊正是西塞羅的特長。但是他只是將這種攻擊集中在安東尼一人身上，而對屋大維甚至還表示了讚賞。西塞羅的目的，就是通過這種方式，導致安東尼與屋大維的分裂。西塞羅以為，屋大維一定會對他彈劾安東尼的演說大為吃驚，結果就不會與安東尼協調，而會選擇向他尊稱為「父親」的西塞羅靠攏，聽從「父親」的勸告。

屋大維在歸國之後的四個月中，確實地強化了自己的立場。追隨他的，不僅是凱撒原來的親信，還有以前屬於凱撒精銳部隊的士兵。西塞羅認為，只要可以拉攏屋大維，布魯圖斯等人的歸國就不會只是個夢想了。

這位六十二歲，羅馬首屈一指的知識份子，在本質上，對屋大維的評價，還是與當初他所見到的少年沒有什麼改變。他以為，終於成為十九歲的「少年」所希望繼承到的，只是朱利斯·凱撒的財產，還無法成為繼承凱撒政治的大才。

到了十月，在表面上一直處於僵局的「三月十五日」之後的情勢發生了劇變。凱撒為了遠征帕提亞而集結的士兵從希臘歸國了。安東尼為了搶先將兵力掌握在自己手中，匆匆趕到了軍團的登陸港布林迪西。

當初，安東尼不理會屋大維的請求，最終沒有將從凱撒家中拿走的金庫交還屋大維。這時候，他企圖用這些資金來收買歸國的士兵。但是出乎意料的是，大約有一半的士兵都拒絕接受安東尼的指揮，他們的理由是要服從凱撒指定繼承人的指揮。對安東尼來說，這個打擊遠遠大過於西塞羅的彈劾演說。安東尼慌張起來，以執政官的身份，向義大利北部屬省總督狄奇阿斯·布魯圖斯發出要求他讓出總督職位的通告。安東尼認為目前的當務之急，就是將義大利北部屬省的軍隊納入自己的指揮之下，以對抗屋大維。

但是狄奇阿斯·布魯圖斯也深知，自己已經成為凱撒派所憎恨的對象，沒有了軍團，就等於失去了可以保護自己的全部東西。所以狄奇阿斯·布魯圖斯拒絕了安東尼的要求。而安東尼為了奪得義大利北部屬省總督的地位，決心不惜使用包括戰鬥在內的一切手段。他以高額賞金收買了其中的一些兵力，沒有返回首都，就沿著亞德里亞海，向義大利北部進軍了。即使如此，在渡過北部屬省與本國邊界相接的盧比孔河之前，有更多的士兵為投奔屋大維而離開了安東尼。

只是繼承朱利斯·凱撒這個名字，就比得到一億塞斯泰契斯還要有價值。深知這一點的凱撒固然值得佩服，而以十八歲的年齡就理解凱撒真意的屋大維更不簡單。在世界史上簡直稱得上是人事繼承的傑作。

西塞羅注意到了事態的變化。之前，他在無奈之中，只好對狄奇阿斯·布魯圖斯坐視不管，現在，西塞羅認為救出布魯圖斯的良機到來了。而這時，安東尼已經對守在摩德那 (Mutina) 城中的狄奇阿斯．布魯圖斯展開進攻。情勢已經刻不容緩了。

十二月二十日，西塞羅發出了第三次的〈菲利庇格〉。在當天的元老院會議上，西塞羅演說的主要內容有以下幾點：

一、對將首都羅馬從安東尼的暴政中救出的屋大維表示了讚賞。

二、指出目前的當務之急是將正在受到安東尼攻擊的狄奇阿斯．布魯圖斯從險境中救出。

三、強調安東尼才是羅馬軍應該攻擊的目標。

凱撒被殺之後，義大利的情勢一直處於動盪不安之中，而謀殺者在暗殺之後的消極行動曾使他們自己陷入了絕望的深淵之中。而按現在的情形看來，隔年，也就是西元前四十三年，事態似乎會有所好轉。

十二天之後的西元前四十三年一月一日，兩位新執政官就任了。按凱撒所預定的人事，由希爾提斯和旁薩兩人就任。兩人都十分崇拜凱撒，同時也是凱撒的親信。現在，他們也都屬於屋大維派而不是安東尼派。西塞羅心中又燃起了新的希望，與在希臘以及敘利亞的馬庫斯．布魯圖斯以及加西阿斯之間的書信往來也變得頻繁起來了。同時，對正在義大利北部屬省與安東尼對決之中的狄奇阿斯．布魯圖斯，也不忘送上激勵的信函。

與自己有親密私人關係的兩人就任了執政官之後，西塞羅似乎也忘記了自己的年齡。他向元老院提出了以下的提案：

一、授與屋大維正式的地位。

二、向安東尼發出「元老院最終勸告」，宣布安東尼為國敵。

雖然不少人對安東尼的專橫都深感不滿，但這兩件都不是容易的事，而元老院也沒有採納西塞羅的提案。一方面，屋大維還只有十九歲，無法授與公職；另一方面，關於相當於緊急事態宣言的「元老院最終勸告」，凱撒生前就宣布了其不具合法性。元老院最後只是同意派出使者，要求安東尼回心轉意就散會了。然而，屋大維認為，這並不能解決問題。於是他利用一切手段籌集資金，開始組織自己的軍隊。

西元前四十三年，希爾提斯和旁薩兩位執政官，率領四個軍團從羅馬出發前往摩德那。在那裡，安東尼正與狄奇阿斯．布魯圖斯交戰。摩德那是義大利北部屬省的幹道艾米里亞大道沿線的軍團基地之一，一直通往利米尼和帕辰察。在試圖以武器迫使安東尼屈服的這次軍事行動中，屋大維隨著兩位執政官一起從軍。而且，這一次，屋大維並非以個人的身份參戰，而是率領兵力出征。同意屋大維率軍參戰的是兩位執政官，不過對這事最積極贊成的還是西塞羅。西塞羅熱切期望兩位執政官和屋大維三人可以將包圍狄奇阿斯．布魯圖斯的安東尼擊退，在消滅安東尼之後將狄奇阿斯救出。

四月，腹背受敵的安東尼不得已解除了對狄奇阿斯．布魯圖斯的包圍。在與兩位執政官以及屋大維聯軍的對決中，安東尼以敗北告終，率軍向西部撤退了。但是，兩位執政官也都先後戰死。原來在兩位執政官指揮之下的士兵，都拒絕接受下手殺害了凱撒的狄奇阿斯．布魯圖斯指揮而投奔到了屋大維的旗下。

絕望的狄奇阿斯．布魯圖斯，準備隻身逃往馬庫斯．布魯圖斯所在的希臘，但被當地的高盧居民虜獲。安東尼得知這個消息後，命人將狄奇阿斯殺死了。

在這之前，在敘利亞的都拉貝拉也命人殺死了提波紐斯。這樣，暗殺份子中的兩人，而且是在凱撒手下擔任多年軍團長而後將劍鋒刺向凱撒的四人之中的兩人，首先成了為凱撒復仇的血祭對象。狄奇阿斯．布魯圖斯和提波紐斯的首級被送到羅馬，擺在集會廣場的講壇示眾。

為凱撒復仇的行動，就這樣以凱撒生前最不願見到的形式開始了。

復仇

這時的屋大維手中已經擁有可以獨立作戰的兵力，但是他並沒有聽從西塞羅的勸告，對安東尼乘勝追擊；而是率領軍隊返回了羅馬。

面對著掌握強大兵力的屋大維，元老院已經沒有力量反抗他的壓力。在兩位執政官戰死之後，元老院只得同意提名屋大維為執政官候選人。

對即將產生前所未有的十九歲執政官一事，西塞羅雖然多少感到為難，但是並未加以反對。他以為自己還可以操縱這位「少年」。

八月，屋大維在公民大會上以壓倒性的票數當選為執政官。同僚執政官則由凱撒的外甥培第阿斯就任。這時，屋大維尚未達到法定的資格年齡二十一歲。

就任之後，十九歲的執政官著手進行的第一件事，就是使自己的養子身份得到公認。之前這件事，因為安東尼從中阻撓而一直未能實現。這一次，得到公民大會的順利通過之後，屋大維就正式成為蓋烏斯·朱利斯·凱撒·屋大維 (Caius Julius Caesar Octavianus) 了。民眾與元老院議員，甚至連西塞羅，都轉而稱他為凱撒了。

十九歲的「凱撒」所做的第二件事，就是執行以他同僚執政官培第阿斯的名義所提出的「培第阿斯法案」。當時在自己別墅中的西塞羅，獲悉法案的內容之後，頓時陷入了絕望之中。

「培第阿斯法案」宣布，撕毀與凱撒的誓約而殺害了凱撒的所有謀殺者為罪人，驅逐所有參與暗殺者。正式成為凱撒兒子之後，屋大維向凱撒派的所有人吹響了進軍的號角：

「復仇的機會，終於到來了！」

十月，執政官屋大維率領十一個軍團，出征義大利北部屬省。

即使到了這個時候，西塞羅對年輕的執政官還是抱著一線的希望。不知道是應該對西塞羅的善良感到絕望，還是應該敬佩這位十九歲的偽善者。因為屋大維一直在信中請求西塞羅的忠告，而使這位六十三歲的西塞羅常常得意忘形。西塞羅期待屋大維這一次可以將安東尼打倒。而且，「培第阿斯法案」也只是決定驅逐謀殺者，並沒有宣布將他們處死。

然而，屋大維為了吹響復仇的號角，已經等了一年之久。這位年輕的執政官，並無意與安東尼對決，因為這時安東尼的力量仍然大於自己。

當屋大維辦理養子手續、就任執政官時，在摩德那之戰中敗北的安東尼，與高盧、西班牙等地的總督組成了共同戰線。雷比達、普蘭克斯、波里奧這些都曾經在凱撒手下擔任過軍團長的總督，為了與安東尼會合，已經率軍前往義大利北部。

西元前四十三年十一月，在義大利北部屬省的波洛尼亞，凱撒派再次聯合起來，由安東尼、雷比達和屋大維組成了歷史上的「第二次三巨頭政治」。西塞羅寄託在屋大維身上的希望，終於徹底破滅了。

進行妥協之後，三巨頭率軍班師羅馬。十一月二十七日，公民大會以五年為限期，批准了作為國家羅馬危機管理體制的新政府成立。

「第二次三巨頭政治」

歷史上的「第一次三巨頭政治」，也就是由龐培、克拉蘇和凱撒三巨頭所組成的政體，當時在形式上並未得到過正式的公認；而這次的「第二次三巨頭政治」則是以公認的統治型態存在。這表示西塞羅寄託著希望的、布魯圖斯等人不惜採取暗殺手段來捍衛的元老院主導的共和政體，也就是羅馬獨特的「寡頭政體」已經結束了。

「第二次三巨頭政治」的形成，使三十九歲的安東尼，不得不隱藏起自己企圖成為凱撒實際繼承人的野心。

十九歲屋大維手中的勢力，已經無法再輕視了。不知道安東尼是否曾經想起「第一次三巨頭政治」的情形。那一次的三巨頭政治，使最初處於不利地位的凱撒大大增強了自己的力量，並且成為三人之中最後的勝利者。而「第二次三巨頭政治」中的「三巨頭」，無論是在年齡還是功績方面，安東尼都是名列第一；雷比達是因為曾擔任過獨裁官凱撒的副將而成為三巨頭之一，他溫厚的性格就像「第一次三巨頭政治」中的克拉蘇；而在年齡和功績方面，與「第一次三巨頭政治」中的凱撒最為相似的就是屋大維。安東尼是否從未想到過這種相似之處呢？或者，安東尼也只不過是像凱撒生前所說的「只希望看到自己想看的部份」中的一人而已？「第二次三巨頭政治」成立之後，安東尼時常掛在嘴上的一句話就是：

「屋大維的力量？那不過是背著已故的凱撒之名而已。」

「第二次三巨頭政治」首先作出了下面的決定：

一、作成「處罰者名冊」，消滅反對勢力。

二、安東尼和屋大維共同率軍出征，前往消滅布魯圖斯和加西阿斯。在此期間，雷比達負責本國的統治。

也許他們都無法忘記凱撒的「寬容」精神最後所導致的結果。但是安東尼與屋大維，畢竟只是安東尼與屋大維，而不是凱撒。惡名昭彰而且為凱撒生前所嫌惡的蘇拉式恐怖政治復活了。在作成「處罰者名冊」時，顯得最為冷酷無情的，據說就是屋大維。「寬容」已經被「復仇」代替了。

「處罰者名冊」中，除了三百名元老院議員之外，還有多達二千名的「騎士階級」（經濟界）。其中的一百三十人被定為國敵、國賊而成為就地處死的對象。這些人都曾經是龐培派而後又被凱撒饒恕、在元老院中占有議席的人。這一百三十人之中，雖然有人直接參與過謀殺凱撒，但更多的人與這事並沒有什麼關係，事件發生之後也並沒有在暗中援助過謀殺者。但是，第二次的「三巨頭」倣效了蘇拉的政治，一致同意將反對勢力斬草除根。

對其餘二千多名的「處罰者」，則是全部沒收他們的財產。因為「三巨頭」作成「處罰者名冊」的另一個重要企圖就是搜括資金。西塞羅的密友——百萬富翁阿提克斯被列入名冊，原因是他曾資助過布魯圖斯（雖然事實上也是如此）。但是因為他長期以來都擔任安東尼妻子芙維亞(Fulvia)的經濟顧問，後來是安東尼的妻子從中求情，才使他倖免於難。

在「處罰者名冊」中，被列為首犯的就是西塞羅。因為他執拗的彈劾演說早就激怒了安東尼。而在此之前一直稱西塞羅為「父親」，長期在信中請求西塞羅忠告的屋大維，非但沒有試圖救他，甚至連眼都沒眨就同意了安東尼的決定。西塞羅的罪狀，就是曾擔任過暗殺凱撒的思想指導者的角色。如果按照西塞羅在凱撒被殺前後寫給以布魯圖斯為首的謀殺份子的信件來看，這個罪名也並非完全沒有根據。但是，對一個人的思想進行懲罰，在刑法上似乎存在著問題。然而，「第二次三巨頭政治」實施「處罰者名冊」的目的，就是強行消滅反對勢力，所以西塞羅的問題並非刑事上而是政治上的問題。

西元前四十三年冬天，整肅的暴風雨席捲了羅馬和義大利半島。這次也採用了蘇拉的密告制度，抓到犯人就可以領取豐厚的賞金。歷史上悲慘的血腥統治時期又開始了，簡直就是四十年前蘇拉恐怖政治的再現。只要被列入「處罰者名冊」，一個人的命運就被注定了。甚至連婦女和兒童都被抓來拷問，逼迫他們供出他們丈夫、父親的藏身之處。屬於被定為就地處死的一百三十人，只要落入追捕者手中，首級就會被切離身體，帶到羅馬。這樣，連將犯人帶走的麻煩都省去了。那時，集會廣場的講壇上擺滿了被殺者的首級，情形無異於蘇拉時代。

第二次的「三巨頭」對處罰者嚴加追究，即使是親屬也毫不留情。「三巨頭」之一的雷比達弟弟保羅．艾米里斯．雷比達、還有安東尼母親的哥哥魯奇斯．朱利斯．凱撒也被列入就地處死者名單之中。

在凱撒渡過盧比孔河之後所開始的內戰之中，羅馬人分成了凱撒派和龐培派。在很多家庭中，都出現了家族分裂的現象。因為凱撒與龐培的抗爭，並不是為了一門一族的利益，而是圍繞著國家羅馬政體的抗爭。即使是同屬一門、有著骨肉親情的人，在政治思想上有不同之處也並不足為奇。但是內戰結束後，在一族之中，即使是父子、兄弟，也被分成了勝者與敗者。

凱撒寬恕了敗者，一方面是因為他看出，如果對這種在現實中產生的怨恨之情置之不理，結果只會對羅馬不利。而最重要的原因，就是凱撒的性格使他不願意看到這種互相怨恨的情景出現。凱撒理想中的羅馬，是沒有勝者也沒有敗者的世界。

但是，凱撒的後繼者目睹了凱撒的被殺。如果不將以前的敗者斬盡殺絕，他們就難以安心。不過，雖然曾為龐培派的將領，但受凱撒生前之託而從事其他工作的人，有些並沒被列入「處罰者名冊」。其中的一位，就是瓦爾羅 (Terentius Varro) 這位學識淵博的文學家，他受凱撒之託，正在為羅馬最初的國立圖書館選定藏書。此外，與西塞羅不同的是，在得到凱撒的寬恕之後，瓦爾羅就完完全全地脫離了政治。

西塞羅之死

第二次的「三巨頭」公布「處罰者名冊」的時間，是西元前四十三年十一月二十八日。但並非在一天之內就公布所有二千三百人的名單。二十八日所公布的，只是第一批的十六人。除了直接參與殺害凱撒的布魯圖斯等人之外，加上西塞羅兄弟一共是十六人。在這第一批的十六人之中，被列為首犯的，就是西塞羅。

在屋大維與安東尼聯手之後，陷入絕望之中的西塞羅已經離開了首都，一邊輾轉於他所擁有的八處別墅，一邊為遠在希臘的布魯圖斯的安全擔憂不已。獲悉自己被列為「處罰者名冊」中的首犯時，他正住在亞斯托拉(Astura)的別墅之中。一開始，他曾試圖乘船逃往希臘；如果在那時就採取行動，大概可以成功逃離義大利。然而，西塞羅卻遲遲未採取行動。後世的研究者都將它歸咎於西塞羅優柔寡斷的性格。不過，個人認為，那是因為西塞羅捨不下他的弟弟昆托斯而一個人逃走。在這之前，一直與西塞羅同在別墅生活的昆托斯，為了取回一些必需品，已經前往在羅馬附近的多斯克羅別墅。在高盧戰役時，曾在凱撒手下中戰鬥過的弟弟，卻被列入了「處罰者名冊」，而且被列入死刑一欄，這一定是因為他是首要「戰犯」西塞羅弟弟的緣故。重視兄弟之情的西塞羅，無法丟下弟弟獨自逃亡。

另外，西塞羅也失去了繼續生存下去的意願。曾經那樣喜歡舞文弄墨的西塞羅，自從「第二次三巨頭政治」成立之後，甚至連信也不寫了。對人生已經不抱任何希望的這個人，此時只是聽天由命而不打算在風浪之中作逃亡之行了。

西塞羅在得知搜索隊前來的消息之後，也沒有採取任何行動。奴隸們主動提出為保護他而戰，西塞羅反而勸他們不要做這種無用的抵抗。

西塞羅從容地迎接了死亡。在安東尼的命令之下，劊子手不但砍下西塞羅的首級，而且將他的右手也切離身體，帶回羅馬，擺在集會廣場的講壇上示眾。安東尼以處罰西塞羅寫下〈菲利庇格〉的右手，來消他心頭之恨。

從對凱撒的被殺而感到無比欣喜，一直到自己的被殺，只不過經過了一年又九個月的時間。西元前四十三年十二月七日，西塞羅以六十三歲的年紀撒手人寰了。

五十年後的某一天，在帕拉提諾丘上的皇宮中，發生了下面的這一幕：

皇帝的孫子們正聚集一起閱讀西塞羅的著作，這時，年老的皇帝進來了。孫子們都知道祖父與殺害西塞羅有關，以為將會被叱責而緊張起來。

然而，年老的奧古斯都拿起孫子們正在閱讀的著作，站著翻閱起來。一會兒之後，他把書還給孫子們，說道：

「這是位學識淵博之人，知識豐富而且深愛著祖國。」

是否想起曾被稱為「少年」而感到不快的遙遠的過去了呢？現在被尊稱為奧古斯都的屋大維，當時翻閱到的，一定是西塞羅以下的文章：

「在人類所有的愛之中，最為重要也是帶來最大喜樂的就是對祖國的愛。眾所周知，父母之愛、子女之愛、兄弟、親友之愛，對人類來說都是十分重要的愛。然而，以上所有的愛，都包含在對祖國的愛之中。當祖國需要時，是否有公民願意為了祖國而奉獻出自己的生命呢？」

——〈論責任〉(*De Officiis*)

〈論責任〉是凱撒被殺之後，西塞羅所寫下的最後一篇作品。閱讀這個作品時，無法不被老西塞羅的愛國之心、憂國之情所感動。以上所介紹的一段文章，如果說是出自凱撒的手筆也不足為奇。然而，為什麼西塞羅一直都反對凱撒呢？

個人認為，那是因為西塞羅和凱撒對「祖國」有截然不同的概念。

西塞羅觀念中的「祖國」，就是他理想中的布尼克戰役時代的羅馬。那是由本國出生的羅馬人，而且是羅馬人中的菁英——元老院階級掌握統治江山的主導權。對西塞羅來說，北部的盧比孔河和南部的墨西拿海峽，理所當然就是國境線，而「祖國」，就是指國境之內的範圍。

另一方面，凱撒心目中的「祖國」，雖然有防衛線，但是卻沒有國境。他並不認為，只有在羅馬出生的人，而且是只有出身於元老院階級者，才可以統治國家。因此，他進行改革，使被征服民族的代表也可以進入元老院，以致引起了純血統羅馬人主義的西塞羅以及布魯圖斯等人的反抗。凱撒認為，只要對國家有好處，無論是高盧人、西班牙人還是希臘人，都絲毫沒有關係。凱撒心目中的「祖國」，是指在羅馬文明的傘下，多人種、多民族、多宗教、多文化共存共榮的帝國。

有人說，西元前一世紀的羅馬，最有成就的人是西塞羅和凱撒。對此本人深有同感。這兩位最有成就的人，出生於相同的時代，同時還是親密的友人。即使如此，他們之間還是無法互相理解。

然而，應該說凱撒理解西塞羅。雖然他與西塞羅對「祖國」的概念不同，但是他理解並尊重西塞羅對祖國深深的愛。正因為如此，每當西塞羅陷入困境時，凱撒都把他救出，並且請求西塞羅協助自己共同進行偉大事業。不能理解凱撒的，是西塞羅。

凱撒被殺後，安東尼一心想擴展自己個人的勢力而被西塞羅嫌惡。他曾對密友阿提克斯說過：「這樣還遠不及凱撒在世來得好。」然而，西塞羅認為「遠不及凱撒好」的原因，並不是因為他理解凱撒的思想，而是因為凱撒從未將自己等閒視之，而安東尼卻無視於自己的存在。西塞羅出色的文章，在二千多年之後的今天，仍然被視為拉丁文的典範。他雖然對現狀有超群的認識能力，但是卻缺乏先見之明。而西塞羅關於「祖國」的概念，也真實地反映出他的局限性。

「神君凱撒」Divus Caesar

西塞羅死後，在西元前四十二年又發生了一件具有象徵意義的事情。

古代羅馬的一月一日，既不是祭祀日也不是假日，而是一年中工作開始的日子。在那一天所召開的元老院會議上，通過了將凱撒神格化的決議。換句話說，就是凱撒升格為神了。

就是因為這件事，在研究者中出現了一個有趣的現象。也許是無法自由地從基督教這種一神教的文明人擺脫出來的緣故，之前對凱撒有過很高評價的研究者，這時對於應該如何評論凱撒卻顯得躊躇了。他們似乎對將合理主義的代表——凱撒升格為神感到無所適從。而在日本，無論是因為豐功偉業，還是出於害怕心理，明治天皇也被神化，結果現在已經擁有了八百萬之多的神明。生長在這樣的國度，本人絲毫沒有和基督教徒的研究者一樣的困擾。當時的羅馬諸神，雖然沒有八百萬之多，但是羅馬人也是喜歡供奉各種神明的多神教民族。例如，將敘利亞劃入屬省之後，就引進了敘利亞的諸神；而凱撒將克麗奧佩脫拉帶回羅馬之後，埃及的諸神也逐漸滲透到羅馬人之間了。

在羅馬，現實中的人物被神化的，除了開國之祖羅慕路斯之外，凱撒是最早的例子。不過，埃及的神官也曾經告訴亞歷山大大帝說他父親不是人而是神。亞歷山大大帝最初雖然感到驚愕但並沒有因此而苦惱，甚至還因此而勇敢地遠征印度。這就是古代多神教的世界。可以想像得到，虛榮心強人一倍的凱撒，如果得知自己被神化，大概不會感到不快。相反的，還可能展顏大笑，甚至開玩笑說以前同我交合過的女人，現在可以說自己曾經同神交媾過了。

但是，凱撒的神化，還是留下了令人遺憾之處。那就是後來成為非凡的人物但卻缺少幽默感的屋大維，為了保持凱撒作為「神」的威嚴，除了《高盧戰記》和《內戰記》之外，將凱撒其他的所有作品都廢除了。就這樣，凱撒在青年時代所寫下的詩文、劇作以及大量的信函，其中包括寫給情人的情書，都從世上消失了。

從希臘的諸神中就可以看出，多神教文化中的諸神，都有著與人類相似的缺點。無論是戀愛還是偷情，都顯得大方自如而毫無做作。不過，留下情書的神明，似乎有點過分。因此，除了《高盧戰記》和《內戰記》之外，關於凱撒作品的內容，只有從西塞羅及後來作家的著作得知一二。所以，升格為神明，也有不便之處。

另一方面，羅馬市民倒是痛痛快快接受了凱撒的神格化。對王政十分敏感的羅馬人，對神格化卻未顯出任何「過敏」的反應，從中也可以看出羅馬多神教文化的本質。在羅馬的平民百姓看來，既然開國之祖羅慕路斯已經升格為神，現在將他們心目中的羅馬第二位建國之父凱撒神格化，也是理所當然的事。對羅馬人來說，神是保護人類的一種存在，當然是多多益善。因為凱撒的神格化，凱撒的兒子也就成了「神之子」，而羅馬人對此的反應也顯得十分大方。當年的亞歷山大大帝也是「神之子」。

在西元前四十二年，提出將凱撒神格化的一方，有著深遠的政治性策略。二十歲的屋大維，決定在西元前四十二年中，完成他所有的復仇計畫。他已經決意將正在希臘集結兵力的布魯圖斯和加西阿斯一舉殲滅。然而，靠他一個人的力量，不可能做到這一點，所以必須有優秀武將安東尼的出馬。而安東尼一心熱衷於增強自己的勢力，對為凱撒復仇一事實際上並不熱心。要引出安東尼參加這次復仇之戰，就必須找出某一正當的理由。而將凱撒神格化，就是確保「臣對君應守之道」的一種手段。

凱撒成為守護羅馬人的諸神之中的一員之後，對羅馬人來說，殺害了凱撒的那些人，已經成為不可饒恕的公敵。凱撒的神格化，使安東尼和屋大維組成了牢固的統一戰線。同年夏天，兩人率領十九個軍團渡過了亞德里亞海。這一次的戰場，就像當年凱撒與龐培的對決一樣，必定也是在希臘的某地。

出征之前，二十歲的年輕人，宣布成功消滅布魯圖斯和加西阿斯之後，將建造一座供奉「復仇之神」的神廟。而當年凱撒所供獻的，是「寬容之神」的神廟。

布魯圖斯之死

準備迎擊的布魯圖斯和加西阿斯，也並沒有白白浪費過這二年的時光，他們兩人分別在希臘和敘利亞加強軍備。加西阿斯還殺害了作為屬省總督前往敘利亞赴任的地方長官都拉貝拉，作為迎戰的血祭。而從希臘到東方的羅馬屬省居民，都被這兩人所課的重稅壓得喘不過氣來。

一般而言，在某地統治時，即使增強軍備成為燃眉之急，也不致於用盡一切手段搜括民脂作為資金。因為這樣只會引起當地居民的憎惡而不利於以後的統治。但是這兩人都犯了這一忌諱。大概布魯圖斯和加西阿斯腦海裡都只有一個念頭，那就是準備迎擊前來復仇的屋大維和安東尼。兩人集結了包括二萬名騎兵在內的十萬大軍。而進攻的一方，則擁有包括一萬三千名騎兵的十二萬大軍。相當於當年龐培和凱撒在法爾沙拉斯會戰時的戰力的二倍。這一次的戰場，在希臘北部的腓利比 (Philippi)。那是位於橫貫希臘東西的幹道艾格那提亞大道沿途的寬闊平原。這是由亞歷山大大帝的父親菲力普所建造起來的一座城市，因為這次會戰而得以在歷史上留名。

這一年秋天在腓利比平原所展開的戰鬥，雖然雙方一共集結了多達二十多萬的兵力，然而，無論是在戰略還是戰術方面，都沒有值得大書特書之處。它的原因大致如下：

安東尼和屋大維都不甘處於次官之位，所以兩人都各自指揮自己的軍隊；而敵方的布魯圖斯和加西阿斯也是指揮著各自的軍隊作戰。戰鬥的前半期，由安東尼對加西阿斯，屋大維對布魯圖斯作戰，並沒有統一的戰略。

此外，四人之中，有武將才能的，只有安東尼和加西阿斯，不過，這兩人也只是屬於軍團長級的人才而沒有作為最高司令官的才能。所以腓利比之戰就成為一次再平凡不過的戰鬥了。

在屬於最高司令官級的龐培和凱撒之間所發生的法爾沙拉斯會戰，與這一次腓利比會戰的不同之處，就是作為決定戰略的司令官的「格」不同，兩軍分別擁有一萬三千和二萬的強大騎兵，但卻不會活用騎兵的機動力。因此，腓利比會戰，不過是以「量」從正面衝突的戰鬥而已。

另一方面，布魯圖斯和屋大維完全沒有作為司令官的經驗，而此時屋大維又正臥病在床，所以他所率領的軍隊被布魯圖斯擊退。凱撒的這位養子，生來就有消化不良的毛病，經常會因為腹痛而無法起床。這也是安東尼輕視他的原因之一。但是，凱撒並非不知道屋大維的這種症狀才將他指定為繼承人。之前，在隨同凱撒出征西班牙之時，在孟達戰役中，屋大維也幾乎一直是臥病在床。但是這一次，在對屋大維來說十分重要的腓利比會戰中發病，實在是十分倒霉的事。而凱撒生前指派給屋大維的阿古力巴，也因經驗不足而未能發揮他作為武將的才能。

因此，在腓利比平原展開的戰鬥中，在前半期分別由布魯圖斯和安東尼獲勝。敗北之後陷入絕望之中的加西阿斯當時就自殺身亡。時年四十三歲。

然而，在後半期戰鬥展開之前的二十天之中，布魯圖斯卻未採取任何行動來加強備戰。他來到加西阿斯的陣營，將自殺身亡的友人遺體進行火葬後，就躲在加西阿斯的帷幕之中沒有出來。這樣，屋大維獲得了重組軍隊的機會，而安東尼軍的氣勢也顯得更為強大了。

以我個人的推測，在迎擊屋大維和安東尼之前，布魯圖斯早就已經喪失了戰鬥的意志，甚至已經喪失了生存的意願。這段時間中，他所聽到的，是接二連三的噩耗。

提波紐斯和狄奇阿斯．布魯圖斯先後被殺；安東尼與屋大維已經聯合起來；此外，絕望的妻子波里亞吞下燒得通紅的炭火自殺身亡；而西塞羅也被殺死了。現在，最後的同志加西阿斯也已自殺身亡。

在莎士比亞的《凱撒大帝》中，描寫布魯圖斯受到惡鬼的折磨而痛苦不堪。然而，布魯圖斯所見到的，是自身的苦惱，並非所殺害的凱撒幽靈。證據就在《哈姆雷特》中，不只是哈姆雷特看到他父王的幽靈，連哨兵也看到了。而布魯圖斯所見到的惡鬼，只有他一人才看得到。而且，超越了憎恨之情的凱撒，也不可能以怨恨的化身——幽靈的形式出現。且不管是否為惡鬼所苦，布魯圖斯在他生命最後的幾個月中，就已經放棄了人生。

腓利比會戰的後半期，屋大維和安東尼聯合的軍隊以勝利告終。布魯圖斯拒絕逃亡而選擇了死亡。時年四十三歲。自殺身亡。

遺體由敵方的兩位將領（屋大維和安東尼）按照羅馬的方式火化，骨灰被送到他母親塞維莉亞處。附帶提一下，塞維莉亞並沒有被捲入「第二次三巨頭政治」的暴風雨之中，而得以在凱撒所贈的、位於拿坡里近郊的別墅中平靜地度過了餘年。雖然對安東尼和屋大維來說，她是他們頭號敵人的母親，但是他們都十分尊重這位一生對凱撒一往情深的女性。另外，布魯圖斯的骨灰被安葬何處，自古以來就無人知曉。

在此，想介紹布魯圖斯寫給西塞羅的一封信。這是在他遺留下來的信件之中，最可以淋漓盡致地表現出這位男子本來面目的一封信。

凱撒所寫的信，短則二、三行，長的也不過半頁而已。相比之下，布魯圖斯的信都非常冗長。在這裡介紹的，也是有六頁之多的長信。此外，在信中布魯圖斯經常多次重複同樣的話題。如果全部翻譯，固然可以使讀者更加了解寫信人的性格，不過作為譯者卻感到不耐煩，而讀者大概也會不勝其煩吧！所以在多次出現同樣內容的地方就以「……」代替了。

布魯圖斯寫下這封信的時間是西元前四十三年的五月，是從希臘的馬其頓發給在羅馬的西塞羅的信。當時，他正在加強軍備。而當時的西塞羅，以為自己可以操縱屋大維，所以寫信給屋大維，要求他饒恕布魯圖斯並准許他歸國。因此，布魯圖斯寫下了這封信，抗議西塞羅的作法。

馬庫斯．布魯圖斯肖像（暗殺凱撒後，約西元前 43～前 42 年在希臘鑄造）

布魯圖斯所鑄造的「暗殺凱撒」紀念幣（約西元前43～前42年）

「布魯圖斯致西塞羅：

阿提克斯派人送來的手抄本，使我得以讀到了您寫給屋大維的信。對於您一心想將我救出困境的熱情，我的感激之情是不可言喻的。您從本國寫給我的所有信函，都已經說明了您人在國內，仍無時不刻在為我的安全而擔憂，同時也可以看出您對此所作的努力。

然而，您寫給屋大維的這封信，卻使我陷入了無限的苦惱之中。為了我的安全，您寧可屈從於那位年輕人。我不知道究竟要用怎樣的方式，才可以找出理由以共和國的名義對他表示感謝。您似乎要將我的命運寄託在那位年輕人身上。如果以這樣的方法將我救出，那我寧可選擇死亡。暗殺凱撒，並不是為了將君主制打倒，而只不過是為了換上新的君主嗎？您對那位年輕人所說的話，簡直就是臣子對君主說話的口氣。本來就應該是自由之身，為什麼非得低聲下氣地請求（寬恕）呢？為了捍衛自由，我們無畏於讓自己的雙手染上鮮血，而我們的生命，竟然只能由某人的情緒來決定，這真是莫大的諷刺……。

如果那位年輕人不打算讓我們活下去，難道我們就沒有生存的權利了嗎？如果是如此，倒真是生不如死了。我們曾向朱比特神發誓，並將解放了世界人民的羅馬人從暴君的桎梏中解放了出來。我深信，羅馬人應該感謝我們，而不是為了我們的安全向任何人低聲下氣地懇求……。

西塞羅，據說您現在是屋大維最信賴的顧問，而您最關心的則是我的人身安全。為此，我是否也應該依賴那位『少年』的溫情，以期求得自身的安全呢？……。

為什麼所必須依賴的，不是安東尼呢？反正都是屈辱，為何要選擇向屋大維屈服而不是安東尼？這兩人不都是以專制為目標的嗎？對，就是專制。正是出於對專制的野心，凱撒才企圖登上王位；正是出於對專制的欲望，才使安東尼在凱撒死後一心想當凱撒的繼承人。而現在，羅馬人正在將那位不知是否稱得上『男子』的年齡的『少年』，捧上專制君主的地位。

遺憾的是，西塞羅，您就是這些人之中的一位。出於對安東尼的憎惡，您在偏袒（屋大維）。為了幫助憎惡專制者而擁戴專制君主，難道您不覺得自相矛盾嗎？……。

這樣，殺死凱撒，只是無用的行為而已……。我們曾經是凱撒生前的奴隸，難道在他死後也必須繼續成為他的奴隸嗎？您曾經反對凱撒，難道卻不反對他的後繼者？……。

我認為，在凱撒生前的西塞羅，比現在更忠實於自己。因此，只要可以做到憎惡人類的奴隸根性和卑劣性這一點，無論身處何地，大概都不會為身為流亡者而感到悲哀。如果必須屈從於一心企圖使奴隸根性在人們之間生根發芽的專制主義者，才得以返回羅馬，那我寧可選擇流亡……。因為只有可以自由地生活之處，才是我心目中的羅馬……。

曾經昂然彈劾安東尼的西塞羅，稱得上是共和主義的守護者；然而，屈從於另一位專制主義者的西塞羅，卻抹殺了自己以前的功績。不但犧牲了在身後可以得到的光榮，連自己引以為榮的東西也傷害到了。

西塞羅，沒有人比您更加熱愛祖國羅馬，也沒有人比您更適合於祖國羅馬的基盤——自由的守護者這個稱號了。為此，我懇求您，不要再為了我而屈從於屋大維了！與其讓您做那樣的事，我更希望您可以做到忠於自己而活。同時，我也在此地祈禱，有朝一日，人民會團結一致，起來反對專制主義者。那座城市（羅馬）可以成為您對祖國貢獻的證人，並恢復它的自由和光榮。」

在寫下這封信的四個月之後，馬庫斯．布魯圖斯在腓利比平原戰敗，自殺身亡。

暗殺凱撒的真正主謀並非布魯圖斯而是加西阿斯，而謀殺集團正是因為推選布魯圖斯為首才有了一致行動。儘管有人批判他走錯了方向，但是在布魯圖斯身上，並不乏那種高潔的精神。

然而，就像缺乏先見之明的西塞羅一樣，布魯圖斯所擁有的高尚精神，也無法用於指引羅馬人的道路。即使在義大利高中的歷史教科書中，也這樣評論著「三月十五日」：

「因懷古主義者的自我陶醉所導致的、有害無益的悲劇。」

「三月十五日」，對凱撒而言是個悲劇，對布魯圖斯來說更是個悲劇。這並不是不容於時代的高尚者的悲劇，而是沒有顧及時代變化的高尚者的悲劇。

後來，曾為世界國家的羅馬崩潰了。在一千五百年之後的文藝復興時期，也就是重建都市國家的時期，布魯圖斯才得到了很高的評價。那是義大利文藝復興時期人們對布魯圖斯的評價。而《凱撒大帝》則是英國文藝復興時期莎士比亞的作品。

第八章

安東尼對屋大維

西元前四十二年～前三〇年

以布魯圖斯之死為分界線，之前羅馬的內戰屬於政治鬥爭，也就是圍繞著羅馬的國體——元老院主導的共和政體和君主制度之間的政治鬥爭。在布魯圖斯死後，這種鬥爭就演變成為權力鬥爭，也就是在政治鬥爭中獲勝之後的君主政體內部，圍繞著君主之位所展開的鬥爭。

不過，安東尼和屋大維之間持續了十多年的抗爭，也並非完全是露骨的權力鬥爭。兩人所抗爭的焦點，除了權力鬥爭之外，還有是否繼承凱撒生前關於羅馬世界偉大構想方面的問題。從這一方面來說，政治鬥爭一直是持續不斷的。此外，本來不屬於政治性人物的安東尼，之所以捲入了這場政治鬥爭，其中一半的原因是出於安東尼對凱撒政治的不理解；而另外一半原因，則是因為克麗奧佩脫拉的野心。

如果凱撒沒有被殺，那麼自謀殺之後直到西元前三〇年、持續了十多年之久的混亂、破壞、無秩序和殺戮就可以避免了。「三月十五日」並非只是殺害了最高權力者這樣簡單，而是像後來變得怯懦的西塞羅不得不承認的那樣，是「毫無成果的悲劇」。對謀殺者來說是如此，對被殺者來說是如此，而對在羅馬世界中居住的所有人來說更是如此。

首屈一指的安東尼

徹底地實施了「處罰者名冊」，並在腓利比會戰中獲勝後，安東尼和屋大維兩人，完成了為凱撒復仇的行動，同時成功地消滅了共和主義者。腓利比會戰之後，兩人開始瓜分帝國。表面上的理由是，因為凱撒被殺，羅馬世界在這二年之中都未得到很好的治理，所以由兩人分擔重建羅馬世界。「第二次三巨頭政治」雖然尚未瓦解，但實際上，雷比達只是有名無實而已。兩人只有在必要時才請他共同參與，平時則無視於他的存在。

安東尼將羅馬世界的東部歸入自己的勢力範圍，而把西部交給屋大維。在腓利比會戰中，真正的勝利者是安東尼。因此，這使四十歲安東尼的野心又死灰復燃了——那就是成為凱撒的實際繼承人。而對體弱多病、常常臉色青白地臥病在床的二十一歲屋大維，安東尼已經不將他放在眼裡了。

安東尼之所以選擇東方，有一個重要原因，那就是他計畫遠征帕提亞。只要可以成功地達成這件凱撒未能完成的大業，即使是作為凱撒的兒子，屋大維的勢力也會消失。那時，羅馬帝國就會自然而然地成為安東尼的囊中之物。

將西部交給屋大維，也有安東尼的精打細算。從凱撒被殺到腓利比會戰的二年中，由於羅馬國內的混亂，使龐培的次子、在孟達會戰中逃走的塞格斯多斯得到捲土重來的機會。他在西班牙組織了軍隊，而且在多個沿海都市鞏固了自己的勢力。西班牙曾經是塞格斯多斯的父親龐培的地盤。從龐培成功地肅清海盜之後，就已經建立了穩固的“Patronus”和“Clientes”這種獨特的關係。所以「龐培二世」連海軍也組織起來了。而安東尼讓屋大維負責統治西部，就是要將這個燙手山芋扔給屋大維。在安東尼看來，屋大維不過是「頂著凱撒之名而已」，要恢復西部的秩序，談何容易！以安東尼的估算，屋大維不久就會耗盡力量。

而安東尼自己選擇東方，是因為看中了它的經濟力。單是從屬省稅來看，東部與西部的稅收金額簡直可說有天壤之別。

但是，這位二十一歲而又體弱多病的年輕人，卻也不是被迫而接受西部的。如果可以自由選擇，恐怕他還是會選擇西部。

在西元前一世紀，羅馬世界的西部與東部相比，在經濟上確實是處於明顯落後的狀態。然而，西部卻有東部所沒有的有利之處。

首先，西部屬於羅馬本國的範圍之內，這便是最大的有利之處。而安東尼竟忽視了這一點。

其次，有利於集結兵力。羅馬的軍團兵必須由羅馬公民組成。除了義大利半島之外，凱撒所賜與公民權者，大多居住於義大利北部屬省以及法國南部屬省一帶。而東部雖然有很多屬省和同盟國，但是擁有羅馬公民權的人數卻少於西部。

安東尼大概以為只要有足夠的資金就可以集結兵力。在東方，長期以來就存在著傭兵制度。而以資金招募兵力已經成為一種常識。

在羅馬，雖然兵役制度已經變成志願制，但是，為了維持軍團的質量，必須擁有羅馬公民權者，才有資格成為主要戰力的軍團兵，也就是重步兵。如果東西對決，就會成為「量」與「質」的對決了。而這一點，安東尼也忽略了。

自從在腓利比會戰中獲勝之後，不僅是在克麗奧佩脫拉看來，在眾人眼中，安東尼儼然已經成為羅馬世界的最高權力者了。

這時的安東尼正值壯年，正如西塞羅曾經嘲笑過的一樣，有劍鬥士一般強壯的身體。現在，有很多「難題」的西部已經交由屋大維處理，安東尼就可以一邊享受東方的富裕，一邊等他對手——屋大維耗盡力量。因此，安東尼作出了不懷好意的安排。

在腓利比平原燃燒布魯圖斯遺體的火焰熄滅時，決定凱撒後繼者的鬥爭才真正開始。安東尼對此是滿懷信心；而對屋大維來說，在達到復仇的目的之後，這是對他實力的另一次試煉。

克麗奧佩脫拉

在東部，沒有任何障礙擺在安東尼的面前。東方的諸侯，一向都是依附勝者，這是東方人的一種延命之計。因為東方雖然有強大的經濟力，但是在軍事方面卻不是羅馬的對手。在法爾沙拉斯會戰之後一齊向凱撒表示臣服，而在腓利比會戰之後又一齊倒向了安東尼一邊。因此，安東尼在率軍前往東方時，一路上未受到任何阻礙就順利地到達了位於小亞細亞東南部的西里西亞屬省。停留在首都塔瑟斯期間，安東尼命令埃及女王克麗奧佩脫拉前來與他會面。

對負責恢復羅馬世界東部秩序的安東尼來說，再度確認與同盟國之間的關係，是十分重要的任務，所以有必要與同盟國的諸侯會面。埃及與羅馬之間長期以來存在著同盟關係，但是克麗奧佩脫拉曾經在軍事上援助過布魯圖斯和加西阿斯，所以這一次安東尼傳令她前來，是準備對她加以斥責，並且更新兩國之間的同盟關係。

早在凱撒將克麗奧佩脫拉帶回羅馬時，安東尼就已經見過她了。不過，當時的克麗奧佩脫拉，身為羅馬的同盟國埃及的最高統治者、同時又是安東尼的上司——凱撒的情人。而今日，克麗奧佩脫拉必須聽命前來拜見坐上羅馬第一把交椅的安東尼。光是這一點，就大大地滿足了安東尼的虛榮心。但是，技高一籌的，還是克麗奧佩脫拉。

以怎樣的方式在最高權力者面前出現，才可以收到最佳效果？關於這一點，克麗奧佩脫拉也顯出了她過人之處。

在凱撒面前出現時，克麗奧佩脫拉機智地藏在被褥裡而成功地進入了凱撒的房間。當被褥打開時，眼前突然出現了二十一歲年輕貌美的女王。對出身名門貴族而且有真正貴族精神的凱撒，財富並不會使他感到滿足，而以智慧來獲取他的歡心，就會收到最佳效果。

而安東尼的情況，從他的名字馬庫斯．安東尼也可以看出他出身於平民階級。不過，安東尼與克拉蘇、龐培一樣，雖然都是出身於平民，但在很久之前就已經屬於元老院階級了。換句話說，他們都是平民貴族之雄。因此，安東尼身上所表露出來的暴發戶特性，與其說是因為他的階級出身，倒不如說是因為個人的修養所致。以前，西塞羅在彈劾安東尼的演說中，也曾謾罵安東尼「貪婪、下流、沉迷於美色、肉體和頭腦都只是像劍鬥士」。在戰場上，安東尼有出色的才能，在士兵們中間也是位值得尊敬的指揮官。但是，安東尼並不是那種憑著自身的修養就可以將周圍的人吸引到他身邊的那一類型。

二十七歲的克麗奧佩脫拉在安東尼面前的出現，只能以「精彩絕倫」來形容。

在現代，塔瑟斯不過是土耳其的一地方都市。而在古代，塔瑟斯是小亞細亞首屈一指的都市。位置比現在更靠近海，有河川穿過城市直流入海。載著埃及女王的船隻，就沿著這條河逆流而上，來到了塔瑟斯。船隻本身，就是東方富庶的結晶。

船身塗成金色，風帆是最高貴的紫色，船舷閃耀著金色的光輝。水手們隨著音樂的節拍划著以銀製成的槳。

在船中央掛著以金絲刺繡而成的帳幕，帳中有以玉石做成的寶座，扮成愛神維納斯的克麗奧佩脫拉端坐於玉座之上。女王的左右，由扮成丘比特的女奴手持扇子為她送著輕風。在她周圍，扮成那西塞斯和美神的女官們，穿著薄如蟬翼的衣裳在輕歌曼舞。這一切，就像是圖畫中所看到的維納斯一樣。而且，從船上傳來陣陣妙不可言的香味。看得出來，克麗奧佩脫拉為了這一次的出場，真是費盡了心機。當地的居民紛紛聚在岸邊，想一睹這位豔后的風采。觀眾中發出了驚嘆聲，有人還說是艾芙洛迪特（Aphrodite，希臘神話中的女神，相當於羅馬神話中的維納斯）前來拜見戴奧尼索斯神 (Dionysus) 了。

相對於理性之神阿波羅 (Apollo)，戴奧尼索斯被視為感性之神，而被比喻為戴奧尼索斯的安東尼，請抵達塔瑟斯的「女神」共進午餐，克麗奧佩脫拉並未回絕，而是邀請安東尼前來船上進餐。安東尼接受了邀請。勝負就在此刻決定了。

克麗奧佩脫拉早就對安東尼的性格和才能瞭若指掌，而且將安東尼與凱撒作了比較。每一個非凡的女人，都必須面對她一生中最重要的問題。現在克麗奧佩脫拉的情況也是如此。換句話說，真正優秀的男人，不會讓女人任意擺布；而可以讓女人在面前為所欲為的，只算是「次一級」的男人而已。克麗奧佩脫拉所面臨的，就是這個問題。如何處理這個問題將關係到她以後的道路。是選擇真正的男人，還是選擇雖然沒有一流才能但卻可以操縱在手的男人呢？克麗奧佩脫拉選擇了後者。而她以後的道路也就決定了。

這樣，克麗奧佩脫拉不費一兵一卒就取勝了。為了確保這個成果，克麗奧佩脫拉邀請安東尼到亞歷山大城作客，而安東尼也以私人訪問的形式而不是以羅馬地方長官的身份接受了邀請。這正中克麗奧佩脫拉的下懷。西元前四十一年秋，這位四十一歲的武將，投入了二十八歲的女王懷抱。

所謂待客之道，就是要提供客人無意識中希望得到的東西。不過，光是如此還不夠。因為即使當時能夠使客人滿足，終究還是會有厭倦時。因此，除了向客人提供他無意識中希望得到的東西之外，還必須提供客人完全意想不到的東西，才能收到款待的最佳效果。

迎接了安東尼的克麗奧佩脫拉，當然已經把安東尼與凱撒作了比較。

凱撒有他獨特的渡假方式。在休假期間，凱撒繼續撰寫《內戰記》；對探索尼羅河的水源也顯示出興趣；他關心埃及的國情，同時考慮以天文學家和數學家的研究成果為基礎，改革曆法等等。總而言之，他是那種可以自主掌握、分配時間的客人。對美食，凱撒並未過分要求，而對東方皇室豪華的生活方式也沒有表示出特別的興趣。所以克麗奧佩脫拉所能提供凱撒的，就是作為凱撒年輕貌美的談話對象，以及在遊覽尼羅河時為他準備美觀舒適的遊船等。

相比之下，對被動使用時間的安東尼，克麗奧佩脫拉則有很多的東西可以提供。

首先，是皇宮豪華的生活。為了讓客人的要求隨時可以得到滿足，御廚準備了與大宴會同樣數量的材料。連日饗宴不斷，餐桌上常常擺滿了世界各地的山珍海味。有樂師、舞孃甚至有魔術師為宴席助興。

其次，是安排羅馬將軍和埃及女王在尼羅河釣魚。最初，安東尼因為魚一直沒有上鉤而有點不悅。因此他命令奴隸潛在河底，將活魚掛到自己的釣鉤上。這樣自然是滿載而歸了。克麗奧佩脫拉很快就察覺到了這一點，不過她還是不動聲色，沒有揭穿得意洋洋的安東尼，而是向他表示祝賀。然而，第二天，克麗奧佩脫拉就顯示了她的傑作。與第一天一樣，有奴隸潛入水底，將魚掛到安東尼的釣鉤上。不過這一次，安東尼釣上來的卻是魚乾！可以想像起竿之時還是得意洋洋的安東尼，看到魚乾時的表情。最後，安東尼無奈地苦笑起來。而克麗奧佩脫拉和眾侍從也都大笑起來，掩飾了尷尬的氣氛。

這個舉動，似乎是傷了安東尼的面子。然而，這正是克麗奧佩脫拉的過人之處。對著以笑容來掩蓋難堪的安東尼，女王開口了：

「偉大的將軍，釣魚這些不足掛齒之事，交給漁夫們就行了。您要釣的，是都市，是王國，更是遼闊的大陸。」

克麗奧佩脫拉所給予安東尼的，早就使他迷醉了。

從不醉的凱撒身上嘗到失敗的滋味之後，為了讓安東尼迷醉，克麗奧佩脫拉大概是使出了渾身解數。這樣一來，卻起了一種誤導作用，就是使本來只有次席才能者，誤以為自己也能夠勝任主席的角色了。

西元前四十一年秋到前四十年春，當安東尼在機智的埃及女王身邊享受奢華的皇室生活時，由於安東尼的算計，屋大維不得不在艱苦奮戰中度過了這個時期。因為就在此期間，安東尼的弟弟魯奇斯和安東尼的妻子芙維亞在義大利中部的佩魯西亞 (Perusia) 舉兵反抗屋大維。這是安東尼為了動搖屋大維的統治所作出的安排。對沒有戰爭才能的屋大維來說，光是鎮壓國內的反抗，就集中了他的全部精力。

安東尼的妻子芙維亞，是在羅馬帝政時代史上添了熱鬧一筆的那種精力過剩的女性先驅。也許因為她幾次結婚的對象都是羅馬的風雲人物，從而培養了她的政治興趣。

芙維亞最初的丈夫，是護民官克洛狄斯，克洛狄斯出身於名門貴族，為了能夠當上護民官，他不惜放棄自己的身份而成為平民的養子。就任護民官之後，受當時尚在高盧作戰的凱撒之託，負責在首都羅馬對抗元老院。克洛狄斯被米羅殺害之後，芙維亞與護民官古里奧結了婚。古里奧在高盧戰役末期也成為凱撒的心腹，並成為對抗元老院的先鋒。內戰爆發後，古里奧在非洲戰死，芙維亞又嫁給凱撒手下的將領安東尼。芙維亞的多次結婚在還沒有基督教處女信仰的羅馬時代，是司空見慣的事。

安東尼派的反抗，使屋大維陷入了困境。因為屋大維本身並沒有出色的軍事才能，而阿古力巴也只有二十二歲。以這樣的年齡，沒有戰鬥經驗也是無可奈何的事。而且，阿古力巴也不像亞歷山大大帝、漢尼拔、西比奧．亞非利加努斯、凱撒，以及處於巔峰狀態的龐培一樣，是那種屬於天才型的武將。凱撒指派給個性踏實可靠的屋大維的，是同樣踏實可靠的阿古力巴。

不過，即使是踏實型的人，只要不放棄，最終還是可以收到成果。西元前四〇年二月底，這兩位二十二歲的年輕人，終於成功地鎮壓了叛亂。芙維亞和魯奇斯逃往希臘，佩魯西亞之戰結束了。

但是，不重視收集情報的安東尼，當時尚未得知這個消息。他原打算在他妻子及弟弟將屋大維的勢力動搖之後，再由自己來作「收尾」的工作，因此他率軍離開埃及返回義大利。當他抵達布林迪西港之後，才得知妻子以及弟弟已經在戰鬥中敗北。在布林迪西等待安東尼的，並非他想像中意志消沉的二十二歲年輕人，而是已經掌握了強大兵力的屋大維，足以應付在背地裡對自己射冷箭的安東尼。

看到目前的情形，安東尼馬上改變了態度。他將在佩魯西亞舉兵的責任全部轉嫁到妻子芙維亞身上。他對屋大維說芙維亞煽動他弟弟魯奇斯起來反抗，而當時他自己對此是一無所知。逃往希臘的芙維亞得知安東尼的這個行為之後，憂憤而死。

二十二歲的屋大維當然不會相信安東尼的辯解。不過，當時也只好裝出相信的樣子。因為在佩魯西亞的叛亂雖然已經平定，但是另一方面，龐培的次子塞格斯多斯的勢力已經進一步擴大，他已經控制了與羅馬相鄰的西西里島。

「布林迪西協定」

當年凱撒祕密指定屋大維為繼承人之後，就將阿古力巴指派給了當時年僅十七歲的屋大維。屋大維從中領悟出了一個道理——缺乏某種才能並不一定是自己的不利之處；只要可以確立一種合作體制，利用他者的才能，就可以彌補本身的不足處。凱撒是否曾經就這一點對屋大維加以說明，雖然是無從考究，但是屋大維自身卻從凱撒的作法中領悟出這一點。要使教育發揮出良好的效果，教與學雙方的資質都很重要。

作為常勝將軍的凱撒，從未遇到在開戰前就可以預料到無法戰勝的對手，所以他並沒有作出妥協的必要。而對二十出頭的屋大維來說，就有必要作出妥協了。他自身也深知這一點。為了能在鬥爭中生存，年輕的屋大維學會了使用外交手段，而且重用同輩的年輕人。

屋大維所提拔的外交人才，就是年輕的馬西納斯。當上屋大維的「外交大臣」的馬西納斯，出身於伊特魯里亞 (Etruria) 民族；「國防大臣」阿古力巴則是出身於曾被羅馬合併的義大利南部部族；而屋大維本身也並非出身於首都。這三位年輕人，組成了肩負建設羅馬新時代重任的陣容。在布林迪西，安東尼和屋大維兩人都是各懷疑心；而圓滿地解決了兩人之間關係的，正是馬西納斯，那就是「布林迪西協定」的成立。

以協定締結地命名的「布林迪西協定」，明確地劃分「第二次三巨頭政治」中「三巨頭」各自的勢力範圍。羅馬世界被瓜分為三部份，安東尼統治東部，屋大維統治西部，而雷比達則負責統治南部的非洲。

腓利比會戰之後所分成的三部份，與這次根據「布林迪西協定」所分成的三部份，在意義上有很大的不同。二年前的瓜分，是在消滅以布魯圖斯和加西阿斯為代表的共和派最後抵抗之後，為了恢復羅馬的秩序所作的瓜分。而西元前四〇年，在布林迪西的三巨頭卻一致同意了各自的勢力範圍不可侵犯這一點。這一次，不是共同協力重建凱撒所遺留下的羅馬世界，而是將帝國分割為三部份來統治。對屋大維來說，現在最主要的問題是排除安東尼的妨礙，之後才能繼承父親凱撒的遺志，統一羅馬世界。

為了使「布林迪西協定」得到確實的保證，安東尼和屋大維結成了姻親關係。

因為芙維亞之死又變成獨身的安東尼，娶了屋大維的姐姐歐古塔薇亞為妻。而屋大維則與安東尼的前妻芙維亞與她最初的丈夫克洛狄斯所生的女兒克勞蒂亞訂婚。安東尼離開埃及之後，克麗奧佩脫拉產下一對雙胞胎，安東尼也已經得知了這事。但他還是與歐古塔薇亞舉行了婚禮。

另一方面，屋大維只是訂了婚而沒有與克勞蒂亞結婚。這並不是因為他討厭克勞蒂亞，而是為了更加善用結婚這個機會。因為在當時，他仍必須利用對政治前途有更大幫助的婚姻關係。就在八個月之後，機會終於來臨了。

在拿坡里灣西部的米塞諾，龐培的次子塞格斯多斯、屋大維和安東尼締結了「米塞諾協定」。選擇米塞諾為談判場所，是為了方便乘船前來的塞格斯多斯。

「米塞諾協定」的締結，標誌著龐培派對屋大維的敵對行為終於劃下了休止符。

在這次談判中，塞格斯多斯要求屋大維允許孟達戰爭結束後仍然追隨他過流亡生活的人歸國，並且恢復他們的公職。同時，割讓西西里、薩丁尼亞、科西嘉三島給塞格斯多斯統治。對這一位目前無法戰勝的對手，屋大維同樣選擇了妥協和讓步。

在米塞諾會談中，安東尼擔任了保證人的角色，作為「龐培二世」和「凱撒二世」和解的見證人，顯示出安東尼的勢力還是在兩人之上。

處於強者地位的安東尼還同意屋大維與自己的繼女克勞蒂亞解除婚約，與塞格斯多斯岳父的妹妹詩古莉寶尼亞(Scribonia)結婚。據說詩古莉寶尼亞比二十三歲的屋大維要年長許多。這次婚姻，使屋大維有了唯一的親生骨肉——女兒尤莉亞。

與歐古塔薇亞結婚之後，安東尼恢復了羅馬男子的生活。也許因為新婚生活是在雅典，安東尼脫離了克麗奧佩脫拉式的饗宴、樂師、舞孃，而過起一種樸實的生活，經常與哲學家們歡談。

安東尼的變化，使他的部下十分驚喜。這時，他們的女兒安東妮亞也出世了。可以看出，安東尼在這段時期極力迴避克麗奧佩脫拉。他大概是打算在羅馬繼續這種生活而想忘掉克麗奧佩脫拉。那時的安東尼心中只有一個念頭，那就是成功遠征帕提亞。部下們看到現在的安東尼，都放下了心中的石頭。就這樣，平安無事地度過了二年的時光。

屋大維之戀

當四十三歲的安東尼在竭力忘卻自己的戀情之時，二十四歲的屋大維卻正經歷著他的初戀情懷。

屋大維初戀的對象是比他小五歲的莉薇亞 (Livia)。她已經與克勞狄斯．尼祿 (Claudius Nero) 結婚並且有了三歲的兒子臺比留 (Tiberius)，而且當時正身懷六甲。

莉薇亞

莎士比亞所描繪的屋大維是位頭腦清醒而冷酷的男子。然而現實中的屋大維並非如此。凱撒死後，屋大維一直不忘繼承他的遺志。從中可以看出他不但有堅強的意志，還是位充滿熱情的人。即使對方是身懷六甲的他人之妻，也無法阻止他的戀情。

當時，因為與龐培次子關係的惡化，屋大維已經與他政治婚姻的對象詩古莉寶尼亞離了婚。這位二十四歲的年輕人，為了自己傾慕的女人，直接與她丈夫談判。

出身於羅馬名門貴族的克勞狄斯．尼祿，將妻子讓給了屋大維。西元前三十八年一月，兩人舉行了婚禮。新娘的前夫還是伴郎呢！三個月之後，莉薇亞產下一個男嬰，取名為德路薩斯(Drusus)——這是克勞狄斯．尼祿家族常見的名字。

這一次的婚姻，還有其他與眾不同之處。在羅馬的上流社會中，女子再婚時通常不會與前夫所生的子女同住。但是，屋大維同時接受了三歲的臺比留以及剛剛出世的德路薩斯。也許是因為屋大維想起自己從小就離開母親身邊與祖母生活在一起的情境，從而產生出的一種溫情吧！

這對二十四歲與十九歲的夫妻，真正做到了白頭偕老。這在羅馬當政者之間，是極為罕見的現象。被尊稱為奧古斯都、成為羅馬首位皇帝的屋大維，他的繼承人，也就是羅馬帝國的第二代皇帝，就是莉薇亞所帶來的臺比留。

不必為了政治上的需要就可以和自己心愛的女人結婚，從這一點也可以看出屋大維的勢力已經十分強大。為了鞏固自己在西部的勢力範圍，屋大維開始展開了積極的軍事行動。他準備等時機一到，就與龐培的次子塞格斯多斯進行對決。不過，如果由屋大維親自擔任總指揮，則難以獲勝。因此，他只好等待當時正在其他地方作戰的阿古力巴返回之後再作最後的決戰。

最後，屋大維終於成功地將羅馬世界西部的最強對手塞格斯多斯．龐培擊敗了。然而，對屋大維來說，只是在戰鬥中獲勝，並不等於完全消滅敵人。在這方面，屋大維與凱撒有明顯的不同。布魯圖斯和加西阿斯死後，「復仇」的旗號降下了，但是隨之而來的也並非「寬容」。對屋大維來說，只有對手死亡之後，才算是真正消滅了敵人。龐培的次子塞格斯多斯逃到雷斯波斯島之後，屋大維又命人將他殺死了。

看到屋大維的勢力一步步地擴大，安東尼開始慌張起來。這時的安東尼已經四十有五了。在安東尼的地盤東部，雖然沒有什麼重大問題發生，但是這樣反而使國人對安東尼的印象逐漸淡薄了。而且，作為統治東方的理由之一的遠征帕提亞一事，至今尚未有眉目。不過，只要成功地遠征帕提亞，實現連凱撒都無法做到的這個偉大事業，就還有機會擊敗對手屋大維。安東尼終於開始行動了。

古代的史學家們說，安東尼之所以開始行動是因為收到克麗奧佩脫拉的來信。然而，在這四年之中，克麗奧佩脫拉不可能只給安東尼寫過一封信。而是在這段期間中，安東尼大概為了忘卻對埃及女王的戀情而做了最大的努力。現在的妻子歐古塔薇亞，可以說是羅馬女性美德的化身，沒有什麼可以使他感到不滿的。但是，美德並不等於女性的魅力。

安東尼終於決定遠征帕提亞了。因此，他將即將臨盆的妻子送回首都羅馬，要她在羅馬等待自己的歸來。歐古塔薇亞絲毫沒有他念，心甘情願地服從了夫命，帶著年幼的女兒和笨重的身軀返回了羅馬。回到羅馬之後，歐古塔薇亞並沒有回到娘家，而是在夫家待產。同時，還要撫養安東尼與他前妻所生的子女。

西元前三十七年秋，安東尼向東方出發了。出發之前，他寫信給克麗奧佩脫拉，要她前往安提阿與自己會面。

收到安東尼的信之後，克麗奧佩脫拉馬上就從亞歷山大城出發了。克麗奧佩脫拉帶給安東尼的，除了遠征帕提亞用的大量物資和資金之外，還有安東尼尚未見過面的、他與克麗奧佩脫拉所生的一對雙胞胎。

安東尼和克麗奧佩脫拉銅幣的正反面（約西元前 34 年～前 33 年）

安東尼與克麗奧佩脫拉的結婚

這是隔了四年之久的再會。這一會，使安東尼又成為克麗奧佩脫拉的俘虜。這時的克麗奧佩脫拉已經下了決心，不再繼續只是作為情人的身份。因此，她向安東尼提出了結婚的要求。之後，兩人就舉行了希臘式的婚禮。安東尼正式承認與克麗奧佩脫拉所生的雙胞胎為自己的嫡子。雙胞胎的男孩取名為亞歷山大．赫利阿斯，女孩取名為克麗奧佩脫拉．塞勒涅(Selene)。赫利阿斯為太陽的意思，而塞勒涅則是月亮的意思。克麗奧佩脫拉和凱撒所生的兒子，埃及人稱為"Caesarion"（意思是小凱撒），真正的名字為托勒密．凱撒。安東尼也成了他的監護人。

安東尼和克麗奧佩脫拉按照希臘的傳統，命人鑄造刻著兩人肖像的紀念金幣。在希臘發行的紀念幣，安東尼和克麗奧佩脫拉的肖像分別模倣了戴奧尼索斯和艾芙洛迪特的形象；而在埃及所發行的紀念幣，則是模倣伊西斯神(Isis)和奧斯里斯神（Osiris，伊西斯神之丈夫）的形象。

此外，安東尼還將東方諸地的統治權送給克麗奧佩脫拉，作為結婚的禮物。其中的大多數，是羅馬的屬省以及被羅馬所承認的同盟國諸侯的領地。不過，據說安東尼唯一不肯答應送給克麗奧佩脫拉的，就是希律王的領地——猶太。就這樣，克麗奧佩脫拉以結婚的名義，恢復了二百年前埃及處於極盛時期的大多數領地。

羅馬人得知這個消息之後，都目瞪口呆。根據羅馬的法律，重婚是違法行為；況且安東尼還將羅馬霸權之下的很多地方都送給了不過是羅馬同盟國的埃及！羅馬人都為這個意外消息所震驚。但是，安東尼卻以為，只要可以成功地遠征帕提亞，羅馬人那時即使無可奈何，也只有接受他的作法了。

克麗奧佩脫拉並非絕色美女，但卻善於利用她的魅力，確實可以稱得上絕頂聰明。但是，克麗奧佩脫拉是否稱得上真正有智慧的女人呢？

首先，克麗奧佩脫拉缺乏對現狀的認識能力。如果羅馬打算將埃及併為屬省，那麼在西元前六十三年，當龐培在東方稱霸時，完全可以像對待敘利亞塞流卡斯王朝一樣，不費吹灰之力就把埃及劃入屬省。羅馬沒有這樣做的原因並非因為畏懼埃及的國力，而是有羅馬的如意算盤。

對在軍事上處於羅馬霸權之下的國家，只要國內的情勢安定，羅馬一般都會承認該國以獨立國的形式存在。即使締結了同盟關係，也不會干涉內政。這是羅馬對外政治的基本方針。如果將某地屬省化，雖然可以從該地徵收屬省稅，但是羅馬必須派遣總督負責處理該國的內政和防衛。而同盟國的形式對雙方來說，在安全方面都得到保障，至於內政以及本國防衛所需要的費用，也是由同盟國自己負擔。

對於羅馬人來說，埃及長期以來一直是個理想的同盟國。因為埃及與馬其頓、敘利亞以及其他的希臘文化圈諸國不同，內政一直處於安定的狀態。因為統治埃及的托勒密王朝以巧妙的政策統治這個國度。對埃及人，托勒密王朝以神的化身君臨天下；而對居住在首都亞歷山大、掌握埃及經濟牛耳的希臘人，托勒密王朝則以亞歷山大大帝以來的馬其頓血統繼承者形象統治埃及。克麗奧佩脫拉也是馬其頓王室常見的女子名，而不是埃及自古以來固有的名字。而克麗奧佩脫拉本身，除了在埃及傳統的祭典中以短髮的形象出現之外，平時的髮型都是希臘式，服裝也屬於西歐式。實際上，在遺留下來的克麗奧佩脫拉像中，以短髮形象出現的僅有一幅，其他的都是希臘式的女性形象。而克麗奧佩脫拉普遍存在於人們心目中的短髮形象，大概是從莎士比亞的時代開始，為了強調具有異國情調的舞臺效果而創造出來的吧！就像《奧賽羅》中的主角，在歷史上是不可能真正存在的黑人一樣，對北方國家的英國觀眾來說，沒有什麼比埃及女人和黑人更富有異國情調的故事主角了。

這樣，托勒密王朝以它獨特的方式統治埃及。而對羅馬人來說，只要內政安定就足夠了。之前，克麗奧佩脫拉的父親因為內部紛爭被逐出首都時，當時羅馬的兩大實力者——龐培和凱撒合力對他提供軍事援助，使他得以恢復王位。歷來的埃及統治者都必須是神的化身，羅馬人沒有理由登上埃及的王位。而且，就羅馬人一向的觀念來說，羅馬人不出任埃及王，對埃及的安定，是最為穩妥的策略。

凱撒對埃及的政策也完美無缺地做到了這一點。對羅馬來說，最重要的就是使埃及的內政安定，而不是由誰來繼承王位。凱撒讓克麗奧佩脫拉繼承王位，是因為在有王位繼承權的兩位王子和兩位王女之中，只有克麗奧佩脫拉與殺害龐培一事無關。身為羅馬人，如果讓殺害羅馬人者繼承王位，即使是三歲小孩也知道本國的羅馬人會有怎樣的反應。

然而，克麗奧佩脫拉卻以為凱撒的決定是因為她本身的魅力，於是影響到她此後的認識能力。而凱撒並不是讓身邊的女人可以為所欲為的男子，所以在凱撒生前，克麗奧佩脫拉即使有很大的野心，但並沒有犯錯的機會。

現在，凱撒被殺了。而且，在凱撒的遺書中，對與自己所生的兒子（不過，這也是在凱撒被殺之後才公開說是凱撒之子的）——小凱撒，卻是隻字未提。大概就是從那時開始，克麗奧佩脫拉強烈地感受到了身為一個女人的憤慨和屈辱。

不過，克麗奧佩脫拉似乎並沒有理解到凱撒的真情。維持情人的關係，而且沒有公開承認小凱撒為嫡子，是一種保護克麗奧佩脫拉王位安泰的舉動。而克麗奧佩脫拉似乎沒有理解到凱撒的這種愛情。因為埃及王家的存亡，終究是掌握在羅馬手中。只要羅馬願意，什麼時候都有可能以武力在埃及稱霸。凱撒這樣做，正是不想刺激羅馬人的神經。

然而，克麗奧佩脫拉似乎是懷著一種報復凱撒的心態，與安東尼正式結婚，所生的子女也得到了正式承認。就這樣，克麗奧佩脫拉朝向自我滅亡之路邁出了決定性的一步。

同為女性，本人並無意以淺薄這類辭彙來形容女人。然而，在跨出這決定性的一步時，克麗奧佩脫拉已經三十二歲了，似乎很難用年輕、沒有經驗來為她辯解。

當時在地中海世界，大概沒有人可以擁有像克麗奧佩脫拉一樣多的財富；在當時的羅馬，大概也沒有任何一座建築物可以與亞歷山大王宮的豪華媲美；而在地中海的任何一地，也找不到第二個像亞歷山大港那樣設備齊全的港口。凱撒在看過這個港口之後，為了建設奧斯提亞港，還將埃及的技師請到了羅馬。

在埃及首都亞歷山大居住很多掌握強大經濟力量的希臘人，亞歷山大也因此而成為東地中海最為繁榮的都市。市場中的商品琳琅滿目，熱鬧非凡。

但是，不知道克麗奧佩脫拉是否理解，這些事物和現象並不等於國力。國力不僅指表面上的這些事物和現象，而是像蘊藏於地下的水源一般，在必要時隨時都可以汲取。克麗奧佩脫拉似乎沒有理解到這一點。

克麗奧佩脫拉是否以為以埃及的富庶和安東尼作為武將的力量，就可以擊敗繼承凱撒的遺志、正著手進行凱撒生前偉大構思的屋大維呢？

此外，埃及女王的「淺薄」，還打亂了安東尼遠征帕提亞的計畫。

遠征帕提亞

對羅馬人來說，遠征帕提亞，有以下兩點意義。首先，為敗北的克拉蘇和羅馬軍團雪恥。第二，戰勝帕提亞，就可以確定幼發拉底河的防衛線。而只要可以確立這個防衛線，羅馬世界東半部的安全就可以得到保障。因此，遠征帕提亞的目的，並非為了占有帕提亞。但是，克麗奧佩脫拉卻起了占領帕提亞的野心。在她的影響下，安東尼改變了羅馬一貫的戰略從原來的攻擊↓撤退，轉變為攻擊↓占領。這樣一來，遠征的方式也就完全改變了。然而安東尼卻無法對他的將領說明這一點。身為羅馬人，將領、士兵會為確立羅馬的防衛線而戰，但絕不會為了他國的女人而戰。所以西元前三十六年春的遠征帕提亞，從一開始就以不明朗的方式進行了。

為了遠征帕提亞，安東尼準備了克拉蘇之時三倍以上的兵力。即使只是重步兵，也有十六個軍團的六萬士兵，全部由羅馬人組成。

還有從高盧和西班牙所招募的一萬名騎兵。

此外，與羅馬有同盟關係的東方諸王侯也派出了四萬多名兵力。

僅是士兵人數就有十一萬名之多。而且，還帶著大量的攻城武器，稱得上是一次浩浩蕩蕩的大遠征。

另一方面，準備迎擊的帕提亞軍，擁有四萬名騎兵。總指揮為已經歸化帕提亞的希臘人莫那索斯。如果只從兵力上作比較，羅馬軍無疑地有壓倒性的優勢。身為最高司令官的安東尼對此是深信不疑，而隨行到中途後又返回亞歷山大、準備等待安東尼凱旋歸來的克麗奧佩脫拉對此也是深信不疑。

當時的帕提亞也並非處於最佳的迎擊狀態。一方面是因為持續不斷的王室內訌，另一方面是因為帕提亞已經沒有像克拉蘇時代的斯雷那斯一樣的天才將領。不過，當他們一向自豪的重裝騎兵在與安東尼派出的先遣軍交鋒中敗下陣來之後，他們也從中吸取了教訓。從安東尼決定遠征帕提亞到現在，已經過了四年。而在這四年之中，帕提亞軍的主力，已經從原來以長矛為武器的重裝騎兵轉為以弓箭為武器的輕裝騎兵了。這與十七年前擊敗克拉蘇軍的戰力構成類型一樣。但是，不重視蒐集情報的安東尼，並不知道敵方戰力構成的這一變化。

另外，這次遠征的真意已經從確立幼發拉底河的防衛線變成了征服帕提亞。雖然安東尼對他的將領隱瞞了這一點，但是，隨軍出征的東方王侯們卻看透他的真意。他們都不願為埃及女王的野心賣命，最後竟都站到了帕提亞一邊。對這些諸侯來說，這是理所當然的事。如果遠征是為了確定防衛線，遠征成功之後自己的地位也會得到保障；而如果遠征是為了確立埃及的領有權，那麼他們就連現在的地位都得不到保障了。

按照羅馬軍的傳統，在遠征時，除了擁有羅馬軍團這個優秀的主戰力之外，往往會爭取遠征地周邊的諸侯以及各部族的支持，共同擊敗對手。即使是凱撒，也沒有忘記樹立與各同盟部族的共同戰鬥體制。但是安東尼卻忽視了這種在採取實際軍事行動之前所必須完成的政治外交。這並非因為沒有時間，而是因為他沒有意識到這個必要性。在這方面，克麗奧佩脫拉也與安東尼一樣無知。

結果，本來應該是羅馬軍與中東聯軍對帕提亞的戰爭，卻變成了羅馬軍對帕提亞和中東聯軍的戰爭。

歸根究柢，安東尼只不過是屬於軍團長級的人才而已。作為軍團長，只要執行最高司令官的戰略戰術即可。遠征帕提亞是安東尼第一次以最高司令官的身份指揮戰鬥，但是卻不能以經驗的有無作為辯解的理由，因為這正是證明一個人的資質和才能的機會。另一方面，曾經煽動這位人物說：「您應該釣的不是魚，而是王國、大陸」的克麗奧佩脫拉，是否像世人所說的那樣優秀呢？克麗奧佩脫拉不僅精通希臘語、拉丁語，對埃及民眾所使用的語言也十分精通。但是，可以自由使用多種語言，並不一定等於具有很高的智慧。

如果簡單描述安東尼的遠征帕提亞，從西元前三十六年三月的出發到十月底的撤退，情形大致如下。這裡只做簡單的描述，是因為從整個過程來看，已經沒有詳述的必要。

在幼發拉底河西岸行軍的安東尼軍，在渡河之後，遇上了一連串不祥的事。

帕提亞軍並沒有直接攻擊羅馬軍，而是襲擊了羅馬軍的物資輸送隊，消滅了負責守備的兩個軍團。最後，物資被敵軍奪走，攻城用的武器全被燒毀。此後，帕提亞軍的攻擊也集中於切斷羅馬軍的補給這一方面。

安東尼只好命令在當地籌集兵糧。但是在敵地的籌集兵糧必然會導致士兵的犧牲。為了籌集兵糧而派出的東方士兵之中，很多人最後都沒有回到軍營。

到了八月，天氣變得十分炎熱，而飲用水和兵糧都處於不足的狀態。安東尼開始考慮撤退了。但是自尊心使他沒有作出撤退的決定。在作戰會議上，大多數的意見都傾向於撤退，而身為最高司令官的安東尼卻主張展開會戰。

帕提亞的司令官也作了應戰。但是未能擊潰羅馬軍的重步兵，反而損失了八十名騎兵，之後帕提亞軍就馬上撤退了。自此以後就不再應戰，而是一邊進行游擊戰，一邊等待羅馬軍力量的消耗。

到了十月，有多處沙漠地帶的中東，夜裡已經變得寒冷難忍。最後，安東尼也只好決定撤退了。這一次的撤退雖然十分艱苦，但是並沒有重蹈覆轍出現像當年克拉蘇軍一樣的慘狀，是由於安東尼的武將之才。即使如此，在向北迂迴撤退的過程中，為了躲開帕提亞軍的輪番襲擊，還是損失了八千名的兵力。

十一月，羅馬軍逃回了安提阿。那時，作為主要戰力的軍團兵，已經減少了三分之一。這次的遠征沒有進行過一次正式會戰，所帶去的攻城武器也完全未派上用場就被燒毀。歸來之後，安東尼唯一的行動，就是派出急使前往埃及，要求克麗奧佩脫拉前來安提阿與自己會面。這位處於絕望之中的四十六歲男子，現在最需要的，似乎就是自己所愛的女人的懷抱了。

羅馬人在不到一個月的時間內，就獲悉了遠征帕提亞失敗的事。當時的屋大維和阿古力巴正在壓制亞德里亞海東岸的伊利利亞地區，這次的壓制對屋大維十分重要，關係到是否可以掌握亞德里亞海的制海權問題，所以他無法、也不想派兵支援處於困境之中的安東尼。但是歐古塔薇亞卻以很快的速度購入了支援物資，並準備了必要的軍用資金，甚至還僱了二千名傭兵，打算親自送到安東尼之處。歐古塔薇亞認為，自己才是安東尼的正妻，幫助丈夫擺脫困境，是妻子應盡的義務。

當歐古塔薇亞抵達希臘雅典時，收到了安東尼的信。信中要歐古塔薇亞派人將物資和資金送到安東尼之處，卻命令她本人返回羅馬。這一次，歐古塔薇亞還是二話不說就服從了丈夫之命。

但是，屋大維得知了這個消息之後卻被激怒了。他寫信給歐古塔薇亞說沒有必要為安東尼獨守空房，更沒有義務撫養安東尼與他前妻所生的子女。但是，弟弟的關心和忠告，也沒有使歐古塔薇亞改變。

歐古塔薇亞一心為了丈夫而採取了以上的行動。但結果卻是事與願違，那就是導致了安東尼在羅馬聲望的低下，即使是對安東尼和屋大維之間的明爭暗鬥並不關心的一般民眾，也都因為安東尼對歐古塔薇亞的漫不經心而感到憤慨。因為在羅馬人心目中，歐古塔薇亞是位完美的模範之妻。而現在安東尼為了外國女人以如此冷淡的態度對待羅馬的女子，對羅馬人來說，簡直就像自己被侮辱了。

為了在羅馬世界西部稱霸而正在對伊利利亞一帶進行壓制的屋大維，注意到了羅馬人民感情上的這個變化。二十八歲的屋大維心中起了這樣一個念頭：什麼時候，要好好利用人民的這種感情。

在異國的凱旋式

在第IV冊的開頭，曾經介紹過蕭伯納這樣的一段話：

「即使是能夠深切刻劃人性弱點的莎士比亞，也無法了解如凱撒這等人物的偉大。《李爾王》固然是部傑作，而《凱撒大帝》卻是失敗之作。」

從蕭伯納的觀點來看，莎士比亞的另一部作品《安東尼和克麗奧佩脫拉》就必定是部傑作了。遠征帕提亞的失敗，使安東尼十分氣餒，喪失了以往的自信。就在此時，克麗奧佩脫拉趕到了，同時帶來了敗軍最需要的大量物資和資金。之前，安東尼命令歐古塔薇亞派人將物資和資金送來，但卻要她本人在中途返回羅馬。與此不同的是，克麗奧佩脫拉本身的存在對安東尼來說已經變為必不可少的了。另一方面，如果安東尼不能再度振作起來，克麗奧佩脫拉也就必須面對自我滅亡的命運。

三十四歲的克麗奧佩脫拉想方設法激勵安東尼，說敗北已經是過去的事，要他鼓起勇氣，重振旗鼓，再次進行遠征。但是安東尼本人以及他部下的將士，都已經失去了再次進攻帕提亞的自信和意志。所以這一次遠征的目的地，選擇了與帕提亞勢力懸殊而容易對付的亞美尼亞王國，並將遠征亞美尼亞的時間定於一年之後的西元前三十四年春季。送安東尼出征之後，克麗奧佩脫拉首先返回埃及，在亞歷山大等待安東尼凱旋歸來。

在形式上，這是遠征亞美尼亞，但那只不過是率軍前往亞美尼亞而已。那時的帕提亞國內發生王室內訌，正處於混亂的狀態。而安東尼也只是打算趁著帕提亞軍再編組之前結束軍事行動，所以連一次真正的正面挑戰都沒有進行過。安東尼只是匆促地與亞美尼亞王締結和約就率軍撤離了。另外，這時的安東尼，已經無法長期離開克麗奧佩脫拉了。

這次的講和，是在亞美尼亞和安東尼所代表的羅馬之間締結了和約。本來對羅馬人來說，這完全沒有什麼不好之處。然而，安東尼以鞏固與亞美尼亞的和約為名義而做出的一件事，卻觸怒了羅馬人。那就是讓亞美尼亞王的女兒和安東尼與克麗奧佩脫拉所生的兒子訂婚。安東尼所率領的是由羅馬公民所組成的羅馬軍團，也就是國家羅馬的公共財產而不是安東尼的私有財產，不允許為了私人目的而被利用。安東尼的聲望在國內一落千丈。另外，女人的淺薄更加速了安東尼的滅亡。

這次遠征亞美尼亞，實際上並沒有什麼凱旋可言。但是克麗奧佩脫拉卻決定為慶祝安東尼成功遠征亞美尼亞舉行凱旋式。凱旋式的場所定在埃及首都亞歷山大，而這又成了讓羅馬人激憤的原因。

克麗奧佩脫拉是否真正理解凱旋式在羅馬人心中的意義呢？

對羅馬人來說，凱旋式不僅是從戰場歸來的將兵以及歡迎他們的市民們共同慶祝勝利的一種儀式。凱旋的行列會登上卡匹杜里諾丘，向諸神祈禱並表示感謝，才能完成最後的儀式。簡單地說，人們互相慶祝並向諸神表示感謝，這才是羅馬人心目中的凱旋式，而並非在什麼地方都可以舉行的一種儀式。如果儀式不是在羅馬公民所居住、同時是他們守護神所在的地方，也就是在首都羅馬舉行，凱旋式就失去了意義。羅馬人是多神教的民族，對埃及人的主神奧斯里斯和伊西斯並不排斥，但是羅馬人終究還是認為自己的守護神——朱比特、朱諾、密涅瓦和馬爾斯比較好。如果克麗奧佩脫拉是為了反抗羅馬固有文化而強行在亞歷山大舉行凱旋式，那簡直是令人懷疑她智慧的愚蠢之舉。而安東尼即使是因為自己所愛女人的要求，身為羅馬人卻在埃及舉行凱旋式，簡直就像西塞羅所評論的一樣，「肉體和頭腦都只像劍鬥士一樣」。有智慧的人即使無法將某種外來文化接納入自己的文化之中，也會尊重它固有的文化。

按照羅馬的方式，載著凱旋將軍的戰車由四匹白馬牽引著，在埃及民眾以及住在首都亞歷山大的希臘人的圍觀之中，來到了王宮前面。在那裡，克麗奧佩脫拉扮成伊西斯女神，坐在高高的、以黃金做成的寶座等待安東尼的到來。這是安東尼四十八年以來第一次舉行屬於羅馬男子最高榮譽的凱旋式。那一年，在異國所舉行的凱旋式，對安東尼來說是最初的一次，也是最後一次的凱旋式。

在克麗奧佩脫拉身旁放置著一座同樣以黃金做成的寶座。從戰車上下來的凱旋將軍，坐到了寶座上。兩人的左右是稍低的四個寶座，分別坐著十三歲的少年——小凱撒、六歲的雙胞胎以及剛滿二歲的幼兒。雙胞胎以及幼兒是安東尼和克麗奧佩脫拉所生的子女。

身為羅馬人的凱旋將軍——安東尼，當眾宣布了以下的事項：

一、克麗奧佩脫拉曾經與凱撒正式結過婚，因此兩人所生的兒子、十三歲的托勒密・凱撒為凱撒嫡子。

二、克麗奧佩脫拉是王者中的女王，托勒密・凱撒則是王中之王。

三、六歲的亞歷山大・赫利阿斯，擁有幼發拉底河以東的亞美尼亞王國、米底亞 (Media) 以及帕提亞王國；同為六歲的克麗奧佩脫拉・塞勒涅擁有昔蘭尼加和利比亞的兩個王國；兩歲的托勒密・費拉德佛斯則擁有敘利亞和西里西亞，也就是說，安東尼將從幼發拉底河到海列斯龐特海峽（現在的達達尼爾海峽）之間的敘利亞和小亞細亞都贈給了克麗奧佩脫拉的子女。

四、包括以上所有領域的埃及帝國，由克麗奧佩脫拉和托勒密・凱撒共同統治。

這個消息傳到羅馬時，羅馬人簡直不敢相信自己的耳朵。根據史學家的記載，當時的克麗奧佩脫拉可說是得意絕頂。安東尼終究只是安東尼，以一個將軍的身份，竟將處於羅馬霸權之下的地中海世界的東半部，也就是羅馬的屬省以及同盟國，贈給了自己所愛的女人克麗奧佩脫拉。而要求並接受了這一切的克麗奧佩脫拉，她的身份並非只是個單純的女人，而是身為一國的統治者。但是在這一點上卻看不出她自覺到身為一國之君的責任。是否因為過分的自尊，使她喪失了對現狀的認識能力呢？

正式宣布決定之後，安東尼給在羅馬的歐古塔薇亞寄去了要求離婚的信函。同時，又對屋大維正式提出了將羅馬帝國全體一分為二的要求。

當大多數的羅馬人都為安東尼的舉動而目瞪口呆之時，屋大維卻沒有失去冷靜。這位即將三十歲的年輕領導者對安東尼的要求，並沒有任何正面的答覆，既沒有拒絕也沒有對他加以非難。但是，他利用自己執政官的身份馬上召集了元老院會議。在元老院會議上，通過了以下決議：

一、西元前四十三年所締結以五年為期限的「第二次三巨頭政治」，在西元前三十八年期滿之時已經以五年為限更新過任期，之後將不再更新。

二、安東尼所有的決定，因為未得到元老院的許可，宣告無效。

三、將羅馬世界一分為二，違背已故凱撒的遺志，所以未被列入議題。

屋大維用以上的方式對安東尼作出回應之後，又返回了伊利利亞戰線。屋大維已經預料到早晚都會與安東尼進行最後的對決，所以在此之前，必須首先征服伊利利亞。而與安東尼對決的初期，宣傳戰比刀光劍影的實戰更重要。已故凱撒的年輕繼承人——屋大維，不僅知道等待時機，更深知不能坐待時機成熟。進行宣傳戰的目的只有一個，就是讓羅馬的輿論都反對安東尼、反對克麗奧佩脫拉。在元老院會議上結束三巨頭政治的決議案，等於成功地剝奪了安東尼的正式地位。不過，光是這一點還不夠。必須在情感上使民眾起來反對安東尼和克麗奧佩脫拉，才能使屋大維對抗他們的立場得到鞏固，同時將對他們的宣戰正當化。

對決

從十八歲就成為凱撒的繼承人，開始肩負重任的屋大維，到了西元前三十三年秋，也邁入了而立之年。正如凱撒從一開始就看出的一樣，屋大維在軍事上並沒有什麼才能，而凱撒從他身上看出來並且使他成為凱撒繼承人的理由，就是他身上那種強烈的責任感和堅強的意志。當時，為了彌補屋大維在軍事方面才能的不足，凱撒為他指派了得力助手阿古力巴。進入而立之年的阿古力巴，在十七歲時就受到凱撒賞識的軍事才能，這時也開始開花結果了。證據之一，就是他和屋大維同心協力，在伊利利亞戰役中取得了勝利，完全地控制了羅馬世界的西半部。這也證明了兩人的合作開始完美地發揮效力了。

伊利利亞地方，就是現在的斯洛伐克、克羅埃西亞以及波斯尼亞一帶。控制了這些地方，就相當於取得了亞德里亞海的制海權；同時，義大利半島，也就是羅馬本國的安全就得到了保障。所以，屋大維和阿古力巴兩人在伊利利亞戰役中的獲勝，理所當然地受到所有住在義大利半島的羅馬人歡迎。人們都認為，與那位將近五十歲、卻只知對外國女人言聽計從的安東尼相比，只有三十歲的屋大維更替羅馬人著想。在伊利利亞戰役中，屋大維雖然身為最高司令官，身上卻有兩處受傷。這也使他在民眾面前樹立了具有強烈責任感的領導者形象。

此外，在伊利利亞戰役中獲勝之後，屋大維忠實地遵循羅馬的傳統，在首都舉行了凱旋式。看了屋大維的凱旋式之後，市民們自然會想到在異國首都舉行凱旋式並向異國之神報告勝利的安東尼。況且，安東尼當時所感謝的，就是扮成伊西斯女神的克麗奧佩脫拉。埃及的王者，都是以神的化身出現，對埃及人來說，這也許是理所當然的事；但是在羅馬的人民看來，那是一種無視祖國、反國家的行為。

按照羅馬的傳統，為了將自己的功績遺留後世，同時也為了感謝與自己共同創造功績的全體成員，凱旋將軍往往會建造某種建築物捐贈給國家。蘇拉建造了官廳街，龐培建造了羅馬最初的石造劇場，而凱撒對集會廣場進行擴建，並留下眾多的公共建築。屋大維也遵循了先人的這個傳統。而且，不但是由他一人進行，還讓阿古力巴和馬西納斯參與了其中的工作。另外，屋大維不只是著手建造引人矚目的新建築物，而且還進行了重要而且實在的工作——修繕固有的公共建築。

在建設首都的給水系統「尤莉亞水道」的同時，也修復了既存的「馬魯奇諾水道」；在建設「屋大維迴廊」的同時，也沒有忘記修整龐培劇場；在可能的範圍之內繼承凱撒的首都再開發構想時，也採納了馬西納斯的建議，在艾斯奎里諾丘建造公園，捐贈給市民。

重視現有公共建築物的修復，並非屋大維的獨創。羅馬人是非常重視充實公共設施的民族。不但熱心於建設，而且熱心於維持。無論是上下水道、街道還是神廟，為了盡可能長久地保存這些建築物，羅馬人意識到修繕工事的必要性，並且擁有非常高明的維修技術。在羅馬的石碑上，不僅記載建設者的名字，很多還記載修復者的名字，這說明了羅馬人充分認識到維修的重要性。

屋大維忠實地繼承了羅馬人的這個傳統，而這比只是建造新的建築物更能給民眾留下深刻的印象，讓民眾感覺到他適合於作為羅馬的指導者。相反的，安東尼沒有為國家建造、修復過任何公共建築物。

在羅馬市內，自從凱撒被殺之後就完全中斷的建設，經過十一年之後又重新開始了。而屋大維又開始了他的另一個行動，一種凱撒不可能做出的不公平舉動。但是，屋大維並不是凱撒。他公開了安東尼放在女祭司長處的遺書。

遺書公開之後，羅馬人受到了雙重的衝擊。

第一，安東尼將自己的財產全部留給了他與克麗奧佩脫拉所生的子女，而完全無視與芙維亞以及歐古塔薇亞所生的子女。芙維亞和歐古塔薇亞都是羅馬上流社會的女子，這表明了安東尼沒有承認這兩位與自己正式結過婚的對象。安東尼的這個舉動，大大傷害了羅馬人的感情。

第二，安東尼指定自己將來的葬身之地為亞歷山大。

古代的羅馬人與現代的日本人，有些奇妙的相似處：喜歡溫泉、室內的裝飾都偏向於簡樸、遺體一般都以火葬方式處理、希望自己的遺骨可以埋葬於故里等等。在埃及被殺的龐培，遺骨也被送回了義大利；在非洲自殺身亡的小加圖骨灰也回歸了故里；而在希臘自殺的布魯圖斯，遺骨也被送到了他母親之處。而像凱撒那樣，對自己的葬身之地毫不關心的人物，在羅馬人之中是個例外。對普通的羅馬人來說，選擇墓地是個十分重要的問題。所以，在羅馬人看來，選擇異國作為自己葬身之地的安東尼，可說已經不再是羅馬人了。出生於羅馬的安東尼，沒有選擇有諸神守護的羅馬而選擇亞歷山大作為將來的安眠之地，這無異是對羅馬諸神的侮辱。同時也使人們認定如果安東尼獲勝之後，一定會將羅馬帝國的首都遷到亞歷山大。

而安東尼選擇亞歷山大作為自己將來的安眠之地，只不過是出於他對克麗奧佩脫拉的眷戀而已。但是，安東尼本身並非一介市井小民；而他希望將來可以相依為眠的女人，也並非埃及的一介市井小民。與凱撒那份具有政治意味的遺書一樣，安東尼的遺書也具有政治性。遺書公開之後，即使是羅馬的一般民眾，也都對安東尼產生了輕蔑、對克麗奧佩脫拉充滿了憎恨之情。屋大維的宣傳工作已經開始產生了效果。與此同時，安東尼正在小亞細亞的繁華都市愛菲索斯(Ephesus)，每天與克麗奧佩脫拉形影不離，過著東方君主一般的奢華生活。對西部正日益高漲的反對自己的聲浪，他似乎是沒有絲毫的擔心。而克麗奧佩脫拉在聽到這個消息之後，非但不緊張，反而加以嘲笑。

不過，這兩人的樂觀，也並非完全沒有根據。

在埃及人面前以神的化身進行統治的克麗奧佩脫拉，對居住在首都為數眾多的希臘人以及散布在東方全域的希臘人，一直扮演著馬其頓王家繼承人的角色。都市國家衰退之後的希臘人，就像中世紀文藝復興時期的熱那亞人一樣，可以用「國破山河在」來形容。國家滅亡了，但是人民還是健在。希臘人是具有出類拔萃的航海技術和商業才能、無論在何處都可以生存的民族。與熱那亞人的不同就是希臘人曾經是創造並支配了一個時代的民族。而他們也自覺到這一點。在羅馬人的霸權下生存，雖然沒有什麼障礙，但是心中還是有身為二等民族的遺憾。如果克麗奧佩脫拉可以使安東尼成功地將地中海世界的東半部從羅馬的霸權之下獨立出來，那麼對希臘人來說，這也是恢復主導權的絕好機會。

但是，克麗奧佩脫拉對希臘人的協助寄予信賴，只能說是她對歷史沒有理解。無論身處何處，都可以靠個人的力量生存的國民，往往缺乏維持所屬共同體的意願。此外，長期處於衰退之中的民族，並沒有再振衰起弊的例子。如果有，就必須動大手術，從改變國家的構造著手。而這樣做的亞歷山大大帝，還未來得及看到大手術的結果就撒手人寰了。此後的希臘人，已經沒有像亞歷山大大帝一樣的活力，尤其是已經喪失了軍事能力。即使是贊成與羅馬人敵對，卻沒有人真正願意為此走上戰場。

但是，克麗奧佩脫拉卻以為，以埃及的富庶、希臘人的後援、安東尼的軍事才能，就可以戰勝尚未進入衰退時期、對維持共同體有充分意願、而且會不辭勞苦征戰的羅馬人。克麗奧佩脫拉也只不過是像凱撒所說的一樣，是「只希望看到自己想看的」人而已。有著凱撒那樣的情人，卻似乎未從凱撒身上學到什麼東西。

準備

西元前三十二年，三十一歲的屋大維預感到最終的決戰就要來臨了。這不是決定勝敗的局部性戰爭，而是決定羅馬世界的霸權將落入誰手的真正決戰。

在這一章的前面也提過，安東尼和屋大維之間的抗爭，並不是因為政治觀點不同而產生的鬥爭，而是圍繞著權力所進行的鬥爭。而這種鬥爭，要獲得民眾的支持並不容易。因此必須以高薪等條件來吸引士兵，很難保證軍隊的素質。剛剛跨入而立之年的凱撒繼承人——屋大維，以非常巧妙的手段，成功地將個人之間的抗爭轉換為國家之間的鬥爭。

那就是使羅馬人相信，敵人不是安東尼，而是將羅馬人的將軍變為傭兵隊長的埃及女王克麗奧佩脫拉。因為這不是完全沒有證據的謊言，所以並不難從中操縱。但是，此後的決戰並不像羅馬的民眾所相信的那樣，也不像克麗奧佩脫拉所以為的那樣，是東方全力與霸權者羅馬作最後抵抗的戰役。

東地中海世界並沒有全力對羅馬應戰。羅馬世界東部的諸王侯，沒有一人為了迎擊屋大維而加入安東尼的軍隊參戰。在安東尼強求之下，他們雖然派出兵力，但是這些世故的王侯，已經知道這次決戰是因為克麗奧佩脫拉的野心所致。同時，他們還看透了這是安東尼和屋大維個人之間的一場鬥爭。

在此之前，安東尼和克麗奧佩脫拉所犯下的錯誤，都被屋大維一點點地加以利用了。屋大維深知執拗的宣傳可以產生最佳的效果。他不但在首都，還在各地方展開彈劾的演說，甚至將在羅馬的彈劾演說記錄，張貼在龐貝、拿坡里、比薩以及佛羅倫斯等地的中央廣場。

同年秋天，屋大維當選為「保衛國家羅馬、消滅敵國埃及的最高軍司令官」。

這樣一來，屋大維和安東尼圍繞著凱撒繼承權所進行的權力鬥爭，就正式轉變為羅馬與埃及這兩個國家之間的戰爭了。

安東尼在凱撒時期的同僚波里奧和普蘭克斯等人，也在此時與安東尼分道揚鑣了。他們的離去，使士兵的心也開始背離了安東尼。

不過，安東尼大方而且性格善良，是位受士兵愛戴的將軍。士兵們雖然已經預料到必須與祖國的正規軍作戰，但還是有很多人都留了下來。同時，他們也知道障礙所在。因此，士兵們派出代表來到安東尼處，對他提出了忠告。建議讓埃及女王返回埃及，而不能讓她參加戰鬥。安東尼當時並未馬上作出答覆，但士兵們的建議最終還是未被採納。這是因為克麗奧佩脫拉本人不願就此返回埃及。終於就要與羅馬決戰了，這使克麗奧佩脫拉十分興奮，因為她深信，安東尼一定會獲勝。

當安東尼在小亞細亞的愛菲索斯作準備時，屋大維也正在義大利加緊最後的準備。這時，屋大維發揮了凱撒當初在他身上看出的潛能。安東尼以埃及的資金以及從東地中海諸國所徵收的屬省稅，組織了兵力和軍艦。而屋大維在向公民徵收臨時稅的同時，還成功地獲得了民眾的支持。

屋大維向全體公民和解放奴隸分別徵收了相當於年收入四分之一和八分之一的特別臨時稅。平時，羅馬公民和解放奴隸都免繳相當於所得稅的直接稅。而現在卻要繳納年收入四分之一和八分之一的稅款，這對納稅人來說，是相當沉重的負擔。在有些地方，甚至幾乎因此而發生暴動。

不過，屋大維對此早已有所準備。就是免除願意服役的公民和解放奴隸的臨時稅，也沒有增加間接稅；而且在屬省稅方面也沒有作出任何更改。這樣，就產生了以下的效果：

一、無論是以繳納臨時稅還是以服役的形式，羅馬本國的全體人民，都共同參與了消滅祖國敵人的戰爭。

二、沒有改動間接稅，明確地表明了臨時稅只是在戰爭期間的一種特別措施，而消除了民眾的不滿。

三、沒有改動屬省稅，獲得了屬省居民對這次戰役的支持。使屬省的安定在屋大維和安東尼決戰期間，可以得到保障。

這樣，以地中海為「內海」的羅馬世界西部，形成了堅固的聯盟。另一方面，安東尼的營地，也從愛菲索斯向薩摩斯島、雅典逐漸向西移動。在安東尼的大本營中，每天都舉行盛宴，這是克麗奧佩脫拉為了使容易變得消沉的安東尼重新振作起來所作的安排。進入知命之年的安東尼，這時的生活，可說是日日美酒佳餚，夜夜笙歌不絕。

另一方面，在羅馬卡匹杜里諾丘的神廟中，屋大維正在莊嚴肅穆的氣氛中，按照傳統進行出征之前的儀式。祈求諸神守護羅馬，使羅馬軍得勝回朝，並在諸神面前向敵人宣戰。在儀式之中，羅馬人安東尼的名字，一次也未被提及。被稱為敵人的，是敵國埃及的女王克麗奧佩脫拉。

安東尼在雅典的外港皮留斯集結了海軍，而屋大維的海軍集結地則在義大利南部的塔蘭托和布林迪西。西元前三十二年，兵力集結完畢。凱撒之子與以前的副將，終於要決一雌雄了。這時，兩人分別為三十一歲和五十歲。

「亞克興角海戰」

西元前四十八年，凱撒渡海前往希臘與龐培對決時，辭去了獨裁官的職位而以執政官的身份出征。西元前三十一年，進軍前往安東尼所在的希臘之前，屋大維強行讓元老院選他為當年的執

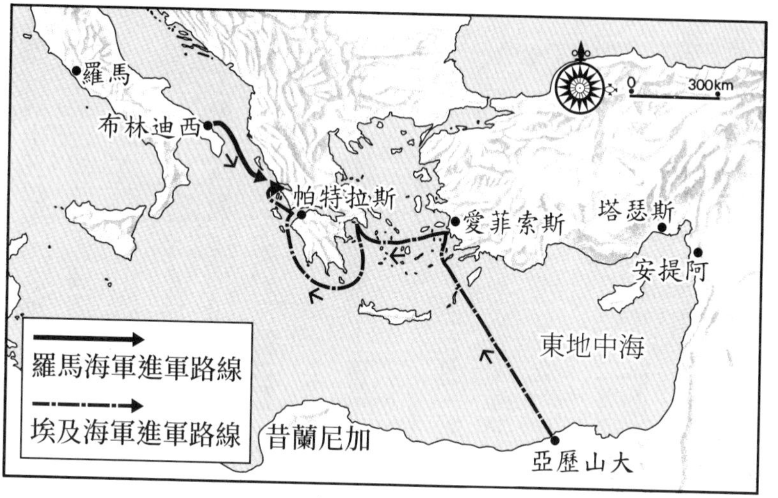

東地中海略圖

政官。而根據羅馬法，是不允許隔年就再參加執政官選舉的。因為在共和政體之下的羅馬，執政官是最高的職位，即使是獨裁官，也只是個特別職位而已。之前，由安東尼、雷比達和屋大維所組成的「第二次三巨頭政治」，至此已經喪失了效力。安東尼的處境，就變成一個私人的立場了。屋大維完成了這樣一個作戰模式——羅馬的執政官對撕毀同盟關係的埃及女王之戰。

即使是夜夜笙歌，安東尼畢竟還是位武將，在兵力的編組方面，他並沒有讓克麗奧佩脫拉插手。

陸軍方面，有六萬五千名的重步兵，二萬名弓弩兵和投石兵等輕步兵。此外，還有一萬二千名騎兵。

海軍方面，有八個分隊總計有五百二十艘的大艦隊。其中包括六十艘大型軍艦和五艘聯絡用的快速船。克麗奧佩脫拉所乘的旗艦——「安東尼亞」號，是有十層的巨艦，需要十人才能划動一支槳。此外，安東尼和其他將領所乘的軍艦，也都是高達五層的大型軍艦。當時划槳者的人數也很可觀。加上作為戰鬥主力的重步兵，五百二十艘的軍艦，共載有約十五萬人。在地中海，這是史無前例的大規模艦隊。海、陸兩方所需要的戰爭費用，大部份都來自埃及。克麗奧佩脫拉似乎是準備破釜沉舟，與羅馬決一死戰了。

羅馬軍方面，陸上的戰力與安東尼軍不相上下，但是海上戰力則處於劣勢。陸上戰力有八萬名重步兵、一萬二千名騎兵，海上戰力則有四百艘軍艦。

不過，五層的大型軍艦，只有屋大維所乘的旗艦以及阿古力巴所乘的軍艦等五艘。其餘的大多是由三人划一支槳的三層軍艦。簡單地說，由十人划槳的船就相當於十匹馬力，三人划的船則只有三匹馬力。

但是，即使是在馬力上處於劣勢，羅馬的軍艦與埃及相比，卻有以下兩大優點：

一、根據阿古力巴的設想，在全部船隻上都安裝了一種可以點火的武器，將火點燃之後投向敵船，以達到燒毀敵船的目的。

二、將船首部份進行改裝，變得更為堅固、鋒利，提高了對敵船的攻擊力。

此外，大型船在速度和防禦方面雖然處於優勢，但是在戰場上的行動卻不夠靈活。而小型船則更機動、靈活。作為戰鬥總指揮的阿古力巴雖然知道敵方有巨型軍艦，也沒有將自軍的軍艦大型化。

西元前三十一年三月，屋大維率領全部兵力渡海抵達希臘。而從去年冬天開始，安東尼就將大本營設置在希臘的帕特拉斯(Partras)，與克麗奧佩脫拉一起在那裡度過了冬季。艦隊在帕特拉斯的西北部、直線距離有一百三十公里處的普列維薩(Preveza)灣待命，以便當羅馬軍在希臘西北部登陸之後，隨時都可以應戰。

但是問題在於戰略。就像他渡海行動所表明的那樣，羅馬軍打算在義大利半島以外的地方決一勝負；另一方面，安東尼軍也預測到戰場將是在希臘的某地。不過，關於把重點放在陸上還是海上這一點，在作戰會議上，意見分成了兩派。

安東尼手下的羅馬將領，主張首先進行陸上會戰，理由是作為總指揮的安東尼，精通陸上戰術。在陸上的戰鬥獲勝之後，讓陸上部隊乘上在普列維薩灣待命的軍艦，在義大利南部登陸，之後長驅直入首都羅馬。

然而，一直出席作戰會議的克麗奧佩脫拉，則有不同的看法。她主張首先進行海戰。理由十分簡單，那就是海上戰力的優勢。即使對這位名

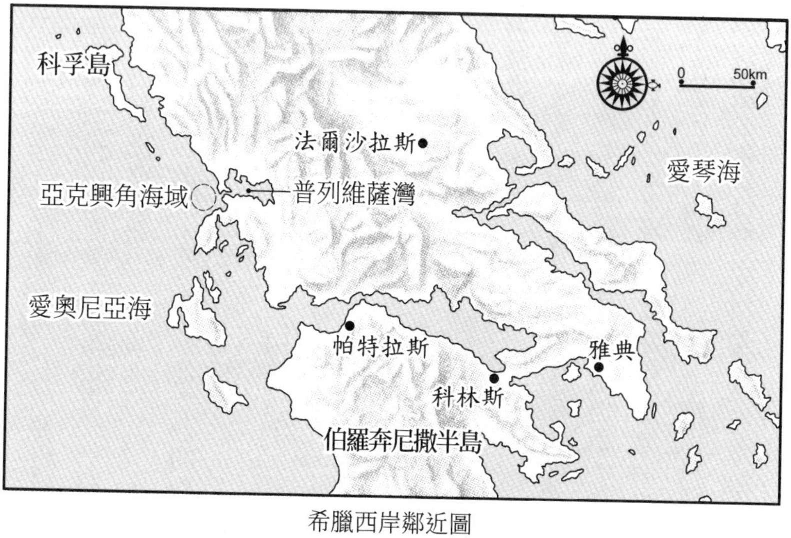

希臘西岸鄰近圖

義上為總司令官的埃及女王，將領們還是對此加以反駁。

將領說，光是待在敵人無從出手的普列維薩灣內待命，我方就已占有優勢了，為何要放棄這個有利條件而首先進行海戰呢？然而克麗奧佩脫拉根本無意撤回自己的意見。最後由實際上的總司令官安東尼定奪。安東尼在考慮之後，還是採用了克麗奧佩脫拉的主張。

這一次，安東尼決議先進行海戰並非因為那是自己所愛女人的主張，而是根據他自己的判斷而作出了這個決定。

安東尼所懼怕的，是屋大維軍的「脊柱」——百人隊長。曾經在凱撒手下戰鬥過的百人隊長，有很多人都志願參加了這一次戰役。曾經是凱撒的軍團長，而且擔任過凱撒副將的安東尼，深知百人隊長那種令人恐懼的勇猛。「凱撒的百人隊長」已經成了勇猛的代名詞。如果是海戰，他們的威力則會有所減弱。

克麗奧佩脫拉的主張還不只是上面這一件事。根據埃及女王的要求，作戰會議還決定，如果在海戰中敗北，海、陸軍將一起撤回埃及，在那裡迎擊羅馬軍。

身為總司令官，應該表明自己對目前的戰鬥背水一戰的意志，率領將士們進行決戰。即使考慮到敗北之後的對策，也應該只是在自己心中作好準備，而不應該在作戰會議上當眾提出，並對此作出決定。這不光是克麗奧佩脫拉所引出的結果，也證明了安東尼本身並非最高司令官之才。

後來，隨著克麗奧佩脫拉列席作戰會議次數的增多，安東尼手下的將領也愈來愈感到絕望。在私底下，他們開始抱怨說自己雖然曾經宣誓效忠羅馬，但卻未曾發誓要忠於埃及女王。當屋大維在希臘登陸之後，這些人就離開了安東尼。

將領們的背離，自然就引起了士兵們同樣的行動。安東尼的陣營開始出現了這樣的情況：天亮之後，軍營的某個帷幕之中已是空無一人。而作戰會議上，也像掉齒的梳子一樣，開始出現了很多空席。變得狂怒的安東尼，命令將抓到的士兵全部處死。這樣一來，反而使更多人逃走了。

到了夏天，本來在安東尼勢力範圍之內的東方諸侯，也有很多人投奔到屋大維旗下了。其中的急先鋒，就是統治猶太的希律王。自從當年凱撒將猶太商人的地位提高到與希臘人同等之後，猶太人就一直不忘凱撒對他們的恩義。凱撒被殺之後，猶太人都為他感到悲痛。因此，對凱撒所選擇的兒子屋大維，猶太人自然也懷著好意。另外，對猶太人來說，如果克麗奧佩脫拉獲勝，那麼在經濟上的對手希臘人將會重新處於優勢。

另一方面，希臘人也開始害怕克麗奧佩脫拉的野心會連累他們了。安東尼軍中將領的背離，就是個不祥之兆。斯巴達首先派出使節向屋大維表示恭順，之後，猶太人、希臘人以及東方各地的使節，都紛紛集中到屋大維的帷幕之前了。

在此之前，安東尼並不急於進行決戰，因為軍隊有豐富的資金，兵糧也十分充足。他原打算等資金和兵糧上都沒有自己軍隊充足的屋大維軍消耗之後再進行決戰。然而，現在情況急轉直下，急於進行決戰的變成了安東尼一方。

相反的，屋大維倒是不慌不忙。背離了安東尼的將領們，給屋大維帶來了很多情報，所以他對敵人內部的情形已經是一清二楚了。將近三十二歲的年輕領導者，對曾經是安東尼的這些部下也做了巧妙的處置。因為這些將領們對屋大維說他們雖然離開了安東尼，但卻無法面對面地與安東尼決戰，因此，屋大維並未將他們編入軍隊而是允許他們自由歸國。獲悉了這個消息之後，更多的士兵從安東尼的陣營逃走了。這時，不管是否出於安東尼所願，都只能選擇海上作戰了。

即使在這種情形之下，仍然追隨安東尼的士兵，在準備乘上停泊在普列維薩灣內的軍艦時，眼前的情景又使他們愕然了。在桅杆的下面，放置著隨時都可以揚起的船帆。

如同前面所說的，一流的司令官在決戰前一定會考慮到退路。但在將兵面前卻必須做到不露聲色。如果沒有在將兵們面前表明他背水一戰的決心，就無法使士兵們全力投入這種攸關性命的戰鬥。在進行海戰時，對帆的處理就會表明一切。

在古代的地中海主要以四角帆為主。而在中世紀的文藝復興時期，則以三角帆為主。不過只有風帆而沒有槳的純帆船，一直都只是作為商船使用。與印度洋、大西洋不同的是，地中海一年四季的風向都在變化。因此，附有相當於馬達功能的船槳，也就是單層甲板大帆船，是最適合地中海的帆船。不過，船槳的功能終究只是相當於馬達，所以在船上都附有風帆。單層甲板大帆船，也就是附有船槳的帆船，在順風時可以揚帆航行，而划槳者就可以得到休息。

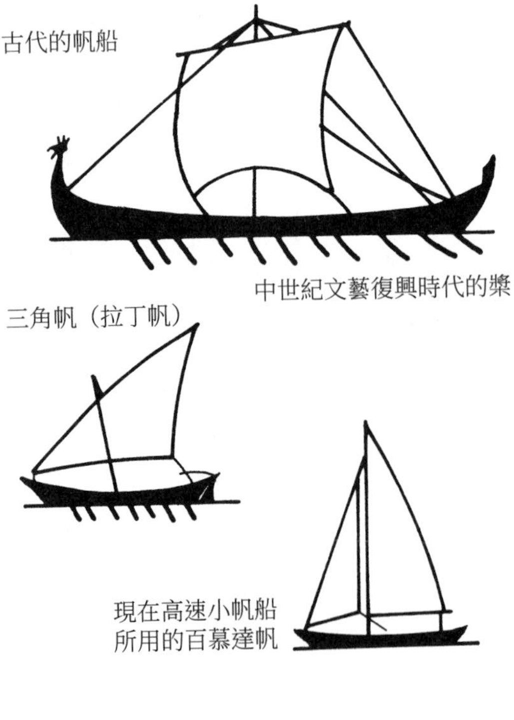

沒風或是逆風時，在進出港口時，是最需要用人力划槳的時候。

在海戰中，對船的活用是決定勝敗的關鍵。直到納爾遜的時代，大砲才被用於海戰。而在此之前，海戰也就是將船隻靠近敵船之後再進行肉搏戰。在戰場，船槳自然就成了主力。即使是順風時也不會使用風帆。因為風向隨時都會改變。在納爾遜時代，大洋已經成為戰爭的舞臺，那時的帆船，有很高的桅杆，以九十度的角度將帆架固定，而將船帆折疊在其中。但是在以地中海為戰場的時代，情況並非如此。帆是拴在帆架上，以固定於桅杆的滑輪將帆架拉上去，帆就可以張開。也就是說，當時的桅杆和帆架都沒有固定。因為在風向變幻莫測的地中海，要做到隨時都可以揚帆，就需要三百六十度的自由角度。

因此，在只使用船槳的海戰，帆就成了無用之物。有些司令官甚至還會將拴帆用的帆架放在作為戰場海域之外待命的輸送船上，以表明背水一戰的決心。就如同參賽用的高速小帆船上不會放置任何沒有用的東西一樣。另外，即使船上放置風帆，也絕對不會將繩子放到固定於桅杆的滑輪上。因為那就等於告訴所有的人，在任何時候都可以揚帆逃走。安東尼的士兵們在乘船時感到愕然的，就是因為他們看到自己所乘的軍艦上，放置著隨時可以揚起的風帆。

就在那一天夜裡，有十多艘軍艦趁著黑暗逃走了。到了八月，當安東尼乘上軍艦，而克麗奧佩脫拉也帶著大批隨侍在側的奴隸乘上旗艦時，已經有相當於一個分隊的六十艘軍艦不見了蹤影。

西元前三十一年九月二日清晨，以戰場附近的一地名為名的「亞克興角海戰」開始了。

晴朗無雲的天空，吹著微微的東風，從普列維薩灣出港的安東尼軍艦，披著朝陽，順風而行。

對安東尼來說，一切都處於十分理想的狀態。

安東尼的戰術，就是利用自己軍隊在數量上的優勢以及擁有多艘大型軍艦的特點，在海上包圍敵軍。而屋大維軍的總指揮阿古力巴的戰術也是包圍戰。他認為，在普列維薩灣狹小的入口處對敵人展開攻勢，就可以彌補自己軍隊在數量和「馬力」上的劣勢。

從布陣階段開始，情況就像安東尼預料中的一樣順利。考慮到從普列維薩灣出港的順序，由守護克麗奧佩脫拉所乘旗艦的埃及船隻所組成的「中央」部份被安排在最後出港。右端是安東尼所乘的軍船。因為在包圍戰前方的，是他所指揮的「右翼」。

另一方面，在海上迎擊安東尼的屋大維軍，在寬闊的海面上排成了弧形的陣形。「中央」是屋大維，而實際上的總指揮阿古力巴所乘的軍艦，則在與安東尼迎面相對的「左翼」。

海戰的前半期是對安東尼有利的狀態。利用了東風和馬力的安東尼軍，很快就逼近了敵軍。戰線展開之後，克麗奧佩脫拉所在的「中央」也加入了戰鬥，海戰進入了第二階段。寬闊的海面上響起了船隻衝擊的聲音和一片搏殺之聲。這是四百五十艘軍艦和四百艘軍艦的激戰。整個戰場的光景簡直就是個人間地獄。

然而，就在這時，風向改變了。由原來的東風變成了北風。而這時，三十八歲的克麗奧佩脫拉，並不滿足於觀戰，竟加入了指揮。但是在她眼前所展開的地獄般的光景，使這位埃及女王變成了一個普通的女人。她不是命令士兵們向前衝擊，而是發出了「揚帆」的命令。

紫色的巨大風帆很快就鼓滿了北風，划船者也以全力划起了船槳。守護旗艦的六十艘埃及軍艦，也全都揚起風帆，追著向南逃走的旗艦而去。

正在右翼指揮的安東尼看到了這個情景，在這個瞬間，他忘記了自己仍為武將的身份，也命令揚起風帆，然後準備追隨逃走的旗艦。正逃離戰場的安東尼，看到了這樣的一幅景：被自己所撇下的自軍艦隊，被阿古力巴所指揮的敵軍團團圍住，沒有一艘軍艦逃往普列維薩灣的入口處，而是全部高舉船槳向阿古力巴投降了。安東尼一下子癱在船尾，動彈不得。他甚至已經顧不得前往陸上部隊正在待命的帕特拉斯了。古代的史學家毫不留情地寫道：

「他身為男人的一生，就在那一瞬間結束了。」

三百艘以上的軍艦都被羅馬軍所捕獲。屋大維放過了船上士兵的性命，卻將所有埃及船的船首切斷作為戰利品，而將船隻全部燒毀。

即使如此，安東尼的陸上部隊還是在帕特拉斯等了八天。然而，安東尼仍然杳無音訊。到了第九天，士兵們都向答應放他們一條生路的屋大維投降了。

而克麗奧佩脫拉本身大概並沒有打算逃離戰場。也許就像在作戰會議上決定的一樣，她只是打算在海戰失敗之後撤回埃及再作抵抗。

然而，問題在於她未能掌握好實行這個作戰方案的時機，而且完全沒有與安東尼商量就隨意採取了行動。戰場並非舉行慶典的會場，如果僅僅因為聽到慘叫就驚慌失措，早就應該守在亞歷山大的皇宮而不應該親自出陣。

但是，如果安東尼本人能夠堅持在戰場指揮，「亞克興角海戰」也許就會有不同的結局了。

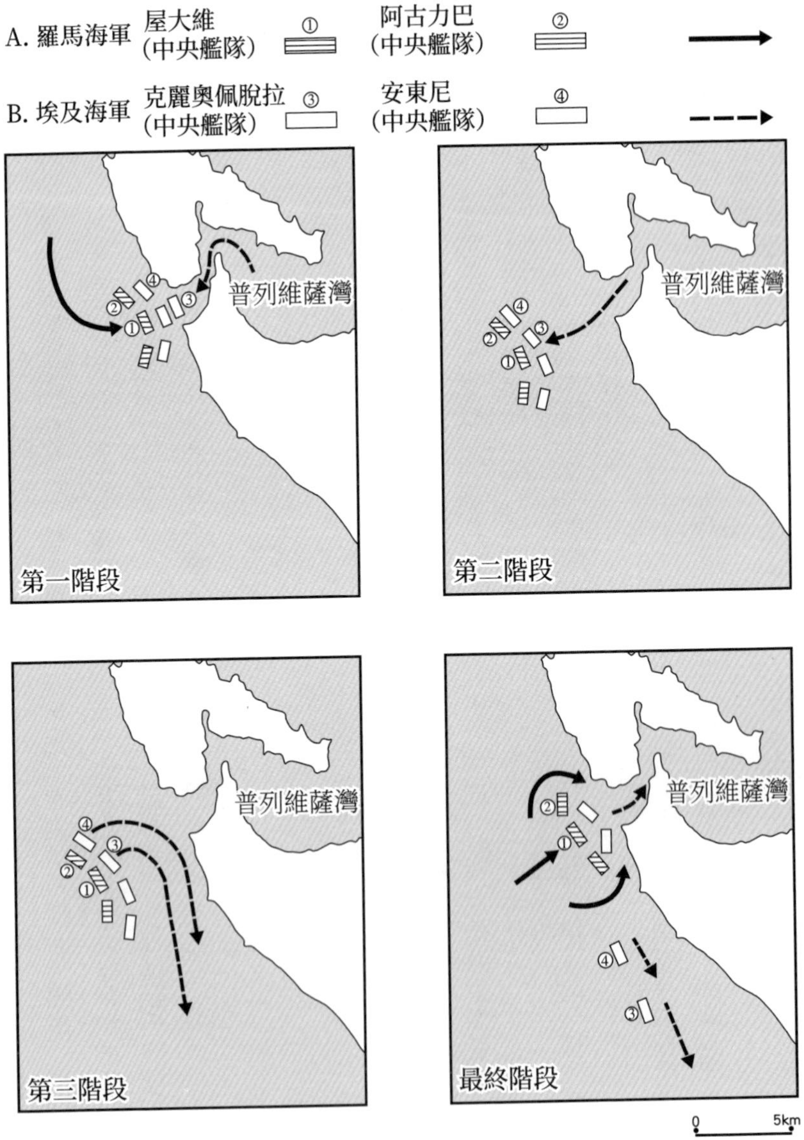
A. 羅馬海軍
屋大維 (中央艦隊) ①
阿古力巴 (中央艦隊) ②
B. 埃及海軍
克麗奧佩脫拉 (中央艦隊) ③
安東尼 (中央艦隊) ④
普列維薩灣
第一階段
第二階段
第三階段
最終階段
0
5km

亞克興角海戰

因為，就作為武將的才能來說，安東尼絕不在阿古力巴之下。或許，這次的會戰也與其他戰鬥一樣，應該失敗的，還是無法擺脫失敗的命運。

無論如何，安東尼和克麗奧佩脫拉在中途放棄了這場原本有機會獲勝的決戰。

克麗奧佩脫拉接著逃回了埃及，但是這一次安東尼卻沒有繼續追隨在他所愛的這個女人後面。安東尼所乘的軍艦，並未駛向位於東南方向的亞歷山大，而是逃到了南部的昔蘭尼加，也就是現在的利比亞。在安東尼指揮之下的右翼，有十多艘軍艦隨同他一起逃離了戰場。所以在登陸之後，安東尼手中大概還有六千名左右的兵力。但是，五十一歲的安東尼，已經對一切都感到心灰意冷了。他躲入了海邊的家中，只是終日眺望著海面。他從那裡給克麗奧佩脫拉寫信，說自己希望一個人過，要求克麗奧佩脫拉不要再打擾他。但是克麗奧佩脫拉不可能對他置之不理。因為這樣一來，她本身的處境將會變得更加危險。克麗奧佩脫拉一連發出了多封信，懇求安東尼前往亞歷山大。終於，安東尼還是無法抵擋克麗奧佩脫拉的苦苦哀求。

在皇宮再會之後，就像以往安東尼意志消沉時一樣，克麗奧佩脫拉耐心地激勵他。她以為安東尼會像以往一樣，在她的激勵之下再次振作起來。但是，這次卻不同往昔了。現在，連出於對安東尼個人的好感而追隨在他身邊的士兵，也都一個個離開了安東尼而投奔屋大維。即使克麗奧佩脫拉以高薪引誘，他們也不為所動。除了少數忠誠的部下之外，剩下來的就是出身強盜素質低下的士兵。

無論如何，安東尼還是一位武將。他深知，連可以信賴的幕僚都失去之後，東山再起不過是個夢想而已。這一次，無論克麗奧佩脫拉怎樣哀求，安東尼都無意再編組軍隊與屋大維對抗了。

另一方面，屋大維在「亞克興角海戰」之後，並沒有馬上返回羅馬，而是與阿古力巴一起，從希臘到小亞細亞、敘利亞，不慌不忙地進行追擊之行。一方面，是為了更新向羅馬表示恭順的諸王侯的同盟協約，另一方面是為了整備各屬省的統治機構。這些屬省在安東尼的放任統治之下，統治機構已經十分混亂。「亞克興角海戰」意味著曾經屬於安東尼勢力範圍的羅馬世界東部，已經成了屋大維的囊中之物。東方的諸侯，已經沒有一人支持安東尼了。

落幕

光陰荏苒，到了西元前三〇年春，安東尼給正在敘利亞的屋大維寫了一封信，說只要屋大維放過克麗奧佩脫拉，他自己願意自殺。

但是，屋大維對此絲毫未加理會，甚至連回信都沒有寫。而同時，克麗奧佩脫拉也寫信給屋大維，表示自己願意退位，希望屋大維允許她兒子繼位。屋大維這次倒是寫了回信，但信中也只是要求克麗奧佩脫拉首先解除武裝。即使如此，克麗奧佩脫拉心中還是抱著一絲希望。但是熟悉屋大維性格的安東尼，已經意識到一切都將結束了。

大概就是在這時期，克麗奧佩脫拉開始起了背叛安東尼之心。她早已知道這場抗爭，最終是安東尼和屋大維之間的權力鬥爭。但是使這場戰爭演變為埃及和羅馬之間的戰爭的，正是克麗奧佩脫拉本人。這時，她大概以為屋大維只要將安東尼打倒，就達到他的目的了。當年，無論是龐培在東方稱霸時，還是在凱撒的時代，埃及王國都得以生存了下來。而這一次，克麗奧佩脫拉大概認為在屋大維手下也可以存續下去。如果不是如此考慮，那麼她突然躲入靈廟的舉動就令人費解了。著名的「托勒密財寶」，就藏在靈廟之中。也許，克麗奧佩脫拉是打算以這些財寶與屋大維作交易。也就是以財寶求得埃及王國的存續。但是，克麗奧佩脫拉也許不知道羅馬人有這樣一種說法：

「戰士可以創造財富，但是財富卻不能創造戰士。」

這時的安東尼心境又是如何呢？這一點完全不得而知。然而，在獲悉羅馬軍隊正在接近時，他率領最後的騎兵隊出陣了。

七月三十一日，安東尼所率領的騎兵，與屋大維的先行騎兵隊發生了戰鬥。就在安東尼幾乎可以取勝時，情況發生了變化。安東尼所率領的騎兵一起投奔了屋大維。而且就在這時，克麗奧佩脫拉的使者到達了，對安東尼報告說克麗奧佩脫拉已經死亡。不過這只是克麗奧佩脫拉的謊報而已。

和部下的背叛相比，深愛的女人已不在人世的消息更讓安東尼感到絕望。這位五十一歲的武將命令身邊的奴隸按照事前約定好的方式將自己殺死。忠心的奴隸接過劍之後，沒有刺向主人，而是刺向了自己的胸部，之後，氣絕而亡。

安東尼為自己沒有勇氣殺死自己而感到羞愧，便拔出插在奴隸胸上的劍，刺向了自己。

但是，他並沒有刺中要害，正當他痛苦不堪之時，又有使者前來報告說女王還活著。在謊報自己的死亡之後，克麗奧佩脫拉又後悔了。所以又馬上派出使者向安東尼報告實情。因為大量出血而變得十分虛弱的安東尼，命令還留在自己身邊的數名部下將他抬到女王所在之處。靈廟的入口，按照克麗奧佩脫拉的命令，已經被封死。士兵們只好將安東尼抬到稍高的窗口。克麗奧佩脫拉含淚接過了渾身是血、臉色蒼白的安東尼。安東尼終於如願以償，死在克麗奧佩脫拉的懷抱之中。對女人的忠誠，也是男人對人生的一種選擇。

就在安東尼倒在克麗奧佩脫拉懷中的八月一日，屋大維進入了亞歷山大城。在埃及的首都，沒有一人試圖抵抗這位勝利者。屋大維率軍直指王宮。途中，他得知安東尼已經死去，但對此並未作出任何反應，而是命令將活著的克麗奧佩脫拉帶來。

克麗奧佩脫拉進行反抗。入口處的大門已被封死，沒有人可以進入靈廟。克麗奧佩脫拉就在靈廟之中與屋大維交涉，她表示願意以靈廟中的財寶作為交換條件，要求屋大維允許由她與凱撒所生的兒子繼位，屋大維對此未加以答覆。就在克麗奧佩脫拉在靈廟中做最後的抵抗時，屋大維的部下成功地從上面進入了靈廟。

克麗奧佩脫拉被帶到了靈廟之外，「托勒密財寶」也就落入了屋大維手中。一共有多少的財寶，雖然是無法估計，但是屋大維將這些財寶運回羅馬之後，這些財富不僅為屋大維提供了士兵的薪水以及退役士兵購買土地的資金，還被用於建設公共事業。此外，這筆財富還使羅馬的年利率從原來的百分之十二降低到百分之四。從中也可以看出，在東方的專制國家，財富都集中於君主一人手中。

被帶回王宮之後，克麗奧佩脫拉才知道屋大維對她的子女所做的事。

十七歲的小凱撒被屋大維命人殺死。

十歲的亞歷山大．赫利阿斯和克麗奧佩脫拉．塞勒涅這對雙胞胎，被送往羅馬，交由他父親的前妻歐古塔薇亞撫養，六歲的托勒密．費拉德佛斯也同樣被送往羅馬由歐古塔薇亞撫養。這樣，克麗奧佩脫拉讓自己兒子繼位的希望徹底地破滅了。

也許就是在那時，克麗奧佩脫拉才開始理解凱撒的真意——即使是自己的親生骨肉也未正式承認，對兒子、對克麗奧佩脫拉都有好處。既未公開承認，在遺書中也隻字未提，正表現了凱撒對克麗奧佩脫拉的愛情。

在克麗奧佩脫拉的子女中，被殺的只有小凱撒一人，而她與安東尼所生的子女都平安無事。對屋大維來說，凱撒的兒子，也就是繼承人，只有屋大維就足夠了。

據說在王宮中，三十九歲的女王和三十三歲的勝利者進行談判。內容如何，因為當時沒有第三者在場，所以不得而知。古代的史學家說，在屋大維面前，克麗奧佩脫拉使出了她在凱撒以及安東尼面前曾經成功使用過的手段。但是屋大維並不為所動。將近四十歲，是否連著名的「克麗奧佩脫拉魅力」也失去效力了呢？

不過，個人認為，克麗奧佩脫拉在屋大維面前並未做出這種嘗試。女人就像貓一樣，可以敏銳地分辨出寵愛自己的人。對方是否會為女人魅力所動的男人，在四眼相視的瞬間就可以判斷出來。

大概在接觸到三十三歲、相貌堂堂的屋大維那冷酷而冷靜的眼神時，克麗奧佩脫拉就已經意識到那種「戰術」是派不上用場的了。自負為一流冒險家的克麗奧佩脫拉，不會作出如此不明智之舉。

大概在見到屋大維之後，克麗奧佩脫拉才完全地斷了念，並且知道等待著自己的將是怎樣的一種命運。因為對現實的認識能力不足而不斷犯下錯誤的克麗奧佩脫拉，在最後終於看清了現實。如果自己活著，就會被送到羅馬，在屋大維的凱旋式上被作為最好的戰利品示眾。之後，就像自己的妹妹阿西諾愛一樣，在義大利的某地靠年金過活。因為按照羅馬的傳統，即使是戰敗國的王者，在凱旋式之後也不會被殺死。

至此，克麗奧佩脫拉決定自殺了。與其作為一個女人而活，不如以女王的身份死去，而這也正中屋大維下懷。不管是女王還是什麼，從這個世界上永久消失，對他來說便是最好的結局。

如果屋大維打算將活著的克麗奧佩脫拉送到羅馬，那麼當時對她的監視似乎過鬆。被困在王宮中的克麗奧佩脫拉，雖然無法與全盛時期的氣派相比，但還是有奴隸服侍。傭人也可以自由進出王宮。她命人將毒蛇藏在裝有無花果的籃子裡，帶進了王宮。

克麗奧佩脫拉對屋大維說想為安東尼獻上一杯酒，請求屋大維允許她前往靈廟。屋大維答應了她的要求。看守克麗奧佩脫拉的士兵，護送她到靈廟前面，並按照屋大維的命令在外面等待，而只讓克麗奧佩脫拉和兩名女奴進入了靈廟。

毒蛇，結束了這位野心勃勃的女人一生。據說，在死去之時，克麗奧佩脫拉穿著女王的盛裝。不過，不知是埃及女王的正式服裝，還是代表希臘血統托勒密王朝女王的正式服裝。如果是前者，那麼正好迎合了從莎士比亞時代以來歐洲人追求異國情調的趣味；如果是後者，那麼應該使羅馬人受到很大衝擊。和埃及三千年的文明相比，當時的羅馬人更關心三百年以前的亞歷山大大帝。如果是後者，就相當於屋大維將羅馬人所尊敬的亞歷山大大帝的後人逼上了絕路。克麗奧佩脫拉自殺之後，與主人同樣有希臘血統的兩名女奴也都自殺身亡。

自殺之前，克麗奧佩脫拉給屋大維留下了最後的一封信。信中要求屋大維允許她葬在安東尼身旁。年輕的勝利者允許了克麗奧佩脫拉的這個要求。

身為希臘人的亞歷山大大帝戰勝波斯，開始支配埃及時，是西元前三三二年。到了西元前三〇年，持續了三百年的希臘系托勒密王朝，在最後的女王克麗奧佩脫拉手中結束了。

公布了女王之死後，屋大維同時宣告了埃及王國的領有權。他並沒有將它列入國家羅馬的屬省，而是作為他個人的私有地。因為在埃及，支配者必須是神而不是人，所以不可能以「羅馬公民以及元老院」(S. P. Q. R.)的形式來統治埃及。而屋大維是已經升格為神的凱撒之子，也就是「神之子」。當年，亞歷山大大帝也是以「神之子」的身份統治埃及。

這樣，在亞歷山大大帝死後，由大帝的將軍們所創立的王朝之中最後的托勒密王朝滅亡了。如果可以像其他的諸王國一樣，滿足於羅馬霸權之下的同盟國地位，也許就不必受到滅亡的命運了。

結語

凱旋回師羅馬的屋大維，在首都舉行了歷時三天的壯麗凱旋式，使整個首都為之狂熱無比。但是，市民們對這位三十三歲的勝利者所表示出的狂熱，不僅是因為他所取得的勝利，更是因為內戰的結束。屋大維也明白這一點。他命令關閉戰神雅努斯(Janus)神廟的大門。從第二代努馬王

戰神雅努斯

的時代開始，供奉著雅努斯神廟的大門開著時，就表示羅馬處於戰爭狀態。

但是，關閉雅努斯神廟大門的機會，本來不必等到西元前三〇年的。早在西元前四十五年，孟達會戰結束之後，也就是凱撒鎮壓了擁戴龐培遺子的龐培派的最後抵抗而歸國之時，就有機會將雅努斯神廟的大門關閉了。然而，半年之後因為布魯圖斯等人暗殺凱撒，竟使這個好機會延誤了十四年之久。這十四年以來，也就是凱撒所指定的繼承人屋大維取得了勝利。不由得使人想到，簡直不知道為什麼要進行這樣的暗殺，而在這十四年之中又發生了些什麼?對國家羅馬來說，唯一的收穫就是占有了埃及，但這也只是作為屋大維的私有地而已。西元前四十四年，誰也預料不到的、年僅十八歲的繼承人——屋大維登上了歷史舞臺。如今，這位繼承人已經有三十三歲了。再也沒有人會問:「誰是屋大維?」了。當年的「少年」在十四年之後，確實地鞏固了繼承人地位。沒有選擇安東尼，也沒有選擇其他的任何人，而選擇了當時還是「未知數」的屋大維作為繼承人，正是凱撒慧眼識英雄的結果。

西元前四十六年，凱撒在北非的塔普索斯擊敗龐培派。歸國之後，他的基本方針就是「寬容」。西元前三〇年，擊敗安東尼，與當年的凱撒一樣成為最高權力者的屋大維，基本方針則是「和平」。換句話說，就是羅馬統治之下各民族的和平——“Pax Romana”。

但是，只靠希望和口號是無法實現和平的。由凱撒所構想並且已經開始著手進行，而後又不得不中止的、確立新生羅馬的大任降到了三十三歲的屋大維身上。

西元前四十四年三月十五日，在肉體上，凱撒死去了；但是凱撒真正死去，是西元前三〇年。這一年，開始了屋大維的時代。也許從這時候可以稱他為奧古斯都了。從初代皇帝奧古斯都開始，帝政的羅馬代替了凱撒所打倒的共和政體之下的羅馬。

德國傑出的古典史學家毛姆森(Mommsen)在評論共和時代的羅馬史時，將凱撒稱為「羅馬創造出的唯一具有創造性的天才」。然而，在存在著很多堅持元老院主導的共和政體的懷舊主義者時代，這位天才不得不依靠他一個人的力量來進行所有的改革。屋大維雖非具有創造性的天才，但他所在的環境卻具備了凱撒時代所沒有的兩大有利之處。

第一點就是在從西元前四十九年至前三〇年的內戰中，懷舊主義者已經死絕。

第二個有利之處就是奧古斯都擁有了同輩的協力者阿古力巴和馬西納斯。阿古力巴是因為凱撒而成為奧古斯都的智囊，而馬西納斯是屋大維時代的奧古斯都自己所發掘的協助者。這三位剛剛步入而立之年的年輕人，開始了“Pax Romana”（羅馬統治之下各民族的和平）的構築。這個年輕力壯的集團，正是適合新生羅馬出發的最佳組合。

屋大維為紀念戰勝埃及而發行的銀幣（正面：屋大維肖像；背面：代表埃及的鱷魚)

大事年表

年代（西元前）（蓋烏斯‧朱利斯‧凱撒滿歲）	國家羅馬	地中海世界	中國	日本
一〇〇	蓋烏斯‧朱利斯‧凱撒七月十二日生於羅馬蘇布拉地區，父蓋烏斯‧朱利斯‧凱撒，母奧雷莉亞（出身奧雷留斯‧寇達家族） 護民官薩圖紐斯改正小麥配給法，成立新殖民地都市法，在元老院宣誓公民大會的優先否決權，後被反對派殺害			彌生時代
九十一（九）	護民官托魯斯提倡將羅馬公民權授與全部自由民，被刺身亡 同盟者戰爭開始	潘特斯王米斯里達茲六世侵略俾斯尼亞	司馬遷完成《史記》	
九十（十）	凱撒伯父——執政官魯奇斯‧朱利斯‧凱撒成立公民權法			
八十九（十一）	公民權法成立後，同盟者戰爭結束，世界國家羅馬開始			
八十八（十二）	凱撒姑丈馬留斯與執政官蘇拉的抗爭開始，馬留斯逃亡，護民官蘇爾皮修斯被殺，蘇拉出征東方	米斯里達茲占領小亞細亞西岸的羅馬屬省，挑起雅典反抗，第一次米斯里達茲戰役開始（～八十四）		

八十七（十三）		執政官辛拿和馬留斯控制羅馬，報復蘇拉派，凱撒伯父朱利斯被殺		漢武帝崩，昭帝即位（～七十四）。霍光攝政	彌生時代
八十六（十四）		馬留斯卒，辛拿開始獨裁統治	蘇拉攻占雅典，並在凱洛涅亞大敗潘特斯軍		
八十五（十五）			蘇拉和米斯里達茲在達達尼爾講和，蘇拉轉戰小亞細亞，構築其政治制度		
八十四（十六）	凱撒之父卒，凱撒與辛拿之女柯爾涅莉亞結婚	辛拿被部下殺害			
八十三（十七）		蘇拉歸國，結合梅特魯斯·皮攸斯、克拉蘇、龐培等人，擊敗正規軍，鎮壓民眾派，塞多留斯逃往西班牙（～八十二）			
八十二（十八）	凱撒拒絕服從蘇拉的離婚命令，逃往小亞細亞，成為屬省總督米努修斯軍中幕僚（～八十一）				
八十一（十九）		蘇拉就任無限期獨裁官，為再建共和政體進行改革			
八十（二十）	凱撒參加米努修斯攻打雷斯波斯島之戰	蘇拉辭去獨裁官之職	在西班牙屬省，塞多留斯戰役開始（～七十二）		

七十八（二十二）	凱撒歸國	蘇拉卒			彌生時代
七十七（二十三）	凱撒開始律師業但失敗	雷比達舉兵反抗蘇拉體制，為龐培鎮壓			
七十六（二十四）	凱撒前往羅德斯留學，途中遇上海盜				
七十五（二十五）			龐培就任塞多留斯戰役指揮		
七十四（二十六）				宣帝即位（～四十八）	
七十三（二十七）	凱撒歸國，出任神官以及大隊長	斯巴達克斯在加普亞叛亂	米斯里達茲再度侵略俾斯尼亞，盧加拉斯就任西里西亞總督後戰勝潘特斯軍。第二次米斯里達茲戰役（～六十七）		
七十二（二十八）		克拉蘇鎮壓斯巴達克斯，龐培從西班牙凱旋	塞多留斯被副將派爾披那殺害，戰爭結束	漢軍大敗匈奴	
七十（三十）	凱撒就任審計官（或六十九），赴任遠西班牙，歸國後成為元老院議員	克拉蘇和龐培就任執政官	潘特斯和亞美尼亞締盟，盧加拉斯大勝亞美尼亞軍後侵入裏海而後撤退		
六十九（三十一）			埃及托勒密十二世之長女克麗奧佩脫拉生		

六十八（三十二）	在馬留斯之妻——姑姑尤莉亞的葬禮上，發表大膽的追悼演說。妻柯爾涅莉亞卒			霍光卒	彌生時代
六十七（三十三）		龐培聲望日高	龐培肅清地中海海盜，在地中海全域確立"Pax Romana"（羅馬和平）。開始討伐米斯里達茲		
六十六（三十四）			第三次米斯里達茲戰役開始，龐培擊破潘特斯軍，與帕提亞及亞美尼亞締盟，入侵幼發拉底河西岸，在敘利亞稱霸（～六十三）		
六十五（三十五）	凱撒就任按察官，負責修繕阿庇亞大道並自費舉行劍鬥比賽		龐培先後進入大馬士革和耶路撒冷城		
六十三（三十七）	得友人護民官拉比埃努斯協助成為最高神祇官，遷入集會廣場的官邸，並與拉比埃努斯一起開始向元老院挑戰	西塞羅就任執政官，在「加帝藍的陰謀」時，西塞羅、凱撒、小加圖論戰。後加帝藍失敗，三千人被殺屋大維生。龐培歸國，元老院派感覺到危機	米斯里達茲六世自殺，戰爭結束。塞流卡斯王朝滅亡，敘利亞成為羅馬屬省。龐培在地中海稱霸，將地中海全域納入羅馬霸權		
六十二（三十八）	凱撒就任法務官，因妻子龐佩雅與克洛狄斯的曖昧關係而離婚				
六十一（三十九）	凱撒赴任遠西班牙總督，任用當地人巴爾布斯，出征大西洋沿岸。克拉蘇成為「借款大王」——凱撒的最大債權人	龐培舉行凱旋式			

六十（四十）	凱撒歸國，次年成為執政官候選人。與克拉蘇、龐培組成「第一次三巨頭政治」，國家改造的第一步開始				彌生時代
五十九（四十一）	凱撒就任執政官，恢復執政官輪流制度，創辦元老院《日報》，實施龐培提出的東方諸國再編成方案，施行國家公務員法 在公民大會通過農地法，打擊元老院派。修改有關屬省稅徵收業者法案，幫助流亡義大利的托勒密十二世（克麗奧佩脫拉之父）復位，日耳曼民族首領阿利歐維斯圖斯成為「羅馬公民的友人及同盟者」 凱撒之女尤莉亞成為龐培之妻，凱撒娶元老院議員皮索之女庫爾普妮亞為妻，強行通過「巴第紐斯法」，成為高盧、伊利利亞屬省總督，赴任期間，安排皮索和龐培親信蓋比紐斯為下年度執政官，克洛狄斯為護民官				
五十八（四十二）	高盧戰役第一年 赴任高盧總督，副將為拉比埃努斯。高盧赫爾維提族為日耳曼人驅逐，三十六萬八千人從瑞士列曼湖東邊開始向不列塔尼亞地方移動，十二萬日耳曼人渡過萊茵河進入高盧	小加圖赴任塞浦路斯 西塞羅遭護民官克洛狄斯報復，逃往希臘			

五十八（四十二）	凱撒反對將赫爾維提族併為屬省，進入高盧並與黑杜伊族締盟 在索恩河突襲赫爾維提族，獲勝之後講和，十一萬赫爾維提族人返回瑞士應高盧人要求與阿利歐維斯圖斯談判但決裂 在貝桑松再次與阿利歐維斯圖斯談判決裂後決戰，日耳曼人敗走 在貝桑松設冬營地，明確將萊茵河劃為羅馬的基本防衛線				彌生時代
五十七（四十三）	高盧戰役第二年 進入高盧東北部邊界與雷米族締盟。越過索恩河，與比利時人的二十九萬六千大軍對峙。越過埃森河，在敵地修築陣營並擊潰比利時軍。在斯瓦松與蘇西翁族、安比阿尼族等講和進入現在的比利時，擊敗涅爾維族後講和，後又擊敗阿都阿提奇族，五萬三千人淪為奴隸。鎮壓高盧東北部，大西洋各部族表示恭順，在高盧全域取得「和平」 在奧列安設冬營地	由於龐培的消極性、護民官克洛狄斯的過激行動、小加圖的歸國以及西塞羅放逐的解除等，元老院開始反擊「三巨頭政治」 龐培被授與確保糧食的大權，任期為五年 克洛狄斯的私警團與米羅的暴力組織開始抗爭			

五十六（四十四）	高盧戰役第三年 凱撒、克拉蘇、龐培「盧卡會談」 維奈特族開始進攻高盧西部的不列塔尼亞地方，在海戰中為青年布魯圖斯擊敗 拉比埃努斯、撒比努斯和青年克拉蘇同時在各地獲勝前往鎮壓摩利尼族和梅那庇族，於深秋撤退 設冬營地於諾曼第				彌生時代
五十五（四十五）	高盧戰役第四年 從現在的德國西北部進軍萊茵河，大敗日耳曼人的部族 在現在的波昂和科隆之間架橋渡過萊茵河，分離日耳曼人部族 向西進軍，渡過多佛海峽，首征不列顛，在海岸激戰後撤退 為隨父赴任敘利亞的普布里斯・克拉蘇配備一千騎兵 在亞眠設冬營地 凱撒母奧雷莉亞卒	「盧卡會商」後，龐培與克拉蘇就任執政官。成立特列波紐斯法（西元前五十四年開始，龐培和克拉蘇分別赴任西班牙和敘利亞屬省總督，任期五年，有十個軍團編成權）以及龐培・里奇紐斯法（將凱撒任期延至前五十年，有十個軍團編成權） 馬爾斯廣場的龐培劇場完成 克拉蘇赴任敘利亞			
五十四（四十六）	高盧戰役第五年 征服特雷維利族 再征不列顛，渡過泰晤士河，擊敗不列顛軍，講和後撤回高盧 小麥歉收，將冬營地分為八個營地，中伊布洛斯族人之計失去九千士兵	凱撒之女、龐培之妻尤莉亞卒 凱撒命親信巴爾布斯和奧庇斯擴建集會廣場 元老院派反擊三巨頭派，情勢混亂	克拉蘇進攻帕提亞		

五十四（四十六）	阿都阿提奇族、涅爾維族及比利時族六萬人包圍西塞羅弟的冬營地，凱撒前往救援，擊潰叛軍				彌生時代
五十三（四十七）	高盧戰役第六年 鎮壓涅爾維族後，在現在的巴黎召集全高盧部族族長會議，確保背後的安全 與副將拉比埃努斯會合，再渡萊茵河，並在西岸設營 北上萊茵河口，討伐安比奧里吉斯，平定高盧東北諸部族在蘭斯召集全高盧部族族長會議，將加努特斯族叛亂主謀亞克處刑 在現在的德國西部及迪戎附近和桑斯設冬營地	克洛狄斯和米羅的暴力抗爭激烈化，克洛狄斯被殺，米羅逃往馬賽 龐培成為翌年執政官	克拉蘇正式遠征帕提亞 帕提亞王以攻擊亞美尼亞牽制克拉蘇軍，在沙漠擊破羅馬軍，青年克拉蘇自殺身亡。後來克拉蘇也被殺，四萬遠征軍中生還者未滿一萬		
五十二（四十八）	高盧戰役第七年 加努特斯族殺害羅馬人進行叛亂 歐維紐族維爾欽傑托斯挑起中部高盧各部族叛亂 凱撒從法國南部屬省進軍中部高盧，攻打傑爾高維亞等未遂，撤退 中部高盧各部族與凱撒軍會戰，失敗。在阿列沙之戰中維爾欽傑托斯投降成為羅馬軍俘虜 在八處設冬營地 《高盧戰記》全七卷刊行（第八卷由凱撒親信希爾提斯執筆）	龐培就任執政官，按元老院要求，與梅特魯斯・西比奧同任。龐培與西比奧之女結婚 龐培變為元老院派，元老院以「行政官法」、「龐培屬省總督法」及「龐培的西班牙屬省總督」等，加強反凱撒體制			

五十一（四十九）	高盧戰役第八年 阿列沙之戰後，各部族表示恭順 著手將高盧羅馬化，將屬省稅由「十分之一稅」改為「定額」 凱撒在北部高盧的阿拉斯設冬營地	西塞羅發行《國家論》	克麗奧佩脫拉及其弟托勒密十三世成為埃及共同統治者		彌生時代
五十（五十）	凱撒返回義大利北部屬省（夏） 元老院派接近凱撒「右腕」拉比埃努斯 執政官由元老院派的蓋烏斯・馬塞拉斯和艾米里斯・保羅就任，翌年則由馬塞拉斯之弟和廉托魯斯就任，凱撒利用青年護民官古里奧與元老院對抗 十二月，傳出「凱撒十個軍團正南下羅馬」的虛報，執政官馬塞拉斯授與龐培最高指揮權迎擊凱撒 元老院命令凱撒解散軍團，凱撒派的新護民官安東尼與元老院對抗				
四十九（五十一）	一月七日，元老院通過「元老院最終勸告」，授與龐培無限制的大權 一月十二日，凱撒率領一個軍團從拉溫納出發，渡過盧比孔河進入利米尼。護民官安東尼及加西阿斯與凱撒會合後，控制安科那以及阿里佐等 一月十七日，龐培、西塞羅以及執政官馬塞拉斯和廉托魯斯分別逃離首都。羅馬陷入大混亂 拉比埃努斯與凱撒分道揚鑣，在加普亞投奔龐培 凱撒沿亞德里亞海南下，三月二十一日，在阿赫諾巴布斯守備的柯爾費尼奧兵不血刃地入城 二月二十五日，龐培撤往布林迪西，三月九日凱撒抵達 三月十七日，龐培突破封鎖逃往希臘，凱撒控制義大利半島，十九日返回羅馬 三月三十日，凱撒於急行軍途中在佛米亞拜訪西塞羅 四月一日，凱撒出席在羅馬城外的元老院會議，將薩丁尼亞和西西里併為羅馬支配地				

四十九 （五十一）	凱撒命令古里奧進軍北非（現在的突尼西亞）、雷比達負責內政、安東尼對外防衛。安東尼之弟和西塞羅女婿都拉貝拉奪取亞德里亞海制海權 成立「羅西阿斯法」，賜給義大利北部屬省住民羅馬公民權 四月七日，率軍前往龐培地盤西班牙 四月十九日，凱撒抵達馬賽，五月四日，馬賽攻防戰開始 六月二十二日，凱撒抵達利里達，西班牙戰役的第一戰利里達攻防戰開始 八月二日，阿法拉紐斯和佩里阿斯所率領的龐培軍解體 九月，凱撒在西班牙全土稱霸，瓦爾羅率領的龐培軍解體 十月中旬，凱撒返回馬賽並於二十五日攻下馬賽，之後班師義大利 十二月二日，凱撒進入羅馬，就任獨裁官。廢除蘇拉永久驅逐反蘇拉派子孫的法令，任命各屬省總督，發行新貨幣，實行經濟改革，當選為翌年（前四十八年）的執政官 十二月十三日，為追擊龐培從羅馬出發	八月十一日，古里奧率領羅馬軍在北非登陸 二十日，在對努米底亞王猶巴之戰中，二萬羅馬軍全軍覆沒，古里奧戰死 在爭奪亞德里亞海制海權之戰中，安東尼之弟和都拉貝拉在達爾馬提亞被龐培海將利伯擊潰		彌生時代
四十八 （五十二）	一月四日，凱撒自布林迪西出發，翌日在希臘西岸登陸，與龐培軍在狄爾哈強以南對峙 三月二十七日，安東尼率領第二批人馬在尼姆法門登陸，四月三日，與凱撒會合 四月十五日，開始歷時三個月的狄爾哈強會戰，凱撒軍敗北。凱撒撤往希臘中部的特薩里亞，龐培率軍追擊 七月二十九日，凱撒抵達法爾沙拉斯平原，準備迎擊與西比奧會合的龐培 八月九日，法爾沙拉斯會戰，龐培軍全敗（死者六千、俘虜二萬四千），龐培逃往愛琴海後再往埃及，凱撒率軍追擊。同時安東尼為「騎士團長」，負責羅馬國內的統治 九月二十八日，龐培及同行的廉托魯斯在亞歷山大為羅馬兵所殺 十月四日，凱撒抵達亞歷山大 十月七日，裁定發生內訌的埃及由克麗奧佩脫拉和托勒密十三世共同統治 十月中旬，托勒密十三世攻擊凱撒軍，亞歷山大戰爭開始 十二月，多米提斯被潘特斯王法爾那西斯擊潰，逃往敘利亞			

四十七（五十三）	二月底，多米提斯援軍抵達亞歷山大，凱撒在尼羅河三角洲的戰鬥中獲勝，托勒密十三世戰死 三月二十七日，凱撒進入亞歷山大城。埃及由克麗奧佩脫拉和托勒密十四世共同統治 凱撒完成《內戰記》全三卷 六月，凱撒從亞歷山大出發前往救援被潘特斯王法爾那西斯擊潰的多米提斯，途中在猶太、敘利亞以及西里西亞對當地的統治作調整 六月底，凱撒在小亞細亞登陸，在齊拉擊破法爾那西斯（我來、我見、我征服） 控制希臘之後，凱撒於九月返回布林迪西，再會後寬恕了西塞羅 凱撒回到羅馬，出任為期五年（後為十年）的獨裁官。開始實施安東尼代理統治期間的失敗對策 十二月，凱撒前往北非鎮壓龐培派。十九日，進入敘利亞的馬沙拉，二十七日從該地出發
四十六（五十四）	一月，凱撒在北非屬省東岸登陸並設營 四月六日，凱撒在塔普索斯會戰中大敗西比奧軍並追擊努米底亞王猶巴。猶巴自殺、西比奧、阿法拉紐斯被殺、小加圖也自殺身亡（四月十二日） 四月十三日，凱撒進入尤蒂卡 凱撒視察薩丁尼亞和科西嘉，七月二十五日回到羅馬，八月五日，開始分四天舉行凱旋式 凱撒著手改革，從西元前四十五年一月開始實施太陽曆，開設國立造幣所，從元老院手中收回造幣權，出任為期十年的獨裁官
四十五（五十五）	龐培遺子勞斯和塞格斯多斯、拉比埃努斯以及瓦爾羅等反凱撒派再次在西班牙南部進行叛亂 凱撒出擊西班牙，在孟達會戰中擊敗龐培派。拉比埃努斯戰死，勞斯被殺 凱撒為將羅馬帝政化而進行全面改革，包括"Pax Romana"（羅馬和平）的確立、民生的充實等 ・義大利北部屬省的都市計畫、賜給敘利亞和法國南部住民拉丁公民權・將元老院議員增加到九百名，使公民大會和護民官有名無實化・固定金銀換算率，設定最高利率・增加法務官、審計官以及按察官人數，同僚執政官成為輔助職・改正地方議會的被選舉權，允許解放奴隸擔任公職・屬省的再編成、屬省議會的承認以及公營徵稅機構的設置・規定朱比特、朱諾和密涅瓦為羅馬主神・根據格拉古法廢止「元老院最終勸告」，修改陪審員資格・將小麥免費配給人數減少到十五萬人，設置管理按察官・將失業者和退役士兵分散到屬省殖民，復興迦太基和科林斯・賜給教師和醫師羅馬公民權・建設凱撒廣場，重新開發集會廣場，拆毀「塞爾維斯城牆」，進行首都再開發・整備街道以及其他公共事業等

四十四（五十六）

一月，安東尼就任凱撒同僚執政官，凱撒正式發表將遠征帕提亞，為期兩年
二月，元老院和公民大會任命凱撒為「終身獨裁官」
三月十五日，凱撒在元老院會議場——龐培迴廊被馬庫斯・布魯圖斯及加西阿斯等人暗殺
三月十六日，凱撒遺書公開，屋大維（當時十八歲、凱撒妹之孫）成為第一繼承人以及養子、凱撒名字的繼承人
克麗奧佩脫拉及其子小凱撒(Caesarion)離開羅馬返回埃及
三月十七日，安東尼召集元老院會議，決定不追究暗殺者的刑事責任，繼承凱撒所安排的人事以及其政治路線
三月十八日，凱撒火葬，民眾群情激憤。十九日晨，布魯圖斯、加西阿斯以及西塞羅等人逃離羅馬

屋大維和安東尼

四十三

凱撒死後，安東尼任命雷比達為最高神祇官和同僚執政官
四月中旬，屋大維從希臘西岸的阿波羅尼亞歸國
七月，屋大維為紀念凱撒舉辦大型運動會
八月，安東尼召集元老院會議，決定各屬省總督，安東尼為義大利北部屬省、都拉貝拉為敘利亞屬省總督。前四十四年底為止馬庫斯・布魯圖斯和加西阿斯分別就任馬其頓和敘利亞屬省總督。同月，兩人出發前往任地，實際上逃亡國外
九月，西塞羅開始發表彈劾安東尼演說
十月，大部份軍隊支持屋大維，安東尼為掌握軍事力量而攻擊狄奇阿斯・布魯圖斯
支持屋大維的希爾提斯和旁薩就任執政官
三月，兩執政官和屋大維在義大利北部屬省攻擊與狄奇阿斯・布魯圖斯交戰中的安東尼，安東尼撤退，兩執政官戰死，狄奇阿斯・布魯圖斯被殺
八月，屋大維當選執政官（同僚執政官為凱撒外甥培第阿斯），凱撒養子關係得到公認，成立培第阿斯法，追究暗殺凱撒者
安東尼在法國南部屬省與高盧及西班牙總督組成共同戰線
十月，屋大維進軍義大利北部屬省

地中海世界

克麗奧佩脫拉歸國後殺害托勒密十四世，與小凱撒共同統治埃及

布魯圖斯和加西阿斯分別在馬其頓和敘利亞增強軍備，準備與屋大維對決，加西阿斯殺害前往屬省赴任的都拉貝拉

<table>
<tr><th>年</th><th>屋大維</th><th>安東尼和克麗奧佩脫拉</th></tr>
<tr><td>四十三</td><td>十一月，安東尼、雷比達和屋大維在波洛尼亞成立「第二次三巨頭政治」。二十七日，公民大會以五年為限期承認這一統治機構，寡頭政治結束
十一月二十八日，「處罰者名冊」發表，西塞羅被列為首犯，肅清的風暴吹遍義大利
十二月七日，西塞羅被殺</td><td></td></tr>
<tr><td>四十二</td><td>一月一日，元老院決議通過凱撒的神格化，屋大維廢棄《高盧戰記》和《內戰記》以外的凱撒著作
夏～秋，屋大維和安東尼聯軍出征希臘，在腓利比擊潰布魯圖斯和加西阿斯聯軍，兩人自殺身亡
腓利比會戰後，屋大維和安東尼分別統治羅馬世界的西部和東部</td><td></td></tr>
<tr><td>四十一</td><td>秋，安東尼之妻芙維亞及其弟魯奇斯在義大利中部的佩魯西亞舉兵反抗屋大維，屋大維和阿古力巴奮力鎮壓</td><td>安東尼在東方得到各諸侯的恭順，在西里西亞首都塔瑟斯召見克麗奧佩脫拉
秋，安東尼訪問義大利，與克麗奧佩脫拉變為情人關係</td></tr>
<tr><td rowspan="2">四十</td><td>二月底，佩魯西亞之戰結束，芙維亞及魯奇斯逃往希臘，安東尼將責任轉嫁於芙維亞
屋大維起用馬西納斯為外交負責人</td><td>安東尼出發往義大利
克麗奧佩脫拉與安東尼的子女（雙胞胎）出世</td></tr>
<tr><td colspan="2">屋大維、安東尼和雷比達結成「布林迪西協定」，規定各自的勢力範圍分別為西部、東部以及非洲。安東尼和屋大維之姐歐古塔薇亞結婚
龐培次子塞格斯多斯在西班牙的勢力日漸強大，並擴展到西里西亞。秋，屋大維、安東尼和塞格斯多斯在拿坡里灣的米塞諾岬，締結「米塞諾協定」。塞格斯多斯停止敵對行動，屋大維同意恢復塞格斯多斯派公職，塞格斯多斯獲得西里西亞、薩丁尼亞、和科西嘉的統治權
屋大維與塞格斯多斯岳父之妹詩古莉寶尼亞結婚（不久離婚），生下唯一的嫡子（女兒）尤莉亞</td></tr>
</table>

年		
三十八	一月，屋大維與克勞狄斯・尼祿之妻莉薇亞再婚，同時撫養莉薇亞和尼祿之子臺伯留（後成為羅馬第二代皇帝）和德路薩斯	
三十七		秋，安東尼出發遠征帕提亞，在敘利亞的安提阿與克麗奧佩脫拉再會、結婚，同時承認其子女
三十六	屋大維和阿古力巴在伊利利亞平定叛亂	安東尼率領十一萬大軍遠征帕提亞 八月，在與帕提亞以及中東聯軍的游擊戰中消耗 十一月，安東尼軍撤回安提阿
三十四	屋大維召集元老院會議，宣告「第二次三巨頭政治」的終結、宣布安東尼在亞歷山大的宣言無效	春，安東尼遠征亞美尼亞、講和。在亞歷山大舉行凱旋式，承認小凱撒為埃及王，宣布將東方諸國賜給克麗奧佩脫拉所生的三位子女
三十三	秋，為紀念伊利利亞戰役勝利，屋大維建設尤莉亞水道以及屋大維迴廊，並修繕公共建築物，公開安東尼遺書，展開宣傳工作	安東尼和克麗奧佩脫拉在小亞細亞的愛菲索斯
三十二	秋，屋大維被選為「消滅敵國埃及的最高軍司令官」。屋大維在義大利、安東尼和克麗奧佩脫拉在愛菲索斯，後在希臘加緊戰鬥準備	
三十一	三月，屋大維率領全軍渡海抵達希臘 夏，安東尼和克麗奧佩脫拉軍中將兵相繼逃離 九月二日，在「亞克興角海戰」中，安東尼和克麗奧佩脫拉敗北，先後逃往亞歷山大。 屋大維在整頓統治機構的同時進行追擊	
三十	七月三十一日，在與屋大維的戰鬥中，安東尼遭自軍背叛，安東尼自殺，翌日死亡 八月一日，屋大維進入亞歷山大城，小凱撒被殺，克麗奧佩脫拉自殺，托勒密王朝滅亡 屋大維凱旋回到羅馬，羅馬開始帝政時代	

（註　西元前四十五年一月一日以前為舊曆）

參考文獻

如果說第IV與第V兩冊的敘述與其他幾冊比起來較為生動的話，那絕不是作為敘述者我的功勞，而是要感謝寫下生動史料的西塞羅和凱撒兩人，或甚至可歸功於他們兩人所生存的西元前一世紀的羅馬，正好是放眼世界史也找不到能遺留下如此豐富史料的時代。

原因之一是，這兩位都極具敏銳的洞察力與表達能力，而這兩種能力是互有關連的。也就是說，有準確表達出洞悉事物的才能，必能引發下一波更敏銳的洞察。原因很簡單，將腦裡的事物化為文章時，所得到的衝擊，沒有人比執筆者的感受更強烈。

第二，身為最佳史料提供者——西塞羅和凱撒，都是該時代的「主角」。具有敏銳洞察力與表達能力的主角所獲得的第一手資料，無論是在質或量上，它的歷史價值絕對遠非是祕書官或軍團長等「配角」，甚至是一百年後羅馬史家所謂「觀察者」的作品所能相比的。

第三個原因是，西塞羅和凱撒在政治上持相反立場。西塞羅擁護「元老院體制」，而凱撒則主張打倒元老院，建立新體制。這件事為什麼重要呢？以第二次世界大戰為例，今天，世人只能從邱吉爾的觀點去了解，因為來自反對陣營，而且又能與當時邱吉爾地位匹敵的「主角」觀點，我們一本著作也找不到。

第四，這兩個人還是好朋友。即使政治立場南轅北轍，兩人私下情誼依舊深厚。而這顯示了兩人著作中的精闢觀察不再只是一家的看法，其中摻雜了互相的關連，也就是情報的交流在敵對的雙方之間展開。這也正好說明兩人所遺留下來的史料之所以與眾不同的原因。

第五，對歷史迷而言尤其幸運的是，流傳下質、量俱豐史料的這個時代，正好也是羅馬長達一千年歷史中最重要的時期及關鍵點。以歷史時期區分，這個時代正好是共和體制過渡到帝政的時期，相較於迦太基七百年滅亡，雅典、斯巴達、馬賽也各自不能免除衰微的命運，只有羅馬在經歷七百年後仍能再次興盛，這些都得歸功凱撒早先奠定了國家日後改造的重要基石。從今天我們所能見到關於羅馬的研究資料中，探討這不過三、四十年間史實的作品數就占了快四分之一，由此可知西元前一世紀這段期間在羅馬史中的重要性。而幫助我們後世的人了解這個重要年代的史料，竟是出自放眼全羅馬史也無人能出其右的西塞羅與凱撒兩人精闢的筆下，這不是幸運是什麼呢！

然而，不管敘述者如何生花妙筆，如果讀者不能感受得到，終究還是條死胡同。

福田恆存還在世時，曾經對我這麼說過，語言的表達不僅要傳達意義，還要有聲音。換句話說，意義傳達出精神，而包含了語感的聲音則透露出「時代感」。

在撰寫文藝復興時代之初，筆者就體認到原始史料的最優先性，也希望能因此忠實地傳達出生活在當時人們的聲音，也就是當時的時代感。然而，在傳達給讀者之前，我當然也必須確定自己真的聽到聲音、感受到時代感，否則要如何去感動讀者呢！

所以，我幾乎將撰寫這兩冊篇章事前所必須做的考證、資料閱讀等大部份的時間，都花在消化西塞羅與凱撒兩人所遺留下來的斷簡殘編中，逐字逐句地仔細閱讀、思考和體會，同時也另外參考了其他古代史家的著作，補足兩人未提及的歷史事件和另一種史家觀點，也由後世研究者的著作中，修正筆者先前誤讀的部份以及不足的專業知識等。

下列的參考文獻，如果在前三冊中已經提到過的，無論是原始史料或後世的研究書籍均容筆者在此省略。

C. Suetonius Tranquillus, *De vita Caesarum*（《羅馬皇帝傳》），國原吉之助譯，岩波文庫。

Velleius Paterculus, *Historie*，《羅馬史》作者，曾為第二代皇帝臺比留部下，文風簡明。

Marcus Annaeus Lucanus, *Pharsalia*，詩人，西元前三十九年生於西班牙科爾多瓦，龐培派。著有描述凱撒和龐培抗爭的長詩。

Strabo，《地理》，最初的地理學者，西元前六十二年前後生於小亞細亞的潘特斯。

Pausanias，《希臘旅行記》，生於西元二世紀，最初的旅行記作者。

後世的歷史書、研究書：

ADCOCK F. E., *Caesar as Man of Letters*, Cambridge, 1956.

BACKMUND J., *Catilina und die Parteikämpfe im Jahre 63*, Würzburg, 1870.

BALDACCI A., "Considerazioni intorno allo sbarco di M. Antonio a Ninfeo e al suo congiungimento con Giulio Cesare," in: *Rivista Dalmatica*, 1934.

BALSDON J. P. V. D., *Julius Caesar and Rome*, London, 1967.

BAUR E., *Zur Chronologie der catilinarischen Verschwörung*, Strassburg, 1875.

BECKMANN F., *Geographie und Ethnographie in Caesars Bellum Gallicum*, Dortmund, 1930.

BEESLY E. S., *Catiline, Clodius and Tiberius*, London, 1878.

BELOCH J., "Die Bevölkerung Galliens zur Zeit Caesar," in: *Rh. Mus., LIV*, 1899.

BERSANETTI G. M., *Quando fu conchiusa l'alleanza tra Cesare, Pompeo e Crasso?*, Palermo, 1924.

BERTRIN G., *Num legitime prudenterque se gesserit M. Tullius Cicero consul in puniendis coniurationis Catilinariae sociis*, Paris, 1900.

BETTI E., *Le origini giuridiche e lo svolgimento politico del conflitto tra Giulio Cesare e il senato romano sino allo scoppio della guerra civile*, Città di Castello, 1915.

BLOCH G., "Note sur un passage de Diodore de Sicile à propos de la première Catilinaire", in: *Mélanges Boissier*, Paris, 1903.

BLOCH G., *La république romaine. Conflits politiques et sociaux*, Paris, 1913.

BOAK A. E. R., "The Extraordinary Commands from 81 to 48 B.C.," in: *Hist. Rev., XXIV*, 1918–1919.

BOISSIER G., *Cicéron et ses Amis*, Paris, 1865.

BOISSIER G., *La Conjuration de Catilina*, Paris, 1905.

BORT T., *Römische Charakterköpfe*, Leipzig, 1913.

BOTSFORD G. W., *The Roman Assemblies*, New York, 1909.

BOUCH É-LECLERCQ A., "La question d'Orient au temps de Cicéron," in: *Rev. H., LXXIX*, 1902.

BOUCH É-LECLERCQ A., *Histoire des Séleucides*, Paris, 1913–1914.
BRANDES G., *Julius Caesar*, København, 1918.
BRECHT B., *Die Geschäfte des Herrn Julius Caesar*, Berlin, 1957.
BROUGHTON T. R. S., *The Romanization of Africa Proconsularis*, Baltimore-Oxford, 1929.
BUCHAN J., *Julius Caesar*, London, 1932.
CANALI L., *Personalità e stile di Cesare*, Roma, 1963.
CANAVESI M., *La politica estera di Roma antica*, Milano, 1942.
CARCOPINO J., *Le secret de la correspondance de Cicéron*, Paris, 1947.
CARCOPINO J., *Profils de conquérants*, Paris, 1961.
CARCOPINO J., *Jules César*, Paris, 1968^{5}.
CARCOPINO J., *Passion et politique chez les Césars*, Paris, 1970^{2}.
CARCOPINO J., *Alésia et les ruses de César*, Paris, 1970^{2}.
CARY M., "The Land Legislation of Julius Caesar's First Consulship," in: *J. P., XXXV*, 1920.
CARY M., "The Municipal Legislation of Julius Caesar," in: *Journ. Rom. Studies, XXVII*, 1937.
CHAPOT V., *La frontière de l'Euphrate de Pompée à la conquéte Arabe*, Paris, 1970.
CIACERI E., *Processi Politici e Relazioni Internazionali*, Roma, 1918.
CIACERI E., "Cicerone e i suoi tempi," in: *Milano-Roma-Napoli, I*, 1926.
CLERC M., *Massalia: Histoire de Marseille dans l'antiquité*, Marseilles, 1929.

COLLINS J.H., *Propaganda, Ethics and Psychological Assumptions in Caesar's Writings*, Frankfurt, 1952.
COLOMB G., *L'Enigme d'Alésia*, Paris, 1922.
CONSTANS L.-A., "Les débuts de la lutte entre César et Vercingétorix," in: *Rev. Belge, XXVII*, 1923.
CONSTANS L.-A., *Guide illustré des campagnes de César en Gaule*, Paris, 1929.
CONWAY E. S., *Makers of Europe*, Harv. Univ. Press, 1931.
COSTA G., "La concezione religiosa di Cesare," in: *Convivium, VII*, 1935.
COWELL F. R., *Cicero and the Roman Republic*, London, 1948.
COWELL F. R., *The Revolutions of Ancient Rome*, London, 1962.
DEGRASSI A., *Inscriptiones Italiae*, vol. XIII, *Fasti et Elogia*, Roma, 1946.
DE RUGGIERO E., *Il Foro Romano*, Roma, 1913.
DOTTIN G., *Manuel pour servir à l'étude de l'Antiquité celtiquc*, Paris, 1915^2.
DRUMANN W.-GROEBE D., *Geschichte Roms in seinem Übergang von der republikanischen zur monarchischen Verfassung*^{2}, Berlin, 1899.
DRUMANN W.-GROEBE D., *Geschichte Roms in seinem Übergang von der republikanischen zur monarchischen*, Leipzig, 1906.
EBERT M., *Reallexicon der Vorgeschichte*, Berlin, 1924–1929.
EGGER E., *Examen critique des historiens anciens de la vie et du règne d'Auguste*, Paris, 1844.
FERRABINO A., *Curione in Africa: 49 A. C.*, Atti Acc. Torino, 1912.

FERRABINO A., *L'Italia romana*, Milano, 1934.

FERRABINO A., *Cesare*, Torino, 1941.

FERRABINO A., *La fortuna della creazione politica di Cesare*, Roma, 1956.

FRANK T., *Roman Imperialism*, New York, 1914.

FRANK T., "The Date of the Vatinian Law," in: *A. J. Ph., XLI*, 1920.

FULLER J. F. C., *Julius Caesar. Man, soldier and tyrant*, London, 1965.

GAUTIER F., *Vercingétorix*, Paris, 1935.

GELZER M., *Cäsar, der Politiker und Staatsmann*, Stuttgart-Berlin, 1921.

GELZER M., *Caesar und Augustus. Meister der Politik, I*, 1922.

GELZER M., "Die Lex Vatinia de imperio Caesaris," in: *Hermes, LXIII*, 1928.

GELZER M., *Pompeius*, München, 1959[2].

GELZER M., *Caesar. Der Politiker und Staatsmann*, Wiesbaden, 1960[6].

GESCHE H., *Caesar*, 1976.

GIANNELLI G., *La repubblica romana*, Milano, 1937.

GRAINDOR P., *La gueere d'Alexandrie*, Cairo, 1931.

GRANT M., *Julius Caesar*, London, 1959.

GRANT M., *Kleopatra*, London, 1972.

GREENIDGE A. H. J., *The Legal Procedure of Cicero's Time*, Oxford, 1901.

GROEBE P., *Die Obstruktion im römischen Senat*, Klio, V, 1905.

GROSSI O., "The Forum of Julius Caesar and the Temple of Venus Genetrix," in: *Mem. Americ. Academy Rome, XIII*, 1936.

GRUEBER H., "Coinage of the Triumvirs Antonius, Lepidus and Octavian. Illustration of the History of the Times," in: *Numismatic Chronicle, XI*, 1911.

GSELL S., *Histoire ancienne de l'Afrique du Nord*, vol. VIII, *Jules César et l'Afrique. Fin des Royaumes indigènes*, Paris, 1928.

GURLITT L., "Lex Clodia de Exilio Ciceronis," in: *Phil., LIX*, 1900.

HAGEN E., *Untersuchungen über römische Geschichte, I. Catilina*, Königs-berg, 1854.

HANKEL W., *Caesar. Goldne Zeiten führt'ich ein*, München-Berlin, 1978.

HARDY E. G., "The Table of Heraclea and the Lex Julia Municipalis," in: *J. R. S., IV*, 1914.

HARDY E. G., *Some Problems in Roman History*, Oxford, 1924.

HARDY E. G., *The Catilinarian Conspiracy*, Oxford, 1924.

HARMAND J., *Une campagne cesarienne: Alésia*, Paris, 1967.

HAVERFIELD F., "Portus Itius," in: *C. R., XXVII*, 1913.

HOWORTH H. H., "The Germans of Caesar," in: *Eng. Hist. Review*, XXII, 1908.

HUSBAND R. W., "The Expulsion of Foreigners from Rome," in: *C. P., XI*, 1916.

ISENBURG I., *Julius Caesar*, London, 1964.

JOHN C., *Die Entstehungsgeschichte der catilinarischen Verschwörung*, Jahrb, 1876.

JOHN C., *Sallustius über Catilina's Candidatur im Jahre 688*, 1876.

JONSON B., *Catilina, His Conspiracy*, Oxford, 1921.

JULLIAN C., *Vercingétorix*, Paris, 1911^{5}.

JULLIAN C., *Histoire de la Gaule*, Paris, 1921^{4}.

JULLIAN C., *Notes Gallo-Romaines*, Rev. E. A.

KASTEN H., *Cicero, Atticus-Briefe*, Lateinisch-deutsch, München, 1976^{2}.

KENDRICK T. D., *The Druids*, London, 1927.

KLASS J., *Cicero und Caesar*, Berlin, 1939.

KLOTZ R., *Caesarstudien*, Leipzig, 1910.

KORNEMANN E., "Die cäsarische Kolonie Karthago und die Einführung röm. Gemeindeordnung in Afrika," in: *Phil., LXX*, 1901.

KORNEMANN E., *Römische Geschichte*, Stuttgart, 1939.

KROLL W., "Die Privatwirtschaft in der Zeit Ciceros," in: *N. J. f. Wiss.*, V, 1929.

KROMAYER J. G. Veith, *Schlachten-Atlas zur antiken Kriegsgeschichte*, Leipzig, 1929.

KROYMANN J., *Caesar und das Corpus Caesarianum*, 1973.

LANG E., *Das Strafverfahren gegen die Catilinarier*, Heilbronn, 1884.

LARROUY, *Antoine et Cléopatre*, Paris, 1934.

LEVI M. A., "La caduta della Repubblica Romana," in: *Riv. stor. ital., XLI*, 1924.

LEVI M. A., "La tribunicia potestas di C. Giulio Cesare," in: *Atti del I Con-gresso naz. di Studi Romani*, 1928.

LEVI M. A., *La costituzione romana dai Gracchi a Giulio Cesare*, Firenze s. d., 1928.

LEVI M. A., "La battaglia d'Azio," in: *Athenaeum*, 1932.

LUCAS F. L., "The Battlefield of Pharsalos," in: *B. S. A., XXIV*, 1919–1921.

LUGLI G., *Roma antica. Il centro monumentable*, Roma, 1946.

MACBAIN A., *Celtic Mythology and Religion*, Stirling, 1917.

MARSH F. B., "The Chronology of Caesar's Consulship," in: *C. J., XXII*, 1926-1927.

MARSH F. B., "The Policy of Clodius," in: *C. Q., XXII*, 1927.

MARSH F. B., *The Founding of the Roman Empire*, Oxford, 1927[2].

MARTHA J., "Comment Cicéron est arrivé aux honneurs," in: *Mélanges Boissier*, Paris, 1903.

MCDONALD W. F., "Clodius and the Lex Aelia Fufia," in: *J. R. S., XIX*, 1929.

MCFAYDEN D., *The History of the Title Imperator under the Roman Empire*, Chicago, 1920.

MENEGETTI N., *Quel che Cesare non dice nel suo capolavoro*, Milano, 1931.

MÉRIMÉE P., *Études sur l'histoire romaine, II. Conjuration de Catilina*, Paris, 1844.

MEYER E., in E. Brit., *s. vv.*, Parthia, Persia, London, 1911.

MEYER E., *Blüte und Niedergang des Hellenismus in Asien*, Berlin, 1925.

MISPOULET J. B., *La Vie Parlementaire à Rome sous la République*, Paris, 1899.

MOMMSEN TH., *Provinces of the Roman Empire*, London, 1886.

MOTZO R. B., "Antonio, Ottaviano e il tesoro di Cesare," in: *Atti III Con-gresso Naz. di Studi Romani*, 1935.

MOTZO R. B., "Le contiones di M. Antonio e di Bruto dopo la morte di Cesare," in: *Studii offerti a E. Ciaceri*, Genova, 1940.

MÜNZER F., in P. W., *s. v.*, Labienus.

NAPOLÉON I, *Préces des guerres de Julius César*, Paris, 1836.

NAPOLÉON III, *Vie de César*, Paris, 1865.

NAPOLÉON III, *Histoire de Jules César*, Paris, 1865.

NAPOLÉON III, *Histoire de Jules César, I–III*, Paris, 1865-1887.

NICCOLINI G., "Il triumvirato di Lepido, Antonio e Ottaviano e il principato di Augusto", in: *Atti Società Scienze e Lettere di Genova*, 1939.

NUTTING H. C., *The Attempt to Murder Cicero at His House*, Trans. A. P. A., XXXV, 1904.

NUTTING H. C., *The Conspiracy at Rome in 66–65 B.C.*, Univ. of California Publ. in Class. Phil., 1910.

OMAN CH., *Seven Roman Statesmen*, London, 1902.

PAÌS E., *L'Aspirazione di Cesare al regno e l'opposizione tribunicia durante gli anni 45–44 A.C.*, Atti r. Accad. arch. lett. e belle arti, 1913.

PAIS E., *Fasti triumphales Populi Romani*, Roma, 1920.

PALADINI V., *Sallustio*, Milano, 1948.

PARATORE E., *Il Bellum Civile di Cesare*, Roma, 1965.

PARETI L., "Cesare e la Gallia," in: *Studi Romani 3*, 1955.

PARETI L., "L'essenza della concezione politica di C. Giulio Cesare," in: *Studi Romani 4*, 1956.

PARKER H. M. D., *The Roman Legions*, Oxford, 1928.

PEAKS M. P., "Caesar's Movements Jan. 21 to Feb. 14. 49 B.C.," in: *C. R., XVIII*, 1904.

PETERSSON T., *Cicero*, Berkeley, 1920.

PIGHI J. B., *De ludes saecularibus Populi Romani Quiritium*, Milano, 1941.

PLATNER S. B., ASHBY Th., *A Topographical Dictionary of Ancient Rome*, Oxford, 1929.

PLAUMANN G., *Das sogenannte Senatus Consultum Ultimum*, Klio, XIII, 1913.

POCOCK L. G., "P. Clodius and the Acts of Caesar," in: *C. Q., XIX*, 1924.

POSTGATE J. P., "The Site of the Battle of Pharsalia," in: *Journ. Rom. Studies, XII*, 1922.

RABE A., *Die Senatssitzung am 8 November des Jahres 63 v. Chr. und die Entstehung der ersten catilinarischen Rede Ciceros*, Klio, XXIII, 1930.

RADIN M., "The International Law of the Gallic Campaigns," in: *C. J., XII*, 1916–1917.

RAWLINSON G., *The Sixth Great Oriental Monarchy*, London, 1873.

REID J. S., "Roman Ideas of Deity," in: *J. R. S., VI*, 1916.

REINACH S., *Ephémérides d'Alesia: histoire, fouilles, Controverses*, Paris, 1925.

RICE HOLMES T., *Ancient Britain and the Invasions of Julius Caesar*, Oxford, 1907.

RICE HOLMES T., *Caesar's Conquest of Gaul*, Oxford, 1911^2.

RICE HOLMES T., *The Roman Republic*, Oxford, 1923.

RICE HOLMES T., *Ancient Britain and the Invasions of Julius Caesar*^{2}, Oxford, 1936.

ROSTOWZEW M., *A History of the Ancient World, II, Rome*, London, 1927.

RUSHFORTH G. M., *Latin Historical Inscriptions Illustrating the History of the Early Empire*^{2}, Oxford, 1930.

RUSSELL A., *Julius Caesar*, London, 1915.

SCHMIDT O. E., *Flugschriften aus der Zeit des ersten Triumvirats*, N. J. Kl. Alt., VII, 1901.

SEEL O., *Sallust von den Briefen ad Caesarem zur Coniuratio Catilinae*, Leipzig-Berlin, 1930.

SEEL O., *Hirtius. Untersuchungen über die pseudocäsarischen Bella*, Leipzig, 1935.

SEMI F., *Il sentimento di Cesare*, Padova, 1966.

SIHLER E. G., *Annals of Caesar*, New York, 1911.

SPECK A., *Katilina im Drama der Weltliteratur*, Leipzig, 1906.

STRACHAN-DAVIDSON J. L., *Problems of the Roman Criminal Law*, Oxford, 1912.

SYKES P. M., *A History of Persia*, London, 1921.

SYME R., *The Roman Revolution*, Oxford, 1939.

TARN W. W., *Hellenistic Military and Naval Developments*, Cambridge, 1930.

TARN W. W., "The Battle of Actium," in: *Journ. Rom. Studies*, 1931.

TÄUBLER E., *Imperium Romanum*, Leipzig-Berlin, 1913.

TAYLOR H., *Cicero, A Sketch of His Life and Works*, London, 1916.

TAYLOR L. R., *The Divinity of the Roman Emperor*, Middletown, Conn. U. S. A., 1931.

THIAUCOURT C., *Études sur la Conjuration de Catilina*, Paris, 1887.

TOYNBEE J. M. C., "Portraits of Julius Caesar," in: *Greece and Rome*, Oxford, 1957.

UGOLINI L., "Note di topografia illirica," in: *Boll. Com.*, 1933.

ULLMANN R., "Senatsmotet 5te december 63," in: *Nordisk Tidskrift for Filologi, IV*, 1917.

VEITH G., *Geschichte der Feldzüge C. Julius Caesar*, Wien, 1906.

VEITH G., *Der Feldzug von Dyrrhachium zwischen Caesar und Pompejus*, Wien, 1920.

VEITH G., *Cäsar*, Leipzig, 1922[2].

VEITH G., *Sezione sull'esercito di Cesare in Heerwesen und Kriegführung der Griechen und Römer, Müllers Handbuch*, München, 1928.

VEITH G., *La campagna di Durazzo tra Cesare e Pompeo*, Roma, 1942.

VOLKMANN H., *Kleopatra. Politik und Propaganda*, München, 1953.

VON PÖHLMANN R., *Geschichte des antiken Kommunismus und des Sozialismus in der antiken Welt*, München, 1901.

VON STERN E., *Catilina und die Parteikämpfe in Rom der Jahre 66–3*, Dorpat, 1883.

WARDE FOWLER W., *Julius Caesar and the Foundation of the Roman Imperial System*, New York-London, 1904.

WARDE FOWLER W., "An Unnoticed Trait in the Character of Julius Caesar," in: *C. R., XXX*, 1916.

WARDE FOWLER W., *Roman Ideas of Deity in the Last Century before the Christian Era*, London, 1914.

WILCKEN U., "Octavian after the Fall of Alexandria," in: *Journ. Rom. Studies*, 1937.

WILDER T., *The Ides of March*, New York, 1948.

WIRTZ R., *Beiträge zur catilinarischen Verschwörung*, Aachen, 1910.

WIRZ H., *Catilina's und Cicero's Bewerbung um den Consulat für das Jahr 63*, Zürich, 1863.

ZENO R.,*La crisi dellarepubblica e il fondatore dell' Impero Romano*, Catania, 1934.

【塩野七生代表作——羅馬人的故事】

從崛起、壯大到轉折、衰敗，看羅馬千年的輝煌與落寞

羅馬人的故事I——羅馬不是一天造成的

羅馬的起源可以追溯到扎馬戰役前五百年，羅馬人歷經整整五百多年漫長的蟄伏歲月，因此才會有句話說：「羅馬不是一天造成的」。這五百年間羅馬遭遇哪些挑戰？羅馬人又是如何逐步累積實力，將國家帶往璀璨光明的未來？

羅馬人的故事II——漢尼拔戰記

西元前二一八年，漢尼拔從西班牙率領群眾翻越阿爾卑斯山，進攻義大利本土，直到羅馬名將西比奧打敗漢尼拔才落幕，這場戰爭歷時十六年之久。為什麼知識優越的希臘人、軍事力量強大的迦太基人最後會敗給羅馬人？什麼才是決定戰爭勝、敗的因素？

羅馬人的故事III——勝者的迷思

經過六天六夜激戰，迦太基城淪陷了！這個曾經風光一時的城市被消毀殆盡，羅馬名將小西比奧一想到敵人的命運不覺潸然淚下。勝者如何在勝利的欣喜中，思慮更遠大的未來？大國如何崛起？改變的是制度、心態，還有什麼呢？

羅馬人的故事IV——凱撒時代（盧比孔之前）

西元前一〇〇年七月十二日，「羅馬唯一的創造天才」——朱利斯・凱撒誕生！少年凱撒歷經鬥爭、殺戮、混亂與腐敗，因此致力於樹立羅馬的「新秩序」，他如何巧妙地逆轉國家、政局與社會重重的危機，將個人推向顛峰，創造羅馬歷史的光輝？

羅馬人的故事V——凱撒時代（盧比孔之後）

西元前四十五年，大權在握的凱撒開始進行羅馬帝政化改革，卻在隔年遭醉心共和體制派刺殺，羅馬頓時又陷入混亂狀態！年僅十八歲的屋大維成為凱撒指定的第一繼承人，他能否穩住凱撒留下的偉業？凱撒雖死，但他的精神又為後世留下哪些影響？

羅馬人的故事VI——羅馬和平

西元前二十九年，羅馬終於脫離戰亂狀態，屋大維運用卓越的政治手腕，於西元前二十七年宣佈回歸共和政體，並受贈「奧古斯都」尊稱，締造「羅馬和平」的時代。屋大維這位「非天才人物」，是如何完成連天才凱撒都無法達到的目標？

羅馬人的故事VII——惡名昭彰的皇帝

隨著西元十四年臺伯留繼任，奧古斯都締造的「羅馬和平」畫下句點，羅馬帝國在短短五十四年間，皇帝幾番更迭。是英雄創造的時代已遠？或是暴君當道的世紀來臨？這幾位皇帝究竟是帝國覆亡的推手？抑或是帝國變貌的一頁？

羅馬人的故事VIII——危機與克服

西元六十九年，羅馬接連由軍人掌權，內部動盪不安。所幸此時出現新的轉機：維斯帕先、提圖斯父子花費十多年，一步步將帝國導回正軌。後繼的圖密善勵精圖治，卻集權一身，威脅元老院的共和傳統，此舉是確立帝政的權威，還是另一場危機的引爆？

羅馬人的故事IX——賢君的世紀

西元二世紀是當代羅馬人口中的「黃金世紀」，圖拉真、哈德良和安東尼奧·派阿斯三位皇帝為羅馬鞠躬盡瘁，為保障帝國的自由、繁榮與安定，盡心盡力扮演好自己的角色。在龐大的帝國之前，他們不是唯我獨尊的「皇帝」，而是當仁不讓的「第一公民」！

羅馬人的故事X——條條大道通羅馬

羅馬種種質、量兼具的建設，被史家讚為羅馬文明偉大的紀念碑。羅馬人為何如此致力於公共建設？為什麼已有踩踏形成的道路，還要鋪設大道？為什麼立國於臺伯河旁、不必擔憂用水問題，還要建設水道？眾多建設的目的，竟只是「為了讓人的生活過得像人」？

羅馬人的故事XI——結局的開始

告別賢君的世紀，羅馬帝國的光環褪色了嗎？「哲學家皇帝」馬庫斯·奧理略，實現了柏拉圖的理想。然而高尚的品德和絕佳的能力卻無法力挽狂瀾，夕陽的餘暉漸籠罩帝國。奧理略過世後，羅馬面臨重大轉捩點，等在道路盡頭的是更寬廣的前程，還是帝國的終點？

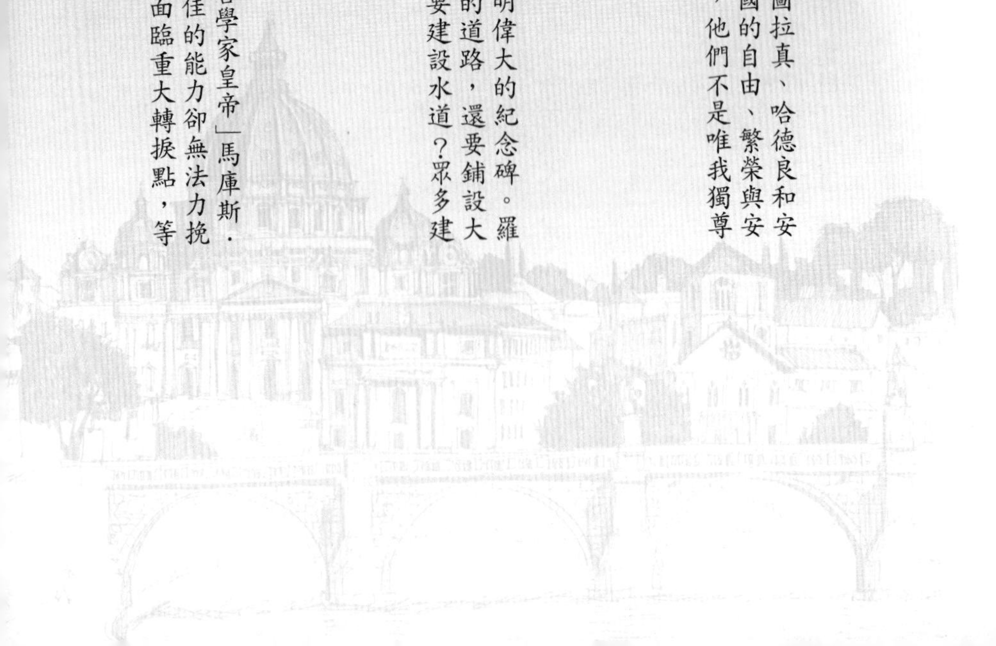

羅馬人的故事XII——迷途帝國

從西元二一一年到二八四年，被羅馬人稱為「三世紀危機」。這時只要有軍隊，人人都可能成為羅馬的主人。在社會動亂、人心惶惶的氣氛之下，基督教成為一盞明燈，提供人們心靈的撫慰。面對逐漸衰頹的羅馬帝國，基督教是否能成為一劑強心針？或是加速羅馬的瓦解？

國家圖書館出版品預行編目資料

羅馬人的故事V：凱撒時代(盧比孔之後)／塩野七生著;黃紅杏譯.——修訂二版一刷.——臺北市：三民，2022

面； 公分.——(羅馬人的故事系列)

ISBN 978-957-14-7329-1 （平裝）
1.歷史 2.羅馬帝國

740.222 110017944

羅馬人的故事

羅馬人的故事V——凱撒時代(盧比孔之後)

著作人 塩野七生
譯者 黃紅杏

發行人 劉振強
出版者 三民書局股份有限公司
地址 臺北市復興北路386號(復北門市)
臺北市重慶南路一段61號(重南門市)
電話 (02)25006600
網址 三民網路書店 https://www.sanmin.com.tw

出版日期 初版一刷 2003年3月
初版六刷 2020年1月
修訂二版一刷 2022年8月
書籍編號 S740160
ISBN 978-957-14-7329-1

三民書局